鸣谢

本书出版得到复旦大学人口与发展政策研究中心及其

主持的国家自然科学基金重大项目（项目号：71490735）的支持

特此致谢

未名社科菁华·社会学

社会治理与社会保护

Social Governance and
Social Protection

唐钧 著

图书在版编目(CIP)数据

社会治理与社会保护/唐钧著. —北京:北京大学出版社,2018.5
(未名社科菁华·社会学)
ISBN 978-7-301-29354-6

Ⅰ.①社… Ⅱ.①唐… Ⅲ.①社会管理—中国—文集 ②社会保障—中国—文集 Ⅳ.①D63-53

中国版本图书馆 CIP 数据核字(2018)第 037042 号

书　　　名	社会治理与社会保护 SHEHUI ZHILI YU SHEHUI BAOHU
著作责任者	唐　钧　著
责 任 编 辑	董郑芳(dzfpku@163.com)
标 准 书 号	ISBN 978-7-301-29354-6
出 版 发 行	北京大学出版社
地　　　址	北京市海淀区成府路 205 号　100871
网　　　址	http://www.pup.cn
电 子 信 箱	ss@pup.pku.edu.cn
新 浪 微 博	@北京大学出版社　　@未名社科—北大图书
电　　　话	邮购部 62752015　发行部 62750672　编辑部 62753121
印 刷 者	三河市博文印刷有限公司
经 销 者	新华书店
	965 毫米×1300 毫米　16 开本　24 印张　393 千字 2018 年 5 月第 1 版　2018 年 5 月第 1 次印刷
定　　　价	69.00 元

未经许可,不得以任何方式复制或抄袭本书之部分或全部内容。
版权所有,侵权必究
举报电话: 010-62752024　电子信箱: fd@pup.pku.edu.cn
图书如有印装质量问题,请与出版部联系,电话: 010-62756370

序

改革开放以来,随着经济体制改革和经济发展的不断推进,我国经济实力迅速增强,人民生活持续改善,社会各项事业欣欣向荣。但不可否认,相对于经济领域而言,社会建设和社会治理严重滞后,社会政策残缺不全,社会保障与社会保护水平不高,社会弱势群体未能分享经济繁荣的成果,因而社会矛盾乃至冲突有激化的趋势。自从科学发展观与和谐社会目标的提出,特别是党的十八大以来,党和政府越来越强调保障与改善民生,让人民群众共享经济发展成果;越来越重视社会建设与社会治理,培育社会组织,激发社会活力;越来越关注社会体制改革与社会政策完善,构建政府、市场与社会间的良性互动。在这样的背景下,社会保障、社会治理、社会政策都成了理论研究的热点和前沿,社会保障学、社会管理学、社会政策学也都越来越成为"显学",涌现出了一大批颇有理论建树和政策贡献的学者。

中国社会科学院社会学所的唐钧研究员就是这样一位值得尊敬的学者。多年来,他一直既守理论前沿,又接实践"地气",孜孜不倦,笔耕不辍,在社会保障和社会治理领域科学研究硕果累累,社会服务成绩突出。这次,他将近年来自己关于社会治理和社会保护方面研究的论文和研究报告各精选10篇,略作修改,集结成书,取名曰"社会治理与社会保护",予以出版。这真是可喜可贺!

翻开该文集,只要扫一下所收论文的题目,就感到亮点频现、新意多多。全书以《社会政策学导引》开篇,探讨了社会保障领域"政策理念的演进",系统阐述了"健康社会政策:理论与实践"等,体现出作者将社会治理和社会保护纳入社会政策的框架中予以考察,以同国际话语接轨对话;又花大量篇幅研究"中国的第三部门""中国特色的现代慈善""中国就业歧视""合乎中国国情的失能老人长期照护制度"等,总结中国经验,丰富国际话语。在《从社会管理到社会治理》《从社会保障到社会保护:社会政策理念的演进》中,我们看到了作者理念的前瞻性、研究的超前性;从《政府购买社会工作服务研究》《民政工作的开放性及社会福利服务的整合》《追求"精准"的反贫困新战略》中,我们又看到了作者对政府职能转变的敏锐把握。看到《完全失能老人长期照护保险研究》《延迟退休:一刀切还是可选择?》等文章时,作者直面现实、不避难点争议点的研究风格跃然纸上。这些还只是从文章标题中可以直观到的,如果认真阅读、细细品味这些文章的内容,相信读者一定会得到更多的体会和收获。

社会治理、社会保障、社会政策,这些都是现实性、应用性很强的学科领域。作为紧紧追随社会前进步伐、推动社会进步的学者,唐钧兄的这本文集不仅展现了他的研究成果,而且读者可以从中体察到相关领域实践发展和理论探索的路径与脉搏,这后一点正是该文集出版的意义之所在。看了这本文集,读者能够把握社会治理、社会保障、社会政策领域的实践进展和理论成果,能够学到很好的研究方法,能够开拓思路、触类旁通。

早在20世纪90年代中期,唐钧兄来江苏调研城市居民贫困及其救助问题,我即与其相识。作为同龄、同行、同道中人,我俩生活经历相似,研究旨趣相近,涉足领域相交,因而有较多的交往,对许多问题所见略同,当然有时也会争论切磋。对于唐钧兄所著《社会治理与社会保护》一书的出版,我非常高兴,故欣然作序。

童　星

目 录

社 会 治 理

社会政策学导引 …………………………………………………（3）
经济理性与人文关怀 ……………………………………………（26）
从社会管理到社会治理 …………………………………………（42）
比较优势理论与中国的第三部门 ………………………………（58）
有中国特色的现代慈善事业 ……………………………………（77）
政府购买社会工作服务研究 ……………………………………（92）
功在法治建设　利在弱势群体
　　——中国法律援助基金会2012年中央专项彩票公益金法律
　　援助项目评估报告 …………………………………………（111）
农村贫困人口的规模及结构
　　——以国家贫困县A省Y县为例 …………………………（142）
中国就业歧视:基本判断 ………………………………………（158）
民政工作的开放性及社会福利服务的整合 ……………………（171）

社 会 保 护

从社会保障到社会保护:社会政策理念的演进 …………………(185)

社会保护的历史演进 …………………………………………(199)

中国城市居民的"基本生活需要" ……………………………(215)

中国贫困现状和反贫困策略的整合 …………………………(232)

追求"精准"的反贫困新战略 …………………………………(252)

健康社会政策:理论与实践 …………………………………(270)

中国老年服务的现状、问题和发展前景 ……………………(308)

建立合乎中国国情的失能老人长期照护制度 ………………(323)

完全失能老人长期照护保险研究 ……………………………(349)

延迟退休:一刀切还是可选择? ……………………………(362)

后　　记 ………………………………………………………(379)

社会治理

社会政策学导引

一般认为,作为一个专门术语的社会政策(Social Policies)发端于1873年由一批德国经济学家创立的德国社会政策学会[①],迄今已经有一百四十多年的历史。一百四十多年来,诞生于德国,发展与成熟于英国,20世纪中已经遍及欧美,而现在正走向全球化的社会政策学,在发达国家,尤其在欧洲,已经成为一门非常惹人注目的显学。

中共十六届六中全会通过的《中共中央关于构建社会主义和谐社会若干重大问题的决定》指出:"加强社会建设理论和社会政策的学习研究和教育培训,不断提高各级领导班子和领导干部管理社会事务、协调利益关

---

① 参阅曾繁正等编译:《西方国家法律制度:社会政策及立法》,红旗出版社1998年版。

系、开展群众工作、激发社会创造活力、处理人民内部矛盾、维护社会稳定的本领。"①党的高层的相关文献中的这段话确立了社会政策学科在中国社会中的地位,标志着社会政策学科春天的来临。

撰写本文的目的,是想向读者介绍社会政策这门应用社会科学学科的概貌,并以社会政策的视野来观察和分析新世纪以来中国社会领域不断深化的改革之得失成败。

一、什么是社会政策？

迄今为止,因为种种主观的或客观的原因,大多数国人对社会政策这门应用社会科学学科还不很熟悉,所以有必要从最基本的,诸如"什么是社会政策"这样的基本知识问题说起。

1. 社会政策的起源

德国社会政策学会的中坚骨干、曾经帮助俾斯麦首相创建社会保险制度的瓦格纳(Adolf Wagner),最早提出了"社会政策"的定义,他认为:社会政策是依立法和行政的手段,以排除分配过程中的弊害的国家政策,现代国家的主要目的,在变更财富的国民分配,而使劳动阶级获受利益。一切政策应使其社会政策化,国家当保护劳动者。②

瓦格纳的社会政策定义有三个特点:第一,明显是针对当时德国乃至整个西方世界普遍存在的分配过程中的弊害的;第二,明确指出国家的责任在于保护劳动者、使劳动阶级获受利益;第三,瓦格纳的定义有其特殊的含义,一切政策应使其社会政策化,这意味着国家的所有政策的基本立场必须符合上述两个条件。

从以上引述的关于社会政策的早期定义中我们可以看到,130年前的德国乃至西方世界显然是存在着分配过程中的弊害的,而当时另外一些经济学家,如英国的曼彻斯特学派,则主张自由放任主义,"社会政策"的概念就是在这样的历史背景下有针对性地提出来的。

2. 英国学者对社会政策的界定

社会政策的发展与成熟则要到第二次世界大战以后,当时在英国的

---

① 参阅《中共中央关于构建社会主义和谐社会若干重大问题的决定》,载《〈中共中央关于构建社会主义和谐社会若干重大问题的决定〉辅导读本》,人民出版社2006年版。

② 参阅曾繁正等编译:《西方国家法律制度:社会政策及立法》,红旗出版社1998年版。

应用社会科学领域,出了两位大师级的人物,一位是马歇尔(T. H. Marshall),一位是蒂特马斯(R. M. Titmuss)。

马歇尔提出:社会政策是与政府相关的政策,并涉及向公民提供服务与收入的行动,而通过这些行动会对公民的福利产生直接的结果。社会政策的核心是社会保险、公共救助、健康和社会服务、住房政策以及教育等。①

蒂特马斯则认为,社会政策应该包括三个部分:一是社会福利或社会服务,二是财政福利,三是职业福利。他把社会福利或社会服务的部分形容为社会政策的冰山露出水面的部分。对于这一部分蒂特马斯诠释道:我们关注的是对一系列社会需求,以及在稀缺的条件下人类组织满足这些需求的功能的研究。人类组织的这种功能在传统上被称为"社会服务"或"社会福利制度"。社会生活的这个复杂的领域处于所谓的自由市场、价格机制、利益标准之外。②

对比两位大师对社会政策的界定,最显著的特点是前者相对狭义,而后者相对广义。从以后社会政策学的发展以及后人的评述来看,广义的解释似乎更被普遍接受。

譬如,米休拉认为:"社会政策是依据需求的某些标准分配社会资源的有关的社会安排或社会行动模式。"③拉特里迪斯认为:"社会政策是向全体人民提供公民权利的媒介物。"④瑞恩则认为:"社会政策被认为是社会生活中那些不太具有交换特征的方面,在其中等价交换被单方面的转移所替代。这种替代由具有某种合法的身份,或属于某个社会群体来证明其正当性。"⑤

3. 社会政策的两个来源和两种模式

毫无疑问,社会政策的源头是在欧洲,现在欧洲的社会政策有三大流派:一是英国模式(也称盎格鲁-撒克逊模式);二是德国模式(也称欧陆模式);三是北欧模式(也称斯堪的纳维亚模式),而真正源远流长的社会政策源头应该是英国模式和德国模式。

---

① T. H. Marshall, *Social Policy*, London: Hutchinson & Co. Ltd., 1965.
② R. M. Titmuss, *Commitment to Welfare*, London: George Allen & Unvin, 1976.
③ R. Mishra, *Society and Social Policy: Theoretical Perspectives on Welfare*, London: Macmillan, 1977.
④ P. S. Latridis, *Social Policy: Institutional Context of Social Development and Human Services*, Colifornia: Brooks Cole Publishing Company, 1994.
⑤ Rein, *Social policy Issues of Choice and Change*, New York: Sharpe Inc., 1983.

英国是工业革命的发源地,因此也是最早遭遇从传统社会走向现代社会过程中产生的诸多社会矛盾的国家。一时间,传统的宗教的或世俗的慈善事业难以应付汹涌而来的社会问题。1601年英国颁布的《伊丽莎白济贫法》,通常被认为是开了国家干预社会(济贫事业)之先河,因此《伊丽莎白济贫法》也被后人追认为是最早的社会政策。

英国模式强调的是国家责任或政府责任,基本特点是自上而下的施与,是以政府提供社会服务的集体供给方式实施的,其核心是需要。当时,国家对需要的界定是很苛刻的,能不饿死人就算是满足需要了。在行政程序上,也强调要以进行严格的家庭经济调查为前提,以确定申请者是否真的贫困或有需要。

在社会福利理论中,有一种称为补救型(一译剩余型或残补型)的社会福利模式,可以理解为对社会成员因市场和家庭的作用的缺失而造成的生活困难进行补救的社会福利模式。这可以与以需要为核心的英国模式相对应。

19世纪末,德国走上了工业化的道路并开始崛起,但在当时并未形成有效的社会责任机制。容克地主对工人阶级的剥削是十分残酷的,所以劳资矛盾十分尖锐,工人阶级的反抗日趋激烈。于是,工人阶级在马克思主义的指导下,争取权利的斗争风起云涌。最后迫使国家建立社会福利制度,意欲通过改善收入分配的不平等状况,使劳动阶级与贫苦民众的处境有所改善。所以,欧洲大陆的社会政策是工人奋起斗争而得来的胜利果实。这种自下而上争取来的社会政策,强调的是个人权利或三方机制,是从维护个人权利出发,通过雇主、雇员和政府三方谈判协商的方式来确认的,其核心是人权。

社会福利理论中的制度型社会福利模式,可以理解为以与劳动力市场相关的个人(及其家庭)权利为基础,通过谈判明确国家和雇主责任,从而形成国家制度的社会福利模式。这可以与以人权为核心的德国模式相对应。

第二次世界大战中问世的《贝弗里奇报告》秉承了英国社会福利补救型的老传统,对有需要的人提供福利保障。但是,贝弗里奇本人对保险业务很熟悉,同时又对英国模式中的家庭经济调查十分反感。[1] 在新的制

---

[1] 参阅比尔斯、格伦内斯特:《贝弗里奇与其假定的世界:缺陷设计的不相容性》,载格伦内斯特:《英国社会政策论文集》,苗正民译,李秉勤校,商务印书馆2003年版。

度设计中,废除了被称为家庭经济调查的羞辱性的行政程序,给需要的扩张准备了条件。战后英国建成福利国家,由于一些政治的或意识形态的原因,加上经济发展正处于黄金期,政府对需要的界定越来越慷慨,形成了对教育、健康、社会服务、社会保障、住房等一系列的集体供给。

英国的补救型传统也影响到其前殖民地,譬如美国、澳大利亚、新西兰、新加坡和中国香港,这些国家和地区在摆脱殖民统治后,不约而同地在社会福利方面仍然坚持低标准和有限范围的有需要,更加强调自给自足、勤劳工作、节俭和家庭。于是,形成了以不同文化传统为底蕴的社会政策亚模式,如以新教伦理为思想基础的美国模式,以儒家文化为思想基础的东亚模式等。

从这个意义上再来看20世纪70年代末英国和美国的社会福利制度改革,撒切尔夫人和里根总统为什么很容易就走到一起?可能就是因为它们的制度的思想底蕴本就是一脉相承的。

4. 保障人的基本权利和社会政策

从保护公民权利的角度出发,社会政策与公民的"社会权利",也就是常说的"民生"问题,关系是相当密切的。"社会权(Social Rights)为人权不可分割的一部分,其乃人民自国家获取社会保障之基本权利。"[①]具体而言,在社会领域中,公民应该享受的基本权利可以被概括成六个方面:生存权、健康权、居住权、劳动权、受教育权和资产形成权。

在1948年联合国通过并颁布的《世界人权宣言》(以下简称《宣言》)[②]和1982年《中华人民共和国宪法》(以下简称《宪法》)[③]中都对上述六项权利有专门的叙述:

生存权 《宣言》:每个人,作为社会的一员,有权享受社会保障。《宪法》:国家建立健全同经济发展水平相适应的社会保障制度。中华人民共和国公民在年老、疾病或者丧失劳动能力的情况下,有从国家和社会获得物质帮助的权利。国家发展为公民享受这些权利所需要的社会保险、社会救济和医疗卫生事业。

健康权 《宣言》:人人有权享受为维持他本人和家属的健康和福利

---

① 卢政春:《工作权保障与劳工福利建构》,《东吴社会学报》2000年第9期。
② 《世界人权宣言》,联合国网,http://www.un.org/zh/universal-declaration-human-rights/index.html。
③ 《中华人民共和国宪法》,中国政府网,http://www.un.org/zh/universal-declaration-human-rights/index.html。

所需的生活水准。《宪法》：国家发展医疗卫生事业，保护人民健康。

居住权 《宣言》：人人在各国境内有权自由迁徙和居住。《宪法》：中华人民共和国公民的住宅不受侵犯。

劳动权 《宣言》：人人有权工作、自由选择职业。《宪法》：中华人民共和国公民有劳动的权利和义务。

受教育权 《宣言》：人人都有受教育的权利。《宪法》：中华人民共和国公民有受教育的权利和义务。

资产形成权 《宣言》：任何人的财产不得任意剥夺。《宪法》：国家依照法律规定保护公民的私有财产权和继承权。

以马斯洛（A. H. Maslow）的需求层次论来对这六项社会权利进行考量，可以发现，上述六项社会权利所涉及的都是人的最基本的需要。而且一般都处于"需要层次金字塔"中"生理的需要"和"安全的需要"这两个较低的和最低的层面上，有时也会涉及第三个层面，即"获得社会认同的需要"。

从这个意义上说，生存权、居住权和健康权事关温饱问题——人的生命存续和身心健康——人的生命质量；而劳动权和受教育权介于生理需求和安全需求之间并起到连接和沟通作用，是现代社会中保证温饱和健康所必需的手段；资产形成权的层次稍高，主要涉及以备不时之需的未雨绸缪。

总而言之，需要的层次越低，就越接近人的自然属性（或曰动物本能）。因此在"基本需求"方面，一般公民已经很少有回旋余地；而涉及"最低标准的需求"，则已完全没有退路，这就需要政府和社会加以切实的保障。强调公民的社会权利，就是强调国家在"民生"方面的责任。从这个意义上说，社会政策就是国家为了切实保障公民的基本权利而采取的应对措施和制度安排。

二、社会政策学科的历史演进

自19世纪末以来的一部社会政策研究和社会政策学的发展史，大致上可以划分为三个阶段，即"前福利国家"阶段、"福利国家"阶段和"后福利国家"阶段。

1. 社会政策学发展的三个阶段

社会政策学发展的三个阶段的划分，是以两个在世界历史上里程碑式的事件作为时间界线的。其一,20世纪40年代英国《贝弗里奇报告》的出台及稍后的"福利国家"的建成,是"前福利国家"阶段和"福利国家"阶段的分界线,其二,80年代英国撒切尔主义、美国里根主义的"社会福利改革"是"福利国家"阶段和"后福利国家"阶段的分界线。

(1) 前福利国家阶段(19世纪70年代至20世纪40年代初)

这一阶段的主要目标是缓解贫困问题。在这一阶段,"社会政策"的概念首先在德国被提出。但是,国家施行社会政策的实践却可以追溯到1601年英国《伊丽莎白济贫法》的颁布。在这个阶段,英国模式和德国模式先后问世。进入20世纪,社会政策研究的中心逐渐移向英国。为在政府政策与个人需求之间搭起一座互动与沟通的桥梁,作为国家政策与个人福利之间的传送机制的社会工作的作用凸显出来。当时的社会政策研究和教学主要被包含在社会工作学的范畴之内,甚至只是社会工作学的一门课程。同时,社会政策研究与社会工作一样,主要是取问题导向和行动导向,在对贫困、健康、住房、教育等方面具体政策的研究占主要地位。其中最为著名的有19世纪末20世纪初英国的布什和朗特里关于贫困问题的研究,如布什(C. Booth)的《伦敦东区人民的劳动和生活》和朗特里(S. Rowntree)的《贫困:城镇生活研究》。

(2) 福利国家阶段(20世纪40年代初至70年代末)

这一阶段发展的主旋律是政府行政管理。40年代英国《贝弗里奇报告》的出台及稍后福利国家的建成标志着社会政策研究进入了福利国家阶段。福利国家的制度和政策设计实际上为国家政策和个人福利之间的关系设定了一个相对稳定的大框架。由于从20世纪50年代初到70年代中是西方国家经济发展的黄金时期,在这样的社会、经济背景下,福利国家政策的发展也是一帆风顺。

在这一阶段,逐渐地,从社会工作学中分出了一门独立的学科,称为"社会行政学"。因为已经有凯恩斯经济学和《贝弗里奇报告》基本上框定了福利国家的大政方针,所以,政府和社会要做的事似乎就是将福利国家的既定政策通过各种社会福利计划与相关服务具体地落实到每一个公民身上。因而,政府的行政管理似乎更值得关注。于是,研究各种提供社会服务的人类组织和正规结构的社会行政学(Social Administration)作为一门独立的学科首先从社会工作学中分化出来。

据香港的周永新教授介绍,蒂特马斯是社会行政学的第一位教授,因此被奉为这门学科的鼻祖。在社会行政学中,社会政策研究已经占据了相当大的分量,蒂特马斯当时教的就是社会政策。他的讲稿在他去世之后由他的学生编辑为《社会政策10讲》一书,成为社会政策领域的经典著作。[①] 蒂特马斯的其他著作还包括《社会政策导论》《福利国家评析》《收入分配与社会变迁》《福利承诺》《福利权利:法律与价值判断》等。

这一时期其他重要的社会政策学的著作还有马歇尔的《社会政策》、平克(R. Pinker)的《社会理论与社会政策》、瑞恩的《社会政策:选择和变迁的结果》等。

(3)后福利国家阶段(20世纪70年代末至今)

这一阶段的主题是社会福利制度改革。20世纪70年代西方国家走进了滞涨时期,凯恩斯经济学和福利国家理论受到了普遍的怀疑。以英国的撒切尔主义和美国的里根主义为代表的社会福利制度改革翻开了社会政策研究的新一页。这一阶段又可分为两个小阶段:一是从70年代末到90年代初,保守主义和新自由主义大行其道,对福利国家理论大肆抨击,将其作为西方经济衰退的替罪羊;二是90年代中至今,中间道路占了上风,既对保守主义和新自由主义的盛行进行反思,又对福利国家的理念重新审视并基本加以肯定。

在这一阶段,福利国家的基本理念受到冲击。同时,全球化的影响使社会政策的变化更为频繁、影响也更为广泛,福利多元化成为时代的主流。全球化也使社会政策需要更为广阔的国际视野。于是,社会政策的不确定性与日俱增,社会政策研究的必要性和紧迫性也增加了。因此,仅仅局限在行政管理上来讨论相关的问题已经落后于形势,为适应需要,到90年代后期,在大学中将社会行政系易帜为社会政策系成为风潮,这标志着社会政策作为一门独立的学科和研究领域日趋成熟。

在研究成果方面,这一阶段既有批判福利国家理论的著作,如安德森(D. Anderson)的《破除福利国家的符咒》、米休拉的《危机中的福利国家》等。同时,也有很多对上述批判提出质疑的著作,如分别由两位皮尔逊(Christopher Pierson 和 Paul Pierson)写的《超越福利国家?》和《拆卸福利国家?》。而到90年代后期,社会政策研究走出了福利国家功过是非之争的圈子,不同福利体系的比较成为热门,如希尔(M. Hill)的《社会政策比较研究》、米奇列(J. Midgley,或译梅志里)的《全球化下的社会福利》等,都已经将研究视野投向全世界。

---

① 参阅 Richard M. Titmuss:《社会政策10讲》,江绍康译,商务印书馆(香港)1991年版。

2. 走向全球化的社会政策

进入 21 世纪,经济全球化的进一步发展带动了政治、社会和文化的全球化。在全球化的大背景下,各国政府对经济权力的控制被大大削弱,同时,对社会权力的控制也面临挑战。一方面,一个国家的社会政策不再仅仅只是对其国内的经济、政治和社会变化的反应,而是会越来越多地受到各种国际因素的影响;另一方面,社会政策的决策和实施过程也将会超出国界之外。这种情况将不仅会影响未来中国国内的经济与社会政策,而且还将对未来的国际经济与政治关系产生重要影响。①

周宏描述了经济全球化如何影响整个社会系统。按照马克思的观点:"生产关系总合起来就构成为所谓社会关系,构成所谓社会,并且构成为处于一定历史发展阶段上的社会,具有独特的特征的社会。"②因此,随着历史的变迁和生产方式的变化,与一定的历史阶段的生产力水平和形式相适应,社会系统就要发生变化。从 20 世纪 80 年代开始,西方世界在第二次世界大战以后以民族国家为单位建立和完善起来的福利国家系统就面临着巨大的挑战。因为资本的"四处流动"摆脱了民族国家的政治控制,成为独立的自主决策体,使受着地域约束的雇员和政府日益失去其影响力。"由于资本的增殖场所已经扩大到全球,要在一国内对所有的收入征税几乎是办不到的。因而,民族国家的政府赖以调整经济政策、干预社会分配的能力是大大地被削弱了。"③

于是,经济全球化造成了两方面的后果:一是导致国内社会不平等加剧以及贫困(主要是相对贫困)问题增多,从而导致对社会保障的需求增大;二是削弱了政府维持和提高社会保障和其他福利供给的动机,从而使社会成员尤其是下层成员获得的保障和福利水平相对降低,进而使相对贫困问题长期难以解决。④

为了应对经济全球化的挑战,从经济上的共同市场(欧共体)到政治、经济一体化的欧盟,欧洲国家采取了集体行动:打破了彼此之间商品、资

---

① 参阅关信平:《全球化北京中的中国社会政策》,载唐钧主编:《社会政策:国际经验与国内实践》,华夏出版社 2001 年版。
② 《马克思恩格斯选集》第一卷。转引自周宏:《经济全球化与民族国家的政府国内政策》,载唐钧主编:《社会政策:国际经验与国内实践》,华夏出版社 2001 年版。
③ 参阅周宏:《经济全球化与民族国家的政府国内政策》,载唐钧主编:《社会政策:国际经验与国内实践》,华夏出版社 2001 年版。
④ 参阅关信平:《全球化北京中的中国社会政策》,载唐钧主编:《社会政策:国际经验与国内实践》,华夏出版社 2001 年版。

本和劳务流动的边界,通过市场的联合来保护它们的社会权利,通过让渡一部分政府权力,在更大的范围内共享超国家权力。①

同时,一些欧洲的学者还试图把欧洲模式推介到全世界,提出了建立全球社会政策体系的倡议。② 社会政策全球化虽然还是一个有待进一步完善的思想,但是其影响力不可低估。

三、社会政策的学科特点

经过一百多年的演变,社会政策已经形成了一个独立的研究领域。我们先来看看对于社会政策的一般性解释:

1. 社会政策的一般性解释

经过一百多年的演变,社会政策已经形成了一个独立的研究领域。如今,社会政策通常被认为是研究国家与其公民的福利之间的关系,以及如何通过政策的制定与实施把国家和社会的作用纳入到个人的福利组合中去的一门应用社会科学学科。社会政策研究的问题主要是一系列与国家和社会相关的个人福利问题,因此,它必然会涉及政府财政、收入分配等领域,以及非政府部门对个人福利的影响。

具体而言,社会政策学科领域一般涉及社会保障政策、文化教育政策、医疗卫生政策、城市规划与住房政策、人口政策等。③ 目前,越来越多的社会政策研究常常把就业政策也包括在内。

自20世纪80年代以来,在国际上,社会政策学作为一门新兴的社会科学应用学科发展的势头非常迅猛,前景一片光明。社会政策学之所以得到青睐,是由于其本身有一些与众不同的特点。这些鲜明的学科特点既是学科发展的基本出发点,也是推动学科发展的动力。

2. 社会政策学科价值理念的四大特点

在一百三十多年的发展历程中,社会政策学科在价值理念上形成了四大与众不同的显著特点:

---

① 参阅周宏:《经济全球化与民族国家的政府国内政策》,载唐钧主编:《社会政策:国际经验与国内实践》,华夏出版社2001年版。

② 参阅关信平:《全球化北京中的中国社会政策》,载唐钧主编:《社会政策:国际经验与国内实践》,华夏出版社2001年版。

③ 参阅李秉勤:《英国社会政策的研究、教学及其借鉴意义》,载唐钧主编:《社会政策:国际经验与国内实践》,华夏出版社2001年版。

(1) 以公平与人权为基本价值观

蒂特马斯认为:"人不单是经济性的人","人是一种社会存在","应该关切社会中的人,尤其是人际关系里非经济性的因子"。① 因此,社会政策学从一开始就将自己的理论架构的核心定位于公平(equity)与人权(rights)。

关于公平,琼斯(K. Jones)、布朗(J. Brown)和布拉德肖(J. Bradshaw)合著的《社会政策要论》一书中,在对"平等"(equality)、"公平"(equity)和"社会正义"(social justice)等概念作出解释和评析以后归纳道:基本上,这些议论建立在三个基础之上:在道德议论方面,公平就是正直;在理论议论方面,公平就是共同利益;而在极实际的议论方面,就是不公正和不公平往往落在那些采行不公正或不公平的人身上。②

关于人权,主要是根据1966年联合国大会通过的《世界人权宣言》,主张人人有资格享有《宣言》所载的一切权利和自由,不分种族、肤色、性别、语言、宗教、政治或其他见解、国籍或社会出身、财产、出生或其他身份等任何区别。③ 具体而言,这些权利体现在就业、社会保障、健康、住宅、教育和其他社会服务等方面。

在当代社会政策研究中,从"公平"和"权利"出发,发展出一系列新概念,诸如"社会排斥""社会剥夺""增权"和"社会资本"等,作为社会政策研究新的视点与支撑点。

(2) 从不讳言自己的价值立场

与上述基本点相联系,社会政策学的另一个极为显著的特点是,从不讳言自己的"价值立场"。蒂特马斯指出:"社会科学,特别是经济学和社会学明显不是免除价值的,永远也无此可能。""最低限度,我们有责任清楚说明自己的价值;当我们讨论像社会政策一类科目的时候,我们更有这么做的特别义务;相当清楚,以中立的价值立场讨论社会政策是没有意义的事情。""在社会福利体系之内,人们无法逃避各种价值选择。"④

这个特点在国际上得到广泛的认同,并得到联合国的认可与推广。

---

① 参阅 Richard M. Titmuss:《社会政策10讲》,江绍康译,商务印书馆(香港)1991年版。
② 参阅 K. Jones, J. Brown and J. Bradshaw:《社会政策要论》,詹火生译,巨流图书公司(台湾)1987年版。
③ 《世界人权宣言》,联合国网,http://www.un.org/zh/universal-declaration-human-rights/index.html。
④ 参阅 Richard M. Titmuss:《社会政策10讲》,江绍康译,商务印书馆(香港)1991年版。

在1962年联合国编写出版的《社会服务的组织与管理》一书中指出:"不论人们视之为狭隘还是广泛,这些定义均含有三个目标——当然还有价值判断:第一,其宗旨皆为行善——政策指向为市民提供福利;第二,兼有经济与非经济的目标,例如:最低工资、最低收入保障标准等;第三,涉及某些进步的资源再分配手段,劫富济贫。"①

(3) 以公民参与为基石

蒂特马斯将社会政策看成是"有关矛盾的政治目的和目标的选择,以及它们的厘定过程,什么才能构成好社会或好社会里足以从文化上区分社会人(Social Man)的需要和志向与经济人(Economic Man)的需要和志向"②。

在这样一个政策过程中,公民参与是不可或缺的。王思斌指出:"认真地说,公民参与是社会政策的精髓。这是因为,任何社会政策都是涉及广大民众的,特别是社会的弱势群体,社会政策应是以保护他们的起码利益为目的。""民众也是社会政策运行的主体,社会政策的执行常常需要施政者与影响对象之间的密切合作。""民众参与社会政策的制定过程就显得十分必要。这不但可以加深他们对政策意义的理解,而且会使他们知道政策何以如此,而不是另外一种形态。"③

20世纪80年代以来,社会政策也借用了市场化的语言表示一种与时俱进的新观念,譬如将政策对象看作客户(clients),在政策实施的过程中强调要时刻倾听客户的意见,这就更清楚地体现出作为政策实施主体的政府机构的公共服务性质。

(4) 以渐进主义为发展策略

社会政策的背后的一个重要理念是"渐进主义"。"改革是不能不渐进的,……我们反对激烈的阶级斗争,也反对放任的政治制度。"德国社会政策学会是在与主张自由放任主义的曼彻斯特学派的论战中诞生的。不了解这个理论背景,可能就难以理解社会政策学为什么总是以介入和干预具体的政策过程为己任。

因此,社会政策领域所推崇的政策主张,绝非激进,而是实事求是,强调调查研究,以充分了解面临的社会问题的来龙去脉;同时反对急躁冒

---

① 转引自丁元竹:《完善社会政策,提高执政能力》,《中国经济时报》2004年10月19日。
② 参阅 Richard M. Titmuss:《社会政策10讲》,江绍康译,商务印书馆(香港)1991年版。
③ 参阅王思斌为莫泰基所著的《公民参与:社会政策的基石》所作的序,中华书局(香港)1995年版。

进，提倡脚踏实地，重视在政策过程中积累起一点一滴的社会进步和文明成果。

3. 社会政策学科建设的四大特点

与上述基本理念与理论框架相联系，社会政策的学科建设也表现出四大鲜明的特点：

（1）研究领域的边缘性、交叉性和开放性

经过最近几十年来不同学科背景的专家学者在社会政策领域中一起工作，社会政策学成为一门具有边缘性、交叉性和开放性等特点的新兴应用社会科学学科，而这个特点正是其强大的生命力之所在。当前，社会政策学彻底打破了传统学科的分界线，正将社会学、经济学、政治学、行政管理学、社会心理学、社会工作学等学科的知识以适用和实用为目的在这里融为一体。

回顾历史，一开始提出"社会政策"概念的德国社会政策学会的成员大多都是经济学家。而到蒂特马斯把社会政策作为一门独立的学科来讲的时候，这门课又主要是建立在社会学和社会工作学的知识体系的基础上了。蒂特马斯曾为社会政策研究列出的一份长长的所需基础知识的菜单："研究社会政策的基础知识要包括：人口变迁——它的过去与现在，以及对未来的预测；家庭制度与妇女地位；社会分层与阶级、世袭阶级、地位和流动等概念；社会变迁与工业化的后果，城市化和社会状况；政治结构；工作伦理与工业关系的社会学；少数民族与种族偏见；社会控制、附合、越轨行为和维持政治现状的应用社会学等。"

也许这门学科注定要成为一个具有进化优势的杂交品种，到20世纪后期，福利国家的信仰动摇以后，社会政策领域的研究开始变得富有挑战性，吸引了更多经济学家、政治学家、社会管理学家、社会心理学家的加盟，甚至许多资深的政府高级官员在退出政界后也加入到社会政策的研究和教学中来。

社会政策研究向纵深发展也确实需要融合各种其他学科知识，譬如，研究住房政策既涉及住房与社会环境、住房与社区建设等典型的社会学领域的知识，也涉及房地产市场研究、住房融资等典型的经济学领域的知识，要在这个领域有所作为必然要使这些知识在一个新的理论框架中融为一体。这种跨学科的知识融合使社会政策学的知识体系迅速向外扩张。

（2）研究方法的具体化与技术化

目前，社会政策学的一个发展趋势是分工越来越细，越来越具体化甚至技术化，常常就一个社会问题进行非常深入和连续、持久的探讨，追求更为有效的解决办法。因此，社会政策更多的是关注解决具体的问题而不仅仅停留于理论体系的建构，强调研究对象及研究方法实用性是社会政策学的最大的特点。根据这个特点，常常有人将其比作社会科学领域的工科，其追求的目标通常是在某一个具体的社会领域中提出一项有效的社会政策以及良好的政策效果和社会反响。

就研究方法的具体化而言，社会政策学的内部分工是细之又细的。譬如，关于老年社会政策的研究，通常会分成三个部分：资金保障、服务照料和亲情慰藉；而到了这一层次还能往下细分，譬如服务照料又可以分为社区照顾和院舍照顾等。在发达国家，在宏观、中观和微观层次上都会有学有专长的专家。当然，目前在中国，还做不到这一点。

（3）政策建议的可行性和可操作性

蒂特马斯说："政策一词有着行动取向和问题取向的意思。"蒂特马斯还指出：现代社会科学学科的发展涌现出"那么多"的以"社会"命名的学科，"其实，这个追求'社会'的潮流多半是出于对经济学家、政治哲学家、试验心理学家，以及社会学家过去所营造的各种愚不可及的人为的社会模型的一种反动"[①]。正因为如此，社会政策学强调从不同的社会问题出发，具体地分析每一个问题的来龙去脉，找出问题的根源，然后提出具有行动性的，或者说具有可行性和可操作性的政策建议。

可以用社会学研究与社会政策研究的区别为例来说明上述观点：波普诺（D. Popenoe）将社会学研究分为两大类："通常，社会学家进行两种类型的经验研究"——"描述性研究"和"解释性研究。""描述性研究是知识探索的第一步。它主要是为了弄明在何时、何地、对什么人发生了什么事情。在描述性研究中，人们认认真真地收集资料来描述群体、社会活动和事件。""虽然描述性研究是必不可少的起点，但是社会学家长盛不衰的理论兴趣却使他们去研究事物为什么会发生。解释性研究就是为了回答为什么和怎么样的。"[②]

社会政策研究则在描述性研究和解释性研究之外，还必须加上"对策

---

① 参阅 Richard M. Titmuss：《社会政策 10 讲》，江绍康译，商务印书馆（香港）1991 年版。
② 参阅波普诺：《社会学（第十版）》，李强等译，中国人民大学出版社 1999 年版。

性研究",而且后者才是研究的真正目标。如果不能形成有效的政策建议,从社会政策的要求来说,研究任务就没有完成。而在社会政策研究中,描述性研究和解释性研究的部分,倒是可以间接或直接借用社会学的研究成果。因此,在把社会政策当作社会科学领域的工科时,实际上是把社会学及其他社会科学学科看成理科的。

(4) 知识体系的系统化和专门化

一门学科终究要在高等教育中取得一席之地,因为这标志着这门学科的成熟和得到学界、政府乃至全社会的承认。就一门学科而言,早期的社会政策曾经属于社会工作或社会行政的范畴,甚至仅仅是社会工作学和社会行政学中的一部分课程。以英国伦敦政治经济学院为例,其社会政策系的前身即社会工作系,当时创建的目的主要是培养具有职业意识的社会工作者,教学的内容以社会工作的理论及实践为核心。随着社会政策研究的发展以及研究人员越来越多地投身政策咨询,这个系的教学也逐步转向培养社会政策的研究人员与社会工作者并重,而从发展的趋势看,在伦敦政治经济学院,甚至前者有可能完全取代后者。[①] 这也许标志着作为一门应用社会科学学科,社会政策学已经趋向成熟。

目前,在英国,已经有伦敦政治经济学院、拉夫伯勒大学、沃里克大学、肯特大学、诺丁汉大学、约克大学、巴斯大学、爱丁堡大学、曼彻斯特大学、布鲁内尔大学等20所大学专门开设了社会政策系(一部分是由原社会工作系改名而来)[②],这预示着社会政策学科的发展前景看好。

4. 社会政策与公共政策的比较

社会政策与公共政策本是两门不同的学科,但从目前的发展趋势看,二者之间呈现出趋同与合流的态势。因为社会政策和公共政策具体的制定和决策过程是共通的,这表现在两个方面:其一,一项具体政策的确定往往是各种社会力量博弈的结果;其二,确定下来的政策设计、执行都应该主要以科学知识和相关技术的运用为主,以此来保证政策的科学性。[③] 这些特点决定二者可以互相学习与借鉴,甚至互相渗透和直接利用。

但是,我们还是要对社会政策与公共政策作一比较,因为这两门学科太容易被有意无意地混淆(英语中的"public"有时也能翻译成"社会"),尤

[①] 参阅李秉勤:《英国社会政策的研究、教学及其借鉴意义》,载唐钧主编:《社会政策:国际经验与国内实践》,华夏出版社2001年版。

[②] 同上。

[③] 参阅杨伟民:《社会政策导论》,中国人民大学出版社2005年版。

其在中国。但是，实际上两者之间还是有一些值得关注的差别。

公共政策学的发源地是美国，是从政治学中分化出来的一门学科。拉斯韦尔（H. Lasswell）和卡普兰（A. Kaplan）说"公共政策是一项含有目标、价值与策略的大型计划"；伊斯顿（D. Easton）认为"公共政策是涉及大量人才和资源或关系到很多人的政府决定；凡是政府决定做的或不做的事情就是公共政策"；安德森（J. Anderson）认为"公共政策是一个有目的的活动过程，而这些活动是由一个或一批行为者，为处理某一问题或有关事务而采取的；公共政策是由政府机构或政府官员制定的政策"。① 从这个意义上说，公共政策包括了政府制定的所有的政策，当然也包括了国防、外交等国家政策，其涉及范围要比社会政策更大。

在研究方法上，公共政策学秉承了实证主义的科学传统，强调其中立的立场，主要研究的是从政策实践中抽象出来的一般的政策过程，并致力于将其定量化，其最高境界是将政策过程用数学模型的方式表述出来。

社会政策学主要来自欧洲，其知识体系的基础原本是社会学和社会工作，所以它继承了这两门学科行动导向和问题导向的特点。其涉及的领域较为狭窄，主要是指与老百姓的社会权利密切相关的政策。社会政策学也更强调价值观，强调从不同的社会问题出发，具体地分析每一个问题的来龙去脉，找出问题的根源或症结，然后提出具有可行性和可操作性的政策建议。

在中国当前较为特殊的社会环境和学术氛围中，一些公共政策理论有可能导致认识上的误区。譬如，英国的格伦内斯特就说过："虽然我们所关注的人类服务也带有一些公共产品的性质，但基本上还是私人产品。"② 这里所说的"人类服务"应该是包括了社会保障制度的。按照公共政策理论，所有的社会产品，包括服务，应该被分成两大类：一类是公共产品，一类是私人产品。政府的职责是提供公共产品，而私人产品则应该由市场来提供。但是，按公共产品的三大特征，亦即非排他性、非竞争性和外部性来衡量所有的社会保障制度，可以说，这些由政府提供的规避社会经济风险的被称为"社会保障"的"人类服务"其实都是私人产品。

但是，当今世界上所有负责任的政府都在通过社会保障制度向老百

---

① 以上引文均转引自陈潭：《公共政策学》，湖南师范大学出版社2003年版。

② 参阅大卫·比尔斯、霍华德·格伦内斯特：《人类服务与志愿部门——比较优势理论探索》，载霍华德·格伦内斯特：《英国社会政策论文集》，苗正民译，李秉勤校，商务印书馆2003年版。

姓提供规避社会经济风险的服务。上述以公共政策理论为由作出的解释可能就有问题了。当我们说公共产品只能由政府提供时,这个论断的正确性应该是没有问题的;但也许我们不能用同样的逻辑去推及问题的另一面,说政府提供私人产品就是错误的。为什么要用国家来提供社会保障范围内的"私人产品"呢?因为这些私人产品的背后都隐藏着个人及其家庭无法抗拒的风险,所以要用国家的力量和社会的手段来予以应对。

当然,公共政策理论本身应该是博大精深的,但在中国,却有将其简单化的倾向,所以在运用时我们可能不得不多加小心。

四、社会政策学科发展的历史与现状

作为一门应用社会科学学科,社会政策在当代中国社会起步较晚。虽然自改革开放以来,中国因经济转轨和社会转型造成的激烈的社会变迁使社会问题层出不穷,于是,有一大批经济学、社会学、政治学等领域的专家学者投身于政策研究,使这个领域成为学术理论界分外关注的热点,但是,多年来,从事政策研究的各个学科的专家学者并没有形成共同的理念,也没能聚集在一面共同的旗帜之下。反倒是常常从各自的学术领域出发,以不同学科不同的甚至相互矛盾的视角和立场来观察和分析社会现实和社会问题,因此,难以取得共识。同时,在中国,传统的观念把政策制定仅仅看成是政府"自己"或"内部"的事。而时下政府机构在制定政策时又往往受制于"部门利益",所以在政策的设计和制定方面往往视野狭窄,政策效果多有不尽如人意之处。

1. 社会政策学科在中国的发展

如果说前三十年的改革开放都是"以经济建设为中心",那么,自2010年中共十七届五中全会以来,这个说法已经淡出,而由实际上的"以民生为本"取而代之。① 为了使"以民生为本"真正落实到可行的和可操作的政策层面上,就要使政府的政策成为"社会的"政策。因此,发展社会政策研究和教育是迫在眉睫的重要任务。在20世纪90年代,随着社会工作作为一个学科开始在中国有所发展,社会政策也作为社会工作学的一门课程进入到中国社会学界的视野中。1999年,中国社会科学院社会学所成立了社会政策研究中心,继而升格为院属中心,这是全国第一个明

---

① 芦垚:《"发展就是硬道理"增添新内涵》,《瞭望东方周刊》2010年第43期。

确以社会政策为研究方向和研究目标的社会科学研究中心。

如今在中国,旗帜鲜明地以"社会政策"为称谓的教育科研单位日渐增多。各著名高校和一些地方社科院也都建立了相应的社会政策研究机构,如北京师范大学中国社会政策研究所、清华大学社会政策研究所、中山大学社会政策与社会保障研究所、华东理工大学社会福利与社会政策研究所、浙江大学劳动保障与社会政策研究中心、中南财经政法大学社会政策研究所、东北财经大学社会政策研究所和江苏社会科学院社会政策研究所、广州社科院社会学与社会政策研究所,等等。另外,直接以"社会政策"命名的教学机构,则有南开大学社会工作与社会政策系、南京大学社会工作与社会政策系、复旦大学社会管理与社会政策系,等等。这说明,"社会政策"这一概念在学术理论界已经日益深入人心,但遗憾的是,在中国高等教育的专业目录中,社会政策尚且没有一席之地。

在社会政策科研和教学不断发展的基础上,"中国社会学会社会政策专业委员会"于2007年正式成立。专业委员会成立后,与南开大学社会工作与社会政策系、复旦大学社会发展与公共政策学院、山东大学哲学与社会发展学院、浙江大学公共管理学院等联合举办了七届"社会政策国际论坛暨系列讲座"。此外,社会政策学界还有一些民间学术活动,如"中国社会保障30人论坛""中华慈善百人论坛",等等,前者聚集了国内著名的从事社会保障研究的专家学者群体,后者则把合作的范围扩大到中国台湾、香港、澳门地区乃至更广。

近年来,在社会政策领域,举办国际研讨会也非常踊跃。据不完全统计,2007年至今,各高校及研究机构举办的与社会政策相关的国际研讨会多达25个,平均每年超过6个。譬如:2007年,南京大学举办了"中日韩社会福利国际研讨会",中国社科院社会政策研究中心举办了"中国农村养老保障与农户资产建设研讨会";2008年,中国国际扶贫中心举办了"社会政策与发展:比较视角下的中国"国际研讨会;2009年,国务院发展研究中心举办了"金融危机中的社会政策国际研讨会",中国社科院社会政策研究中心举办了"残障儿童社会政策国际研讨会";2010年,上海行政学院举办了"城市发展与社会政策"国际学术研讨会,中国社科院社会学所举办了"中国—东盟社会救助政策研讨会"和"国内与国际移民:比较的视角"国际研讨会,等等。

社会政策是一项实践性非常强的应用社会科学学科,因此,与实际工作相结合,动员公众积极参与也是其重要功能之一。2010年,社会政策专业委员会与中国社会政策研究所推出了2009年度"中国社会政策十大创新"评选活动,入选的社会政策领域"创新"包括:陕西神木首推全民免费医疗;廉租住房保障三年规划惠及747万城市住房困难家庭;新型农村养老保险开展试点,企业基本养老保险实现跨省转续;上海多举措扶持社会组织发展;广东居住证制度力促流动人口享受"同城待遇";深圳社会工作服务纳入政府采购;宁夏首创高龄老人津贴并大力推进多项公共服务;广西防城港强化孤儿救助,率先落实孤儿最低养育标准;江苏南京首创投资项目就业评估制度;安徽铜陵打造无择校城市,推动城乡教育均衡发展。

类似的活动还有中央编译局、民政部民间组织管理局和一些大学及科研机构组织的"中国社会创新奖"的评选,2010年入选的项目有:"爱心包裹"(中国扶贫基金会)、"边远地区少数民族HIV感染者互助、生产自救网络"(云南省瑞丽市妇女儿童发展中心)、"残疾人社会企业孵化"(广东省深圳市残友集团、深圳市郑卫宁慈善基金会)、"城市社区参与式治理能力建设"(北京市东城区社区参与行动服务中心)、"公民社会园丁行动"(江苏省南京市爱德社会组织培育中心)、"淮河卫士"(河南省周口市沈丘县淮河水系生态环境科学研究中心)、"花溪乡农村社区生态健康促进"(四川省巴中市通江县大巴山生态与贫困问题研究会)、"'守护天使'临终心灵陪伴"(上海市浦东手牵手生命关爱发展中心)、"新老市民共建共享融合模式"(浙江省宁波市社会融合组织促进会)、"格桑花助学"(青海省西宁市格桑花教育救助会),等等。

2. 社会政策领域的研究成果

在研究成果方面,在20世纪末到21世纪初,中国社会科学院社会政策研究中心陆续出版了一套"社会政策研究"丛书。在译著中,李秉勤、贡森主编,商务印书馆出版的"社会政策译丛"很受欢迎。这套丛书中包括:希尔所著的《理解社会政策》,格伦内斯特(H. Glennerster)所著的《英国社会政策论文集》,埃斯平-安德森(Costa Esping-Andeson)所著的《福利资本主义的三个世界》,多亚尔(R. Doyle)和高夫(I. Gough)所著的《人的需要理论》,皮尔逊(P. Pierson)所著的《福利制度的新政治学》,考夫曼(Franz-Xaver Kaufmann)所著的《社会福利国家面临的挑战》,等等。

近年来,有关社会政策的论著或译著出版的数量更是大增。有很多著作也是以丛书的形式出版的,如劳动与社会保障出版社出版的丛书"社会保障与社会政策研究"和"社会政策论丛",前者包括童星所著的《社会转型与社会保障》,林闽钢所著的《社会政策:全球本地化视角的研究》,林卡、陈梦雅所著的《社会政策的理论和研究范式》等;后者包括张秀兰、徐月宾、梅志里编的《中国发展型社会政策论纲》,徐月宾主编的《社会政策理论与实践》,沙琳(Sarah Cook)主编的《需要和权利资格:转型期中国社会政策研究的新视角》,尚晓援所著的《中国社会保护体制改革研究》,等等。中国社科院社会政策研究中心编写的《中国社会政策研究十年专题报告集》和《当代社会政策研究》,也分别由社会科学文献出版社和劳动与社会保障出版社出版。其他的社会政策著作有丁宁宁、葛延风主编的《构建和谐社会:30年社会政策聚焦》,彭华民所著的《社会福利与需要满足》,邓伟志、范明林、张钟汝所著的《社会管理与社会政策:境外公共政策扫描》,葛道顺、商玉生、杨团所著的《中国基金会发展解析》,等等。

当然,更多的研究成果体现在论文和研究报告上,近年来,在社会政策领域著作颇丰。以"社会政策"和"社会保障"为关键词,在"知网"和"人大报刊资料中心网"上查询,从2007年到2011年,共有相关的文章25403篇。

在社会保障方面,2007年中共十七大报告明确提出了"覆盖城乡居民"的政策目标,这是社会政策和社会保障学界多年来力图阐明的一个基本的政策理念。与此相关的议题,还有"适度普惠型的社会福利制度"。四年来,就上述观点发表过相应的论文和著作的有学者,也有官员。前者如郑功成、景天魁、丁元竹、王思斌、穆怀中、何平、何文炯、顾昕、唐钧、林闽钢等等,后者如尹蔚民、李学举、田成平、刘永富、胡晓义、路和平,等等。学者和政府部门的领导针对同一议题发表意见,共同探讨,说明社会政策研究的重要性得到了提升,其实践性尤其得到关注。因此,"十一五"期间,在社会保障方面取得的成果是显著的。2007年,实现了城乡低保制度的全覆盖;2009年,新型农村社会养老保险制度开始试点;加上此前已经建立并在逐步完善中的新型农村合作医疗制度,"覆盖城乡居民"的社会保障蓝图已经展现在全国人民面前,并且正在一步一步地付诸实施。与此同时,在从事社会政策研究的专家学者的积极参与和支持下,《社会保险法》在2010年10月的第十一届全国人民代表大会常务委员会第十七次会议上通过,并自2011年7月1日起施行。

就学术成果而言,郑功成领衔,有数百名专家学者参加的题为"中国社会保障改革与发展战略研究"的课题已经完成。① 研究报告提出了中国社会保障体系建设"三步走"的发展战略：第一阶段（2008—2012年），初步构建"两免除一解除"的基本保障制度支架（覆盖全民的社会救助、医疗保障与养老保险体系）；第二阶段（2013—2020年），实现整个社会保障体系全面定型、稳定发展；第三阶段（2021年—21世纪中叶），全方位地满足国民社会保障需求并迈进中国特色社会主义福利社会。②

近年来，在社会保障领域，也有一些专家学者们争执不下的议题，譬如"延迟退休年龄"和"事业单位养老保险制度改革"。对于前者，一些人认为：在人口老龄化不断加速的趋势下，应该延迟退休年龄，以减轻养老保险基金的压力；另一些人认为：在就业形势日趋严重的社会背景下，延长退休年龄会影响就业，而社会政策的施行应该有轻重缓急的排序，现在提延长退休年龄并不适宜。对于后者，一些人认为，事业单位工作人员的养老金制度应该与城镇职工的社会养老保险制度"并轨"；另一些人则认为：本质问题是企业养老金偏低，应该提高企业职工的养老金标准，而不是降低事业单位工作人员的养老金标准。这个争议后来把公务员也一并卷入，变成关于"养老金双轨制"的社会公众的争议。

在医疗卫生体制改革方面，"新医改方案"已经于2009年4月出台。在"新医改方案"的制定过程中，形成了公众积极参与的"社会大讨论"，社会政策学界积极参与了相关的调查研究及建言献策。在与新医改相关的"坚持医疗卫生事业的公益性"和"改变'看病贵、看病难'现状"等议题上，宋晓梧、葛延风、王延中、李玲、杨团、唐钧、顾昕、刘继同等从事社会政策研究的专家学者都积极参与，踊跃地发表意见，在圈内圈外对新医改做出了贡献。当然，在现实中，"新医改"的作用还没有得到充分的体现，"看病难、看病贵"的问题还没有得到根本缓解，在这方面，社会政策学界还要继续努力。

社会组织与慈善事业的发展也是近年来比较活跃的社会政策热点之一，尤其是2008年的"汶川地震"，促使相关的社会政策研究和讨论日渐趋热，一个有利于社会组织发展的大环境正在慢慢形成之中。在这个领域，比较活跃的专家学者有王振耀、王名、丁元竹、邓国胜、徐永光、杨团、卢德之、黄浩明等，他们的一个共同的特点是理论联系实际非常紧密，不

---

① 参阅郑功成主编：《中国社会保障改革与发展战略研究》，人民出版社2010年版。
② 张怡恬、鲁全：《精心描绘社会保障战略蓝图》，《人民日报》2010年2月24日。

少人本身就身处社会组织中亲力亲为。但是,在这个领域还有很多难题亟待解决,这也是社会政策学界理应费心去破解的功课。

在就业政策方面,2007年8月第十届全国人民代表大会常务委员会第二十九次会议通过了《就业促进法》。在这项法律的制定过程中,社会政策学界也积极参与调查研究和讨论。此外,对与此相关的农民工问题、企业社会责任问题等,社会政策学界参与的热情也非常高涨。郑功成、杨宜勇、彭希哲、张峻峰、莫荣、王春光等人都发表了很有质量的论文和观点。就业是民生之本,这在中国似乎早有定论,问题在于如何实践,这又是摆在社会政策学界的专家学者面前的又一道难题。

在教育改革和保障性住房政策方面,社会政界的参与较少。究其原因,可能前者因为过于专业而且水太深,后者则在中国一直被当作经济政策(房地产政策)在调整。但是,在这些领域无所作为,当真是不无遗憾。

近年来,在社会政策和社会福利的基础理论研究方面,也有很大的进展,发表论著较多的专家学者,譬如关信平、张秀兰、彭华民、徐月宾、潘屹、林卡、岳经纶、杨伟民等,他们多持国际视野,注重介绍和引进国外的社会政策理论观点,并将其与本土的实践经验相结合;又如景天魁、王思斌、丁元竹、吴忠民、唐钧、毕天云等人也著作颇丰,而他们比较偏重总结国内经验并加以提升。

3. 中国社会政策学科发展前瞻

在国际上,社会政策学作为一门新兴的社会科学应用学科,自21世纪以来发展的势头非常迅猛。社会政策学之所以得到青睐,是由于其本身有一些与众不同的特点。这些鲜明的学科特点既是学科发展的基本出发点,也是推动学科发展的动力。

处在经济转轨、社会转型的"两个转变"时期的中国,在客观上对在国际上颇具个性的社会政策学科的需求无疑是迫切的。若以市场的角度来看问题,社会政策研究的第一大客户是政府,包括中央政府和地方政府,社会政策学科的发展还要靠政府来推动。在发达国家,政府机构对自己管辖范围内的相关事务和问题一般是不会自行进行调研或评估的,自己对自己进行调研或评估显然缺乏公信力,惯常的做法是委托大学或研究机构或咨询公司来进行。类似的做法目前在中国也有所发展。同时,应该指出的是,真正的社会政策的研究成果并不满足于把问题归结到诸如"体制问题""资金问题"等一般层面上,也不是简单地人云亦云地做一些非常一般化的"对策"或"建议",社会政策专家要提出的是在中国行得通而且有效果的政策建议。这对完善中国的政治民主也是有好处的。

社会政策研究的第二大客户有可能是社会组织。社会政策专家应该积极地与其结成伙伴关系,利用一切可以利用的社会资本去帮助社会弱势群体。中国的改革开放和经济建设需要大量的社会政策研究人才。

有条件的院校应该适时地将"社会工作"系或专业改为"社会政策与社会工作"系或专业。同时,在一些重点院校开设社会政策学的硕士点和博士点,尽快地形成社会政策领域的人才群。

本文原发表于《社会科学》2009年第4期,收入本书时有较大增删修改。

经济理性与人文关怀

自从20世纪80年代以来,"效率与公平"这一对矛盾,成了中国社会一个永恒的话题,但在各个时期,高层的说法似乎又一直在变化。在中国共产党历次党代会的报告中,对"效率与公平"的说法显然是有差别的:改革开放后,直到1987年的中共十三大才开始涉及这个议题:"在促进效率提高的前提下体现社会公平",立足点还在"公平"。1992年的中共十四大,提法有点不偏不倚:"兼顾效率与公平"。1997年的中共十五大和2002年的中共十六大,观点鲜明:"坚持效率优先、兼顾公平","效率"被放到了"优先"的位置上。2007年的中共十七大和2008年的中共十八大则都提出:"初次分配和再分配都要处理好效率和公平的关系,再分配更加注重公平。"但前者更为原则性的提法是"把提高效率同促进社会公平结合起来",而后者的提法则是"推动经济更有效率、更加公平、更可持续发展"。①

当今世界上,关于"效率与公平"这一议题的讨论,最有影响的学术著作当数罗尔斯(J. Rawls)的《正义论》(*A Theory of Justice*)②、《作为公平的正义——正义新论》(*Justice as Fairness—A Restatement*)③和奥肯(A. Okun)的《平等与效率:重大抉择》(*Equality and Efficiency: The Big Tradeoff*)④。一般认为,罗尔斯的《正义论》和《作为公平的正义——正义新论》"主张以一种更抽象的社会契约论来替代功利主义","被视为第二次世界大战后西方政治哲学、法学和道德哲学中最重要的著作之一"。奥肯的思考则是在经济哲学层面上,"以超越经济领域的视角对平等与效率的关系及抉择问题进行价值分析和判断"。⑤

从社会政策的视角审视这个议题,经济哲学层面上的"效率"和"平等"可能会显得过于抽象。因此,在社会领域中作政策抉择时,是否可以用更具有可操作性的"经济理性"和"人文关怀"来取代"效率"和"平等",以衡量和调整社会政策的效率和效果。

要以"经济理性"和"人文关怀"取代"效率"和"平等"为衡量尺度以帮助决策,就要先界定经济理性是什么?以及经济理性与效率之间的关系;同时也要界定人文关怀是什么?以及人文关怀与平等之间的关系。以下分而述之。

一、效率与经济理性

奥肯说:"效率,意味着从一个给定的投入量中获得最大的产出。""所谓效率,即多多益善。但这个'多'须在人们所愿购买的范围内。"⑥

然而,关于效率,在经典的经济学著作中,还有一个演绎和论证的逻辑过程。实际上,相关著作中对于经济学概念的讨论,通常是从界定资源

---

① 参阅中共中央文献研究实室编:《改革开放三十年重要文献选编》,中央文献出版社2008年版;《中国共产党第十八次全国代表大会文件汇编》,人民出版社2012年版。
② 参阅罗尔斯:《正义论》,何怀宏等译,中国社会科学出版社2009年版。
③ 参阅罗尔斯:《作为公平的正义——正义新论》,姚大志译,上海三联书店2002年版。
④ 参阅奥肯:《平等与效率——重大抉择》,王奔洲等译,华夏出版社2010年版。
⑤ 陈树人:《平等与效率:论阿瑟·奥肯的抉择理论及其现实意义》,《马克思主义与现实》2008年第2期。
⑥ 参阅奥肯:《平等与效率——重大抉择》,王奔洲等译,华夏出版社2010年版。

的"稀缺"和"节约"开始的。萨缪尔森（P. A. Samuelson）和诺德豪斯（W. Nordhaus）指出：事实上，正是由于存在着稀缺性和人们追求效益的愿望，才使得经济学成了一个重要的学科。①

对此，雷诺兹（L. Reynolds）认为：经济学是研究节省的，这是我们每天都要干的事，我们不得不节省，因为我们缺乏。② 曼昆（G. Mankiw）则认为：经济学研究社会如何管理自己的稀缺资源。③ 海恩（P. Heyne）、彼勃特克（P. Boettke）和普雷契特科（D. Prychitko）说：经济学的思维方式的基本预设是：所有社会现象均源于个体的行为以及群体的合作，在这些活动中，人们基于他们预期的额外收益和成本进行选择，而对"预期的额外收益和成本"的比较和选择，"我们常常称之为节约。④

出于对稀缺和节约的考虑，使对效率的追求成为经济学理论中的核心问题之一。萨缪尔森和诺德豪斯认为：效率是指最有效地使用社会资源以满足人类的愿望和需要。⑤ 曼昆把"效率"定义为"社会能从其稀缺资源中得到最大利益的特性"⑥。海恩等则认为："简单地说：'值不值'这种问题问的就是经济效益。""经济学家的效率概念——为了强调，他们称之为经济效率——从决策者的角度比较额外收益和额外成本。如果决策者判定预期的额外收益超过了预期的额外成本，就称这个决策或行动计划是有经济效益的。"⑦

从关于效率的讨论中，弗里德曼（D. Friedman）引出了"经济学中的理性"这一概念："经济学的主题内容并不是货币，而是理性——其内涵，尤其是其隐而不彰的内涵，就是人们理性地采取行动的事实。"⑧

有趣的是，在社会学著作中很少涉及效率，但对经济理性还是有所涉及。不过，社会学家通常会指出传统经济学关于经济理性的假定的不足。斯梅尔瑟（N. Smelser）在《经济社会学》一书中谈道："在传统的经济学分析中，有一个最重要的假定，这就是经济理性：如果一个人处于一种经济

---

① 参阅萨缪尔森、诺德豪斯：《经济学》，萧琛等译，华夏出版社1999年版。
② 参阅雷诺兹：《宏观经济学——分析与政策》，马宾译，商务印书馆1989年版。
③ 参阅曼昆：《经济学原理》，梁小民译，北京大学出版社2006年版。
④ 参阅海恩、勃特克、普雷契特科：《经济学的思维方式》，马昕、陈宇译，世界图书出版公司2008年版。
⑤ 参阅萨缪尔森、诺德豪斯：《经济学》，萧琛等译，华夏出版社1999年版。
⑥ 参阅曼昆：《经济学原理》，梁小民译，北京大学出版社2006年版。
⑦ 参阅海恩、勃特克、普雷契特科：《经济学的思维方式》，马昕、陈宇译，世界图书出版公司2008年版。
⑧ 参阅弗里德曼：《弗里德曼的生活经济学》，赵学凯等译，中信出版社2003年版。

情境中需要抉择时,他必定作出尽最大限度获取经济利益的选择;一个厂商必定作出'追求最高投入产出比例的选择'。"斯梅尔瑟接着评论道:"以上的假定显然不能符合所有的实际情况。""社会是由众多非经济因素和经济因素交织在一起而组成的,任何一种因素都无法决定整个社会生活的特色,也不能代表整个社会生活。"但是,另一方面,斯梅尔瑟又认为:我们可能不必放弃"经济理性"这个概念。他认为,在特定的语境中,"经济理性"的概念还是可以接受的。尤其是将经济理性视为一种制度化的价值理念,使其成为一种行为标准时。他强调:"社会学家必须重视经济理性的社会意义,因为它在一个重要的变项——社会控制中占据中心地位。"①

基于以上的诠释和分析,我们对本文中所使用的"经济理性"的诠释是:在有限的资源条件下追求效率,亦即追求收益大于成本,或曰以最小的投入获取最大的产出。

社会政策过程中的"经济理性",可能是一个更具操作性的新概念。因为在当代中国,尤其在政府的政治行为和制度安排中,经济理性已然被视为一种制度化的价值理念,因而也被当作一种衡量社会政策质量的尺度。

二、平等与人文关怀

在经典的经济学著作中,"平等"概念的定义,通常会涉及一个与社会政策的初衷相关的概念——"分配"。萨缪尔森和诺德豪斯指出:"经济学研究的是一个社会如何利用稀缺的资源生产有价值的商品,并将它们在不同的人中间进行分配。"②曼昆则认为,经济学中所说的"平等",就是指"经济成果在社会成员中公平分配的特性"。③

也许是因为"平等"习惯上常常被归入"社会和政治权利"的范畴,所以,在社会学著作中,"平等"是必然要涉及的一个问题。更有意思的是,社会学常常是从反面,即"不平等"的角度出发去讨论这个问题。当吉登斯(A. Giddens)谈及"对平等和不平等的重新思考"时,他提出:"经济不

---

① 参阅斯梅尔瑟:《经济社会学》,方明、折晓叶译,华夏出版社1989年版。
② 参阅萨缪尔森、诺德豪斯:《经济学》,萧琛等译,华夏出版社1999年版。
③ 参阅曼昆:《经济学原理》,梁小民译,北京大学出版社2006年版。

平等是所有社会制度的一个永恒特征。""事实已经证明实现平等是很难的,在自由市场制度中,不可避免地会产生不平等。"①波普诺的观点与吉登斯非常相似:"在所有社会中,人们一生下来就面对着不平等——即缺少平等的途径以得到社会所提供的满足欲望的物品。"在《社会学》一书中,他把"社会不平等"列为全书五个部分中的一个部分,具体涉及"社会分层""社会阶级与贫困问题""民族、种族与少数民族""年龄与健康""性别"等问题(或影响因素)。社会学家讨论的"平等"和"不平等"的外延应该比经济学家所说的"公平分配"要宽泛得多。②

  第二次世界大战以后盛行于发达国家的被称为"福利国家"的社会政策,通常被认为是与解决公平分配的目标相关的。在《福利视角:思潮、意识形态及政策争论》一书中,迪肯(A. Deacon)引用历史学家罗易(R. Lowe)的话说:英国的"福利国家"是"20世纪40年代的独创","是历史上第一次确保所有的社会成员享受'从摇篮到坟墓'的保障,用以抵御非个人原因导致人们失去收入的种种风险"。迪肯对"福利国家"所下的定义是"政府承认有确保所有的社会成员获得最低收入的责任,最大可能地在医疗保健、住房、教育和个人社会服务等方面提供援助,它主要通过一系列的'社会服务'实施"③。

  在对福利经济学的前沿问题作出阐述时,巴尔(Nicholas Barr)和怀恩斯(David Whynes)先是指出:"福利国家主要从非经济学的角度来加以研究,经济学对这个主题说不上什么话。"然后,他们又引用阿特金森(Anthony Atkinson)的话说:"所幸是目前这种观点正在改变。"然而,具体而言,在他们列出的福利国家的12项目标中,经济目标仅有三项:(1)宏观效率,(2)微观效率,(3)激励;管理目标有两项:(1)可理解性,(2)禁止滥用;而社会目标则有七项:(1)减少贫困,(2)原有生活水平的维持,(3)收入平滑,(4)纵向平等,(5)横向平等,(6)尊严,(7)社会团结。④

  巴里(N. Barry)在《福利》一书中证实了这一点:"社会哲学中的得到

---

① 参阅吉登斯:《社会学(第四版)》,赵旭东等译,北京大学出版社2003年版。
② 参阅波普诺:《社会学(第十版)》,李强等译,中国人民大学出版社2004年版。
③ 参阅迪肯:《福利视角:思潮、意识形态及政策争论》,周薇等译,上海人民出版社2011年版。
④ 参阅巴尔、怀恩斯主编:《福利经济学前沿问题》,贺晓波、王艺译,中国税务出版社2000年版。

分析最多的概念——正义——已经不可避免地与福利绑在一起。整个福利国家观念的正当性常常是根据强调再分配的正义概念来证明的，它不是根据在合法所有权的程序性规则之下与个人权利资格相联系的经济资源配置来界定公平，而是将公平定义为一套复杂的制度，这套制度只在考虑超越了基于私人产权之要求的'需要'和'应得'。"①

以上的讨论涉及四个概念——"平等""分配""正义"和"福利"。在关于平等的讨论中，罗尔斯强调：一种正义的制度应该通过各种制度性安排来改善"最不利者"的处境，增加他们的希望，缩小他们与其他人之间的差距。② 这就是罗尔斯"作为公平的正义"中的第二个原则——平等的分配，罗尔斯也称之为"差别原则"。上述概念中的前三个，在罗尔斯的"差别原则"中就这样统一起来了。然后，"正义"又同"福利"发生了联系。

蒂特马斯（Richard Titmuss）对于"福利"作出了进一步的解释，他认为："在广义的理解上，福利具备同时实现两个目的的独特潜能。第一，它能够再分配资源，并因此减少不平等；第二，它能够通过过程和制度实现这种再分配，而这样的过程和制度本身能够促进社会整合并鼓励伙伴关系。"这里所说的"伙伴关系"，来自托尼（Richard Tawney）：伙伴关系代表着源于认同所有人皆平等地拥有价值，所有人皆拥有同等的被尊敬和关怀的社会关系。③ 因此，对"福利"诠释中潜藏的最珍贵的价值理念就是"人文关怀"。

基于以上的诠释和分析，我们对本书中所使用的"人文关怀"的解释是：首先是指在社会分配过程中以无数个具有平等权利的个体的人为本的公平分配，其次是指在整个社会经济发展中以无数个具有平等权利的群体的人为本的共享与参与。

社会政策过程中的"人文关怀"，也是一个更具操作性的新概念。因为在当代中国，尤其在政府的政策行为和制度安排中，"人文关怀"也已经被视为一种制度化的价值理念，因而也被当作一种衡量社会政策质量的尺度。

---

① 参阅巴里：《福利》，储建国译，吉林人民出版社2005年版。
② 参阅姚大志：《导读：从"正义论"到"正义新论"》，载罗尔斯：《作为公平的正义——正义新论》，姚大志译，上海三联书店2002年版。
③ 参阅转引自林闽钢：《回到蒂特马斯：社会政策的蒂特马斯立场辨析》，载岳经纶、郭巍青主编：《中国公共政策评论（第5卷）》，格致出版社、上海人民出版社2011年版。

三、经济理性与人文关怀

从公平与效率到经济理性与人文关怀,不同的社会科学学科理论都已作出了各种不同的诠释。这种学科理论之间的差别,就其学术意义而言,归根结底,就在于学者们观察世界时采取了不同的立场与视角。实际上,如果我们偏执地仅从某一个学科的立场和视角去观察问题,也许会犯类似于"盲人摸象"的错误。

阅读经济学和社会学的教科书可以感受到,在这两个不同的学术领域,传统上对于效率和平等以及经济理性和人文关怀的理解,实际上是各有偏好的。一般来说,经济学讨论更多的是效率和经济理性的问题,而社会学则更愿意讨论平等和人文关怀的问题。顺便提一下,关于平等问题,社会学家所取的观察角度往往是不平等。

在帕森斯(T. Persons)和斯梅尔瑟合著的《经济与社会——对经济与社会的理论统一的研究》一书中谈到一个观点:"无论在理论或者实证的意义上经济学都必须依靠其他社会科学,而其他社会科学也都要依靠经济学。"①

在与平等和效率的相关讨论中,有一个惯习,即常常将这两者列为一对范畴。曼昆认为"效率是指经济蛋糕的大小,而平等则是指如何分割这块蛋糕。在涉及政府政策的时候,这两个目标往往是不一致的"②。正因为如此,在实践中,平等和效率的优先次序就常常成为社会领域或其他相关领域制定政策的重要抉择。

在《平等与效率》一书中,奥肯专门讨论了"平等"和"效率"的优先权排序问题,他指出:"罗尔斯有一个清晰干脆的回答:把优先权交给公平。密尔顿·弗里德曼(M. Friedman)也有一个清晰干脆的回答:把优先权交给效率。"

但是,奥肯本人的回答则"很少是清晰干脆的"。奥肯认为:"如果平等和效率双方都有价值,而且其中一方对另一方没有绝对的优先权,那么在它们冲突的方面,就应该达成妥协。这时,为了效率就要牺牲某些平等,并且

---

① 参阅帕森斯、斯梅尔瑟:《经济与社会》,刘进、林午、李新、吴予译,华夏出版社1998年版。
② 参阅曼昆:《经济学原理》,梁小民译,北京大学出版社2006年版。

为了平等就要牺牲某些效率。"但是奥肯指出：首先，"作为更多地获得另一方的必要手段（或者是获得某些其他有价值的社会成果的可能性），无论哪一方的牺牲都必须是公正的。尤其是，那些允许经济不平等的社会决策，必须是公正的，是促进经济效率的"。其次，在不同的领域，"效率"与"平等"的优先权排序是不一样的。在"社会和政治权利领域"，"社会至少在原则上把平等的优先权置于经济效率之上"；在"市场和其他经济制度"中，"效率获得了优先权，而大量的不平等却被认可"。"社会有责任经常地在效率和平等之间进行交易。这些交易构成了困难的选择"。最后，奥肯得出结论："因为平等和经济效率之间的冲突是无法避免的"，"或许这正是为什么它们互相需要的道理——在平等中注入一些合理性，在效率中注入一些人道。"①

但是，因为市场经济必然带来的"马太效应"，1995年在丹麦首都哥本哈根召开的"人类有史以来的首次社会发展首脑会议"通过的《哥本哈根宣言》中②突出地强调："单凭市场不可能消除贫困，也不可能获得公平和平等，而这二者却是发展的基石。"这次会议更指出："只有人——不论是作为个人还是作为社群——成为行动主体，变化和发展才能产生。"③"必须采取有效的措施，满足个人、家庭和社群的物质和精神需求。它的第一项承诺，就是创造如此一种经济、政治、社会、文化和法律的环境，使人们得以发展其社会。"④这说明以上所述的以人为本的社会发展理论已经得到世界各国的普遍认同。

以上引述《哥本哈根宣言》的前两句话，实际上强调了两个理念："参与"与"分享"。阿玛蒂亚·森（Amartya Sen）曾经这样诠释上述这两个理念的重要性：经济要获得发展，必须是在所有的社会成员共同参与、有序竞争的情况下，也就是说，如果收入分配过于不公，那么社会参与和社会进步就没有办法实现，社会的聚合力就会受到破坏。⑤

四、科学理性与人文精神

要深入地研究"经济理性"与"人文关怀"这一对范畴，不妨追溯一下

---

① 参阅奥肯：《平等与效率——重大抉择》，王奔洲等译，华夏出版社2010年版。
② 英奇：《导论：新千年中争取社会进步的步骤》，《国际社会科学杂志》2000年第4期。
③ 克莱尔：《消除贫困与社会整合：英国的立场》，《国际社会科学杂志》2000年第4期。
④ 同上。
⑤ 转引自权衡：《一个放松规制的市场体系会导致高度的不稳定性》，《文汇报》2014年6月16日。

近代以来人类社会发展的历史。我们可以首先讨论"科学理性"与"人文精神"这一对范畴。

在学术领域,常常把迄今为止人类所掌握的知识宝库分成两大部分:一部分被称作"科学",其研究的对象是自然现象及其规律;一部分被称作"人文",其研究对象则是与"人与社会"相关的一切事物。此外,在科学和人文的交叉部分,出现了试图用科学的实证方法来研究人文,亦即用实证的方法来研究"人与社会"的"社会科学"。

追溯历史,始于13世纪末的意大利文艺复兴以及其后17世纪的法国启蒙运动,是欧洲乃至人类历史上的两大"思想解放"——从欧洲中世纪野蛮愚昧的宗教统治下解放出两个"精灵",即"人性"和"科学"。从此,这两个"精灵"导演了人类社会从传统迈向现代的全部活剧。

如果撇开所有意识形态的和学术理论的诠释,直接从字面顾名思义地去理解"社会主义"和"资本主义",那么,是否可以这样说,社会主义就是"社会"的主义,是以"人与社会"为核心的主义;而资本主义则是"资本"的主义,是以"资本及利润"为核心的主义。从这个意义上说,"社会"的主义代表着人类社会对"人性"的追求,通常高举的是"人文关怀"大旗的主义;而"资本"的主义代表的是人类社会对"物质"的追求,通常高举的是"科学理性"大旗。

文艺复兴和启蒙运动两次"思想解放",使"资本"的主义与科学以及从科学派生出来的技术结盟,"科学理性"使人类对物质的追求如鱼得水、如虎添翼。在《共产党宣言》中,马克思和恩格斯热情地歌颂了17、18世纪的科学革命和工业革命:"自然力的征服,机器的采用,化学在工业和农业中的应用,轮船的行驶,铁路的通行,电报的使用,整个整个大陆的开垦,河川的通航,仿佛用法术从地下呼唤出来的大量人口,——过去哪一个世纪料想到在社会劳动里蕴藏有这样的生产力呢?"①

也许是物质追求更接近人的本能或曰动物本性,更容易得到人们的青睐。于是,在后来的社会经济发展中,与科学技术结盟的"资本"的主义更是一发而不可收,而"以人为本"的理念却总是昙花一现或是仅仅作为点缀。但是,在实现现代化乃至更加现代化的过程中,快速发展的科学技术和市场经济常常会使人们追求物质欲望和感官刺激过了头,"科学理性"被异化了。于是,低级趣味、急功近利、激烈竞争和冷酷无情随处可

---

① 《马克思恩格斯选集》第一卷,人民出版社1995年版,第277页。

见。与此同时,人们的主体意识也可能逐步丧失,想象力和创造力日益衰退,理想、信仰、伦理、道德,这些与人生终极意义密切相关的基本社会规范正在趋于瓦解。

于是,在当代社会中,"人文精神"的旗帜再次被高高举起。20世纪后半叶,在联合国倡导下,国际学术界基于对经济增长并不会"自然而然"地带来社会发展的价值判断,提出了"以人为本"或"以人为中心"的社会发展理论,以纠正以"经济增长"为目标的偏好和误区。于是,从"科学理论"和"人文精神"这对范畴中,演绎出了"经济理性"和"人文关怀"这一对更具操作性的新的范畴。

从某种意义上说,在社会科学领域中,经济学因为其特殊的研究对象和研究方法,应用定量研究要比其他人文和社会科学学科更为有利。譬如,在经济学的著作中有大量的数学模型,这也就使其更像一门"科学"。于是,就从科学理性中派生出了"经济理性"。如前所述,与科学理性与人文精神一样,也与效率和平等一样,经济理性与人文关怀之间也会发生矛盾,甚至出现互斥的局面。但是,经济学本质上毕竟是"社会领域"的,离开了"人文关怀"将一事无成。正如《危机后的反思——西方经济的改革之路》一书的作者之一赫尔(Hansjorg Herr)所说:"经济学是一门社会科学,经济要运作良好,没有一个良好运作的社会是无法想象的。"但是,"我们知道最早的经济学家深受犹太物理学家的启发,于是他们把经济学或经济视为一个孤立的系统,而不是和社会的其他系统整合在一起。但如果是这样思考的话,肯定就会造成误解,你就不能理解为什么市场在某些情况下会失灵"。①

遗憾的是,一些学者在观察和思考我们这个世界时,常常是"经济理性"过多而"人文关怀"匮乏。从理论上来看,著名的"分蛋糕论"在中国就是一个非常典型的例子。因为有些中国的学者总在抱怨现在国民经济的蛋糕做得还不够大,所以不能公平分配。要让劳动者勒紧裤腰带,继续将蛋糕做大、做大、再做大……

那么,到什么时候才能分蛋糕呢,他们给出了一个很"科学"的库兹涅茨(Simon Kuznets)的"倒U字"曲线。在中国,库兹涅茨曲线常常被解释为:在发展初期,贫富差距肯定要随着经济增长日益扩大,但会有一个

---

① 权衡:《一个放松规制的市场体系会导致高度的不稳定性》,《文汇报》2014年6月16日。

顶点;随着经济发展,贫富差距上升到这个顶点后,贫富差距就会"自然而然"地走入日渐缩小的轨迹。因此,政府和社会无需担忧,只需耐心地坐等这个"顶点"到来。这样的解释在经济学界也被称为"涓滴效应"或"涓滴理论"。

然而,正像赫尔指出的那样:"库兹涅茨也特别提到只有在政治干预的情况下,收入差距才会下降。也就是说库兹涅茨以及其他经济学家提出,光是依靠市场体系,工资收入差距只会不断扩大,因为富人会越来越快地更加富裕。库兹涅茨认为,必须要进行政治干预,他认为如果是一个成熟的经济体,应该有相应的民主机制,这个民主机制迫使这个国家的政府进行干预。"赫尔还特别强调:"我不相信涓滴理论,因为我们在巴西、在南非、在印度都可以看到类似的情况,富人变得越来越富,但穷人还是在原地踏步。不存在这种自动的涓滴机制。所以我们要进行政治干预,来避免出现这样的双层或双轨的社会曲线。"①

很多经济学家都用事实对涓滴理论作出了证伪。譬如,有研究表明,涓滴理论不符合第三世界国家的实际情况。换言之,随着经济发展的进程,很多第三世界国家的收入分配并没有向平等方向转变,而不平等差距却越来越悬殊。又如,有的研究把美国的社会经济发展状况作为反例,作为世界上经济发展水平最高的美国,其贫富差距在世界上也是名列前茅的。

库兹涅茨曲线试图证明的是欧美国家历史发展过程中经济增长与缩小贫富差距或社会公平的关系,但是这条曲线描绘出来的是历史发展的一个结果。考虑到库兹涅茨曲线绘制的时间是1955年,当时的社会经济背景是第二次世界大战后欧洲国家纷纷建立"福利国家",出台了一系列旨在缩小贫富差距的社会政策。如果看整个过程,可以发现这个结果并非是"自然而然",而恰恰是在国家干预下得来的。

为了证明以上所说非虚,可以问一个问题:为什么自20世纪90年代以来,"向右转"的欧美国家屡屡发生经济危机,难道这是因为欧美做的蛋糕还不够大?再看近年来新的世界金融危机爆发,从美国开始,逐渐影响到全球。与此同时,欧洲也陷入了主权债务危机。2013年的《全球风险报告》指出:今后10年中,最大的全球风险首先是收入严重不平等,其次

---

① 权衡:《一个放松规制的市场体系会导致高度的不稳定性》,《文汇报》2014年6月16日。

是财政长期失衡。① 这些经济社会现象如何用"蛋糕论"来解释？

我们可以再看看拉美现象：如今在拉美33个经济体中，处于中等收入水平的高达28个，占85％。截至2011年，拉美国家在"中等收入陷阱"上已平均滞留37年，而最高的阿根廷则有49年。也就是说，并不如涓滴理论所假设的那样，达到中等收入水平之后，贫富差距就会缩小。其实，"拉美病"的主要症状就是分配不公②，光做大蛋糕而吝啬分蛋糕造成的拉美的困境。拉美成为世界上基尼系数最高的地区之一，基尼系数最高的国家高达0.66。分配不公和两极分化加剧了社会分化和冲突，进而影响经济增长，使拉美掉进中等收入陷阱。

因此，我们完全应该这样判断：与涓滴理论所述恰恰相反，1952年库兹涅茨绘制的"倒U字"曲线，正好证明了在第二次世界大战结束后浓郁的"人文关怀"氛围中，国家以社会政策对分配进行了有效的干预和调节，比较合理地分好蛋糕，于是调动了全社会的生产积极性，进一步做大了蛋糕。

顺着这个思路，再看中国的现实情况，我们一定要在做蛋糕的同时注意公平合理地分配蛋糕。可以说，迄今为止，世界上没有一个国家是等蛋糕做得足够大了才开始分蛋糕的。要是那样，社会问题早就积重难返了。所以，政府以社会政策干预社会分配，要将贫富差距控制在社会和个人都可以接受的范围之内，在社会领域中保障老百姓的基本权利。只有这样，社会经济才能平稳地向前发展。

综上所述，同样是经济学分析，为什么常常得出的结论大为不同甚至是截然相反？这使我们想到，为什么在中国成功的经济改革背景下却出不了像印度经济学家森（Amartya Sen）或孟加拉经济学家尤努斯（Muhammad Yunus）那样的诺贝尔经济学奖或诺贝尔和平奖获得者？过于着迷"经济理性"而缺乏甚至漠视人文关怀恐怕是一个根本的原因。

从政界看，当我们的地方领导换届时，常常见到媒体上特意指出，新领导是"懂经济的"；然而，遗憾的是，我们从未看到媒体赞赏哪一位地方领导是"懂社会的"，难道这不应该发人深省吗？

---

① 《2013全球风险报告：收入严重不平等成最大风险》，《人民日报》2013年1月19日。
② 《中等收入陷阱的历史警示》，《浙江日报》2011年5月27日。

五、经济理性与人文关怀的分析框架

在本文一开始就提出:社会领域中作政策抉择时,是否可以用更具有可操作性的"经济理性"和"人文关怀"来取代"效率"和"平等",以增强权衡和调整社会政策的效率和效果。现在我们就尝试着建立一个分析的框架,以期用"经济理性"和"人文关怀"这一对范畴为衡量尺度来帮助和支持决策。

	A_1 注重人文关怀性	A_2 忽视人文关怀性
B_1 注重经济理性	$A_1 B_1$ 注重经济理性 注重人文关怀	$A_2 B_1$ 注重经济理性 忽视人文关怀
B_2 忽视经济理性	$A_1 B_2$ 忽视经济理性 注重人文关怀	$A_2 B_2$ 忽视经济理性 忽视人文关怀

图1 经济理性与人文关怀

在前文中,曾经引用了巴尔(Nicholas Barr)和怀恩斯(David Whynes)列出的福利国家的12项目标,受其启发,我们是否可以在"经济理性"和"人文关怀"这一对范畴下,各自拟定一些二级指标。譬如经济理性可以包括:(1)宏观效率,(2)微观效率,(3)激励机制,(4)收入平滑,(5)可理解性,(6)禁止滥用;又如人文关怀可以包括:(1)减少贫困,(2)生活水准,(3)纵向平等,(4)横向平等,(5)保持尊严,(6)社会团结。

假设我们已经定下这12个指标作为二级指标,再往下走,我们可以有两种选择:

一种方法,是在每个二级指标之下再拟定三级指标,这需要先用定性的方法给每个二级指标作出明确的界定,然后再根据对定义的定性描述去寻找若干个客观指标(一般取3—5个)。最好是结果性的指标,次之是过程性的指标。当然,指标数据的可获得性可能也是很重要的选择标准。接下来,用社会指标的方法计算出12项二级指标各自的综合分数(最高为100分)。

另一种方法,可以请相关的政策领域的专家或者政策用户作评估。当然,这也需要先用定性的方法给每个二级指标作出明确的界定。然后请专家或用户根据对定义的定性描述和自己对这项政策的认识和感受,给每一项二级指标打出具体的分数(最高为100分)。当然也可以同时让专家和用户各自打分(可以给专家和用户不同的权数),最后计算12项二级指标各自的综合分数(最高为100分)。

现在到了最后一个步骤,我们尝试用现在企业常用的"雷达图分析法"来对以上的研究结果进行描述和分析。"雷达图"也称"蛛网图",是日本企业界对综合实力进行评估而采用的一种财务状况综合评价方法。现在我们借用这种方法来分析经济理性和人文关怀。

绘图可以采取两个步骤,先绘出两个圆,一个圆代表经济理性,另一个圆代表人文关怀。在两个圆的边上均匀地各取6个点,分别代表6个二级指标。然后作6条直线连接圆心到边上6个点,直线的长度作为100分,然后在80分处和50分处再取6个点作为"合格点"和"良好点"。再作两个圆,连接这6个点。于是,就形成了经济理性和人文关怀两个雷达图(见图2)。

如前所述,以圆心到边的直线的长度为100分。接下来,我们按我们的主观判断,试着给"社会救助"和"住房政策"打分,得到的数据见表1。

表1 社会救助和住房政策的评分图

社会救助	经济理性	宏观效率	微观效率	激励机制	收入平滑	可理解性	禁止滥用
		8	8	6	7	8	6
	人文关怀	减少贫困	生活水准	纵向平等	横向平等	保持尊严	社会团结
		8	7	6	8	7	8
住房保障	经济理性	宏观效率	微观效率	激励机制	收入平滑	可理解性	禁止滥用
		8	4	4	4	3	3
	人文关怀	减少贫困	生活水准	纵向平等	横向平等	保持尊严	社会团结
		3	4	5	4	4	3

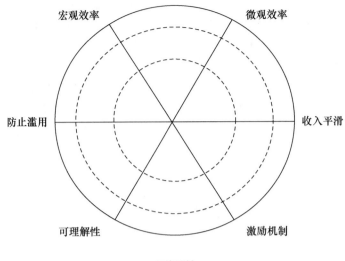

经济理性

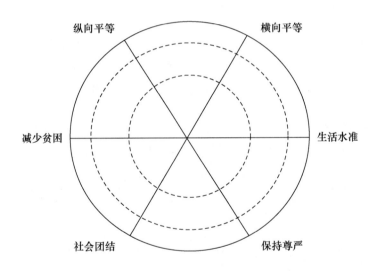

人文关怀

图 2 经济理性和人文关怀的雷达图

根据表 1 的数据,我们可以作出在社会救助和住房政策两个领域比较经济理性和人文关怀的雷达图。

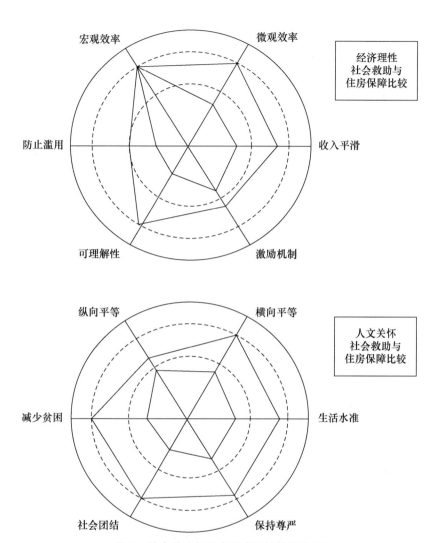

图3　社会救助与住房保障比较的雷达图

图2和图3比较形象地描述了社会救助和住房政策在经济理性和人文关怀方面的差异,这样的表述方法的最大好处是避免了用定性的语言给出评价时通常难以避免的近似"Yes or No"的武断。

当然,最后要说明一下,以上的评价只是个人非常主观地给出的,谈不上准确,主要是为了说明研究的思路和方法。

从社会管理到社会治理

2012年,胡锦涛总书记在中共十八大报告中指出:"加强社会建设,必须加快推进社会体制改革。要围绕构建中国特色社会主义管理体系,加快形成党委领导、政府负责、社会协同、公众参与、法治保障的社会管理体制,加快形成政府主导、覆盖城乡、可持续的基本公共服务体系,加快形成政社分开、权责明确、依法自治的现代社会组织体制,加快形成源头治理、动态管理、应急处置相结合的社会管理机制。"①

一年之后,在中共十八届三中全会《关于全面深化改革若干重大问题的决定》中,在"创新社会治理体制"

---

① 胡锦涛:《坚定不移沿着中国特色社会主义道路前进,为全面建成小康社会而奋斗——在中国共产党第十八次全国代表大会上的报告》,人民出版社2012年版,第34页。

的小标题下,用了1000字左右的一段话,隆重推出了一个新的执政理念——"社会治理"。具体的提法是:"创新社会治理,必须着眼于维护最广大人民根本利益,最大限度增加和谐因素,增强社会发展活力,提高社会治理水平,全面推进平安中国建设,维护国家安全,确保人民安居乐业、社会安定有序。"①

新的"社会治理"的概念的提出,引出了一系列问题:什么是社会管理?什么是社会治理?社会管理与社会治理是什么关系,两者之间又有什么区别?在中共十八届三中全会的《决定》中,为什么要用"社会治理"取代"社会管理"?要讨论以上问题,恐怕就要回顾一下21世纪以来的中共治国理念发展的历史,并且从"社会管理"概念的提出和发展说起。

一、社会管理释义

"社会管理"一词,在21世纪的第一个十年,可以说一直是个很重要的核心概念。早在2004年,中共十六届四中全会就提出:"加强社会建设与管理,推进社会管理体制创新。"②2006年,中共十六届六中全会又重申:"完善社会管理,保持社会安定有序。"③2007年,中共十七大报告更再次宣告:"完善社会管理,维护社会安定团结。"④

1. 什么是社会管理?

乍一看,"社会管理"一词似乎很"社会学",然而搜遍西方社会学经典,此概念却芳影难觅。不过在苏联,有奥马洛夫所著的《社会管理》⑤,这本书在20世纪80年代中期被译介到中国。书中的"社会管理"被定义为"管理主体对社会系统的有科学根据的影响,为的是使系统实现它面临的目标和任务"。显而易见,这本书中的"社会管理",是在计划经济的理论框架下以当时风行世界的"系统论"的语言表述的。

---

① 《中共中央关于全面深化改革若干重大问题的决定》,《人民日报》2013年11月16日,第1版。
② 《中共中央关于加强党的执政能力建设的决定》,《人民日报》2004年9月27日,第1版。
③ 《中共中央关于构建社会主义和谐社会若干重大问题的决定》,《中华人民共和国国务院公报》2006年第33期。
④ 参阅胡锦涛:《高举中国特色社会主义伟大旗帜 为夺取全面建设小康社会新胜利而奋斗——在中国共产党第十七次全国代表大会上的报告》,人民出版社2007年版。
⑤ 奥马罗夫:《社会管理》,王思斌、宣兆凯、潘信芝译,浙江人民出版社1987年版,第27页。

《社会管理》一书的中文译者之一王思斌在他后来所写的《社会行政》一书中也对"社会管理"一词作了诠释:"社会管理并不是专属于某一专业领域的概念,它既不属于政治学,也不属于社会学和社会工作。它是跨学科、跨领域的,以维护社会秩序、实现社会协调和发展为目的的管理活动。社会管理是以整个社会(包括地方社会)为对象的管理活动。由于社会结构和社会问题的复杂性,社会管理一般带有综合性的特点,即它是站在整个社会的高度,解决社会问题,协调社会关系,为社会发展创造适宜环境的管理活动。"①

2002—2003 年爆发的"非典",给党和政府乃至整个中国社会极大的震撼。于是,"社会管理"一词被提上了党和政府的议事日程。2004 年 9 月的中共十六届四中全会的决定中,"社会管理"一词首次亮相,当时的提法是"加强社会建设与管理,推进社会管理体制创新"②。在中共最高层次的文献中,试图用一个复合名词,从建设和管理两个不同的政策视角,对社会领域中存在的各种问题给予特别的关注。

"加强社会建设与管理"的提法,得到了学界的积极回应,郑杭生论述了广义的和狭义的"社会建设与管理"。他指出:广义的界定是指"整个社会的建设和管理,即包括政治子系统、经济子系统、思想文化子系统和社会生活子系统在内的整个社会大系统的建设和管理"。狭义的界定则着重指"与政治、经济、思想文化各子系统并列的社会子系统的建设和管理。这里的社会指的是作为整个社会这个大系统中一个子系统的狭义的社会"。③

到 2007 年的中共十七大,作为对学术研究的回馈,"社会建设"与"社会管理"被拆分成了两个独立的概念。同时,"社会建设"和此前提出的"建设社会主义和谐社会"合二而一,并与"经济建设""政治建设""文化建设"一起并列为"四大建设",对"社会管理"的新提法则是"完善社会管理,维护社会安定团结"。④

---

① 王思斌主编:《社会行政》,高等教育出版社 2006 年版,第 5 页。
② 《中共中央关于加强党的执政能力建设的决定》,《人民日报》2004 年 9 月 27 日,第 1 版。
③ 郑杭生:《社会学视野中的社会建设与社会管理》,《中国人民大学学报》2006 年第 2 期。
④ 胡锦涛:《高举中国特色社会主义伟大旗帜 为夺取全面建设小康社会新胜利而奋斗——在中国共产党第十七次全国代表大会上的报告(2007 年 10 月 15 日)》,《人民日报》2007 年 10 月 25 日,第 1 版,http://paper.people.com.cn/rmrb/html/2007-10/25/content_27198418.htm。

对于这个变化,学界再次作出热烈响应。2006年,王思斌在《社会行政》①一书中,对中国的社会管理作了界定,他认为:"在由计划经济体制向市场经济体制转变的过程中,中国共产党和中国政府也提出了加强社会管理的任务,这里的社会管理是相对于社会结构的重大变化而言的,指的是由政府主导、各方参与的社会治理和管理活动。"

2007年,何增科撰文提出:"为了推动学术研究走向深入,学者们倾向于从狭义上来界定社会管理的含义。""狭义上的社会管理,一般与政治管理、经济管理相对,指的是对社会公共事务中除了政治统治事务和经济管理事务以外的那部分事务的管理与治理"②。为此,何增科将"社会管理"定义为:"社会管理是政府和民间组织运用多种资源和手段,对社会生活、社会事务、社会组织进行规范、协调、服务的过程,其目的是为了满足社会成员生存和发展的基本需求,解决社会问题,提高社会生活质量。"③

随后,李培林也对"社会管理"的概念作出了界定:"社会管理通常是指以政府为主导的包括其他社会组织和公众在内的社会管理主体在法律、法规、政策的框架内,通过各种方式对社会领域的各个环节进行组织、协调、服务、监督和控制的过程。"④

2. 基于危机意识的"社会管理"

然而,在有关社会管理的讨论中,也出现了另外一种声音,将社会管理定义得更为狭隘。譬如,石英于2011年发表的《社会管理是推动社会建设的基本手段》一文中说:"狭义的'社会管理'主要集中在社会治安、信访和公共安全工作方面,主要目标是维护社会秩序和稳定、营造良好社会环境。"⑤

平心而论,石英的说法与当时"压倒一切"的"维稳"挂得很紧,应该是一个与党政部门的行政职责或工作任务密切相关的操作性定义,而非一个真正社会科学意义上的学术概念,也不为大多数学者所接受。

当然,对于社会管理解释的偏颇,也有其历史原因,首先在于对"社会"一词的曲解。在当代中国,"社会"一词,在作为修饰词或限制词使用

---

① 王思斌主编:《社会行政》,高等教育出版社2006年版,第5页。
② 何增科:《论改革完善我国社会管理体制的必要性和意义——中国社会管理体制改革与社会工作发展研究之一》,《毛泽东邓小平理论研究》2007年第8期。
③ 同上。
④ 李培林:《创新社会管理是我国改革的新任务》,《决策与信息》2011年第6期。
⑤ 石英:《社会管理是推动社会建设的基本手段》,《中国社会科学报》2011年5月17日,第12版。

时,实际上还有一个非常有中国特色的解释,特指"非正式的"或"体制外的"。诸如计划经济时期常说的"社会青年""社会闲散人员"等,这种说法中的"社会",明显带着贬义。改革开放以来,这种贬义的解释变得中性了,常见的如"社会兼职""社会车辆"等。但到了某种环境中,语义中暗含的褒贬又会显露出来,这种更为狭义的社会管理就是一例,因为实际上针对的都是对一些特殊的、弱势的社会群体或者消极的、负面的社会现象的"管理"。

进一步揣摩这种更为狭义的"社会管理"所表达的语义,从这个概念"集中在社会治安、信访和公共安全工作方面"的外延看,这个操作性定义应该是建立在某种"危机意识"之上的。

随着十年前中国开始"中等"起来,一个叫作"中等收入陷阱"的幽灵始终对我们全场贴身紧逼。"中等收入陷阱"是2006年世界银行的一个研究报告提出的警示,即一个国家(地区)进入"中等收入"的圈子后,如果继续沿用以前的发展策略,会使经济发展长期停滞不前。拉美是一个负面的典型,截至2011年已经"中等"了37年,迄今仍未冲破人均10000美元的大关。东亚曾被当成一个正面的典型,日本、新加坡、韩国和中国香港都仅用不到20年的时间,就成了高收入国家和地区。

进入21世纪以来,"中等收入陷阱"在中国也被炒得很热。最初的说法是人均GDP超过1000美元,后来又说是人均GDP超过3000美元,虽然标准有所变化,但最终的说法都是前面有个"大坑",张着血盆似的大嘴准备吞噬你。近年来,国际惯例的"中等收入陷阱"与中国特色的"矛盾多发期"或"矛盾凸显期"合体,变身为一个颇具宿命意味的梦魇。

在实际工作中,上述"危机意识"被"两极化"了。一个极端与"狼来了"的故事情境极为相似:一喊,"狼"没来,二喊,"狼"没来,三喊,"狼"还是没来……后来就喊疲沓了,认为根本就没有"狼"。于是就明目张胆地置党和政府的执政基础和诚信威信于不顾,将"公权力"使用到极限——暴力城管、暴力拆迁、暴力截访……甚至在有些地方,将敢不敢使用暴力看作是"对执政能力的考验"。

与此同时出现的另一个极端是,把所有的政策失误和工作失误都"归罪"于"中等收入陷阱"——不是人均GDP还没有达到10000美元吗?何况中等收入现行标准的上限更已升至12000美元——那就是处于"矛盾多发期"或"矛盾凸显期",很多"坏事"无法避免。

其中"最令人震惊"的"坏事"自然是中国的"刁民"数量大增,加上互联网和微博的"推波助澜",以"端碗—放碗"为基本模式,各类大大小小的"事件"像洪水猛兽一般汹涌而来。于是,就像抗洪抢险中最著名的口号所表述得那样,中国社会开始了新的意义上的"严防死守"。

二、不同历史时期的社会管理

追溯历史,以上所说的"与'维稳'意义相近"的或"基于危机意识"的"社会管理",是有其一定的思想渊源的。实际上,任何历史时期都会有其带着鲜明时代特征的"社会管理"。上述狭隘的"社会管理"的思想根源,也许至少可以追溯到计划经济时期。

1. 计划经济背景下的社会管理

在计划经济体制下,与其相适应的社会管理是什么样的呢?因为要实现大一统的中央集权和计划体制,于是便要在中央政府里,由数万"国家干部"组成管理机关,来管理960万平方公里上涉及10亿人口的从经济到社会的庞大事务。与极其庞杂的管理机关和干部相对应的是,整个社会的阶层结构、组织结构、社会动员方式以及最终形成的社会常态,都必须尽量地简之又简。

首先,通过连续不断的"政治运动"和"社会主义改造",中国阶级阶层逐渐趋于简单化。从社会阶层看:工农兵学商,彼此之间除了"劳动分工",经济上都吃"大锅饭",社会地位则非常平等。除了占绝大多数属于"内部"的"人民"之外,就是"外部"的一小撮阶级敌人——地、富、反、坏、右,阶级阵线非常鲜明且稳定。

其次,在组织结构上,以城镇的"单位"体制和农村的人民公社(或称"准单位")体制为基础来构建整个社会:在城镇,普遍实行的是带有人身依附色彩的"单位"体制,九成以上的城市居民都必须归属于某个单位;在农村,则是"准单位"体制的人民公社,几乎所有的农民都是"社员"。一个人若游离于单位和"准单位"体制之外,那是要被打入另册的。到"文化大革命"时,更是强调党、政、军"三位一体",强调"一元化领导"。

再次,在社会动员方式上,是自上而下的指令型的行政命令。热衷的是"一声令下,全党、全民、全国上下行动起来",甚至极端地强调"理解的要执行,不理解的也要执行"。到了"文化大革命"后期,与此相关的最典型的行为模式就是以敲锣打鼓,上街游行的方式,试图做到传达"最高指示"不过夜,并且家喻户晓。

最后,在这样的"社会管理"之下,社会常态则是"供给制"或"准供给制",整个社会生活被票证制度约束和限制着。户口本和购粮证,在城乡居民之间划下了深深的鸿沟。城镇居民,在食品方面买粮食要粮票,买猪肉要肉票,买鱼要鱼票,买家禽要家禽票,买鸡蛋要鸡蛋票,买糖要糖票,买油要油票;在穿衣方面,无论是买布匹还是买成衣,都要布票。各种生活必需品几乎全都是凭票供应。

上述种种,从社会学的视角看,是与计划经济时期的社会结构相适应的。社会结构分化的简单化,导致社会管理也就简单化。而这又与计划体制本身的要求相关:计划体制是高度的中央集权,当这个体制的神经中枢发出一个指令后,就需要迅速地传输到与之相关的操作性的终端。所以,所有的社会管理都是围绕实现这样的目标而设置的,其手段就是要使命令的传输过程简之又简,于是,从组织结构、动员方式、行为模式直到应急反应机制都极其简略。但是,这样的社会体制是与纷繁复杂的外部世界不相适应的。

何况在"人民外部",还有"阶级斗争"这一"革命利器"。在愈演愈烈的"阶级斗争"的大背景下,国家的专政机关和暴力工具的性质被推至至高无上的地步,甚至"革命无罪、造反有理"。在这样的大背景下,有形的如"红色恐怖",无形的如"斗私批修",将中国社会置于一种普遍的政治高压态势之下。

由于受到"无产阶级专政条件下继续革命"理论的影响,从"革命党"到"执政党"的角色转换没能完成,战争年代"全民皆兵"的军事化传统得以延续,强调的是"一声令下,全党全民全军动员起来","召之即来、来之能战"的"准战时体制"成为社会常态。

2. 市场经济背景下的社会管理

改革开放以后,尤其是确立了以市场经济为导向的改革目标之后,经过前三十年的高速经济发展,中国社会再次出现了阶层分化。在陆学艺主编的《当代中国社会流动》一书中,中国社会已经分化为十大阶层,即国家与社会管理者阶层,经理人员阶层,私营企业主阶层,专业技术人员阶层,办事人员阶层,个体工商户阶层,商业服务业员工阶层,产业工人阶层,农业劳动者阶层,城乡无业、失业或半失业者阶层。

更主要的是:逐渐地,十大阶层形成了各自的利益,提出了各自的需求,基于经济基础的阶层分化更深入地表现为精神文化方面的多元化。在此基础上,各个阶层和群体纷纷建构了自己的价值判断和政治诉求。

久而久之,上述的利益不一致性凸显,甚至导致冲突,这样的社会现象成为新的社会常态。

同时,与经济发展水平的差异相关,就全国而言,十大阶层的分布是不均匀的。因此,一个地区内的阶层分化,结合其他影响因素,如自然状况、人文环境、历史传统,加上地方管理者的政绩动机,又再度整合出这个地区的特殊利益来。就31个省、市、区和东部、中部、西部而言,也出现了发达和欠发达之分,各类地区的经济利益、社会需求、价值判断和政治诉求也会表现出极大的差异。久而久之,这些差别就更深入地表现为精神文化上的多元化。

上述基于经济基础的深刻而又激烈的社会变迁,向当代中国的社会管理提出了挑战。随着市场导向的体制改革逐渐深化,在计划经济时代形成的管理惯习——将管理者和被管理者人为地对立起来:管理者"治人",被管理者"治于人",这种"治"和"被治"的关系失去了其正当性。如果在社会管理体制、组织动员方式和行政行为模式等方面不能与时俱进的话,中国社会中显性的和隐性的不安定因素就会与日俱增。那么,市场经济条件下的成功的社会管理应该特别关注的是哪些方面呢?

首先,市场经济条件下的社会组织是一个企业(单位)、社区和民间组织构成的多元化的社会结构体系。其中,企业主要是针对市场,完成经济发展的任务;社区强调关注民生,完成社会发展的任务;而民间组织是社会中介,既是公众参与社会的渠道,也是其他社会组织(政府、单位、社区)与社会大众沟通的渠道。

其次,市场经济条件下的社会动员方式是从政府的行政体系向公众自觉的行动转变的社会化机制。在中国行政体系中,从上到下都通过下发文件、召开会议等方式传达和贯彻上级精神以实现信息的传递。但是,到了基层,再用这种方式就行不通了。乡镇、街道和基层社区面对的是一个个活生生的人,基层组织必须成为一个"转换器",要用"自治"的方式把中央下达的文件精神转化为公众的社会行动。从这个意义上说,基层工作的任务是最困难的。

最后,市场经济条件下的管理体制是:国家权力机关和政府是游戏规则的制定者和执行者,最重要的是它不能下场"亲自"参加游戏。因为下场的运动员总是要分出输赢的,而裁判员则不会。就裁判员扮演的社会角色而言,他总是"公正"和"正义"的化身。

三、从社会管理创新到社会治理

然而,要改变已然形成的思维定式和行为惯习,本身就是一场革命。特别要指出的是,这是一场针对管理者本身的革命。在进入新世纪第二个十年后,社会管理开始强调"创新"。之所以强调"创新",其关键之处恐怕就在于要彻底摆脱计划经济时期或阶级斗争时期形成的不良的管理惯习。

1. 社会管理创新的提出

2011年年初,胡锦涛在省部级领导干部研讨班上的重要讲话中提出了"社会管理及其创新"的新的议题。① 他指出:"维护社会秩序、促进社会和谐、保障人民安居乐业,为党和国家事业发展营造良好社会环境。"同时,他也提出了社会管理创新的"基本任务"和"八点意见"。自此,"社会管理创新"成为中国政府、学界与媒体乃至全社会关注和热议的一个中心话题。

在2012年召开的中共十六大上,胡锦涛再次就"加强和创新社会管理"作了专门的阐述:"提高社会管理科学化水平,必须加强社会管理法律、体制机制、能力、人才队伍和信息化建设。改进政府提供公共服务方式,加强基层社会管理和服务体系建设,增强城乡社区服务功能,强化企事业单位、人民团体在社会管理和服务中的职责,引导社会组织健康有序发展,充分发挥群众参与社会管理的基础作用。完善和创新流动人口和特殊人群管理服务。正确处理人民内部矛盾,建立健全党和政府主导的维护群众权益机制,完善信访制度,完善人民调解、行政调解、司法调解联动的工作体系,畅通和规范群众诉求表达、利益协调、权益保障渠道。建立健全重大决策社会稳定风险评估机制。强化公共安全体系和企业安全生产基础建设,遏制重特大安全事故。加强和改进党对政法工作的领导,加强政法队伍建设,切实肩负起中国特色社会主义事业建设者、捍卫者的职责使命。深化平安建设,完善立体化社会治安防控体系,强化司法基本保障,依法防范和惩治违法犯罪活动,保障人民生命财产安全。完善国家安全战略和工作机制,高度警惕和坚决防范敌对势力的分裂、渗透、颠覆

---

① 胡锦涛:《扎扎实实提高社会管理科学化水平——在省部级主要领导干部社会管理及其创新专题研讨班开班式上讲话》,《理论参考》2011年第4期。

活动,确保国家安全。"

如前所述,一年多以后,在中共十八届三中全会的决定中,新的概念"创新社会治理"出现了。从此以后,这个新概念取代了使用已近十年的"社会管理"及"社会管理创新"的提法。

2. 从社会管理创新到社会治理

也许是为了与"维稳"作一词义上的切割,在公共管理学界早已得到普遍认可的"治理"一词被越来越多的学者所使用。值得注意的是,在王思斌和何增科定义"社会管理"时,已经出现了"治理"一词,并将其与"管理"相并列。张敦福、沈叶则提出:与学界常说的"社会管理"词义更为贴近的英文名词,实际上是"social governance",而"Governance"一词在学界被译为"治理","最常涉及的领域包括社会资本对当地地方行动者的作用、社区治理、社会服务、非营利组织、公民社会、社会团结、社会不平等。这些领域均与基层老百姓的社会日常生活密切相关,是民生领域的重要问题"。①

要进一步讨论"社会管理"和"社会治理",就要展开讨论"管理"和"治理"。这通常会涉及三个英文单词——"administration""management"和"governance"。前两个单词翻译成中文,都是"管理"。但"administration"是指传统意义上的行政管理,尤指政府机构中科层制架构中的行政管理;"management"则取自于市场,因此蕴含着经营管理的意思。新公共管理理论试图用"governance"一词来取代前两个常用词,并赋予其一种新的含义。中国的学者在接受这个新的概念时,为了表示与"管理"的差别,将其翻译成了"治理"。

"governance"或"治理"的概念,在20世纪后半期随着新公共管理理论的风行而得到学界和政界的青睐。20世纪90年代,联合国全球治理委员会对"治理"的界定是:"个人和各种公共或私人机构管理其事务的诸多方式的总和。"并列出了"治理"概念的四个特征:其一,治理不是一套规章条例,也不是一种活动,而是一个过程。其二,治理的建立不以支配为基础,而以调和为基础。其三,治理同时涉及公、私部门。其四,治理并不意味着一种正式制度,但确实有赖于持续的相互作用。② 值得关注的是,在这段对"治理"特点的表述中,可以提炼出四个关键词,即"过程""调和"

---

① 张敦福、沈叶:《社会管理概念评析》,《中国社会科学报》2011年5月17日,第12版。
② 斯莫茨:《治理在国际关系中的正确运用》,肖孝毛译,《国际社会科学》1999年第1期。

"多元"和"互动"。

按对"治理"的理解来看"社会治理",是否可以作这样的界定:社会治理是在社会领域中,从个人到公共或私人机构等各种多元主体,对与其利益攸关的社会事务,通过互动和协调而采取一致行动的过程,其目标是维持社会的正常运行和满足个人和社会的基本需要。

参照以上提出的"治理"的四大特征,对比"社会治理"和"社会管理"这两个概念,也可以概括出"社会治理"的四大特征:

其一,社会治理必须强调"过程"。在这里,"过程"的含义是:社会治理的动态性、发展性和延续性——社会治理是在不断发展变化的社会经济背景下进行的,所以既不能靠制定一套"一刀切"的规章条例,试图在任何时空条件下都以不变应万变;同时也不能靠一场"运动式"的大轰大嗡,试图在短时间内一蹴而就。而这两者,恰恰是以往"社会管理"的最显著的特点。

其二,社会治理必须倡导"调和"。社会本身是一个有自组织能力的有机体,通常处于一个生机勃勃的过程中。所以,不能试图用某种强力乃至蛮力去"支配"社会。而是要让社会本身发挥其自我生存、自我发展乃至自我纠错、自我修复的功能。所以,社会治理需要高超的"治理艺术",在收放张弛之间拿捏得恰到好处。而以往的社会管理的缺陷,恰恰是过于迷信强制力量。

其三,社会治理必须兼顾"多元"。社会是由各个社会阶层和社会群体构成的,不同的阶层和群体的经济利益、社会地位和政治诉求都是不一致的。因此,社会治理必须非常重视治理主体的多元化——不论多数少数,不论强势弱势,不论公立民营,共同参与社会治理,共同分享发展成果。而以往的社会管理常常错把高高在上的施恩赐惠当成了最高境界,而且极具"社会排斥"的色彩。

其四,社会治理必须注重"互动"。要引导全社会达成利益共识,尤其是针对长期目标的利益共识,就要建立一个适合多元主体参与的治理框架和社会机制。使多元主体都能够提出自己的利益诉求,然后在沟通交流、相互妥协、协商一致的基础上达成社会共识。在行动上,也应该是互动型的,上下配合,同心同德。而以往的社会管理常常是"一言堂",急功近利,短视而只顾眼前利益。

综上所述,以往的社会管理已经暴露出很多的认识误区和制度缺陷,诸如"一刀切"、运动式、压制型、堙堵式、恩赐性、排斥性、一言堂、功利心……不一而足。这恐怕就是中共十八届三中全会要用一个新的概念，其实也是一种新的理念——"社会治理"来取代以往长期使用的"社会管理"一词的根本原因。

3. 社会治理与中华民族的文化传统

治理或社会治理的理念，虽然是当代国际社会的一个新的共识，但在中国悠久的历史中与现实的国情下，亦非无根之木，无源之水。大禹治水的传说就是一个力证："昔上古龙门未开，吕梁未发，河出孟门，大溢逆流，无有丘陵沃衍、平原高阜，尽皆灭之，名曰鸿水。禹于是疏河决江，为彭蠡之障，干东土，所活者千八百国，此禹之功也。"①"禹疏九河，瀹济漯而注诸海；决汝汉，排淮泗而注之江。然后中国可得而食也。"②两千多年前的《孟子》《吕氏春秋》等名著中屡次提到的大禹治水，不仅是借助上古神话流传的中华民族的治水经验，更体现了博大精深的传统文化中的政治智慧。

后人根据这些上古传说演绎出新的民间故事：尧帝派鲧治水，鲧用的办法是"息壤堙堵"，结果失败了。而后，鲧的儿子大禹，子承父业，用的是"疏浚九河"的办法，最后成功了。"禹之治水，水之道也"，"禹之行水也，行其所无事也"，孟子赞扬大禹顺应"水之道"，"行其所无事"，将洪水疏导入海而治水成功，并以此推而广之，得出了无论治水还是做其他事情，都应该遵循客观规律的思想。

在中国的古典经籍中，常常把"民者"比作水，讲述"水能载舟，亦能覆舟"的道理，这个著名的比喻最早见于《荀子》。③ 孟子则进一步分析了其中的道理："桀纣之失天下也，失其民也；失其民者，失其心也。得天下有道：得其民，斯得天下矣；得其民有道：得其心，斯得民矣；得其心有道：所欲与之聚之，所恶勿施，尔也。"在孟子看来，"得其民"、"得其心"，都不难——只要顺其自然，他们所想要的，就给他们，并让他们有所储聚；他们所厌恶的，就不要强加于他们——就这么简单。

4. 社会治理与人的需要

对社会治理的理解，又须与人的需要联系起来。行为科学领域著名的马斯洛需要层次论将人的需求分成了五个层次，需求层次由低到高的

---

① 徐颂陶主编：《资政通鉴（四）》，中国社会出版社2004年版，第146页。
② 金戈：《孟子与水》，《海河水利》2001年第2期。
③ 徐颂陶主编：《资政通鉴（四）》，中国社会出版社2004年版，第15页。

排列是:生理的需要、安全的需要、情感和归属的需要、自尊的需要和自我实现的需要。马斯洛的理论还总结出一个有关"需要"发展的规律:一般来说,一个较低层次的需要相对满足了,人们就会转而寻求高一层次的需要。此时,追求更高一层次的需要就成为驱使和激励人们行为的主要动力。①

改革开放三十多年来,在经济持续高速增长的大背景下,中国人的需要层次正在发生变化。首先,中国人的温饱问题基本上得以解决,生理需要得到了满足;其次,近年来,因为民生问题得到政府格外的重视,社会保障制度即将"全覆盖",安全需要的满足似也指日可待。于是,人们开始转而追求更高层次的情感和归属的需要与被尊重的需要。

从某种意义上说,人们都想在自己可及的范围内,让世人承认我的存在并得到尊重。以往,满足情感和归属的需要与被尊重的需要,一般的人都只能局限于自己的社交圈子和邻里坊间。现在有了网络、有了微博,有了一个虚拟的无限空间,于是大多数人就会充分利用这一便利条件,自觉地或不自觉地尽可能扩大自己的影响。更重要的是,人和人之间面对面交往的障碍在这里不复存在,想发表任何意见都可以淋漓畅快而不受拘束。于是,在因特网上发表意见成为时尚,即使灌水拍砖、胡扯乱骂也能宣泄一下自己的情绪。实际上,这都是人们在表达自己希望被承认和接纳,以满足自己情感和归属的需要,进而追寻被尊重的感觉。应该指出的是,这是社会发展的客观规律,是难以用外力来长久压制的。以马斯洛的需要层次论可以解释,如今中国人为什么不再像以往那么"顺服"而变得越来越"刁蛮",其根本原因就是他们已然转向追求情感、归属和尊重。

社会心理的影响不仅在社会领域或政治领域,其实,对经济运行来说,可能影响更大。譬如,消费是经济运行的重要环节。在市场经济条件下,如果人们都少消费乃至不消费,那么经济就会停滞。甚至如果人们对未来的预期不佳,消费趋于保守,在经济运行中都会即刻体现出来。历数工业化以来发生的经济危机,起到直接影响的,都是负面的社会心理在作怪。

由此可见,前面所述的"危机意识"的误区在哪里?真正的危机是因为社会不满的逐渐积聚,形成一种负面的社会心理。什么是社会心理?社会心理就是人们对现实的社会现象的群体性的共同感受以及由此出发

---

① 陈良瑾主编:《中国社会工作百科全书》,中国社会出版社 1994 年版,第 562 页。

对社会现象作出的普遍性的理解和诠释。社会心理常常反映的是在某个特定的空间和时点上的社会面貌和社会风气,并蕴含着民意的褒贬和人心的向背,对于政治、经济、文化的发展具有相当的影响力。

一般来说,社会心理就像是一面凸透镜,通常很难一五一十、原原本本地反映社会现实的本来面貌,经过其折射反映而建构出来的"映像"不是夸大就是缩小。在缺乏引导的情况下,由于从众心理的影响,人们常常会对观察到的社会现象,尤其是负面的东西加以夸大,由此而导致的隔阂、猜忌与不信任,可能会引发出许多非理性行为。如今发生的很多群体性事件,其根源也许都在于此。影响经过社会心理的放大,最终导致社会失衡、失序乃至动乱。如果不理解社会心理、社会需要和社会危机之间的关系,非得想方设法要将其"扳到"某种"既定模式"中,吃力不讨好且不说,反倒有可能引起更大的逆反心理和行为。

四、社会治理和政社分开

中共十八大以来,还有一个与社会治理关系非常密切的新概念——"政社分开",在党的最高层次的文献中虽然总被提及,但非常遗憾的是,在近年来的学术研究和媒体宣传中,对政社分开却少有深入的讨论。

1. 什么是政社分开?

什么是"政社分开"?这个概念看起来似乎涉及一个理论性非常强的深奥命题,但其实不然。20世纪80年代,民政部部长崔乃夫在论及民政工作和群众路线时就曾经说过:"民政工作是一项群众性工作,要从群众路线的角度发动群众。凡是社会和群众可以做的就尽量放手,做不了的,就由政府按照行政程序来承担。"① 其实,这就是用人人都能听懂的大白话来讲述的政社分开的道理,这个理念无疑与社会治理强调的"过程""调和""多元"和"互动"是一致的。

社会学的理论告诉我们:社会是一个具有自组织能力的有机体,这就是说,社会是具有自我管理、自我服务、自我发展、自我完善的功能的。社会要健康有序地发展,其主要的动力应该来自社会内部,即社会的需求。有了人的需求、社会的需求,就会产生满足需求的动机,就会产生满足需

---

① 崔乃夫:《关于民政理论中的几个问题——韩京承同志〈民政散论〉书序》,《社会工作》1995年第2期。

求的行动,社会发展的"依据"就是来自这样的动机和行动。这也就是说,我们常说的以人为本,在实践中,常常就是以社会为本。

如果时时事事政府都要介入,都要用行政手段去干预,反倒成了隔靴搔痒。因为社会的事情让社会去办,社会首先就会认真评估是否真有需要,确认后再根据需要去组织动员和统筹资源,然后利益相关者和公益资助人有钱的出钱,有力的出力,同心同德地办好"自己的事情"。如果用行政手段去介入管理,政府的动机,尤其是"政绩冲动",就成了首选,而社会需要很可能会被忽视乃至漠视。其次,行政化管理的一大特点,就是按行政区划的层级去"执行"上级指令,这种管理方式常常是"一刀切",往往跟基层的实际情况与需要并不相符甚至发生冲突。所以,用行政化的方式去管理社会,实属不明智,常常是吃力不讨好。

社会既然有自己的运行规律,社会的事务让社会自己去办就是最明智的方式。改革开放三十多年后的今天,我们应该对社会治理提出更高的要求:如果以讲求专业性为主的社会组织为经线,以讲求可及性为主的社区为纬线,我们就可以织就一张以社会自治为基础的"纵向到底,横向到边"的社会治理和社会服务的大网络。

现在有一种说法:过去强调"政企分开",说政府不应该管经济,而应该去管社会;如今又说要"政社分开",那么,政府究竟应该扮演什么角色?如前所述,如果把各个社会阶层和社会群体比作下场比赛的运动员,那么,政府就应该当一个严格执法的裁判员。政府一定不能下场打球,一定不能成为利益攸关者,一定要持中立的、公正的立场。只有这样,中国社会才能在一个具有共识性的规则和秩序下,保证市场经济和社会生活的良性运行。

2. 政社分开与社会组织、社会工作

另一方面,政社分开其实是要让人民群众直接参与社会治理。人民群众要参与社会治理,就需要组织起来,于是社会组织发展的议题凸显出来。社会组织要发展,要服务人民群众,又需要理论、方法和技术,于是社会工作发展的机遇应运而生。

在与社会治理和政社分开相关的研究中,社会组织和社会工作在政治领域的一个重要作用似乎很少被提起,这个重要作用就是社会组织和社会工作能够在政治权力和私人利益之间起到区隔间离的作用。

当前,"反腐倡廉"是中国乃至全世界的一个热门话题。"抓老虎""打苍蝇",得到了人民群众的热烈拥护。但从长远考虑,要彻底铲除贪污腐化,就必须要逐渐形成一套完善的社会机制。造成中国严重的贪腐问题原因很多,但其中很重要的一个原因就是地方政府、基层政府和公务员对于法律规章的"自由裁量权"过多过大。这种超然于法制之上的自由裁量权最终造就了一种不受限制的权力,而不受限制的权力则一定会造成腐败。社会组织和社会工作的这种区隔间离作用最终能使公共机构和公务人员的自由裁量权受到严格限制。

在发达国家,公众对于政府公务员的评价会低于社会工作者。从某种意义上说,这可能是有意而为之的制度安排。在发达国家,若与政府公务员尤其是基层公务员打交道,经常会有一种铁面无私、公事公办、缺乏人情味的感受。公务员严格遵守相关的法律规章,绝对依法办事——法律上说该怎么办就怎么办,要多少时间办完就多少时间办完,绝少通融的余地。

但是,一个社会要完全处于这样的氛围中一定会形成社会张力。于是,社会组织和社会工作的重要性就凸显出来。民众有什么难事,首选的行为并不是直接找政府,而是找社会组织和专业社会工作者,由社会组织和社会工作者帮助他们跟政府、跟社会打交道,帮助他们寻找解决问题的经济、社会或其他的资源。所以,在发达国家,社会组织和社会工作者享有非常高的职业声望。

与此同时,社会组织和社会工作者在公众和政府机关之间又起到了区隔间离的作用:公务员有行政权力,但只限于依法办事,完全没有自由裁量权;自由裁量权交给了社会组织和社会工作者,但他们没有行政权力,他们只能帮助受助者去寻找资源。这样的制度安排,是真正把权力关进了笼子,而无须把人关进笼子。

所以,对中国社会而言,政社分开绝对重要,不但在社会领域,其影响还会辐射到政治领域和经济领域。改革开放以来,中国的经济体制改革,得益于政企分开,经过二十多年的发展,终于形成了一个独立的市场部门,促进了中国经济的快速增长。作个理论假设,如果在社会领域也能够形成一个独立的部门,中国的社会福利和社会进步是否也会有一个令人意想不到的快速发展呢?

本文由原先发表的两篇文章合成,其一发表于《开放导报》2012年第8期,原文为《社会管理:堙堵还是疏浚》;其二发表于《党政研究》2015年第1期,原文为《社会治理与政社分开》,收入本书时有较大的增删修改。

比较优势理论与中国的第三部门

当我们把研究目标定在研究"政府和第三部门的关系"时,我们非常清楚,这实际上是给自己出了一个难题。然而,这同时又是一个非常具有挑战意味,而且在理论上和实践中可以有所创新的研究目标。

从计划经济体制走向市场经济体制,不仅仅是企业改革和经济增长的事。当我们的经济增长已经取得了长足进步的时候,就必然会对其他领域,尤其是社会领域产生影响。如果社会领域的改革跟不上,具体而言,就是老百姓在社会领域的基本需求得不到满足,或曰老百姓的社会权利不能实现的时候,经济增长带来的社会结果很可能会异化甚至走向其反面。

要在社会领域产生与经济增长相互适应、相互配合、相互促进的积极变化,就必须要进行更深层次的社会改革。从国际上社会政策理论的近期发展和发达国家的经验看,也从中国二十多年的改革实践看,一个能够自我生存和自我发展的"社会领域",可能也应该是一个独立于政府和市场之外的"部门"。于是,一个崭新的概念"政社分开",被一些知名的专家学者①郑重推出。

虽然这个概念也许并没有被中国政府和社会普遍接受,但其旺盛的生命力应该是毋庸置疑的。中国的市场经济体制改革,起步于政企分开,经过二十多年的发展,一个独立的"市场"部门(或者叫"现代企业"部门)终于站起来了。

这可能是中国经济能够快速增长的一个深层次的"秘诀"。作一个理论假设,如果有一个独立的"社会"部门(第三部门)也能够站起来,中国的社会福利事业是否也会有一个令人意想不到的发展速度呢?

一、市场经济条件下的三大部门

在欧洲,第三部门发展的历史甚至可以追溯到18世纪末、19世纪初。法国学者德勒兹(Gilles Deleuze)认为,当时在公共领域和私人领域之外已经形成了一个"社会领域","它在家庭与国家之间建立了一种必要的权衡机制,既可以防止家庭功能的丧失,又使过度的国家干预得到抵御"。② 20世纪末西方发达国家社会经济环境的变化和因此而导致的福利国家制度的改革,使第三部门的发展自80年代以来成为学术领域的一个中心话题。③

在中国,在以市场为目标的经济体制改革日益深入的大背景下,因为一度出现以GDP为中心的认识误区,社会领域的"地位边缘化"和"管理真空化"以及因此而导致的贫富差距日益拉大和社会问题层出不穷,使构建和谐社会成为当前众口一词的社会共识。于是,在寻找解决问题的出路时,第三部门的发展同样引起了学界的兴趣。从80年代中期开始,首先进入的是社会学和社会工作学的研究者,接着,经济学、政治学、法学、公共管理学等学科的研究者纷纷加入,使这个研究领域呈现出一派百花

---

① 迟福林:《政府转型与民间组织发展》,《经济参考报》2005年10月15日;徐永祥:《社会体制改革与和谐社会建构》,《学习与探索》2005年第6期。
② 转引自熊跃根:《转型经济国家中的"第三部门"发展:对中国现实的解释》,《社会学研究》2001年第1期。
③ 同上。

齐放的大好形势。

1. 两分法:市场经济条件下的两大权力部门

传统的经济学和公共管理学的理论认为:在市场经济体制下,一般会有两大权力部门,即代表公共权力的政府部门和代表私人权力的企业部门(或市场部门),见图1。一般认为,前者以"国家暴力"为后盾,后者则以"经济实力"(资本)为基础。

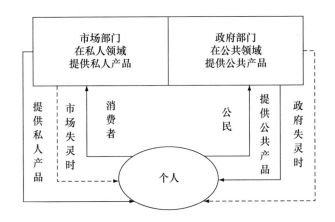

图1 市场经济体制下的两大权力部门

按秦晖在《全球化进程与入世后的中国第三部门》[①]一文中的解释:政府部门与企业部门之间存在着一种既有分工又可互补的关系。他认为:"市场失灵"通常是指市场机制在提供公共物品方面的失灵。这是由于公共物品具有"外部性",因此在公共领域的投资与回报是无法对应的。如果靠"利益最大化"作为驱动力,就会造成"搭便车"或"三个和尚没水吃"的窘境。"政府失灵"通常是指政府在提供私人物品方面的失灵,譬如政府办企业不仅没有效率,还往往会导致"权力寻租"乃至"权力设租",因此而造成腐败。最终,公共物品(公益)靠政府,私人物品(私益)靠市场便成了一般共识。秦晖还指出:"这种意义上的政府失灵与市场失灵是互为解决的,即市场失灵之处可以指望政府,政府失灵之处可以指望市场。"

第二次世界大战以后,发达国家的"福利国家"制度基本上就是建立

---

① 秦晖:《全球化进程与入世后的中国第三部门》,《南方周末》2002年8月29日。

在这种关于权力部门"二元结构"的理论建构和概念框架之上的,以此为基础的政策设计据说在一定的社会经济环境中能使个人(或公民、消费者)在国家和市场之间左右逢源。

2. 三分法:市场经济条件下的三大部门

以上所说的市场失灵和政府失灵,在秦晖的文章中被称为"第一种失灵"。在此之外,他又提出,还存在着"第二种失灵"。秦晖认为:市场在提供私人物品时也有一些功能缺陷。例如信息不对称,消费者无法有效地识别商品品质,于是消费者权益保护就成了单靠市场交换不能解决的一个问题。另一方面,政府在公共事务方面也有失灵之处。例如不能很好地满足社会中那些最弱势群体,以及其他特殊群体的需要。同时,即使政府能够提供服务也有个效率与成本问题。政府具有官僚组织的弱点,运作成本高,容易导致浪费与文牍主义。

由第二种市场失灵,秦晖导出了"需要有'消协'这类组织";需要"有特殊的热情而不是冷冰冰的'公事公办',成本也较政府要低"的"志愿组织的介入"的结论。同时,秦晖还指出:追求理想的先锋式的"社会实验",也是由志愿组织担纲为好,成功了全社会受益,失败了其影响一般也有限。在上述语境下,在政府部门和市场部门之外的新的部门的存在和发展便顺理成章了。

这个新的部门就是我们在这个课题中要研究的"第三部门"(The third sector)。按国际惯例,一般的排序为:政府是第一部门,市场(或企业)是第二部门,如果用排除法来下定义,那么其余的就都是第三部门了(见图2)。

在相关的研究和讨论中,数不清的专家学者从各种各样的角度对第三部门下了数不清的定义。最有趣的是,随之而来的居然是对其称呼也发生了各种各样的变化。比较符合国际惯例的是:相对于第一部门,即政府部门,第三部门被称为"非政府组织"(non-governmental organization,简称 NGO);相对于第二部门,即企业(市场)部门,第三部门被称为"非营利组织"(non-profit organization,简称 NPO);这应该是用排除法定义第三部门的结果。

第三部门还有其他名称:志愿组织(voluntary organization),这是延续了西方国家历史上的称谓。譬如美国学者托克维尔(Alexis Tocquevill)在其名著《论美国的民主》中提出,当时美国社会中多元化的志愿

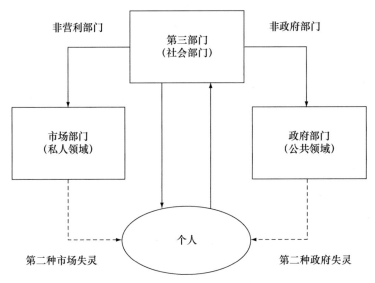

图 2　市场经济体制下的三大权力部门

组织、教会、社区团体、公民组织等,对建立北美民主制度做出了特别的贡献。①

社会中介组织,这可能是基于涂尔干(E. Durkheim)在其著作《社会分工论》中提出的建议,即在发展社会福利方面,可以用"中介协会"(intermediary associations)取代地方行政机构,发挥其在社会保障、公共卫生等方面重要的福利功能。②

在理论上,还有一个内涵和外延都更为宽泛的相关概念是"公民社会"(civil society)。何增科的研究指出:在西方,主张社会独立于国家而存在的思想可谓源远流长,甚至可以追溯到古希腊、古罗马时期。但近代公民社会的概念是在 17—19 世纪之间才出现的。20 世纪 70 年代以来,公民社会的概念再度得到重视。80 年代后,相关的讨论在欧美日益增多,并在政治家和公众中也产生了强烈的反响和共鸣。90 年代后,公民社会的研究热潮从欧美扩展到世界其他地区,公民社会理论遂成为当代

---

① 参阅维克托尔:《论美国的民主》,马丽仪译,国家行政学院出版社 2013 年版。
② 熊跃根:《转型经济国家中的"第三部门"发展:对中国现实的解释》,《社会学研究》2001 年第 1 期。

世界一股重要的社会政治思潮。①

第三部门的研究起初和公民社会理论关系并不像后来那样密切。这是因为当时公民社会主要是在政治哲学的层面展开讨论,而第三部门的研究则偏重于组织理论和行政管理理论。进入90年代,公民社会的研究者开始采用政治社会学的视角进行实证研究,而第三部门的研究者也开始关注宏观层面的一般性理论问题,双方开始找到理论的契合点,随即出现了合流的趋势。

公民社会的定义也有"两分法"(国家—社会)和"三分法"(国家—市场—社会)的区别。但现在"三分法"更为大多数研究者所接受。其中,最具代表性的是高登(Gordon White)的定义:公民社会是"国家和家庭之间的一个中介性的社团领域,这一领域由同国家相分离的组织所占据,这些组织在同国家的关系上享有自主权并由社会成员自愿结合而形成,以保护或增进他们的利益或价值"。② 按高登的说法:公民社会的含义可以说与第三部门基本上就没有什么差异了。

综上所述,关于市场经济下的权力部门的划分,就逐渐从楚河汉界的"分疆而治"演变为鼎足而立的"三国演义"。三个独立部门的划分对现实的解释力是否更强了呢?我们发现,当前有一些研究者对此提出了疑问。

二、三个独立部门划分的解释力受到质疑

用排除法定义第三部门,似乎不合社会科学研究领域普遍认可的游戏规则。社会科学研究最基本的逻辑方法就是首先要给予研究对象一个明确的定义,要从内涵和外延两个方面将研究对象界定清楚。这样,接下去讨论的展开就有了一个概念化的基础。通常认为,这样做可以避免在以后的讨论中产生很多歧义。但是,排除法只是告诉了我们第三部门不是什么,而没有告诉我们第三部门是什么,所以,这样的定义方法明显地不合常规。

于是,就有很多研究者尝试正面回答"什么是第三部门"这个命题,提出了他们关于第三部门"特点"的一些概括。

---

① 参阅何增科:《公民社会与第三部门研究导论》,载何增科主编:《公民社会与第三部门》,社会科学文献出版社2002年版。
② 同上。

1. "正面"定义第三部门之尝试

王绍光在《多元与统一:第三部门国际比较研究》①一书中,概括了国际上"正面"定义第三部门的几种说法:

其一,法律上的定义。譬如,在美国税法中有三条与"免税组织"相关的规定:(1)机构运作的目标完全是为了从事慈善性、教育性、宗教性和科学性的事业;(2)机构的净收入不能用于使私人受惠;(3)机构所从事的主要活动不是为了影响立法,也不干预公开选举。

其二,根据经费来源给出定义。譬如,根据联合国国民经济核算体系的标准,如果一个组织的一半以上收入来自以市场价格销售的收入,就是营利部门;如果一个组织的资金主要依靠政府的资助则是政府部门;如果一个组织一半以上的收入不是来自于以市场价格出售的商品和服务,而是来自其成员缴纳的会费和支持者的捐赠则是非营利的第三部门组织。

其三,根据组织的基本结构和运作方式给出定义。其中最为著名也是最经常被许多研究者所引用的是萨拉蒙(Leicester Saramon)以"结构—运行"为标志提出的界定非营利组织的五个基本条件:(1)组织性,即有一定的制度和结构。(2)民间性,即组织在制度上与政府相分离。(3)非营利性,即组织不向经营者或所有者提供利润。(4)自治性,即组织独立处理各自的事务,享有相当的自治。(5)志愿性,即成员基于志愿参与。②

另外,沃尔夫(Charles Wolf)则认为,非营利组织具有五个特征:(1)有服务大众的宗旨;(2)有不以营利为目的的组织结构;(3)有一个不致令任何个人利己营私的管理制度;(4)本身具有合法免税地位;(5)具有可提供捐赠人减免税的合法地位。

在以上三种定义第三部门的方法中,很明显,前面两种都出于某种特定目的:第一种定义是为一个组织能否得到"免税"待遇而在法律上设定的门槛,虽然王绍光引用伯格(Forston Berg)的说法:"能够享受免税资格的组织便是第三部门组织。"但这样说,在美国可能是合适的,但在其他国家,譬如中国,就有可能出现例外。就广义的国际比较而言,这显然不是定义第三部门的最好方法。

---

① 参阅王绍光:《多元与统一:第三部门的国际比较研究》,浙江人民出版社1999年版。
② 关于萨拉蒙给定的第三部门的"特点",这里综合了王绍光和贾西津两个人的说法。贾西津的说法见《国际比较视野中的非营利部门》,《管理世界》2002年第11期。

第二种方法,是联合国专为"联合国国民经济核算体系"而设定的"标准",恐怕其在统计学上的意义远远大于其实践意义。为了统计的需要,就必须设定一个确定的数量标准,但这个数量标准要将在实际生活中本来是很模糊的事物精确化,所以非常可能导致"标准"本身与实际情况的差别极大。据了解,香港非营利组织的经费80％来源于政府资助①;而在德国和法国,这个比例分别是69％和60％;而在美国,这个比例就要下降到35％。② 所以用这种方法用来界定第三部门,似乎并不是一个好主意。

最后一种界定方法,也是在学术研究中最常用的方法。除了前文中提出的两组特点之外,王绍光也提出了他所概括的"民间组织"的六个"共同特点":(1)组织性:它们有较为固定的组织形态,不是一次性、随意性或临时性的集合。(2)志愿性:这些组织的成员参与其活动是建立在志愿基础上的。(3)非营利性:它们的活动要么根本不营利,即使有营利也只能用于组织的既定使命,不能在组织成员间分配利润。这是此类组织与其他私营机构的最大差别所在。(4)民间性:它们属非政府性质,不是政府的分支机构。(5)自治性:它们既不受制于政府,也不受制于私营企业,还不受制于其他非营利组织。(6)非政治性:它们从事的活动集中在公益服务和互惠行为上,不参与政治性活动。最后,王绍光指出:民间非营利组织的总体构成了"相对于政府部门和市场部门而言的"的"第三部门"。

为了更好地对萨拉蒙、沃尔夫和王绍光所列出的第三部门的诸多"特点"进行比较,我们用一张表格将这三组"特点"放到了一起,见表1:

表1 研究者勾勒的第三部门特点的比较

	组织性	民间性	非营利性	自治性	志愿性	公益性	非政治性	合法性
萨拉蒙	√	√	√	√	√			
沃尔夫	√		√			√		√
王绍光	√	√	√	√	√		√	

从上述三位研究者为第三部门勾勒的"特点"中我们可以发现,尽管他们的意见有相同之处,但也总有差异。这使我们产生了一个疑问,用这

---

① 杨团:《沪港非营利组织比较研究报告》,《杭州师范学院学报》2001年第6期。
② 周批改、周亚平:《国外非营利组织的资金来源及启示》,《东南学术》2004年第1期。

种方法能否穷尽第三部门的所有"特点"？或者说，研究者是否有可能穷尽第三部门的所有"特点"？答案似乎应该是否定的。

贾西津在《非营利组织的能力建设与社会角色》①一文中也引述了萨拉蒙以"结构—运作"方法概括的五个特点，但她指出，萨拉蒙后来又加上了"非政治性"和"非宗教性"。在同一篇论文中，贾西津后来又一口气增添了"公益性、志愿性、自主性、使命感、参与性、多元性、公开性和开放性"等诸多特点，加总起来，一共达到 15 个之多。但是，即便如此，我们似乎依然可以继续提问：第三部门的特点还有吗？

其实，除了难以穷尽的缺陷之外，用这种方法界定第三部门，还可能给研究者增添另外一种更为棘手的麻烦。这就是实际生活中涉及第三部门具体的组织或机构时，其"结构—运作"可能具备上述一部分特点，但却不符合另一部分。这也许是常常发生的事情，这时，研究者如何来认定这些组织的性质呢？

2. 抽象定义第三部门之尝试

可能也是因为这个原因，有一部分研究者索性另辟蹊径，用更为抽象的理论模式来界定第三部门。

在秦晖的研究中，他以"公益""私益"为两端绘出了一条纵轴，以"强制""志愿"为两端绘出了一条横轴，纵轴和横轴十字交叉构成了一幅二维结构图。由此，在一个平面上划分出了四个象限。

秦晖把第一象限，即代表"公益"和"强制"的这一象限中给了第一部门，亦即政府部门——意为"政府以强制机制提供公共物品"。

秦晖把第三象限，即代表"私益"和"自愿"②的这一象限给了第二部门，亦即企业(市场)部门——意为"企业(市场)以自愿机制提供私人物品"。

秦晖图上的第二象限，代表的是"公益"和"志愿"，这当然应该归属于第三部门，亦即非政府、非营利的志愿机构——意为"第三部门以志愿机制提供公共物品"。

秦晖图上剩下的第四象限，代表的是"私益"和"强制"，这应该归属于哪个部门？秦晖打了个问号——意为"？(部门)通过强制机制提供私人物品"，然后填上了"政企不分的传统体制"。

---

① 贾西津：《非营利组织的能力建设与社会角色》，豆丁网，http://www.docin.com/p-486947.htmlt。

② 在这篇文章里，秦晖似乎是在同一意义上使用"自愿"和"志愿"这两个词，但"志愿"一定是与第三部门配合使用的，在其他场合则用"自愿"。

以下,我们用国际国内很多研究者常用的矩阵图来对秦晖的意见作一归纳,见图3:

	强制	自愿
公益	强制+公益 第一部门 (政府部门)	志愿+公益 第三部门 (非政府、非营利组织)
私益	强制+私益 ?部门 (政企不分的传统体制)	自愿+私益 第二部门 (企业或营利部门)

图3　四个象限与三大部门(1)

在后面的文字中,秦晖对他打上问号的第四象限特意作出了解释。他认为,"通过强制机制提供私人物品"的第四象限"在当代第三部门理论中是没人提到的,因为这个问题对于现代民主国家来说已经不是一个问题了"。他认为:"在民主制下,由公众授权的强制机制只能用于公益;而在法治下的规范市场中,私人物品只能通过自愿交易获取。无论哪种情况,强制机制原则上都不能用于私益。"因此,秦晖认为:"所谓现代化过程,就是要消除这个'第四部门',即一方面通过民主化进程使强制机制只能用于提供公共物品,……从而形成第一部门——现代政府组织;另一方面通过市场化进程使私人物品只能通过自由交易来提供,……从而形成第二部门——现代企业组织。只有在这两者产生之后,'第三部门'才能有真正的社会基础。那时第一、第二部门都解决不了的问题,我们就可以试图通过第三部门来解决。"①

秦晖阐述的四象限理论就秦晖要表达的意思本身来说在逻辑上是没有问题的。但是,他对第四象限的解释总让人感到有些牵强,有些"醉翁之意不在酒"。他所抨击的"政企不分的传统体制",虽然他没有明说,但从其选择的用词来看,显然针对的是中国的"特殊国情"的,或者最多可以将范围扩大到曾经同样有过"计划经济"历史的"转型国家"。如果仅仅从这个角度看问题,他的说法似乎并没有错。

---

① 秦晖:《全球化进程与入世后的中国第三部门》,《南方周末》2002年8月29日。

然而,当他作出"这个问题对于现代民主国家来说已经不是一个问题"的判断时,我们不得不指出,他可能犯了一个是有关历史的错误(尽管他是一位历史学家),因为他的说法显然不符合六十多年来的史实。譬如在欧洲,"民主制"之下的"福利国家",却也犯了他所认为的"强制机制不能用于私益"的"大忌"。要不然,最早反对福利国家制度的学者之一——哈耶克为什么要把他的论著的标题定为"通向奴役之路"呢?①

秦晖的解释之勉强,使我们感觉到,他所作的四象限图本身是否有问题呢?仔细推敲,发现作为横轴两端所用的概念——亦即"强制"和"自愿"——可能是有问题的。譬如,政府行为就一定是"强制"的吗?市场行为就一定是"自愿"的吗?还有,在政府行为中是否还包含了其他通常被认为是负面的因素呢?回答是肯定的,譬如官僚主义、效率低下,这些似乎都与"强制"没有多大的关系。同样,市场行为中也包含了其他通常被认为是负面的因素,譬如信息不对称,这也与自愿没有多大关系。

如果我们用更中性而且性质更模糊的词,譬如用"行政化"和"市场化",来取代上述两个使人感到"强制"和"自愿"这两个在词义上有些绝对的词,再来看看四个象限的矩阵图会出现什么样的变化呢?

	行政化	市场化
公益	行政化+公益 第一部门 (政府部门)	市场化+公益 第三部门 (非政府、非营利组织)
私益	行政化+私益 (社会保障、社会福利)	市场化+私益 第二部门 (企业或营利部门)

图 4　四个象限与三大部门(2)

在图 4 中,对于第一象限和第二象限的解释都不必改动,第三象限可能在中国会有一点歧义,而第四象限却变得不那么使人反感了。实际上,通常所认为的"第三部门"所提供"人类服务"或"社会服务"(国际通用的概念)或"社会福利服务"(中国的概念),可能要包括两大块,即以市场化

---

① 参阅弗里德里希·奥古斯特·哈耶克:《通向奴役之路》,王明毅等译,中国社会科学出版社 1997 年版。

手段提供公共产品和公共服务,在图4中处于第二象限的"第三部门"——其中的核心问题是:"社会募捐"本身是一个大市场。

还有就是以行政化手段提供私人产品的在图4中处于第四象限的"第三部门",实际上就是社会保障和社会福利。就"部门"而言,在欧美国家通常也会被称为"政府的人类服务(或社会服务)机构",有时还包括"有政府背景的非政府机构"(GONGO)。在中国这些"部门"则被称为"事业单位",有时也包括"群众团体"——工、青、妇。

我们在这里讨论的问题的核心或曰关键是,社会保障和社会福利,从本质上说,并非公共物品或公共服务。因为就公共物品的三大属性而言,社会保障和社会福利并不具备"非竞争性""非排他性"和"外部性",因而是具有私人物品和私人服务的属性的。这对国内经济学界和公共管理学界的一般认识是个很大的挑战,但在国际上却已被普遍认同。为了证实这一点,我们可以举比尔斯(David Billis)和格伦内斯特(Howard Glennester)在《人类服务与志愿部门:比较优势理论探索》中所述为例:志愿机构并不是以提供集体商品为主。我们所关注的人类服务虽然也带有一些公共产品的特征,但基本上还是属于私人产品。① 为什么要用行政化手段来提供私人产品呢?因为这些私人产品的背后都隐藏着个人及其家庭无法抗拒的风险,所以要用国家的力量和社会的手段来予以应对。

根据以上的讨论,我们的观点是,对于第四象限,不必人为地将其"打入另册"。事实上,第二次世界大战后世界各国纷纷采用的社会保障和社会福利制度也说明了这一点,所以我们还是应该将其纳入我们的理论体系中。

然而,这一纳入,又引出了新的问题:既然"行政化+私益"的"第三部门"可以被认可,那么现在常被提起的"社会企业"又将放在哪一个象限呢?虽然"社会企业"和"志愿组织"都可以被纳入"市场化+公益"的第二象限,但他们所代表的"市场化"的含义却迥然不同:前者的市场化的核心是"企业经营",后者的市场化的核心是"社会募捐";而且前者一般不寻求税收上的优惠,而后者却离不开减免税。由此而推论,是不是还应该有个"第四部门"呢?如果承认了第四部门,却又可能再次引出更大的问题:这样的探究是否能够到此为止,而不会再出现"第五部门""第六部门""第七

---

① 参阅大卫·比尔斯、霍华德·格伦内斯特:《人类服务与志愿部门——比较优势理论探索》,载霍华德·格伦内斯特:《英国社会政策论文集》,苗正民译,李秉勤校,商务印书馆2003年版。

部门"……二维的四象限图显然已经不能解释上述乱象,现在是否应该将我们的形象思维引向三维立体的构图?

三、比尔斯和格伦内斯特的比较优势理论

当我们的思路陷入困境时,前文中提起的比尔斯和格伦内斯特的著作使我们眼前一亮。他们提出了一个问题:"志愿部门的人类服务机构,是否具有一些可以保证其对某些类型的消费者提供服务时比营利性部门和公共部门更具比较优势的特点?"而他们给出的答案可能更令人惊讶:我们提出的观点是,与其他部门的机构相比,志愿机构的比较优势在于,它们特别含糊且混合的结构使其能够克服由主权—代理关系错位,中间选民不愿意,政治家发给下属的信息不明确,市场缺乏兴趣等因素造成的问题。

概括起来,所谓"比较优势"居然在于"特别含糊且混合的结构",这似乎与组织社会学的一般理念是背道而驰的。周雪光在他的《组织社会学》一书中,对"模糊性"作出了这样的定义:"模糊性指同样信息条件下人们会有不同的解释和理解,而这些不同的解释不因信息的增加而改变"。他还把"这种模糊性"概括为四个方面,即目标的模糊性、历史事件的模糊性、理解及解释的模糊性和组织过程的模糊性。[①]

所谓的模糊性一般是作为组织决策中存在的问题提出来的,而在比尔斯和格伦内斯特的笔下,第三部门的模糊性却成了具有正能量的影响因素。比尔斯和格伦内斯特用一张表格进一步阐述了他们的观点:

表2 三个部门的比较

部门	驱动者	结构	核心财源	工作人员
公共的	中间选民及重新选举	官僚的	税收	有偿的有一些志愿者
私人的	股东与一些与利益相关的目标	官僚的	销售收入	有偿的
志愿的	多种利益相关者	模糊的	税收 捐款 收费	有偿的志愿者

资料来源:霍华德·格伦内斯特:《英国社会政策论文集》,苗正民译,商务印书馆2003年版。

在表2中,我们可以看到,在"驱动者""结构""核心财源"和"工作人

[①] 参阅周雪光:《组织社会学》,社会科学文献出版社2003年版。

员"等四个方面,公共部门和私人部门都有清晰的、确定的相关因素,而志愿部门却没有,其相关因素几乎都是模糊的和不确定的。

从驱动者看,公共部门即政府部门在乎的是"中间选民"("中间选民理论是任何当选政府所不能长期忽视的因素"①),要实现的目标是在下一届选举中自己能获胜;私人部门即市场部门,主要服务于股东,要实现的目标是使利润最大化;而志愿机构即第三部门却要周旋在"多种利益相关者"之间——"传统意义上的利益相关者,包括所有者、取薪职员、消费者或用户,在志愿机构里由一些错综复杂的角色所取代"。他们要实现的目标自然也是不确定的,或者说是随机应变的。

从结构看,公共部门(政府部门)和私人部门(市场部门)都是"官僚的",在英文中,"官僚主义"与"科层制"是同一个词——"bureaucracy";而志愿机构(第三部门)是"模糊的"。

从核心财源看,公共部门(政府部门)是"税收",私人部门(市场部门)是"销售收入",而志愿部门(第三部门)则四处伸手,税收(政府资助)、捐款(私人捐款、企业捐款)和收费(服务收费)全占上了。

从工作人员看,公共部门(政府部门)主要是有偿的受薪人员,有时也用一些无偿的志愿者,私人部门(市场部门)则全部是有偿的受薪人员,而志愿部门(第三部门)名正言顺地使用无偿的志愿者,但也不乏有偿的受薪人员。

由此看来,志愿部门或第三部门的这种模糊性是全方位的。同时却又是在与政府部门和市场部门的比较中才显示出来的。更具特点的是,这种模糊性具有一种"大拿"或"全包括"的性质,即政府部门和市场部门有的我全有,政府部门或市场部门没有的我也有。但是在具体的组织行为过程中,这些相关的结构或手段怎么运用,却是很有弹性的,所以也就充满了"不确定性"和"模糊性"。这就造成了周雪光所说的"目标的模糊性、历史事件的模糊性、理解及解释的模糊性和组织过程的模糊性";其中最主要的是"理解及解释的模糊性"。从某种意义上说,这种模糊性也许还是故意的。

这种混沌一片的认识格局,其实是给了我们发挥理论想象力的空间,

---

① 参阅转引自大卫·比尔斯、霍华德·格伦内斯特:《人类服务与志愿部门——比较优势理论探索》,载霍华德·格伦内斯特:《英国社会政策论文集》,苗正民译,李秉勤校,商务印书馆2003年版。

因此,我们用图示的方法来描绘三个部门之间的关系。这一次,我们不再试图用更多的维度来建构我们的理论框架,而是选择了从二维构图退回到一维的线性关系上,见图5。

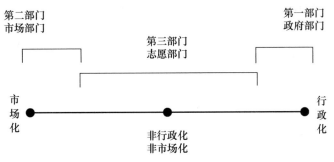

图 5　三大部门的行为模式图

我们绘出一个线段,线段的两端分别代表完全的行政化和完全的市场化,而线的中点则是一个零点,即完全的非行政化和完全的非市场化,这也就是理论上的"纯粹的"第三部门。这样,从市场化到行政化就形成了一个连续的数列。一般而言,第一部门(或政府部门)和第二部门(或市场部门)都会受到严格的法律法规的限定,所以其行为模式是确定的或者说是刻板的、固化的。当然不能说没有一点弹性,但可以"灵活"一下的范围应该很小。而第三部门的行为模式从比较接近行政化到完全非行政化,从比较接近市场化到完全非市场化,其弹性的范围很大。这就是所谓的第三部门的"模糊性"所在。

当然,在现实生活中,三大部门事实上也的确有个基本的划分。比尔斯和格伦内斯特认为:由股东所有的必须盈利的机构与不必盈利的机构之间存在着明显差异;按照法令建立的须对选民负责的机构与不必对选民负责的机构也明显不同。而第三部门"在边缘地带有些含糊,但其核心是一个在法律、财政和组织上都很独特的部门"。[①]

但是,如前所述,政府部门和市场部门由于受到一定的法律法规上的确定性的限制,有些事情会非常难办。譬如,遇到以下情况:(1)主权—代理关系错位;(2)中间选民不情愿;(3)政治家发给下属的信息不明确;

[①] 参阅大卫·比尔斯、霍华德·格伦内斯特:《人类服务与志愿部门——比较优势理论探索》,载霍华德·格伦内斯特:《英国社会政策论文集》,苗正民译,李秉勤校,商务印书馆2003年版。

(4) 缺乏市场兴趣。① 前三条与政府部门的"确定性"相关,后一条与市场部门的"确定性"相关,这时,处在"中段"且边缘模糊的、具有不确定性的第三部门,处理这些问题的优势就出来了(见图6)。

图6 三个部门之间边缘的模糊性

要说明的是:因为中国国情特殊,尤其是政治制度不同,上述与政府部门"确定性"相关的三条,符合发达国家的情况,但与中国的情况却不太般配。因此,按中国的情况,我们用与中国国情更为相符的"权责范围有限""上级、公众问责"和"领导意图不明"来取而代之(见图7)。

图7 中国的三个部门之间边缘的模糊性

首先,由于"利益相关者"的模糊性,第三部门代表谁都可以。通常,它们扮演的角色是弱势群体的代言人,但是,有时它们也能代表政府(譬如,当政府向他们授权或购买服务时),有时它们也能代表企业(譬如,在接受企业指定目标的捐款时),所以,对于第三部门来说,不存在"主权—代理关系错位"的问题,甚至根本没有确定的"主权—代理关系"。当然,在中国,这也不涉及"权责范围有限"的敏感问题。

其次,与政府部门不同的是,遇到某些问题,第三部门通常可以把自

---

① 参阅大卫·比尔斯、霍华德·格伦内斯特:《人类服务与志愿部门——比较优势理论探索》,载霍华德·格伦内斯特:《英国社会政策论文集》,苗正民译,李秉勤校,商务印书馆2003年版。

己放在"私人的"或"民间的"立场上,因而对于选民,包括"中间选民"的意见,它们根本可以不在乎、不理会。当然,在中国,这也避免了"上级、公众问责"的敏感问题。

再次,在政治家发出的信息含糊不清时,第三部门通常也可以以自己"私人的"或"民间的"立场,按照自己的理解和解释去办事,甚至完全对政治家的意见置之不顾。如果办得好,通常政治家乃至政府机构都会很快地在这个问题上与第三部门"取得一致"。如果没有办好,第三部门还有一个普遍认可的社会功能,即在"开发新的服务种类以满足新的需求"①方面充当先锋,既然如此,失败也是可以被容忍的。当然,在中国,这也不触犯"领导意图不明"的问题。

最后,第三部门的最响亮的口号之一就是"非营利",在这个领域中根本就没有为着利润最大化才来投资的"股东",因此也就可以说根本不存在营利的动机,所以"市场兴趣"对他们来说是风马牛不相及的事情。至于这一点,恐怕中外并没有根本的差别。

从另外一个角度说,被夹在中间的第三部门,反而可以缓解来自两端——政治权力和资本权力的压力。

但是,在三个部门的交接处,第三部门的理念却有一定的"扩张性",其某些"触手"常常会主动伸到第一部门和第二部门的"传统领域"中,并成功地从最初的越俎代庖,逐渐扩张,到最终成为既成事实——这种成功扩张的例子有两类:靠近政府部门这一边的有政府的服务机构(事业单位),靠近企业这一边的则有近年来时髦起来的"社会企业"(见图8)。

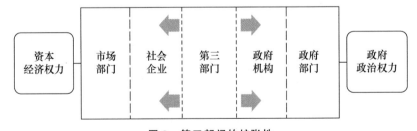

图8　第三部门的扩张性

---

① 参阅大卫·比尔斯、霍华德·格伦内斯特:《人类服务与志愿部门——比较优势理论探索》,载霍华德·格伦内斯特:《英国社会政策论文集》,苗正民译,李秉勤校,商务印书馆2003年版。

四、比较优势理论与中国的本土性知识

"第三部门"的概念以及"比较优势理论"都源于西方,因此,以上的讨论也都建立在与这个问题相关的西方理论和国际经验的基础上。但是,如果我们要将这些理论和观念应用于中国的具体实践,恐怕就要按照中国的特殊国情对其进行"本土化"的改造。

要研究中国的第三部门,"本土性知识"是至关重要的。因为就连对最基本的概念的称呼在中国也会表现出与众不同的特点:譬如"民办非企业单位"(简称"民非"),其实与"非营利"的含义非常接近;再如"民间组织",其实可以说是"非政府"的另一种说法。

在这种可能是人为造成的特殊语境中讨论问题,就更需要实事求是地调查和了解中国的"特殊国情"或曰"本土性知识"。对此,根据我们平常的观察和经验,我们作出了一些理论假设,概括地说,大致上可以包括以下六个方面:

其一,在中国,关于政企分开的法律法规可能已经比较完备。但是,在实践中,政企不分仍然是一个比较普遍的现象。因此,如图8所示,政府与市场之间并没有截然分开,而是会通过某种特殊的方式直接沟通。所以,第三部门的中介作用在这些方面就根本体现不出来,其活动空间被压缩也就成为一件"自然而然"的事情。

其二,政府与事业单位之间是靠得最近的。从某种意义上说,事业单位是直接从某项政府职责中派生出来的,因而天生地就具有一种"依附性",常常有研究者将这种关系比作"父子关系"。所以,对事业单位来说,政府某部门就是可以直接对其发号施令的顶头上司,政府对事业单位的管理也常常是一种指令性的直接管理。这样,真正的民间性质的第三部门的活动空间就再次受到压缩。

其三,政府的事业单位改革,政策思路中最主要的对策就是要将其"产业化",换句话说,就是要将事业单位推向市场。在很大程度上,改革的结果会使事业单位变成一种非常特殊的"官办社会企业"——在面对消费者时,市场化的营利因素会起到很大的作用;而在面对政府时,又可以名正言顺地像非营利组织一样得到政府的投入和社会的捐赠。事业单位的左右逢源再次压缩了真正的民间组织的活动空间。

其四,真正意义上完全属于第三领域的独立的民间机构,其"地盘"已经被压缩得很小,而且与市场和政府的联系都被"阻隔"。只能完全靠自己去市场上"打拼"。从某种意义上说,政府对此也常常采取的是隔岸观火的态度,由着其自生自灭。

其五,在得不到政府足够支持的情况下,第三部门也只能更偏重于与市场接轨。所以,很多第三领域的服务机构实际上也在向社会企业靠拢,能够自负盈亏,能够勉强地完成其社会职责(譬如提供老年福利服务,譬如提供就业岗位,等等)并生存下来就算万事大吉。至于发展,那就是非常理想主义的憧憬了。

其六,一部分第三领域的服务机构最初是市场取向的,也就是说,投资者的目标是奔着营利而来的。但是,在运营过程中,逐渐认识到在福利服务领域营利的可能性极小,但退出则意味着更大的损失。于是调整目标走向社会企业或者是完全的非营利机构,亦即无可奈何地接受了非营利(不能营利)的现状。

总而言之,一片混沌之中的中国第三部门的现状,用"模糊性"来进行概括是最确切不过的了(见图9)。也许,出乎我们的欧美同行的预料,这种模糊性可能远远超出他们的认识范围。

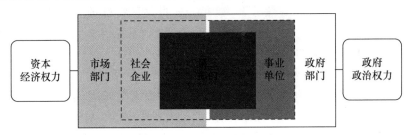

图9　中国三大部门之现状

因此,对于中国第三部门的研究不仅要充分地、尽可能客观地描述这种现状,而且还要从这种现状中找出中国第三部门发展的出路。从某种意义上说,也就是要从这种客观存在的模糊性中看到有利于中国第三部门生存和发展的形势和条件。这也就是本文开始时所说的"自己给自己出的难题"。

本文系与黄黎若莲、张时飞合作,原发表于《江苏社会科学》2007年第4期,收入本书时略有增删修改。

有中国特色的现代慈善事业

以"有中国特色的现代慈善事业"为题来做一个研究课题,是从世纪之交至今,我们的一个长达十年之久的夙愿。自从20世纪80年代中期,"慈善事业"一词逐渐地在业已走向改革开放的中国重获新生以来,对这个概念的"中国式理解",在政府(包括中央的和地方的)、在企业(包括国有企业和民营企业)、在社会(包括各类公益慈善组织),可谓层出不穷。因此,当我们真正要将慈善事业当作整个社会机制和社会体制的一部分,并通过立法使之走向可行的和可操作的制度安排时,我们发现,思想的混乱甚至使我们无所适从。

近年来,由于"社会工作人才队伍建设"摆上了党和国家的议事日程,社会工作的价值理念和理论方法也在与"社会建设"相关的政府的和民间的各类机构组织和工作人员中迅速普及。在社会工作的知识体系中,凡涉及社会工作的发展历史,总是离不开慈善事业。同时,一些相关的概念,譬如"社会福利""社会工作""社会服务"等都先后进入了我们的视野。这些概念之间到底是什么样的关系,它们和慈善事业,尤其是现代慈善事业究竟有什么关系?

在对这个问题长达十年的观察、学习和思考中,我们逐渐理清了与这些概念相关的历史脉络并从国际经验中找到了它们之间的历史渊源。2009年,在中国残疾人联合会的资助和大力支持下,我们得以将我们对"现代慈善事业"的认识以课题报告的形式,系统地整理出来,求教于国内国际的同行。

一、从历史长河中认识慈善的发展脉络

慈善,可能是人类社会中最古老的互助互济形式。在原始社会末期,出于人类恻隐之心或宗教信仰而对贫困者施以援手的慈善事业就出现了。在美国的《社会工作百科全书》[①]中提到了这样一些史实:公元前1750年,巴伦汉姆拉比国王发布的公平法典中包括了要求人们在困难时互相帮助的条款。公元前1200年,在以色列,犹太人被告之,上帝要求他们帮助穷人和残疾人。公元前500年,希腊语中意为"人类博爱行为"的慈善事业在希腊城邦国家里已经制度化。鼓励公民为公益事业捐款并且在供贫民使用的公用设施中备有食物、衣服和其他物资。孔子在《论语》中宣称,人是通过"仁"这种表示爱心的方式来相互约束的社会的人,"仁"通常表现为全心全意地帮助穷人。公元前100年,罗马帝国确立了所有罗马公民在贫困时可得到由贵族家族分发的谷物的传统。

14—16世纪欧洲的文艺复兴运动,使我们这个世界开始走上了工业化、城市化、现代化的道路。英国是开工业革命之先河的国家,也是最先出现现代社会经济风险的国家。1601年,英国颁布了《伊丽莎白济贫法》,建立了"国家济贫制度"。《济贫法》的核心内容是以教区为单位,对城市贫民和流浪汉实行有条件的救济。

到了19世纪后半叶,为弥补国家济贫的不足,由牧师和宗教组织率先倡导,英国出现了一些旨在帮助失业者、贫困家庭、病人、孤儿、身心障

---

① 参阅美国社会工作者协会编著:《社会工作百科全书》,美国社会工作者协会1965年版。

碍者的民间社会服务组织。后来,这些组织联合而成"慈善组织会社",他们派出"友善访问员"访问贫困家庭,并对他们进行"社会诊断"和"社会治疗"。

1884年,在伦敦城内最贫困的教区之一——东伦敦怀特贾伯区,当地圣朱德教堂的牧师巴涅特及其夫人罗兰女士邀请了一些牛津大学、剑桥大学的大学生,建立了史上著名的汤恩比馆,开展社会服务活动。后来发展成为"睦邻运动"。

于是,在慈善事业发展的初期,就形成了一种发展模式:国家立法济贫,但其实介入和干预不足。于是,民间的慈善事业迅速崛起,填补空白并因此而发达。这样的模式被称为"盎格鲁-撒克逊"模式。这样的慈善事业的发展模式后来又传到英国的殖民地,譬如美国……

相对英国而言,美国的慈善事业发展较晚。1820年格里斯科姆建立的预防贫穷协会应该是一个比较早期的例子。他们也是通过访问贫困家庭,满足他们的诸如食品和居住等生理需要,并试图用宗教布道的方式治疗个人和家庭的情感和精神上的困惑。

19世纪后半叶,美国的一些城市借鉴英国建立慈善组织协会的经验,1877年在纽约的水牛城成立了全国第一个慈善组织协会,之后,慈善组织协会在美国的其他城市迅速蔓延开来。1889年,美国的亚当斯女士学习英国的"汤恩比馆",在美国芝加哥建立了"霍尔馆",形成了由牧师和富裕的善心人士带领不计薪酬的志愿人员(多为大学生)为穷人提供社会服务的模式,也兴起了扎根社区的睦邻运动。

除了盎格鲁-撒克逊模式以外,还有"欧陆"模式。"欧陆"模式更重视福利制度建设。在1873年德国的俾斯麦建立社会保险制度以后,以社会保险为核心的社会福利制度开始在欧洲流行。以往建立在个人行为基础上的慈善事业分化为两个具有"现代性"的新事物——一是国家制度层面保障公民基本生活需求的社会保障制度,二是社会服务层面的职业化、专业化的社会工作。社会保障和社会工作之所以"现代",就是因为用"权利性"取代了"施舍性"、用"制度化"取代了"随意性"。

慈善事业与社会保障、社会工作的区别在于:前者建立在人类恻隐之心或宗教信仰的基础上,但总是表现为一部分人对另一部分人的施舍,"施"和"受"之间的关系终究是不平等的,所以慈善常常带有"恩赐性"和"非制度化"("随意性")的特点;建立在公民权利基础上的社会保障,履行的是社会财富再分配的国家责任,强调助人自助、科学助人的社会工作,则以专业化、职业化的社会服务将社会政策具体落实到一个个政策用户身上。所以，社会保障和社会工作，都针对"慈善事业"的价值理念上的不足，更强调了其"权利性"和"制度化"以及"专业化、职业化"。

第二次世界大战期间，为了鼓舞人心，英国在1942年发表《贝弗里奇报告》，这个报告抛弃了盎格鲁-撒克逊的传统，转而引入欧陆体制。第二次世界大战以后，英国领头，欧洲国家纷纷建立"福利国家"。根据制度安排，社会工作机构被纳入了统一的国家制度框架之内。从此，"慈善事业"的名头在欧洲已不甚响亮。

但是，在一些原来的英国殖民地，却将盎格鲁-撒克逊传统延续下来了。以美国为例，他们崇尚"小政府、大社会"，在社会保障方面仍然坚持政府只管老人和穷人。与此同时，则给民间非营利的慈善公益组织留下很大的空间。美国的企业和个人，每年通过各类基金会贡献的慈善公益捐助有6700多亿美元，占美国GDP的9％。尤其值得重视的是，这并非完全是因为美国的大企业多、富人多的缘故。研究表明，美国的社会捐款中，70％以上来自于成千上万普通公众每月几美元、几十美元或几百美元的小额捐款。正是普通民众的小额捐赠和志愿参与推动了美国慈善事业的发展。

究其原委，美国社会给予公民和企业两种选择：公民和企业可以将自己收入的一部分作为税收交给政府，然后通过"税收→财政→公共支出"的途径用于公益或福利；同时，公民和企业也可以将自己的收入的一部分作为社会捐款捐献给慈善事业，通过"社会捐款→慈善基金→慈善事业"的途径用于公益或福利。这两者没有先后，更没有优劣的差别，而是在同一制度层面上的，用于交税或捐款只是由于个人或企业偏好的不同而作出的不同的社会选择而已。美国政府对非营利组织接受社会捐赠的鼓励也体现在法律上，可以归纳为"一疏二堵"：一疏，是企业和个人捐助慈善和公益事业可以获得免税的待遇；二堵，是用高额的遗产税和赠与税对资产转移进行限制。所以，美国的慈善捐款甚至可以超过政府的公共支出。

我国香港地区的发展也属盎格鲁-撒克逊模式，但与美国的做法又不同。20世纪40年代末，大量难民的涌入使当时的香港面临各种棘手的社会问题。一部分自欧美留学归来，接受过西方专业社会工作训练的社工，开始投身社会服务。70年代初，香港经济进入起飞时期。在麦理浩担任香港总督期间，形成了政府只对贫困家庭实施社会救助，同时与志愿团体成为合作伙伴,使其在政府的资助下提供专业社会工作和社会服务的机制。譬如,有邻舍层面的社区工作、学校社会工作、家庭生活教育、老人综合服务中心、青少年外展服务、综合性康复服务,等等。80年代以来,在香港社会福利机构的经费开支中,大约70%—90%来自政府的资助或购买服务。因此,虽然在香港,仍然有很多机构冠以"慈善"的名号,但那只是历史的惯性使然,实际上他们更愿意与国际上的"社会福利""社会工作"和"社会服务"等通行的称呼挂钩。

20世纪80年代的英国首相撒切尔夫人的"社会福利改革",强调福利机构的私有化,并以"政府采购社会服务"的理念,变政府对福利机构的直接投入为购买服务。与此同时,里根总统在美国也搞起了性质相近的福利制度改革。当时英国和美国之所以能唱同一个调,应该是因为他们的思想根源都是盎格鲁-撒克逊的传统。

二、对"慈善事业"发展历程及其模式的评析

如今,在中国,谈到慈善事业,经常笼统地讲"国际"或"国外"的经验。其实,在慈善或社会福利领域的制度安排方面,当今世界上并没有一个共通的"国际经验"或"国外经验"。如上所述,其实只有在盎格鲁-撒克逊模式中,才有比较发达的现代慈善事业。但是,美国和中国香港地区的模式又不同,美国是高举"民间"的大旗并主要通过社会募捐来筹资,而香港地区的社会服务机构虽"民间"但财政基本上靠政府拨款来支撑。

我们可以以"主要依靠政府机构"和"主要依靠民间组织"为横轴(X轴)的两个端点,以"资金来自政府拨款"和"资金来自社会募捐"为纵轴(Y轴)的两个端点,从而构成一个二维的平面直角坐标体系。第一象限,表示"主要依靠政府机构"和"资金来自政府拨款",即前文中所说的欧陆模式;第二象限,表示"主要依靠民间组织"和"资金来自政府拨款",即盎格鲁-撒克逊模式中的"香港模式";第三象限,表示"主要依靠民间组织"和"资金来自社会募捐",即盎格鲁-撒克逊模式中的"美国模式"。第四象限,表示"主要依靠政府机构"和"资金来自社会募捐",这种模式比较像中国的现行政策。见图1。

```
                    主要来自
                    政府拨款
                      ↑
         第一象限    |    第二象限
                    |
      主要依靠政府机构 | 主要依靠民间组织
      资金来自政府拨款 | 资金来自政府拨款
                    |
         欧陆模式    |    香港模式
主要依靠               |                 主要依靠
政府机构 ──────────────┼────────────── 民间组织
                    |
         第四象限    |    第三象限
                    |
      主要依靠政府机构 | 主要依靠民间组织
      资金来自社会募捐 | 资金来自社会募捐
                    |
       中国现行政策    |    美国模式
                      ↓
                    主要来自
                    社会募捐
```

图 1　慈善—社会福利的不同模式（坐标系）

从第一象限、第二象限和第三象限的"慈善—社会福利模式"看，在其组织结构和资金来源方面，各自都有其能够相互耦合的机制可循，从而形成一个可控且稳定的"闭环系统"。

"欧陆模式"——在组织架构方面，主要依靠政府机构；在资金筹措方面，主要来自政府投入——这与"福利国家"的基本方针、政策是完全契合的。如图 2，公民向政府交纳税收，政府通过社会保障的制度安排向公民提供资金保障和服务保障。可以说，这也是当今的欧盟模式。尤其是北欧国家的社会福利制度，可以说在这种制度设计的理念上达到了极致。第二次世界大战后的社会主义阵营，包括计划经济时期的中国，也采取了相近的模式。但大多采取由政府直接作"必要扣除"而不是用税收的方式来筹集资金。这也就是社会保障教科书上常见的社会福利或社会保障模式。在这里，"慈善"在一般情况下，只是一种与其传统文化相关的"历史遗迹"，譬如，有些社会服务机构会保留其与慈善相关的名称。

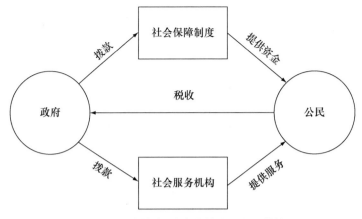

图 2 "欧陆模式"的资金筹集和福利供给

"香港模式"——在组织架构方面,主要依靠民间组织;在资金筹措方面,主要来自政府投入——这是香港地区特殊的政治背景和经济背景造成的。战后,英国宣布建成"福利国家",对公众实施了慷慨的国民保险及相关社会服务。但是,对于其殖民地,英国政府是吝啬的。在20世纪50—60年代,香港只有社会救助制度,很多贫困问题都让民间的慈善机构去解决。70年代香港经济起飞后,"港英政府"开始对民间组织提供资金援助,后来逐渐增加到70%—90%,这使资金筹措和组织结构进一步契合起来。这种模式后来得到撒切尔夫人的青睐,通过双向互动,反倒成为英国社会福利改革的重要内容。见图3。

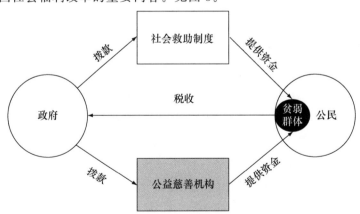

图 3 "香港模式"的资金筹集和福利供给

"美国模式"——在组织架构方面,主要依靠民间组织;在资金筹措方面,主要来自社会募捐——这与美国的"小政府、大社会"的治理理念和制度安排是完全契合的。在国际社会保障理论界,美国的社会福利制度是被认为不尽如人意的。但是,由于有强大的非政府组织(志愿组织)和慈善事业的支持,"美国梦"才能可持续。正因为如此,美国的民间基金会也很发达,著名的如卡内基基金会、洛克菲勒基金会、福特基金会和比尔·盖茨基金会,等等。同时,这些基金会的活动范围已经从慈善扩大到"公益"。见图4。

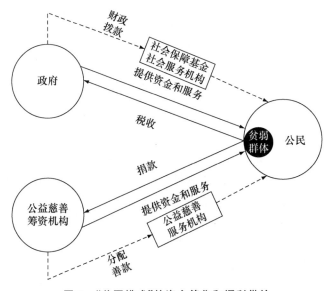

图4 "美国模式"的资金筹集和福利供给

最有趣的是"中国现行政策"——在组织架构方面,主要依靠政府组织;在资金筹措方面,却试图倚仗社会募捐——由于意识形态方面的考虑,中国政府对自己的"亲生儿女"——事业单位,一向呵护有加。虽然大唱"社会福利社会化"的高调已有二十年,但大量的资金还是投向政府办的福利机构。另一方面,对于以各种名义筹募的慈善基金,譬如以抗震(洪、旱)救灾、扶贫帮困、福利彩票等名义募集的社会募捐,却要统统归入政府基金,由财政来统一支配。这就使组织架构和资金筹措成了"两股道上跑的车",很难耦合而形成合力。见图5。

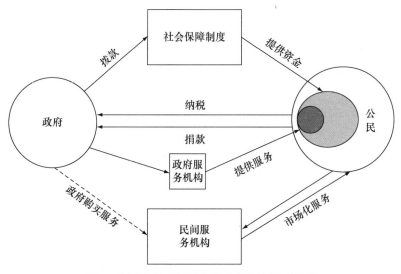

图 5 "中国现行政策"的资金筹集和福利供给

最后,我们再用矩阵的方式来对上述分析进行归纳,并作进一步的分析,见图 6:

	主要依靠政府机构	主要依靠民间组织
主要来自 政府投入	欧陆模式 与福利国家制度相契合 政府和服务机构关系密切 慈善机构成为历史遗迹	香港模式 与特殊的政治、经济背景相契合 政府和服务机构关系密切 慈善机构地位相当重要
主要来自 社会募捐	中国现行政策 组织架构与资金来源不能契合	美国模式 与"小政府、大社会"相契合 政府和慈善机构关系疏离 在服务方面各行其是

图 6 慈善—社会福利的不同模式(矩阵图)

三、中国社会对"慈善"的误区

因为上述思想理念和价值判断上的扭曲普遍存在,使中国社会乃至中国政府在"慈善"领域存在着不少误区。

1. 慈善是纯粹的爱心奉献

慈善是一种超越性的大爱。就其本质而言,慈善不受意识形态、阶级阶层、种族民族、国际国内等"界限"的影响。因此,慈善应该是非功利性的。中国传统文化中是反对"市恩"的,强调"施恩不图报";西方基督教文化中则有"施比受更有福"的说法,"施方"是在"受方"的困境得到改变的过程及结果中获得心灵之愉悦。从社会心理学的角度看,这种情绪和感受被认为是"幸福感"的巅峰状态。在当代世界上,慈善行为则以"回报社会"来体现其崇高的精神境界。在当代中国社会,慈善事业的目的是要唤起芸芸众生的爱心和善心,使人们有机会直接对其他人进行帮助。所以,从慈善的角度而言,一个小孩子捐出省下的块儿八毛的早餐钱,和一个亿万富翁捐出的亿万金钱,其意义是同等的。

2. 慈善是社会保障制度的补充

在中共十七大报告中,把"社会保险、社会救助、社会福利"列为社会保障体制的"基础",而把"慈善事业"与"商业保险"列为社会保障体制的"补充"。在此之前,相关的提法并不是这样的,而是把慈善事业与社会保险、社会救助、社会福利并列为社会保障体制的四大部分。这个看上去并不起眼的变化,却蕴含着深刻的理论意义和实践意义。因为社会保险、社会救助、社会福利是国家不可推卸的责任,所以一定是社会保障制度的基础;而慈善事业与商业保险,前者是从民间的社会行动来"补充",后者是从市场的交易行为来"补充"。两组概念性质截然不同,不能相提并论。

3. 慈善的有限责任和政府的无限责任

正因为如此,对于贫困救助、灾害救助、社会服务,等等,政府的行政行为,从某种意义上说,是负有无限责任的,而来自民间的慈善事业,仅仅负有有限责任。所以,各自的运作方式也不尽相同。政府行政行为的运作方式是制度化,作长远考虑,建立可持续的国家制度来解决或者缓解社会问题和社会矛盾。民间慈善事业的运作方式是项目制的,资金有限,能力有限,因而通常的做法是量力而行,解决眼前的问题:解决一人算一人,解决一事算一事,解决一地算一地,不负全面的、长久的责任。总之,民间性质的、建立在自愿基础上的慈善事业本身的目标并非"再分配",而只是在国家制度之外进行拾遗补阙的必要补充,其真正的作用应该是"改善人际关系、构建和谐社会"。

4. 慈善是做事不是揽钱

慈善事业,关键是事业,是要做善事,而不是揽钱。慈善行动的目标应该很具体、很清楚,首先是为了做某一件善事,而做善事又需要资金,所以才向社会进行募捐。"希望工程"、抗洪救灾、抗震救灾等就是很明确地说明了为了做这些事,老百姓才会踊跃捐款。当然,捐赠的接受者——无论是政府机关,还是民间团体,都要将捐赠的收入和支出乃至中间的工作过程及其效率、效果,向公众交代得明明白白。

5. 慈善不是政府派捐

在中国,随着慈善事业的社会作用得到重视以来,各级政府都有当仁不让地把"慈善"看成自己"分内事"的嗜好,要以此来筹措资金发展社会救助和社会福利。通常的做法是,领导带头,首先捐款,然后明码标价,层层摊派,厅(市)级多少,处(县)级多少,科长多少,一直到普通公务员和企事业单位干部职工。通常,所有的捐款都要由政府掌管,归到财政那里统一使用。这种做法其实是以"慈善"的名义"派捐"。在中国历史上,"捐"和"税"是国家筹资的两种方式。"税"是一种常态的政府筹资方式;"捐"则是非常态的,通常是政府为了一个特定的目标向百姓摊派捐款。因为"捐"这种筹资方式比较随意,所以现代国家,除了发生特殊情况,譬如战争,一般不再采用。真正的慈善事业是帮国家解决问题的,而不是帮政府在税外再进行筹资揽钱的,这个基本点不能错。

6. 慈善事业不是"第三次分配"

近年来,一种将"社会捐款"称为"第三次分配"的理论不胫而走,这种理论认为:"在第一次分配和第二次分配之后,社会发展方面依旧会留下一些空白,需要第三次分配来填补。"这就是说,慈善捐款必须从"税后"的收入中付出。"出于自愿,在习惯与道德的影响下把可支配收入的一部分或大部分捐赠出去",然而,这样的慈善事业能形成"市场调节和政府调节无法比拟"的大业吗?"第三次分配"理论实际上为在发展社会捐赠和慈善基金方面政府的小气和短视提供了权威的依据。总而言之,从理论上来说,应该肯定社会捐款和慈善事业仍然属于第二次分配,并具有与纳税和公共福利支出同样的性质。政府应通过免税以及其他的制度安排促进和鼓励国民在"再分配"领域发扬爱心,并"让出"部分公共领域让民间组织发挥其再分配的作用,而且这些范围应该越来越大。

7. 社会性的慈善事业和个人的慈善行为

在中国,个人的慈善行为和社会性的慈善事业常常被混为一谈。个人的施舍行为可以表现其利他主义的情结,但是,要讲究助人的效果,而不仅仅是出手大方,大把撒钱。其对于社会的意义,不会比小学生省下早点钱捐给灾区人民更高尚。社会性的慈善事业的着力点是影响社会、改变社会。所谓"科学助人",更强调"助人自助",这在当代已经形成了一门应用性社会科学学科——社会工作。现代慈善事业追求的是形成一种社会制度,从民间的立场、以利他主义和互助互济的方式来补充政府保障的不足。这个补充注重的是"雪中送炭",所以要根据真实的社会需求来精打细算地花钱,寻找科学的、合理的、有效的散财之道,在真正的社会性的慈善事业上有所作为。

以上,从七个方面提出了中国社会对"慈善"的认识误区。这七个方面又可以分为个人、社会和政府三个层面。在个人层面,慈善本是一种超越性的大爱,但现在却潜藏着太多的功利心。在社会层面,则对此常常给予褒扬和演绎,因此扭曲了慈善的本意和初衷。这样的认识也使得政府摆不正慈善事业的位置,常以"减轻财政负担"为目标把慈善当作揽钱的工具。因此而导致了一种很"雷人"的慈善模式:在组织结构上,对政府机构和民间机构有明显的亲疏之分,有意无意地将后者边缘化;在资金来源上,则想垄断一切福利资源,即使是"非常民间"的社会募捐也不放过,甚至不惜公开"派捐"。

四、有中国特色的现代慈善事业

改革开放以后,首先是香港的社会服务团体和大学的社会工作院系帮助我们认识了慈善事业和社会工作。然后,我们又从美国"引进"了"现代慈善事业"的概念。1994年中华慈善总会成立之际,专家们对"现代慈善事业"做出了这样的解释:与传统慈善相比较,现代慈善不再将其服务对象局限于贫弱群体,而是扩大到全民,重点是有需要的个人和社会群体;不再将其服务范围局限于扶贫济困,而是扩大到教育、就业、环保乃至"公益"的层面;不再仅仅是凭着爱心和热心去帮助别人,而是讲究以社会工作的理论来"科学助人"。

所谓"中国特色",其基本点就是中国几代领导人常常叨念的"人口多,底子薄"。虽然中国的GDP总量已经是世界第三,今年或者明年,可能会超过日本成为世界第二。但是由于有13亿人口这个超级分母,一平均,人均GDP就落到第一百位了。当然,我们也不要过于妄自菲薄,今年中国的人均GDP可能超过4000美元,这意味着中国已经跻身"中上等国家"的行列。

在中国的发展道路上,城市病、老龄化、贫富差距、社会排斥……发达国家曾经或者正在遭遇的社会经济风险,我们"一个不能少"地迎面相撞。在每个方面,我们几乎都要拼尽全力去应对。从这个意义上说,光靠政府(尤其是"小政府")一家的努力肯定是不行的。但是,因为计划时期遗留下来的"万能政府"的思想根深蒂固,民间社会的分权,对政府而言,仍然难以接受。

考虑到这些中国国情,再与"现代慈善"相联系,中国在对现行政策进行改进甚至重建时,可能需要采取一种"混合"的模式。

当然,首先要处理好政府和民间机构的关系。按国际惯例,政府对民间机构应该是一种"伙伴关系",而要摒弃以往的"家长作风"。政府要引导同一服务领域的事业单位和民间机构进行"准市场""非营利"的竞争,作为"服务供应者",政府必须一碗水端平,使"服务生产者"的事业单位和民间机构能在同一起跑线上起跑,然后通过服务质量的竞争分出优劣,优秀者占领更多的市场份额。

更重要的是资源的配置,"混合模式"主要指的也是这个方面。我们取"欧陆模式"中无可推卸的国家责任,这通过社会保障制度或社会福利制度建设表现出来。但是,考虑到13亿人口这个超级分母,这种保障或福利的水平不易太高,以"保障基本生活水平"为限。同时,在中国经济转轨、社会转型的过程中,有很多个人和社会群体没能参加到社会保险制度中来,这包括城镇下岗失业人员群体、城乡贫困家庭、农民工群体、残疾人群体等,他们的基本生活保障可能还没着落。另外,中国的老龄化正在日益走向高峰期,而中国的老年人又是相对贫困且脆弱的社会群体,尤其是农村的老年人。所以,对他们的服务照料会成为未来中国一个特大的社会问题。

在政府保基本之后,所有社会领域的其他方面就都应该向慈善事业开放。这个民间组织的活动空间,政府必须要按盎格鲁-撒克逊模式大度地让渡出来。慈善事业可以通过非营利的经营,适当收取服务费用,此资金来源之一;政府也可以通过税收优惠、直接投资和购买服务,对慈善事业注入资金,此资金来源之二;慈善事业还可以通过社会募捐来筹集资金,此资金来源之三(见图7)。如此,慈善事业方能在资金(资源)方面左右逢源,才能对中国社会的发展做出更大的贡献。

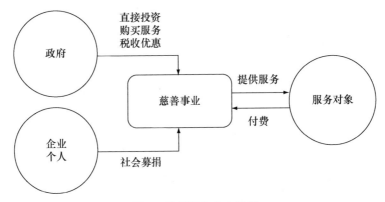

图 7　慈善事业左右逢源

从社会资金的筹集来看,中国社会新近发展出来的"非公募基金会"是一个很有前途的运作方式。美国的现代公益慈善事业之所以如此发达,与功成名就的企业家们纷纷创办基金会以回报社会有很大关系。中国改革开放之后的第一代企业家,如今已经年近退休,如果引导他们中有志于公益慈善者创办非公募基金会,同样会大大推进中国现代慈善事业的发展。图 8 为中国"慈善—社会福利"未来发展的"混合模式"。

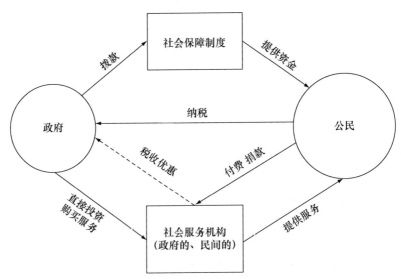

图 8　中国"慈善—社会福利"未来发展的"混合模式"

当然,政府在税收方面也应该给予优惠,在资金使用方面则应严加管理和监督。但是,目前很多国企办"非公募基金会"成风,因为国企的利润本来就属于"公帑",现在将其"非公化"是否妥当？更令人担心的是,这些基金是否会成为企业的小金库？

本文系与王婴合作,原发表于《苏州大学学报(哲学社会科学版)》2011年第5期,收入本书时略有增删修改。

政府购买社会工作服务研究

2013年中共十八届三中全会通过的《中共中央关于全面深化改革若干重大问题的决定》中指出:要"激发社会组织活力"。"适合由社会组织提供的公共服务和解决的事项,交由社会组织承担",要"推广政府购买服务,凡属事务性管理服务,原则上都要引入竞争机制,通过合同、委托等方式向社会购买。"①

之前,与以上精神相契合,《民政部 财政部关于政府购买社会工作服务的指导意见》发布。本研究将就"政府购买社会工作服务"这一议题,对与之相关的概念框架、历史与现状、成绩与问题等作出描述、分析和评

---

① 《中共中央关于全面深化改革若干重大问题的决定》,新华网,http://news.xinhuanet.com/mrdx/2013-11/16/c_132892941.htm,2013年11月16日。

价,然后试图在进一步深入研究的基础上,提出具有可行性和可操作性的政策建议。

一、政府购买社会工作服务的概念框架

关于政府购买社会工作服务概念框架的讨论,在政府和学界都是一个热门的话题。近年来,在官方文献中和学术著作中,都有详尽的阐述。

1. 关于政府购买社会工作服务的官方表述

在《关于政府购买社会工作服务的指导意见》中,对政府购买社会工作服务给出了以下的定义:"政府购买社会工作服务,是政府利用财政资金,采取市场化、契约化方式,面向具有专业资质的社会组织和企事业单位购买社会工作服务的一项重要制度安排。"①

此前,在 2012 年举行的全国政府购买社会工作服务战略研讨会上,民政部副部长罗平飞在讲话中提出了政府购买社会工作服务的外延:"政府购买社会工作服务,从内容看,既包括补救性、生存性的专业服务,也包括预防性、发展性的专业服务;从领域看,既涵盖社会福利、社会救助、社区建设、精神卫生、教育辅导、残障康复等先行领域,也涵盖矫治帮教、人口计生、应急处置、群众文化等新进领域;从对象看,既涉及城市流动人口、农村留守人员、困难和受灾群众,也涉及一般社会公众。"②

在某种意义上,上述政府购买社会工作服务的外延,可以说是一种相对宽泛的广义的界定,因为其涉及的范围几乎相当于整个社会服务或者社会福利服务。事实上,在具体的工作实践中,还有一种范围较窄的狭义的说法。2009 年,民政部出台《关于促进民办社会工作机构发展的通知》,文件中强调"促进民办社工机构发展,必须加强政府购买社会工作服务"。③ 2014 年,民政部又出台《关于进一步加快推进民办社会工作服务机构发展的意见》④。文件中进一步强调,要"加快推进政府购买社会工

---

① 《民政部、财政部关于政府购买社会工作服务的指导意见》,民政部网站,http://sw.mca.gov.cn/article/zcwj/201304/20130400441061.shtml,2013 年 4 月 8 日。
② 《民政部副部长罗平飞在全国政府购买社会工作服务战略研讨会上的讲话》,民政部网站,http://sw.mca.gov.cn/article/ldjh/201305/20130500462799.shtml。
③ 《民政部关于促进民办社会工作机构发展的通知》,民政部网站,http://sw.mca.gov.cn/article/zcwj/200910/20091000039648.shtml,2009 年 10 月 19 日。
④ 《民政部关于进一步加快推进民办社会工作服务机构发展的意见》,民政部网站,http://sw.mca.gov.cn/article/zcwj/201404/20140400622204.shtml,2014 年 4 月 17 日。

作服务"。显而易见,这两个文件中所指的政府购买社会工作服务,专指政府购买民办社会工作机构的服务。

以上官方文献中对"政府购买社会工作服务"内涵和外延的界定,可以看作是政府部门对这个概念所作的操作性定义。

2. 关于政府购买社会工作服务的学术论述

在学界,政府购买社会工作服务也成了一个热门议题,有不少研究者对此提出了自己的见解。赵一红在《政府购买社会工作服务模式分析》[①]一文中提出:政府购买的"社会工作服务"的定义应该包含两层含义:一层是"社会工作",赵引用了王思斌对社会工作所下的定义,"即是以利他主义为指导,以科学的知识为基础,运用科学的方法进行助人服务活动"[②]。另一层含义是"服务",赵认为:这里所讲的服务应该是从政府这个特定的角度来探讨,即与"政府购买"一词相连接。因此,"社会工作服务"首先应该以受助人需要为目的,依靠科学的助人技巧和科学的方法与手段来完成,同时是政府购买的各项服务活动而不是其他活动。

赵一红的诠释涉及三个关键词:一个是"社会工作",另一个是"服务",还有一个是"政府购买"。前两个词赵解释得很清楚,但对于"政府购买"则说得比较含糊,只是简略地一笔带过。实际上,就"政府购买社会工作服务"这个政府行动或者行政行为的创意而言,如果把这样的表述当作一个句子,处于主语和谓语地位的"政府"和"购买"可能比合成宾语的"社会工作"和"服务"更为重要。

政府购买的创意可能源于"政府采购"。一般来说,政府采购是为了满足日常政务活动或公共服务的需要,是政府及其下属机构(在中国称为"事业单位"或"国有企业")用财政性资金采购商品的行为。政府采购不仅是一个购买商品的过程,而且是一个包括了与政府采购行为相关的政策、程序、过程及管理的总称。后来,这种采购行为扩展到了工程和服务,并从流行的"市场语言"中引入了"工程外包"和"服务外包"。一般而言,可以承接外包工程或外包服务的单位,则必须是通过规定程序的审查,具备了一定资质的公司企业或非营利组织。

在《政府和非营利组织项目运作机制、策略和逻辑》[③]一文中,陈为雷

---

① 赵一红:《政府购买社会工作服务模式分析》,《社会工作》2012年第4期。
② 参阅王思斌主编:《社会工作概论》,高等教育出版社2006年版。
③ 陈为雷:《政府和非营利组织项目运作机制、策略和逻辑——对政府购买社会工作服务项目的社会学分析》,《公共管理学报》2014年第3期。

就是从"外包"的角度比较直白地为政府购买社会工作服务作出界定的。陈认为:"政府购买社会工作服务项目可以等同于社会工作服务项目外包。"陈解释道:传统上我国政府通过直接举办福利事业单位提供社会工作服务,采用按人头拨款的方式支付服务人员工资和有关服务费用,资金流动发生在体制内。随着经济社会的不断发展和人民生活水平的提高,人们对社会工作服务的需求日益增加,但政府直接提供服务的成本高、效益低下、手段单一等弊端也日益凸显。在这种情况下我国各地借鉴西方发达国家政府购买服务的做法,不再直接举办福利事业单位,而是把社会工作服务项目外包给非营利组织。在这里,政府以项目的形式对非营利组织进行资金供应,非营利组织以项目的形式申请资金并提供服务,资金分配不仅不依赖条线体制,而且超越了条线体制。

但是,陈为雷的解释,还是只说到了一个方面。实际上,政府购买社会工作服务的提出,还有另外一种考虑,即为了突破政府支持社会工作发展的财政限制。2006 年,中共十六届六中全会提出了"要建设宏大的社会工作人才队伍"的要求。随后,社会工作在中国蓬勃兴起。但是,紧接着,社会工作发展却遇上了资金瓶颈。当今中国的财政制度似乎有个原则性的规定,即国家财政的经费拨款只对体制内且只能用于硬件建设,否则就是国有资产流失。然而,社会工作的发展从一开始就决定不走"事业编制"的体制内老路,而是试图与同样方兴未艾的社会组织同呼吸、共命运。这样十分有新意的改革思路,却一头撞上了国家财政拨款的制度性障碍。所以,在社会工作发展初期,有限的资金大多来自福利彩票公益金。

所幸 2002 年全国人大常委会通过并于 2003 年开始实行《政府采购法》①,此项法律规定了政府采购可以包括三个方面——货物、工程和服务。饶有兴味的是,在亚洲开发银行委托苏明、贾西津等中国学者于 2010 年所撰写的《中国政府购买公共服务研究》一文中提到:"在采购范围中,对于服务的理解仅限于政府自身运作的后勤服务,而范围更广泛、更重要的公共服务并没有被列入采购范围。"② 更加幸运的是,上述"理解"并没有在《政府采购法》中明确表述。法律条文对服务采购所作的界

---

① 《中华人民共和国政府采购法》,人民网,http://www.people.com.cn/GB/jinji/20020629/764316.html。
② 苏明、贾西津、孙杰、韩俊魁:《中国政府购买公共服务研究》,《财政研究》2010 年第 1 期。

定总算是给公共服务留下了余地。这才使社会工作发展的资金有了源头活水，就是可以通过政府购买社会工作服务的方式获得发展资金。

从国际经验看，这种做法也是符合国际共识和惯例的。追根溯源，"政府购买社会福利服务"的创意应该来自于英国，发端于20世纪80年代英国首相撒切尔夫人推动的社会福利制度改革。在福利国家时期，英国的社会福利制度也是通过举办政府机构来对有需要的人群进行服务照料，这种制度安排的弊端被认为是效率低、效果差。所以，撒切尔夫人的改革中就倡导创办私营的社会服务机构。政府通过"政府采购"的方式，按照法定的程序进行招投标，将社会服务项目"外包"给中标的社会服务机构。政府本身则退居幕后，扮演起"发包者"和"监督者"的角色。通过政府购买的方式，既搞活了社会服务，又增加了就业机会，所以在社会、经济两个领域中，政府购买被视为效率和效果一举两得的创举。

在对官方文献和学术著作进行了一番温故知新之后，再读《关于政府购买社会工作服务的指导意见》中的这样一段话："建立健全政府购买社会工作服务制度，深入推进政府购买社会工作服务，是加强社会工作专业人才队伍建设、促进民办社会工作服务机构发展的内在要求；是创新公共财政投入方式、拓宽公共财政支持范围、提高公共财政投入效益的重要举措；是改进现代社会管理服务方式、丰富现代社会管理服务主体、完善现代社会管理服务体系的客观需要；对于加快政府职能转变、建设服务型政府、有效满足人民群众不断增长的个性化、多样化社会服务需求，具有十分重要的意义。"①仔细品味，其潜台词是意味深长的。

二、政府购买社会工作服务的发展进程

在理清了政府购买社会工作服务的概念框架之后，接下来以历时性、动态性、发展性的视角，进一步探讨2006年以来政府购买社会工作服务的发展进程和工作模式。

自从2006年中共十六届六中全会提出"要建设宏大的社会工作人才队伍"迄今，以政府购买社会工作服务的视角看，大致可以分成三个发展阶段：2009年以前的试点探索阶段，2009—2012年的制度创立阶段和

---

① 《民政部、财政部关于政府购买社会工作服务的指导意见》，民政部网站，http://sw.mca.gov.cn/article/zcwj/201304/20130400441061.shtml，2013年4月8日。

2012年以来的制度发展阶段。这样的划分是以中国社会工作的主管单位——民政部的官方文件中的提法为依据的。

1. 试点探索阶段(2009年以前)

在2009年出台的民政部《关于促进民办社会工作机构发展的通知》中提出:"推进政府购买民办社工机构服务。促进民办社工机构发展,必须加强政府购买社会工作服务。各地要积极争取财政资金,制定出台专门政策措施,以项目招标、委托等多种方式,逐步建立政府向民办社工机构购买服务机制,加快从'养人办事'向购买服务转变。"①从文件中的相关说法看,此时的政府购买社会工作服务应该还停留在务虚阶段,最终落到了着眼未来的"逐渐建立"上。

这说明,在2009年以前,已经提出"政府购买社会工作服务",但尚未成气候,还处在地方性的"探索"阶段。这当然与宏观的社会经济大环境相关,当时虽然已出台了《政府采购法》,但如同前文中提到的亚行报告所说,专家们的判断是"公共服务并没有被列入采购范围"。

在实践中,情况可能正好相反。虽然社会工作在2006年才得到党和国家最高层面的重视,但就地方性的探索而言,则可以追溯到20世纪的90年代。

1995年,上海市浦东新区社会发展局出资,委托上海基督教青年会管理"罗山市民会馆"(街道社区服务中心),开政府出资支持社团组织提供社会工作服务之先河。② 同时,浦东新区还在潍坊社区、东方医院和工读学校建立了三个社会工作服务站,"使社会工作不仅局限在社区工作中,还渗透到学校和医院"③。1997年,浦东新区社会发展局首次面向全国引进社会工作专业毕业生,并于1999年注册成立了"浦东新区社会工作者协会",专门从事社会工作研究和服务。④ 2002年,浦东新区在国内率先将购买公共服务的费用全部纳入财政预算,并通过契约式管理和第

---

① 《民政部关于促进民办社会工作机构发展的通知》,民政部网站,http://sw.mca.gov.cn/article/zcwj/200910/20091000039648.shtml,2009年10月19日。
② 蓝煜昕:《社会管理创新的上海实践:马伊里访谈录》,《中国非营利评论》2012年第1期。
③ 《马局长的大构想》,《光明日报》2001年10月14日。
④ 刘小霞、徐永祥:《社会工作专业化、职业化的有益探索——上海乐群社工服务社个案分析》,《华东理工大学学报(社会科学版)》2004年第2期。

三方专业评估保证政府购买公共服务的质量。① 2003年,中国第一家民办专业社会工作机构——乐群社工服务社在上海浦东新区呱呱坠地。②同年,上海市政法系统为推行"司法社工",组建了三大社会工作服务社团——自强社会服务总社、新航社区服务总站和阳光青少年事务中心,麾下拥有1300多名专业社会工作者,由政府向其购买服务。③ 有研究表明,在2004年,浦东新区就有14个政府职能部门出资2228万元购买社会组织服务;2005年增加到4197万元;2006年,浦东新区政府向43家社会团体和117家民办非企业单位购买服务,经费增加到5955万元。④

在这一阶段,上海市采用的购买社会工作服务的方式是:政府预先规划并设置有目标任务的"项目",然后出资委托给社工机构去运作。这一方式在业内被称为"上海模式"。

2007年,深圳市为了推进社会工作人才队伍的专业化、职业化,推出了发展社会工作的"1+7"文件,确定了以"政府出钱、监管,民间机构自主运作"为主要特征的社会工作体系的基本架构。关于社会工作发展的资金来源,文件规定:公共财政要发挥社会工作发展的资金主渠道功能,同时鼓励和动员社会参与。但是,在开始阶段,市一级试点单位的经费主要来自市福利彩票公益金,区一级经费来自区财政。此后的两年时间内,市、区两级投入一亿多元用于支持社会工作发展和购买社会工作服务。政府分四批,购买了700多个社工岗位,分布在市、区两级的民政、教育、司法、残疾人服务、社区(包括妇女、计生)、青少年、医务、禁毒、信访及劳工等领域,由民间社会工作机构派出专业社会工作者提供服务。⑤

在这一阶段,深圳市采用的购买社会工作服务的方式是:政府出资为需要开展社会工作的政府机构、事业单位、基层社区等购买社会工作者岗位,然后由社会工作机构聘用社会工作者并派驻服务单位,开展社会工作服务。这一方式在业内被称为"深圳模式"。

---

① 冯梦成:《合作与互动:上海浦东新区构建新型政社关系考察》,《中国发展》2008年第4期。
② 刘小霞、徐永祥:《社会工作专业化、职业化的有益探索——上海乐群社工服务社个案分析》,《华东理工大学学报(社会科学版)》2004年第2期。
③ 马伊里:《上海社会工作的实践探索》,《行政管理改革》2010年第6期;陈为雷:《政府和非营利组织项目运作机制、策略和逻辑——对政府购买社会工作服务项目的社会学分析》。
④ 冯梦成:《合作与互动:上海浦东新区构建新型政社关系考察》,《中国发展》2008年第4期。
⑤ 向木杨:《政府购买社工服务的"深圳模式"实践》,《社会工作》2009年第8期(上)。

要说明的是,地方政府当时的政策措施并不成熟:其一,在社会工作服务发展初期,由于政府和社会,包括服务对象,都对社会工作不甚了解。加之专业的社会工作者也非常之少,如果不能把他们相对集中地组织起来,就难以显示专业社会工作的优势。正因为如此,在中国,专门的民办社会工作机构应运而生。这些机构有的属于社会团体,有的属于民办非企业单位。其二,在政府购买社会工作服务初期,还没有建立制度化的招标、投标、中标的竞争性程序,大多采用的是委托的方式。但客观地说,当时社会工作服务处于从无到有的萌芽状态,仅有的几个社会工作机构也形不成竞争的态势。

2. 制度创立阶段(2009—2012年)

"十二五"规划的制定,使政府购买基本公共服务真正被提上了党和国家的议事日程。2010年,在中共中央《关于制定国民经济和社会发展第十二个五年规划的建议》和随后发布的《国民经济和社会发展第十二个五年规划纲要》中,用同样的措辞提出:"改革基本公共服务提供方式,引入竞争机制,扩大购买服务,实现提供主体和提供方式多元化。"①

在这样的背景下,2010年出台的《国家中长期人才发展规划纲要(2010—2020年)》中,首先提出了要"研究制定政府购买社会工作服务政策"②。紧接着,在2011年,中组部、民政部、财政部等18个部委和群团组织发布了《关于加强社会工作专业人才队伍建设的意见》。文件中同样提出了"研究制定政府购买社会工作服务政策,引入竞争机制,规范购买程序,完善购买方式,建立综合绩效评价体系"。③

从以上两个官方文件中可以看到,在这一阶段,与政府购买社会工作服务相关的提法已经从"逐步建立"进而为"研究制定"了。这就是说,作为政府的一项工作任务,具体地说,作为民政部门的一项工作任务,政府购买社会工作服务已经真正被提上了议事日程,开始"研究制定"相关政策了。

到2012年4月,在中组部、民政部、财政部等19个部委和群团组织

---

① 参阅《〈中共中央关于制定国民经济和社会发展第十二个五年规划的建议〉辅导读本》,人民出版社2010年版。《国民经济和社会发展第十二个五年规划纲要》,人民出版社2011年版。
② 《国家中长期人才发展规划纲要(2010—2020年)》,人民网,http://politics.people.com.cn/GB/1026/11795989.html,2010年6月6日。
③ 《关于加强社会工作专业人才队伍建设的意见》,民政部网站,http://sw.mca.gov.cn/article/zcwj/201304/20130400441038.shtml,2013年4月8日。

共同制定的《社会工作专业人才队伍建设中长期规划(2011—2020年)》中,"政府购买"一词出现了七次之多。譬如:"制定政府购买社会工作服务政策,将民办社会工作服务机构纳入政府支持范围,建立并逐步完善政府与民办社会工作服务机构的合作机制";"完善民办社会工作服务机构发展政策,加大政府购买社会工作服务岗位力度,改善民办社会工作服务机构发展环境。""通过政府购买服务等方式,配备社会工作专业人才,逐步实现每个农村社区至少配备一名社会工作专业人才的目标。"①这说明,这一阶段的"研究制定"已经结出硕果。

就实践而言,在这一阶段,政府购买社会工作服务已经被地方政府广泛接受。出台了专门政策,制定了配套制度的省份有广东、浙江、上海、四川、辽宁等;省会城市则有杭州、成都、沈阳和贵阳等。②按媒体报道的相关数字计算,2012年,全国用于购买社会工作服务的资金似应为12.5亿元。③

在北京,据不完全统计,2010年,北京市政府用于购买社会组织服务的资金达7.88亿元;其中,市民政局利用财政资金1500万元,购买了300个公益项目。2011年,北京市政府用于购买社会组织服务的资金增长到8亿元,市民政局从福彩公益金中拿出400万元,用于购买社会组织公益服务项目114个。到2012年,市民政局仍然会从福彩公益金中拿出400万元,用于购买社会组织公益服务项目。④

相比而言,广东省步子要跨得更大一些。2009—2012年,广东省政府购买社会工作服务的资金共达111109万元,其中,财政预算投入87528万元,福彩公益金投入22360万元,其他来源1221万元。从年度投入数据看,2009年8893万元,2010年18133万元,2011年26767万元,2012年57316万元,可以说是连年翻番。在广州、深圳、佛山、中山等市,财政预算已经成为政府购买社会工作服务的主渠道,东莞市更是在全国率先将社会工作经费全部纳入财政预算。⑤

---

① 《社会工作专业人才队伍建设中长期规划(2011—2020年)》,民政部网站,http://www.mca.gov.cn/article/zwgk/fvfg/shgz/201204/20120400302330.shtml,2012年4月26。
② 《地方政府向社会组织购买服务:探索中不断前行》,《中国社会组织》2013年第10期。
③ 《民政部:2013全国购买社工服务逾17.3亿元》,中央人民政府网站,http://www.gov.cn/jrzg/2013-12/30/content_2557242.htm,2013年12月30日。
④ 《北京市政府购买社会工作情况简介》,《社会与公益》2012年第8期。
⑤ 参阅张和清、向羽:《广东省社会工作发展现状及其经验反思》,载王杰秀、邹文开、王婴、邹学银主编:《社会工作发展报告(2011—2012)》,社会科学文献出版社2013年版。

2012年,在评选年度全国社会工作领域十件大事时,政府购买社会工作服务当选并排在第二位:"2012年,中央财政安排2亿元专项资金,用于支持社会组织参与社会服务资助项目,共带动社会资金3.2亿元,185万群众直接受益。这是中央政府首次通过建立公共财政资助机制加强对社会工作服务组织的培育和扶持。"①

在这一阶段,地方政府的探索和创新,给了中央政府研究制定相关政策有力的支持。譬如,广州市在学习了上海和深圳的经验之后,又结合香港、澳门地区社会工作发展的经验,从2010年开始,在基层建立起"街道家庭综合服务中心"。民办社会工作机构以中心为依托,以社区为平台,通过整合社区资源,发挥专业社会工作作用,提供专业综合服务。在资金投入上,借鉴香港"整笔拨款津贴制度",形成从财政预算、政府采购、合约签订、资金拨付到财务审计的一整套制度。发展出了具有政府购买社会工作服务项目的"广州模式"。②

又如,上海市首创的"公益创投"也非常有特色。创投即"创业投资",是一个经济学、金融学的时尚概念,指的是有市场经验的投资者为创业者提供融资,同时用自己掌握的知识和信息帮助创业者创业。公益创投借用了这个概念,意指政府请出支持性的公益组织对有发展潜力的服务性公益组织提出的具有创新性和可行性的社会服务项目提供创业及发展资金,同时在项目执行过程中帮助公益组织进行综合能力建设。2009—2011年上海市举办了三次"社区公益创投大赛",资金来自财政预算和福彩公益金,实际资助2605万元,共资助了154个社会服务项目。③ 公益创投既有效地满足了基本公共服务需求,又通过项目实施实实在在地提高了公益组织的能力。

3. 制度发展阶段(2012年至今)

2012年11月民政部、财政部出台的《关于政府购买社会工作服务的指导意见》和2013年国务院办公厅《关于政府向社会力量购买服务的指导意见》再次将政府购买社会工作服务向前推进了一大步,上一阶段研究

---

① 《2012年度全国社会工作领域十件大事出炉》,民政部网站,http://www.mca.gov.cn/article/zwgk/gzdt/201306/20130600473717.shtml,2013年9月6日。
② 《政府购买社工服务七年花费11亿》,《南方都市报》2014年7月23日。
③ 王劲颖:《上海公益招投标与公益创投的制度变迁》,《中共青岛市委党校·青岛行政学院学报》2014年第1期。

制定的相关政策陆续出台,作为一项政府的工作任务进入了贯彻落实阶段。① 特别要指出的是:从时间上看,"政府购买社会工作服务政策"规范性文件的出台还要先于内容更为广泛的"政府向社会力量购买服务"的规范性文件。是否可以这样认为,政府购买社会工作服务起到了为这项改革打先锋的作用。

在这一阶段,新的提法非常明确。上述的两个文件中,前者的说法是"中央财政安排专项资金","各级财政要将政府购买社会工作服务经费列入财政预算"。后者的提法是"政府向社会力量购买服务所需资金在既有财政预算安排中统筹考虑。随着政府提供公共服务的发展所需增加的资金,应按照预算管理要求列入财政预算"。

自此,"纳入财政支持范围"成为一系列官方文件的常用语。在2013年出台的《民政部关于加快推进灾害社会工作服务的指导意见》中就提出:要将灾害社会工作服务经费纳入财政支持范围。② 2014年共青团中央、中央综治办、民政部等六部门发布的《关于加强青少年事务社会工作专业人才队伍建设的意见》中也提到:要将青少年事务社会工作服务纳入政府购买支持范围,逐步加大财政投入力度。③

尤其是2014年5月出台的《社会救助暂行办法》专门规定:"县级以上地方人民政府可以将社会救助中的具体服务事项通过委托、承包、采购等方式,向社会力量购买服务。""社会力量参与社会救助,按照国家有关规定享受财政补贴、税收优惠、费用减免等政策。"这项行政法规中还特别指出:"县级以上地方人民政府应当发挥社会工作服务机构和社会工作者作用,为社会救助对象提供社会融入、能力提升、心理疏导等专业服务。"④

至于怎样纳入财政支持范围,2014年民政部出台的《关于进一步加快推进民办社会工作服务机构发展的意见》中做了周密的部署:将社会工

---

① 《民政部、财政部关于政府购买社会工作服务的指导意见》;《国务院办公厅关于政府向社会力量购买服务的指导意见》,国务院办公厅网站,http://www.gov.cn/xxgkpub/govpublic/mrlm/201309/t20130930_66438.html,2013年9月30日。

② 《民政部关于加快推进灾害社会工作服务的指导意见》,民政部网站,http://sw.mca.gov.cn/article/zcwj/201312/20131200569908.shtml,2013年12月30日。

③ 《共青团中央、中央综治办、民政部等六部门关于印发〈关于加强青少年事务社会工作专业人才队伍建设的意见〉的通知》,民政部网站,http://sw.mca.gov.cn/article/zcwj/201401/20140100577738.shtml,2014年1月17日。

④ 《社会救助暂行办法》,中央人民政府网站,http://www.gov.cn/flfg/2014-02/27/content_2624221.htm,2014年2月27日。

作专业人才配备、社会工作岗位设置、机构管理服务能力与成效等情况作为政府购买民办社会工作服务机构服务的重要依据。规范政府购买社会工作服务程序,除技术复杂、性质特殊的社会工作服务项目和岗位,原则上均应通过公开招标方式竞争性购买,公平对待民办社会工作服务机构承接政府购买社会工作服务。严格民办社会工作服务机构承接政府购买社会工作服务的资质条件,加强对政府购买社会工作服务的监督管理和绩效评价,建立健全评价结果反馈应用与奖惩机制,确保民办社会工作服务机构依法依约提供服务。积极发展社会工作专业评估与咨询服务机构,为开展政府购买社会工作服务提供技术支持。[①]

2013年12月,民政部在广州举行的"全国政府购买社会工作服务和志愿服务记录制度推进会"上披露:截至2013年年底,全国民办社会工作服务机构数量已达2000多家,比2012年增长1倍;其中广东、浙江两省的民办社会工作服务机构数量突破400家,上海、四川等地突破100家。2013年,全国政府购买社会工作服务资金已达17.3亿多元,比去年增长38%。[②]

到2014年,中国大多数省、直辖市、自治区都已经出台了政府购买服务或公共服务的地方性法规。至于政府购买社会工作服务,除了上海、广东等地在2013年就已经出台了相关的行政规章以外,到2014年,又有安徽、黑龙江、河北、河南、山西等地出台了政府购买社会工作服务的实施意见。

在实践中,政府购买社会工作服务已经成为各地政府的普遍做法,上海、深圳、广东、北京等在前两个阶段已经处于领先地位的地区,正按照自己创造的模式继续前进,逐渐走向成熟。除此之外,还有更多的地区正在迎头赶上:2014年,广西社会工作协会获得中央财政支持50万元,开展居家养老社会工作服务示范项目。[③] 2014年,江西省首次实施政府购买社会工作服务,吉安协同社会工作服务中心居家养老服务等17个项目予以正式立项,每个项目将获得3万至5万元省级福彩公益金资助。[④] 2014

[①] 《民政部关于进一步加快推进民办社会工作服务机构发展的意见》,民政部网站,http://sw.mca.gov.cn/article/zcwj/201404/20140400622204.shtml,2014年4月17日。

[②] 《民政部:2013年全国购买社工服务逾17.3亿元》,中央人民政府网站,http://www.gov.cn/jrzg/2013-12/30/content_2557242.htm,2013年12月30日。

[③] 《承接政府购买服务 社会组织还需扶持》,《南国早报》2014年12月5日。

[④] 《我省首次实施政府购买社会工作服务》,《江西日报》2014年3月23日。

年,重庆市市级财政安排1635万元专项资金主要用于购买社区社会工作服务、特殊困难群体社会工作服务和专业领域群体社会工作服务三类项目,共覆盖全市25个区县,受益人群200余万人。从今以后,重庆市财政部门决定将社会工作列入市财政子科目,建立市级财政支持政府购买社会工作服务的长效机制。①

政府购买社会工作服务的热情渐次扩展到各个层次的城市,包括大城市、中等城市和小城市,可以说是方兴未艾,逐渐形成了良好的发展势头,甚至已经扩散到农村地区。据媒体报道,2014年,大城市如湖北省武汉市、福建省厦门市;中小城市如河北省沧州市、云南省安宁市、湖北省荆州市、湖南省株洲市,都开始积极推进政府购买社会工作服务。② 山东省青岛市灵珠山街道则成为当地首个将农村社区服务外包的街道。③

在这一阶段,更加饶有兴味的实践探索是在政府把控的资源之外寻找"购买社会工作服务"的新的资金来源的努力。2013年6月,浙江省宁波市顺利进行了"百家民营企业—百家社会组织—百个公益项目"的对接,即让社会组织提出公益服务的创意和项目预算,然后请民营企业认捐。这种方式打破了政府购买的框框,让市场力量直接参加到社会治理中来。④ 从这个意义上说,宁波的经验具有突破性的意义。

2014年2月,深圳市民政局与华民慈善基金会总会签订合作备忘录,准备在"前海深港现代服务业合作区"试点公益信托公司,旨在"探索家族信托和慈善公益信托运行模式,支持财富传承和公益事业发展"。这又是一个将资本力量引入社会服务的创举,具有更加深远的创新意义。⑤

在这一阶段,政府购买社会工作服务迅速发展的例子可以说不胜枚举,学术理论界对此作出了总结和评析。2014年11月,王思斌在《中国社会报》上发表署名文章指出:政府购买社会组织服务的创新性表现在四

---

① 《重庆安排1635万元政府购买社会工作服务专项资金》,《经济参考报》2014年10月9日。
② 《政府购买社工服务将扩面》,《湖北日报》2014年12月9日;《厦门市民政局签约购买8个社会工作服务项目》,《海西晨报》2014年12月12日;《沧州市养老助残服务将逐步实现政府购买》,新华网,http://www.he.xinhuanet.com/news/2014-12/03/c_1113506589.htm,2014年12月3日;《安宁市在全省率先推行政府购买服务》,《春城晚报》2013年12月27日;《开门放权荆州政府购买社工服务"试水"调查》,《荆州日报》2014年4月16日;《"社工+义工"株洲市政府购买服务整合志愿者资源》,《株洲日报》2014年6月10日。
③ 《政府"外包"服务,社工扎根农村》,《大众日报》2014年9月3日。
④ 《宁波百家民营企业、社会组织对接百个公益项目》,《宁波日报》2013年6月28日。
⑤ 《华民慈善基金会在深圳前海探索设立试点公益信托公司》,《成功》2014年第3期。

个方面:第一,有利于做好公共服务和社会服务;第二,有利于促进经济增长;第三,促进事业单位体制改革;第四,能促进社会体制改革,促进社会治理和社会治理体制创新。① 当前在中国,作为中国政府购买社会组织服务一个重要部分的购买社会工作服务呈现出了百花齐放、百家争鸣的景象,推动着中国建设宏大的社会工作队伍和社会工作本身的发展走向一片欣欣向荣的大好局面。

三、政府购买社会工作服务的问题和前瞻

在中国,政府购买社会工作服务普遍推开以后,经过几年的实践,学界对此也进行了深入的反思和检讨。有很多的研究针对当前政府购买社会工作服务存在的问题进行了剖析。李全彩认为:目前的主要问题是政府购买社会工作服务不仅涉及范围狭窄,公共服务领域单一,而且不当竞争和效率低下问题已经出现。究其原委:首先是国家立法的不完善;其次是政府购买社会工作服务社会物质条件不充分,舆论氛围淡薄,社会认可度低。② 马贵侠、叶士华则指出,问题在于:第一,公共服务领域采购法缺位;第二,"购买"行为的逻辑困境与衍生问题;第三,"以评促管"的行业监管机制亟须完善;第四,购买资金分批拨付的两难抉择;第五,"静态"的购买标准设置机制限制社会工作发展进程。③

王思斌最近接连发表文章,在肯定政府购买社会工作服务的成绩的同时,也指出了存在的不足并提出了忠告。王对这个问题的分析更加深入了一步,他认为:如果政府购买服务做得不好,也可能是一个陷阱,会带来新的问题,甚至使政府失去信任。问题主要表现在三个方面:第一,政府是为购买服务而购买,并没有考虑社会最紧迫的需要。第二,政府对与自己有特殊关系的社会组织,即使其缺乏接受委托的能力,但也会优先给予资助。第三,一些政府(团体)部门肥水不流外人田,变相自我购买、自我服务。王指出:我们必须看到政府购买社会服务中的目标偏离。有的既定目标未能实现是由于行动者能力不足造成的,有的目标未能实现则

---

① 王思斌:《政府购买服务中的创新和陷阱》,《中国社会报》2014 年 11 月 21 日。
② 李全彩:《政府购买社会工作服务:现状、问题与对策》,《社会福利(理论版)》2014 年第 7 期。
③ 马贵侠、叶士华:《政府向社会工作机构购买服务的运作机制、困境及前瞻》,《广东工业大学学报(社会科学版)》2014 年第 1 期。

是在行动者有能力实现目标的情况下发生的。所以,目标偏离有无意偏离和故意偏离。①

王思斌的文章中提出了与当今政府购买社会工作服务政策缺失相关的两个重要概念,一是"目标偏离",二是"陷阱",后果是"使政府失去信任"。此后果不可谓不严重,要理解王思斌的理论概括,就要涉及更大的社会经济背景。

1. 政府购买社会工作服务和"社会治理""政社分开"

中共十八届三中全会关于政治领域和社会领域深化改革的论述中,有两个概念是最为重要的。这就是"社会治理"和"政社分开"。

目前,国内有很多研究者都对社会治理给出了解释。但要深刻地理解社会治理,恐怕要从治理的原意去琢磨。20 世纪 90 年代,联合国全球治理委员会列出了治理概念的四个特征:其一,治理不是一套规章条例,也不是一种活动,而是一个过程。其二,治理的建立不以支配为基础,而以调和为基础。其三,治理同时涉及公、私部门。其四,治理并不意味着一种正式制度,但确实有赖于持续的相互作用。② 从以上对治理特点的表述中,可以提炼出四个关键词,即"过程""调和""多元"和"互动"。

参照以上治理的四大特征,也可以概括出社会治理的四大特征:其一,社会治理必须强调过程。社会治理是在不断发展变化的社会经济背景下进行的,所以既不能靠制定一套"一刀切"的规章条例,也不能靠一场"运动式"的大轰大嗡一蹴而就。其二,社会治理必须倡导调和。社会本身是一个有自组织能力的有机体,不能试图用某种强力乃至蛮力去"支配"社会。而是要让社会本身发挥其自我生存、自我发展乃至自我纠错、自我修复的功能。其三,社会治理必须兼顾多元。社会是由各个社会阶层和社会群体构成的,治理必须非常重视治理主体的多元化——各个社会阶层,各个社会群体,不论多数少数,不论强势弱势,不论公立民营,共同参与社会治理,共同分享发展成果。其四,社会治理必须注重互动。要引导全社会达成利益共识,尤其是针对长期目标的利益共识,要建立一个适合多元主体参与的治理框架和社会机制。以这样的理论框架建构的社会治理的概念,是对诸如一刀切、运动式、压迫型、堙堵型、恩赐性、排斥

---

① 王思斌:《政府购买服务中的创新和陷阱》;王思斌:《警惕政府购买社会服务中的目标偏离》,《中国社会工作》2014 年第 8 期(上)。

② 斯莫茨:《治理在国际关系中的正确运用》,肖孝毛译,《国际社会科学》1999 年第 1 期。

性、一言堂、功利心等几乎所有"全能政府"的毛病的批判和反制。

与"社会治理"相辅相成的另一个概念是"政社分开"。什么是政社分开？看起来好像是一个十分深奥的议题，其实并非如此。前民政部部长崔乃夫20世纪80年代在倡导社区服务时说过："凡是社会和群众可以做的就尽量放手，做不了的，就由政府按照行政程序来承担。"①实际上这就是用大白话表述的政社分开。这个理念无疑与社会治理强调的"过程""调和""多元"和"互动"是一致的。

检视最早的有关政府购买社会工作服务的文件，可以看到"加快从'养人办事'向购买服务转变"的说法，从某种意义上说，这就是提出动议的初衷。其中的逻辑关系是这样的：因为要社会治理，因为要政社分开，所以政府和社会的关系就要改变了。这包括：第一，政府不再是对社会领域实行大包大揽的全能型政府；第二，过去政府靠事业单位办理社会事务，这种"养人办事"的方式效率和效果都不好；第三，政府和社会的新型关系是平等的合作伙伴关系；第四，对于社会领域中存在的各种问题，政府与社会各方通过互动、交流、协商、沟通，最终以社会契约的方式交由社会组织去办理、去解决；第五，在各种社会契约中，最常见的就是用市场手段去购买，政府购买社会工作服务的本质是强调与合作伙伴之间的平等交易。②

如果对上述逻辑关系不能深刻理解，只图在表面上热热闹闹地儿依葫芦画瓢，那就有可能会出现王思斌所说的"陷阱"和"目标偏离"，并且最终会导致政府失信于公众，失信于社会。当前在政府购买社会工作服务中出现的种种问题，根源就在这里。所以就政策建议而言，最主要的还是要政府真正转变观念。

2. 政府购买社会工作服务与政府角色的转变

在社会治理和政社分开的大背景下，政府的角色是需要作根本性的调整的。改革开放三十多年来，"全能政府"的高大上形象已经被颠覆，但是，"强势政府"依然如故。这种强势的基础，就是政府垄断社会领域几乎所有的资源。也正因为这样，当政府购买社会工作服务被当作一项政府的工作任务时，社会工作机构乃至社会组织面对的都是一个绝对的卖方

---

① 崔乃夫：《关于民政理论中的几个问题——韩京承同志〈民政散论〉书序》，《社会工作》1995年第2期。
② 《民政部关于促进民办社会工作机构发展的通知》，民政部网站，http://sw.mca.gov.cn/article/zcwj/200910/20091000039648.shtml，2009年10月19日。

市场,无论是项目,还是岗位,乃至资金,都是政府说了算,买方几乎没有选择的余地。绝对的权力必然会导致事物走向反面,于是就有了"陷阱",有了"目标偏离",有了政府失信于公众和社会的危险。

如前所述,社会治理的真谛就是多元的利益攸关者通过互动和调和实现共治,进而走向善治和良治。因此,政府购买社会工作服务不能是政府单方面决定的"一口价",在竞标中也不能总让出价最低的机构中标。应该在投标前,有一个沟通和谈判的过程,让参与投标的组织充分表达自己的意见,最终选择性价比高且完成目标的把握较大的社会组织中标。要达到这样的目的,由第三方机构聘请专家进行匿名评审协助政府作出选择应该很重要。从这个意义上来说,上海市建构的公益招投标制度,在程序公平上似乎做得更好一些。①

当前,政府迫切需要解决的还有一个认识问题,这就是政府购买社会工作服务究竟购买的是什么?社会工作服务基本上是人对人的服务。从这个意义上说,政府购买的主要是社会工作者的人工。

从改革的角度看,以往谈及事业单位的缺陷时,最突出的问题就是"养人",其实就是国企在20世纪末已经破除了的"大锅饭"。所以改革的方向就定在"养'事'不养'人'"。现在政府购买服务,其实也是顺着这个思路走,这在民政部《关于促进民办社会工作机构发展的通知》中说得很清楚。但是,社会组织和事业单位的"国民待遇"是不一样的,事业单位再怎么改,除了转企改制的那一部分,"皇粮"多少还是有得吃的,但社会组织就没有这个待遇。如果在做购买服务的预算时,不计入人工成本,社会工作机构实际上是无法承受的。当然,在政府垄断资源的背景下,也许社会组织只能低价接标,但在项目实施过程中就难免会有各种猫腻儿,这就是王思斌所说的"陷阱"之一。

相关政策的缺失,直接导致了社会工作者工资普遍偏低的问题。2014年7月,民政部副部长宫浦光在吉林考察时说"要关心社工待遇。当前社工收入与其他行业员工收入存在较大差距,工资不高会造成人才流失,也将影响社会工作事业发展"。②按国际惯例,社会工作者,与律师、医生一样,都是专业技术人员;律师是帮助公众与法院打交道,社会工

---

① 王劲颖:《上海公益招投标与公益创投的制度变迁》,《中共青岛市委党校·青岛行政学院学报》2014年第1期。

② 《社工工资不高会造成人才流失》,《法制日报》2014年7月15日。

作者是帮助公众与政府打交道;医生是给个人诊疗疾病,社会工作者是给社会诊疗疾病。在中国专业技术人员中,社会工作者姗姗来迟,也因此成为人事部门一个改革设想的"试验田"——社会工作师仅是职业资格而不是专业技术资格,这应该是社会工作者工资偏低的一个主要原因。社会上有将社会工作者看作是"做好事的",并偏激地认为做好事就不应该谈工资待遇,这显然是个误区。在一些地方,社会工作者甚至成了从事社会管理的廉价劳动者。如果辛勤工作在社会治理第一线的社会工作者的工资都不足以养家糊口,那社会治理又有什么希望?这岂不又是一个"陷阱"?

3. 政府购买社会工作服务与社会组织角色的建构

在社会治理和政社分开的大背景下,社会组织的角色是需要创造性地进行社会建构的。社会工作与社会工作者在中国社会里可以说是从无到有,亦即理论上所说的是在原来的制度框架中"嵌入"的一项新制度,因此,让社会认识社会工作与社会工作者也是需要时间的。

在社会工作初起时,像在上海、深圳那样建立专门的社会工作机构是可以理解的。因为当时真正在一线做社会工作者的凤毛麟角,只有将他们聚合到一起,才能显示出专业的特色和力量。然而,根据国际经验,世界上其实只有聚集各种专业人士的"社会服务机构",而很少见专门聚集社会工作者的"社会工作机构"。若讲专业,社会服务也好,社会工作也好,都必须再根据不同的服务对象如老人、儿童、妇女、残障人士等,或者是根据不同的工作领域如社区、医院、学校等,再进一步地分工。譬如一个为老年人服务的机构,可能除了有社会工作者之外,还需要其他的专业人员,医生、护士、营养师、康复师,等等。从这个意义上讲,现在的单纯的社会工作机构有其不合理之处。从2006年算起,在社会工作发展了八年之后,其实需要更进一步地"分化—整合"。

从另一个角度看,社会工作机构乃至社会组织其实是可以划分层次的,从低到高可分为"做活动的""做项目的"和"做事业的"三个层次。较高层次的机构日常也做较低层次的工作,但较低层次的机构常常没有较高层次的更为深邃的专业眼光和远大目标。因此,社会服务机构应该要以专业眼光和远大目标为基础,创造和发展可持续的社会服务事业。不要满足于搞热热闹闹的活动,也不要埋头跟着各种项目转,要有所为而有所不为。正因为这样,要掌握主动权,除了政府购买社会工作服务之外,还需要广开资金来源。所以说,上海的公益创投、宁波的社企联姻和深圳的公益信托具有更加深远的意义,可以为社会工作机构乃至社会组织争取更为广阔的发展空间。

关于社会工作者的工资待遇低,除了前述的政策不当的原因之外,机构本身的分配可能也存在问题。说得难听点,有一些机构的运作,都有点像劳工领域的劳务派遣公司,这样的乱象应该予以制止。社会工作机构至少应该以社会工作的价值理念为立足之本,所以必须尽量摈弃行政色彩和科层制的影响,以平等的伙伴关系——同工相处。如若机构内部都很不"社工",又怎能以"社工"去影响社会呢?

本文原发表于《社会建设》2015年第4期,发表时的标题为《政府购买社会工作服务:进展与前瞻》,收入本书时略有增删修改。

功在法治建设　　利在弱势群体

——中国法律援助基金会 2012 年中央专项彩票
公益金法律援助项目评估报告[*]

中共十八大报告指出:"全面推进依法治国。法治是治国理政的基本方式。要推进科学立法、严格执法、公正司法、全民守法,坚持法律面前人人平等,保证有法必依、执法必严、违法必究。"①

然而,在市场经济条件下,实际存在的经济不平等、社会不平等和政治不平等,导致了一部分社会群体被边缘化,他们在法律面前处于弱势地位。这是因为,在当

---

* 中国社会科学院社会学研究所"彩票公益金法律援助项目评估小组"的成员包括:唐钧、程为敏、李敬、张伟伟、高翔、周超、林艳琴、赵卫华、王浴勋、高媛。主报告由唐钧执笔。

① 参阅胡锦涛:《坚定不移沿着中国特色社会主义道路前进　为全面建成小康社会而奋斗——在中共中央第十八次全国代表大会上的报告》,人民出版社 2012 年版。

今世界上,律师提供的法律服务一般是基于市场配置的,这使收入有限的弱势群体望而生畏、望洋兴叹。在这样的社会经济背景下,法律援助制度应运而生。

在中国,法律援助被理解为"由政府设立的法律援助机构组织法律援助人员和社会志愿人员为某些经济困难的公民或特殊案件的当事人提供免费的法律帮助,以保障其合法权益得以实现"[①]。早在1997年,司法部主管的中国法律援助基金会就正式成立。2009年,经国务院批准,中国法律援助基金会获得了中央专项彩票公益金的项目资助(以下简称"彩票公益金法律援助项目")。2009年和2010年,财政部专门安排彩票公益金5000万元开展法律援助。因为项目实施的效果和效率很好,2011年及以后,资助额度翻番,增加至1亿元。

2013年3月,受中国法律援助基金会的委托,中国社会科学院社会学所研究人员联合北京大学、北京师范大学、北京工业大学、北京农业大学、北京理工大学教师、资深公益律师和学生共10人,组成了"彩票公益金法律援助项目评估小组",对中国法律援助基金会2012年[②]的彩票公益金法律援助项目的实施情况进行了评估。评估小组利用中国法律援助基金会数据库,进行了面上的定量分析;同时也采取利益人群座谈会、个案访谈等方式,深入进行了质性分析。根据上述调查分析,评估小组分别撰写了北京市、河南省和陕西省三省市的分报告;同时,还撰写了以老年人、残疾人、农民工、妇女和未成年人五类社会群体为对象的相关论文。最后,在以上分报告和论文基础上再撰写主报告,即本报告。

一、彩票公益金法律援助项目评估的研究背景

在做项目评估之前,有必要对本次研究的相关背景作一介绍,这包括对中国的法律援助制度、中国法律援助基金会和中央专项彩票公益金法律援助项目基本情况的简要介绍。

---

① 路易:《中国法律援助制度:司法人权的重要保障》,《人权》2003年第5期。
② 彩票公益金法律援助项目的拨款一般要到岁尾年末才能到账,所以项目实施一般顺延到下一年进行。本报告所指的2012年项目,实际上使用的是2011年的项目资金。为了与项目中所承办的各类案件发生的时间相一致,本报告将评估的项目称为"2012年彩票公益金法律援助项目"。

（一）中国的法律援助制度和中国法律援助基金会

讨论彩票公益金法律援助项目，首先要了解当代中国的法律援助制度，以及这项制度建立和发展的历史。

1. 中国法律援助制度的缘起与发展

探索建立中国法律援助制度的政府行动，始于1994年司法部鼓励各地试点法律援助服务。1996年，司法部设立作为全额拨款事业单位的法律援助中心。1997年，司法部向全国下发《关于开展法律援助工作的通知》，开始在司法行政系统中普遍建立法律援助机构。

2003年国务院《法律援助条例》的颁布，标志着中国法律援助制度的正式确立，中国的法律援助事业从此迈入有法可依的法制化时代。2008年，司法部在原法律援助中心的基础上成立法律援助工作司，其职能是监督管理法律援助工作。目前，中国已有27个省（自治区、直辖市）的司法厅（局）成立了法律援助管理机构，建立起法律援助工作的管理体制。

饶有兴味的是，与世界各国法律援助事业的发展路径相似，中国的法律援助事业其实也同样肇始于民间的社会行动。起始阶段表现为律师们自发地为弱势群体提供免费法律服务的公益慈善行动；然后逐渐地组织化，建立起相关的社会组织，如1992年武汉大学法学院成立了"社会弱者权利保护中心"，1995年北京大学法学院成立了"妇女法律研究与服务中心"。

进入21世纪，当法律援助逐渐发展为国家保障本国公民合法权益的政府行为时，社会组织的社会行动并未沉寂，并受到政府的支持与鼓励。2003年出台的《法律援助条例》明确了"国家鼓励社会对法律援助活动提供捐助"和"国家支持和鼓励社会团体、事业单位等社会组织利用自身资源为经济困难的公民提供法律援助"[①]成为社会力量参与法律援助的法律依据。

2. 中国法律援助基金会

1997年，以司法部为主管部门的全国性公募基金会——中国法律援助基金会正式成立。"中国法律援助基金会的宗旨是保障全体公民享受平等的司法保护，维护法律赋予公民的基本权利。主要任务是募集法律

[①] 《法律援助条例》，中央人民政府网站，http://www.gov.cn/banshi/2005-07/12/content_14080.htm，2005年7月12日。

援助资金,为实施法律援助提供物质支持,促进司法公正,维护社会公平与正义。"①

中国法律援助基金会根据不同人群和地区的需要,先后设立了14项专项基金。"在这些来自社会的专项基金支持下,在尊重捐赠人意愿的前提下,中国法律援助基金会以科学的管理、诚实的信誉、执着追求公平与正义的精神,严格遵守《基金会管理条例》、《公益事业捐赠法》等有关法律、法规的规定,按照'费用支出最低化、服务数量最大化、服务质量最优化'原则,成功组织实施了一系列具有广泛社会影响的法律援助项目,资助办理了大量法律援助案件,有效维护了弱势群体的合法权益,受到社会各界广泛赞誉。十多年来,中国法律援助基金会取得了长足发展和进步,先后被民政部评为'AAAA级社会组织'和'全国先进社会组织',获得'中国十大法制人物'和'中华慈善奖'等荣誉称号。""中央专项彩票公益金法律援助项目"便是上述14项专项基金中的一项。

综上所述,可以这样理解,彩票公益金法律援助项目实际上是中国整个法律援助事业的一部分,从表1中,可以明显地看到这个特点:

表1　2009—2011年中国法律援助经费收支状况

		单位	2009年②		2010年		2011年	
			金额	比重(%)	金额	比重(%)	金额	比重(%)
年度法律援助经费收入		万元	7.58	100	10.23	100	12.77	100
其中	财政拨款	亿元	6.99	92.22	9.58	93.65	11.62	90.99
	彩票资金	万元	0.50	6.60	0.50	4.89	1.00	7.83
	其他收入	万元	0.09	1.19	0.15	1.47	0.15	1.17

资料来源:司法部法律援助中心编:《中国法律援助年鉴(2009、2010、2011)》,中国民主法制出版社2010年版、2011年版、2012年版。

(二)中国法律援助基金会的中央专项彩票公益金项目

作为中国法律援助基金会14项项目基金之一的"中央专项彩票公益

---

① 《中国法律援助基金会简介》,中国法律援助基金会网站,http://www.claf.com.cn/jgjg/gxwm/jjhjg/index.shtml,2011年12月29日。
② 2009年彩票法援项目收到的拨款项实际是2010年的实施项目的经费,2010年和2011年也是同样情况。

金法律援助项目"肇始于2009年。

1. 彩票公益金法律援助项目的设立

如前所述,法律援助制度是为应对弱势群体的低收入和市场化的法律服务之间的矛盾而向弱势群体施以援手的。然而,因为种种原因,在《法律援助条例》及其他相关文件中,将制定"经济困难标准"授权于各省、自治区和直辖市人民政府。从目前政策执行的实际情况看,出于对本地财力、人力和物力的考虑,地方政府一般都是将当地最低生活保障标准(也有上浮一定比例的)作为确定接受法律援助的"经济困难标准"。有研究表明,最低生活保障对象对法律援助的需要并不普遍,而真正有需要的社会群体虽然经济上也很困难,却常常因为不符合明显偏低的"经济困难标准"(最低生活保障标准),因而得不到法律援助。①

彩票公益金法律援助项目就是在这样的历史背景下设立的,显而易见,其目的就是为了使更多有需要的弱势群体能够得到法律援助。同时,彩票公益金法律援助项目的设立,也是为了探索社会组织参与法律援助行动,推动法律援助事业的发展趋于多元化。2009年,经国务院批准,财政部正式对司法部、中国法律援助基金会上报的"中央专项彩票公益金法律援助项目"进行了立项。

彩票公益金法律援助项目的资金来自中央专项彩票公益金项目。2011年,全国彩票发行销售总额为2215.82亿元,中央财政收缴入库的彩票公益金为317.45亿元。经全国人大审议批准,加上历年的滚存结余,2011年安排彩票公益金支出为284.72亿元;其中分配给中央专项彩票公益金的资金为84.49亿元,共安排了12个中央专项彩票公益金项目。其中包括法律援助项目,资金是1亿元,占彩票公益金项目资金总额的1.18%。此前,2009年和2010年,中央专项彩票公益金项目安排的法律援助项目的资金各为5000万元。

2. 彩票公益金法律援助项目的管理办法

2009年,为保证彩票公益金法律援助项目顺利实施,财政部、司法部联合颁发了《中央专项彩票公益金法律援助项目实施与管理暂行办法》(以下简称《项目实施与管理办法》)。

《项目实施与管理办法》规定:中国法律援助基金会受财政部、司法部

---

① 郭婕:《论法律援助标准的建立与完善》,《法治研究》2013年第4期。

的委托,负责项目实施的管理工作。项目的实施单位分为四类:其一,地(市)和县(市、区)法律援助机构;其二,东部沿海六省(市)的热心公益并擅长办理五种对象法援案件的律师事务所;其三,法律援助类民办非企业单位;其四,高等法学院校学生社团组织和妇联等社会团体的法律帮助中心(维权机构)。其中,特别规定地(市)和县(市、区)法律援助机构是"主要项目实施单位"。

《项目实施与管理办法》规定了彩票公益金法律援助项目的援助对象主要是"农民工、残疾人、老年人、妇女家庭权益保障和未成年人";并规定了项目资助的案件类型,包括民事案件、刑事案件、执行案件和其他可以由彩票公益金法律援助项目资助办理的案件。其中,尤其对民事案件和刑事案件进一步细分了资助类型。

《项目实施与管理办法》还划定了资助范围的四种情况:其一,当事人经济状况和申请事项符合规定,但当地法援经费确实存在困难;其二,当事人的经济状况符合标准,申请事项虽不属于规定范围,但属于规定的案件类型;其三,当事人经济状况高于标准,但低于最低工资标准,其申请事项符合规定范围;其四,当事人经济状况高于标准,低于最低工资标准,其申请事项属于规定类型。上述规定的现实意义在于,与《法律援助条例》相比,对于农民工、残疾人、老年人、妇女家庭和未成年人这五类援助对象,彩票公益金法律援助项目实际上降低了求助门槛。

《项目实施与管理办法》规定了严格的项目案件办理的程序:第一步,当事人要向项目实施单位提出申请,并填写相关表格及递交相关证明材料。第二步,项目实施单位应当在规定时限内对申请进行审核并填表,对符合规定的,应当受理并指派承办单位或承办人具体承办案件;对不符合规定的,则不予受理并说明理由。第三步,承办单位或承办人在接受指派后应当在规定时限内与受援人签订委托代理协议。第四步,承办单位或承办人应当在案件办结后 15 日内,填表并附相关材料提交项目实施单位进行结案审查。第五步,项目实施单位向省级项目管理办公室提交相关表格并附相关材料。第六步,省级项目管理办公室汇总后,向中央项目管理办公室提交相关表格并附相关材料。第七步,中央项目管理办公室审核材料后向项目实施单位拨付项目资金。第八步,项目实施单位及时向承办单位或承办人发放办案补贴,并将发放结果填表报省级项目管理办公室。

彩票公益金法律援助项目资金被要求"完全用于办案补贴",不得用于除此之外的其他支出。办案补贴的标准,各省、直辖市、自治区按经济发展水平和财政承受能力被划分为三类地区,实行不同的标准:

第一类地区(西部13个省级单位)包括重庆、四川、贵州、云南、西藏、陕西、甘肃、青海、宁夏、新疆、广西、内蒙古、新疆生产建设兵团。补贴标准为:刑事案件、执行案件,1000元;民事案件、行政案件,1500元;疑难案件和跨地区办理的案件,4000元。

第二类地区(中部和东部13个省级单位)包括河北、山西、吉林、黑龙江、安徽、江西、河南、湖北、湖南、海南、山东、辽宁、福建。补贴标准为:刑事案件、执行案件,1200元;民事案件、行政案件,2000元;疑难案件和跨地区办理的案件,4500元。

第三类地区(东部6个省级单位)包括北京、天津、上海、江苏、浙江、广东。补贴标准为:刑事案件、执行案件,1600元;民事案件、行政案件,2800元;疑难案件和跨地区办理的案件,5000元。①

总而言之,正因为中国法律援助事业和中国彩票公益事业历史性的交集,催生了彩票公益金法律援助项目。在这两项社会事业的交汇点上,彩票公益金法律援助项目是中国法律援助事业和中国彩票公益事业合作和互动的产物。

因此,彩票公益金法律援助项目既要体现中国法律援助事业对社会弱势群体的人文关怀,也要合乎中国彩票公益事业在资金使用上的严格要求。这也成为本次评估所需遵循的一个基本原则。从这个原则出发,本次评估的重点将放在两个方面:其一,彩票公益金法律援助项目是否使更多有需要的弱势群体得到了法律援助?同时要考察援助的实施效果与效率;其二,彩票公益金法律援助项目对于促进社会组织参与法律援助行动以及推动法律援助事业的发展趋向多元化有什么效果?这就是本次评估的研究目标。

二、2012年彩票公益金法律援助项目实施状况

2012年,彩票公益金法律援助项目资金较前两年翻了一番,从5000万元增加到1亿元。在2011年中央专项彩票公益金项目总结会上,中国

① 以上资料参考《中央专项彩票公益金法律援助项目实施与管理暂行办法》,中国网,http://www.china.com.cn/policy/txt/2010-01/21/content_19278950.htm。

法律援助基金会理事长岳宣义表态"这是党和政府对民生问题的高度关切,也是对中国法律援助基金会的充分信任",并提出,要让彩票公益金法律援助项目"在社会上立得住,叫得响,传得开,功归党,发挥更大的示范引领作用"。"要上下齐心,把彩票公益金项目做成响当当的公益品牌,推动法律援助事业又好又快地发展。"①

2010年和2011年,中国法律援助基金会都对彩票公益金法律援助项目的实施情况进行了评估。2013年,响应中国政府要求社会组织的公益慈善活动必须"公开、透明"的号召,中国法律援助基金会决定请第三方机构对2012年的项目实施情况进行评估。于是,便有了本评估项目。

(一)彩票公益金法律援助项目评估的样本单位选择

中国社科院社会政策研究中心"彩票公益金法律援助项目"评估小组经与中国法律援助基金会商定,决定在北京、河南和陕西一市两省选择部分样本单位开展调查研究。

1. 彩票公益金法律援助项目实施单位

根据中国法律援助基金会提供的文献资料,彩票公益金法律援助项目评估小组首先对项目实施单位面上的情况进行了全面的了解。2012年,彩票公益金法律援助项目各个层面的项目实施单位共计486家,这些项目实施单位被划分为五大类,具体分类如下:

第一类,27个省(自治区、直辖市)以及新疆生产建设兵团的398家项目实施单位;第二类,中华律师协会及其旗下的31家项目实施单位;第三类,全国妇联权益部及其旗下的45家项目实施单位;第四类,彩票公益金项目管理办公室直接管理的7家法律援助类民办非企业单位;第五类,彩票公益金项目管理办公室直接管理的5家高等法学院校社团组织。

2. 彩票公益金法律援助项目评估样本单位

本次调查从上述486家项目实施单位中选择若干家作为样本单位:因为时间特别紧张,因此采取与中国法律援助基金会商量的办法,最后选择北京市、河南省和陕西省为调研省份;然后再按上述分类进行进一步选择,其中对"法律援助类民办非企业单位"给予特别关注。具体的样本单位分布如下:

---

① 参阅《岳宣义同志在中央专项彩票公益金法律援助项目总结工作会议上的讲话》,载司法部法律援助中心编:《2011年中国法律援助年鉴》,中国民主法制出版社2012年版。

第一类,从27个省(自治区、直辖市)以及新疆生产建设兵团的398家项目实施单位中,选取了北京市法律援助基金会及延庆县农村公益法律服务中心;河南省法律援助中心及郑州市法律援助中心、济源市法律援助中心;陕西省法律援助中心及西安市法律援助中心、西安市碑林区法律援助中心等8家项目实施单位。

第二类,从中华律师协会系统的31家项目实施单位中,选取了中华律师协会法律援助与公益法律委员会彩票公益金项目办(以下简称全国律协项目办)及河南省律师协会农民工法律援助工作站、陕西律师农民工维权工作站等3家项目管理和实施单位。

第三类,从全国妇联系统的45家项目实施单位中,选取了全国妇联权益部及河南省妇联权益部、陕西省妇联等3家项目实施单位。

第四类,从基金会彩票公益金项目管理办公室直接管理的7家法律援助类民办非企业单位中,选取了北京义联劳动法援助与研究中心、北京青少年法律研究与研究中心、北京致诚农民工法律援助与研究中心等3家项目实施单位。

第五类,从彩票公益金项目管理办公室直接管理的5家高等法学院校社团组织中,选取了北京航空航天大学法学院公益法律服务中心1家项目实施单位。

(二) 2010—2012年彩票公益金法律援助项目实施情况

在对2012年彩票公益金法律援助项目进行评估之前,有必要先了解一下2010—2012年彩票公益金法律援助项目面上的情况。2012年的彩票公益金法律援助项目与前两年相比,最大的区别就在于项目经费翻了一番,从前两年的5000万元增长到了1亿元。经费增长的原因,自然是办理的案件随之大大增加(见表2)。

从表2中可以看到:将2011年和2010年办理的案件比较,办理案件的总数略有增长,但幅度很小,只有5%。若将2012年与2011年办理的案件相比较,无论从办理案件的总数,还是各类案件分类统计的数据,都有大幅度的增长。办理案件的总数增长了117%。

在分类统计的数据中:按案件性质分类,2012年,民事案件、刑事案件、刑事附带民事案件和执行案件增长的幅度都达到了三位数,其中执行案件的增长幅度最大,增长了182%。唯一的例外是行政案件,减少了30%。按援助对象的分类中,2012年,以农民工、妇女家庭、老年人、残疾人等为对象的案件,增长幅度也达到了三位数,其中妇女家庭的案子增长幅度最大,为139%。未成年人的案子增长幅度稍小,但也有56%。

表2　彩票公益金项目2010—2012年援助案件基本情况①

		2010年	2011年		2012年	
		数量	数量	增长(%)	数量	与上年相比(%)
办理案件总数		27315	28689	5	62199	117
其中	民事案件	23121	24897	3	55647	124
	刑事案件	3036	2345	-23	3822	63
	行政案件	170	460	171	321	-30
	刑事附带民事	749	792	6	1859	135
	执行案件	229	195	-85	550	182
其中	农民工	12068	12899	7	28369	120
	妇女家庭	6355	6918	9	16510	139
	老年人	3622	3799	5	7946	109
	残疾人	2545	2616	3	5530	111
	未成年人	2725	2457	-10	3844	56

数据来源:中央专项彩票公益金法律援助项目信息数据管理系统数据库。

在表2中,还可以看到2012年的一个特点:各类案件的比例,又与2010年比较接近了。也就是说,2011年变化较大的分类案件,在2012年又有回调。2011年增加的在2012年有所回落;在2011年减少的却又在2012年有所上升。

从实施效果和效率看,2012年,彩票公益金法律援助项目共资助法律援助案件58029件,直接受益人群达8.4万余人,为困难群众挽回经济损失超过33亿元,并有100多万人获得了免费的法律咨询。②

(三) 2012年项目实施情况的描述及初步评析

在了解了2012年彩票公益金法律援助项目的全面情况后,接下来便是要对各个层次的样本单位进行描述和评析。

---

① 2010—2012年指的是彩票公益金法律援助项目的实施年度,若按拨款年度,应为2009—2011年。
② 以上数据资料由中国法律援助基金会提供。

1. 司法部门法律援助体系的项目实施单位项目实施情况

司法部门法律援助体系的项目实施单位按《管理条例》的要求,是"主要项目实施单位"。按行政区划的层级,可分为省级、地市级和县市级三个层次。

(1)省级层面法律援助体系的样本单位项目实施情况

本次评估选择的省级的司法行政系统的样本有三个:北京市、河南省和陕西省。其中:北京市的管理机构为北京市法律援助基金会,河南省和陕西省为省司法厅法律援助处(或中心)彩票公益金法律援助项目管理办公室。

北京市。北京市2012年的项目经费总额为569万元,总共办理案件2129件,通过审核获得资助的案件为2089件,通过率为98%。

按提供法律援助的人员分类,北京市2012年办理案件的承办人员中,有专职法律援助人员17人,占0.81%;社会律师484人,占23.17%;基层法律工作者663人,占31.74%;社会组织和注册法律援助志愿者925人,占44.28%。

按法律援助对象分类,北京市2012年办理案件的对象中,有农民工1650人,占78.99%;妇女234人,占11.20%;老年人114人,占5.46%;残疾人65人,占3.11%;未成年人26人,占1.24%。

按案件性质分类,北京市2012年办理的案件中,民事案件1882件,占90.10%;刑事案件34件,占1.63%;刑事附带民事案件10件,占0.48%;行政案件12件,占0.57%;执行案件151件,占7.23%。

2012年,北京市彩票公益金法律援助项目总共为援助对象挽回经济损失5969万元。援助对象的满意度达99.8%。

河南省。河南省2012年的项目经费为450万元。总共办理案件2328件,其中申请成功获得资助的案件2307件,通过率为99%。

按提供法律援助的人员分类,河南省2012年办理案件的承办人员中,有专职法律援助人员532人,占23.06%;社会律师1254人,占54.36%;基层法律工作者521人,占22.58%;而社会组织和注册法律援助志愿者则为0。

按法律援助对象分类,河南省2012年办理案件的对象中,有农民工741人,占32.12%;妇女731人,占31.69%;老年人335人,占14.52%;残疾人320人,占13.87%;未成年人180人,占7.80%。

按案件性质分类,河南省2012年办理的案件中,民事案件2190件,占 94.93%；刑事案件 29 件，占 1.25%；刑事附带民事案件 79 件，占 3.42%；行政案件 9 件，占 0.40%；而执行案件则为 0。

河南省彩票公益金法律援助项目总共为援助对象挽回经济损失 1.3 亿元。援助对象的满意度达 100%。

陕西省。陕西省 2012 年的项目经费为 423 万，总共办理案件 3377 件，其中申请成功获得资助的案件 3205 件，通过率为 95%。

按提供法律援助的人员分类，陕西省 2012 年办理案件的承办人员中，有专职法律援助人员 348 人，占 10.86%；社会律师 1415，占 44.15%；基层法律工作者 1360 人，占 42.43%；社会组织和注册法律援助志愿者 82 人，占 2.56%。

按法律援助对象分类，陕西省 2012 年办理案件的对象中，有农民工 741 人，占 32.12%；妇女 731 人，占 31.69%；老年人 335 人，占 14.52%；残疾人 320 人，占 13.87%；未成年人 180 人，占 7.80%。

按案件性质分类，陕西省 2012 年办理的案件中，民事案件 1516 件，占 47.30%；刑事案件 792 件，占 24.71%；刑事附带民事案件 447 件，占 13.95%；行政案件 327 件，占 10.20%；执行案件 123 件，占 3.84%。

2012 年，陕西省彩票公益金法律援助项目总共为援助对象 3627 人挽回经济损失 1.99 亿元。援助对象的满意度达 100%。①

如果就分类统计数据对不同地区进行横向比较，三省市则有各自的特点。

从办案人员看：北京市主要依靠"基层法律工作者""社会律师"和"社会组织和注册法律援助志愿者"，前两者分别占三分之一和五分之一，后者将近占二分之一。河南省和陕西省则主要依靠"社会律师"，河南要占五成半，陕西占到四成半。对于"专职法律援助人员"和"基层法律工作者"，河南省是同样倚重，各占两成多；而陕西省则偏爱后者，要达四成，而前者只占一成多。在陕西省和河南省，"社会组织和注册法律援助志愿者"不受重视，前者为零，后者也很少。

从援助对象看：北京市的排序是农民工、妇女家庭、老年人、残疾人、未成年人。但主要是前两者，绝大部分是农民工，占将近八成；妇女家庭其次，占一成多；老年人约占半成；其余的占半成。河南省的排序中，不同的是残疾人和老年人的顺序调了个个儿。但前两者都占三成多；中间两

---

① 以上数据资料来自中央专项彩票公益金法律援助项目信息数据管理系统数据库。

者占将近一成半;后者则不到一成。陕西省的排序和北京市一样,农民工的案子要占四成半还多一些;妇女家庭的案子是两成半,老年人和残疾人占一成上下,未成年人的案子就很少了。

从案件性质看:三地都是民事案件占绝对多数,占到九成左右,甚至九成半。陕西省的刑事案件接近一成,北京市的执行案件以及河南省和陕西省的刑事附带民事案件接近半成,其他的就都很少了。

(2)市级司法部门法律援助系统的样本单位项目实施情况

本次评估选择的地市级司法部门法律援助体系样本有三个:北京市延庆县[①]、河南省郑州市和陕西省西安市的法律援助中心。

北京市延庆县。延庆县2012年的项目经费为45万元,总共办理案件197件,其中申请成功获得资助的案件195件,通过率为99%,最终获得补贴47万余元。

按提供法律援助的人员分类,延庆县2012年办理案件的承办人员中,专职法律援助人员、社会律师和基层法律工作者均为0,而社会组织和注册法律援助志愿者为195人,占100%。

按法律援助对象分类,延庆县2012年办理案件的对象中,有农民工113人,占57.95%;妇女40人,占20.51%;老年人31人,占15.90%;残疾人7人,占3.59%;未成年人4人,占2.05%。

按案件性质分类,延庆县2012年办理的案件中,民事案件194件,占99.5%;刑事附带民事案件1件,占0.5%;而刑事案件、行政案件和执行案件均为0。

2012年,延庆县彩票公益金法律援助项目总共为援助对象195人挽回经济损失约371万元。援助对象的满意度达100%。

河南省郑州市。郑州市2012年的项目经费为31万元。总共办理案件156件,其中申请成功获得资助的案件155件,通过率为99%。

按提供法律援助的人员分类,郑州市2012年办理案件的承办人员中,有专职法律援助人员27人,占17.42%;社会律师80人,占51.61%;基层法律工作者48人,占30.97%,而社会组织和注册法律援助志愿者则为0。

按法律援助对象分类,郑州市2012年办理案件的对象中,有农民工70人,占45.17%;妇女26人,占16.77%;老年人22,占14.19%;残疾人

---

① 在行政级别上,北京市延庆县要比一般县级单位高一级,属于地市级。

22人,占14.19%;未成年人15人,占9.68%。

按案件性质分类,郑州市2012年办理的案件中,民事案件151件,占97.42%;刑事附带民事案件3件,占1.94%;行政案件1件,占0.64%;刑事案件和执行案件均为0。

2012年,郑州市彩票公益金法律援助项目总共为援助对象挽回经济损失或取得经济利益1117万元。援助对象的满意度达100%。

陕西省西安市。西安市2012年的项目经费预算为30万元。总共办理案件244件,其中申请成功获得资助的案件242件,通过率为99%。

按提供法律援助的人员分类,西安市2012年办理案件的承办人员中,有专职法律援助人员8人,占3.31%;社会律师167人,占69.00%;基层法律工作者67人,占27.69%,而社会组织和注册法律援助志愿者则为0。

按法律援助对象分类,2012年西安市办理案件的对象中,有农民工131人,占54.13%;妇女41人,占16.94%;老年人33人,占13.64%;残疾人28人,占11.57%;未成年人9人,占3.72%。

按案件性质分类,西安市2012年办理的案件中,民事案件183件,占75.62%;刑事案件46件,占19.01%;刑事附带民事案件12件,占4.96%;行政案件1件,占0.41%;而执行案件则为0。

2012年,西安市彩票公益金法律援助项目总共援助各类对象242人,挽回经济损失950万元。援助对象的满意度达100%。①

上述三个地市级样本单位的实施情况基本上与省级接近。如果就分类统计的数据对不同地区进行横向比较,三个地市级单位也可以说各有自己的特点。

从办案人员看:延庆县是完全依靠"社会组织和注册法律援助志愿者",达100%;因此,其他类别的办案人员均为0。若看郑州市和西安市,则主要是依靠"社会律师",郑州市要占到五成,西安市则接近七成;接下来是"基层法律工作者",郑州市和西安市都在三成上下。再后面是"专职法律援助人员",郑州市接近两成,西安市也有任用。但"社会组织和注册法律援助志愿者"似乎在两地都不受重视,统计数均为0。

从援助对象看:三地的排序都是农民工、妇女家庭、老年人、残疾人、未成年人。但其中主要的援助对象是农民工,要占到将近五成到六成;其

---

① 以上数据资料来自中央专项彩票公益金法律援助项目信息数据管理系统数据库。

次是妇女家庭,占一成半到两成;再往下,是老年人,都占一成半上下。残疾人和未成年人都较少,但郑州市残疾人的案子和西安市的未成年人的案子稍微多一些,都要占到一成上下。

从案件性质看:延庆县、郑州市和西安市三地仍然都是民事案件占绝对多数,延庆县和郑州市都占到九成半以上;西安市稍少一些,占七成半。刑事案件只有西安市有,占将近两成;延庆县和郑州市均为0。刑事附带民事案件在延庆县和郑州市都有少些,但西安市稍多一些,占半成。行政案件在郑州市和西安市都有1起,延庆县则为0。执行案件在三地都没有。

（3）县级司法部门法律援助系统的样本单位项目实施情况

本次评估选择的县区级司法部门法律援助体系的样本有两个:河南省济源市（县级市）和陕西省西安市碑林区法律援助中心。

河南省济源市。济源市法律援助中心2012年的项目经费为16万元。总共办理案件80件,其中申请成功获得资助的案件80件,通过率为100%。

按提供法律援助的人员分类,济源市2012年办理案件的承办人员中,有专职法律援助人员13人,占16.25%;社会律师65人,占81.25%;基层法律工作者2人,占2.50%,而社会组织和注册法律援助志愿者则为0。

按法律援助对象分类,2012年济源市办理案件的援助对象中,有农民工16人,占20.00%;妇女24人,占30.00%;老年人8人,占10.00%;残疾人25人①,占31.25%;未成年人7人,占8.75%。

按案件性质分类,济源市2012年办理的案件中,民事案件73件,占91.25%;刑事附带民事案件7件,占8.75%;而刑事案件、行政案件和执行案件均为0。

2012年,济源市彩票公益金法律援助项目总共为援助对象109人挽回和避免经济损失507万元。援助对象的满意度达100%。

陕西省西安市碑林区。碑林区法律援助中心2012年的项目经费为7万元。总共办理案件99件,其中申请成功获得资助的案件94件,通过率为95%,最终获得补贴13万余元。

按提供法律援助的人员分类,碑林区2012年办理案件的承办人员

---

① 实地调研发现,济源市的残疾人案件多为交通肇事致残的案件。

中,有专职法律援助人员3人,占3.19%;社会律师82人,占87.24%;基层法律工作者9人,占9.57%;而社会组织和注册法律援助志愿者则为0。

按法律援助对象分类,碑林区2012年办理案件的援助对象中,有农民工41人,占43.62%;妇女13人,占13.83%;老年人18人,占19.15%;残疾人19人,占20.21%;未成年人3人,占3.19%。

按案件性质分类,碑林区2012年办理的案件中,民事案件77件,占81.92%;刑事案件15件,占15.96%;刑事附带民事案件1件,占1.06%;执行案件1件,占1.06%;而行政案件则为0。

2012年,碑林区彩票公益金法律援助项目总共为援助对象94人挽回经济损失847万元。援助对象的满意度达98%。①

济源市和碑林区的实施情况也与省级、市级的样本单位接近。但如果就分类统计的数据对不同地区的进行横向比较,也有一些地区特色。

从办案人员看:两地的主力都是"社会律师",济源市占八成,碑林区接近九成;其次,济源市的"专职法律援助人员",超过一成半;碑林区的"基层法律工作者",占一成。再往下,"专职法律援助人员"在碑林区,"基层法律工作者"在济源市,也少有任用。但"社会组织和注册法律援助志愿者"在两地均为0。

从援助对象看:两地的排序是不同的。济源市的排序是残疾人、妇女家庭、农民工、老年人、未成年人。残疾人和妇女家庭的案子数量差不多,都在三成以上;农民工的案子在中间,占两成;老年人和未成年人在最后,都在一成左右。碑林区的排序是农民工、残疾人、老年人、妇女家庭、未成年人。农民工最多,占四成半;残疾人和老年人其次,占两成上下;妇女家庭占一成半;未成年人的案子最少。

从案件性质看:两地还是民事案件占绝对多数,济源市占九成;碑林区占八成。刑事案件只有碑林区有,占一成半;刑事附带民事案件,济源市将近一成。其他的都只有极少或没有。

2. 中华律师协会系统的项目实施单位

中华律师协会下的法律援助与公益法律委员会专门设立了彩票公益金项目办公室(全国律协项目办)是与中国法律援助基金会彩票公益金项目管理办公室直接联系的实施单位。

---

① 以上数据资料来自中央专项彩票公益金法律援助项目信息数据管理系统数据库。

全国律协自 2006 年起便积极推动建立专门化、职业化、社会化的农民工法律援助服务机构。2009 年以前,已在各地建立了一批"农民工维权站",当时的经费主要来自国内外相关项目资金。

2009 年,彩票公益金法律援助项目设立之初,项目管理办公室即委托全国律协法律援助与公益事务委员会负责管理和指导农民工法律援助机构和东部六省市参与法律援助的社会律师。为此,全国律协设立了项目办公室,编制了项目管理手册。在彩票公益金法律援助项目中,全国律协扮演的是"实施者"的角色,但其发挥的实际功能则是中间层次的"管理者"。

2010 年,全国律协项目办的项目经费总共为 473 万元,可能是初次实施,缺乏经验,当年项目执行的情况不太理想,只有出去 361 万元,结余 112 万元,占到总经费的 1/4。执行不力导致全国律协 2011 年的项目经费锐减,减少到 277 万元。

针对以上的不足,全国律协项目办对其管理的项目实施单位有针对性地进行了调整,淘汰了一部分工作不力的单位。调整之后的 2011 年,项目实施情况良好,基本上是收支相抵。执行力的改善使 2012 年的项目经费又比 2011 年翻了一番,达 545 万元。2012 年的项目执行情况,也是收支平衡。从办理案件件数和资助单位个数来看,2012 年与 2011 年相比增加了近一倍,与 2010 年相比增加了 47.94%。

2012 年,全国律协项目办组织各地农民工维权站和六地律师事务所全年总共办理案件 2631,通过审核获得资助的案件为 2626 件,合格率 99.81%。其中,农民工案件 2239 件,占 85.26%;妇女家庭案件 230 件,占 8.76%;老年人案件 65 件,占 2.48%;残疾人案件 51 件,占 1.94%;未成年人案件 41 件,占 1.56%。共帮助援助对象挽回经济损失 1.1 亿元,满意率为 92%。

在调研活动中,评估小组考察了全国律协旗下的两个项目实施单位:河南省律师协会农民工法律援助工作站和陕西省律师协会农民工维权工作站。

河南省律师协会。河南省律师协会农民工法律援助工作站 2012 年的项目经费为 19.5 万元。总共办理案件 95 件,其中申请成功获得资助的案件 94 件,通过率为 99%。

按提供法律援助的人员分类,河南省律师协会农民工法律援助工作站 2012 年办理案件的承办人员中,有社会律师 41 人,占 43.62%;社会组织和注册法律援助志愿者53人,占56.38%;而专职法律援助人员和基层法律工作者则为0。

按法律援助对象分类,河南省律师协会农民工法律援助工作站2012年办理案件的对象全是农民工,其他的四类妇女、老年人、残疾人和未成年人均为0。

按案件性质分类,河南省律师协会农民工法律援助工作站2012年办理的案件中,民事案件86件,占91.49%;行政案件1件,占1.06%;执行案件7件,占7.45%;而刑事案件和刑事附带民事案件则为0。

2012年,河南省律师协会农民工法律援助工作站援助对象总共为142人,援助对象的满意度达100%。

陕西省律师协会。 陕西律师协会农民工维权工作站2012年的项目经费为34万元,总共办理案件187件,其中申请成功获得资助的案件187件,通过率为100%,

按提供法律援助的人员分类,陕西律师协会农民工维权工作站2012年办理案件的承办人员中,有社会律师2人,占1.09%;社会组织和注册法律援助志愿者182人,占98.91%;而专职法律援助人员和基层法律工作者则为0。

按法律援助对象分类,陕西律师协会农民工维权工作站2012年办理案件的对象全是农民工,其他的,如妇女、老年人、残疾人和未成年人均为0。

按案件性质分类,陕西律师协会农民工维权工作站2012年办理的案件中,民事案件181件,占98.37%;执行案件3件,占1.63%;而刑事案件、刑事附带民事案件和行政案件均为0。

2012年,陕西律师协会农民工维权工作站援助对象总共为298人,项目实施单位帮助当事人挽回损失或取得利益789万元。援助对象的满意度为90.4%。①

从以上数据看,两地的项目实施单位既然是专门的农民工维权工作站,其援助的对象几乎都是农民工了。

从办案人员的分类看,河南省主要依靠的是"社会律师"和"社会组织和注册法律援助志愿者",这两类人员各占50%;而陕西省则偏重于后者,趋于100%。

---

① 以上数据资料来自中央专项彩票公益金法律援助项目信息数据管理系统数据库。

若以案件性质分类,两地又都是以民事案件为主,河南省占90%,陕西省趋于100%。另外,河南省还有不到10%的执行案件。其他的类别,要么很少,要么根本就没有。

3. 妇联系统妇女权益保护部门的项目实施单位

全国妇联权益部也是与中国法律援助基金会的彩票公益金项目管理办公室直接联系的样本实施单位。2005年,全国妇联权益部便在全国建立了18个省级妇女法律帮助中心。2006—2007年,中国法律援助基金会曾资助全国妇联100万元,用于开展"中国妇女法律援助行动"。2010年,彩票公益金法律援助项目将全国妇联系统纳入项目实施单位。要说明的是,在整个彩票公益金法律援助项目体系中,全国妇联扮演的是"实施者"的角色,但其发挥的实际功能则是中间层次的"管理者"。

2010年,全国妇联系统第一次实施彩票公益金法律援助项目,得到的资助是100万元。此前,在2006—2007年,全国妇联开展"全国妇女法律援助行动",得到了中国法律援助基金会的资助,资助的金额是100万元。当时全国有10个省的妇联参加,各省平分,每个省分到10万元。2010年,全国妇联(妇女法律帮助中心协调各省妇联)为彩票公益金法律援助项目实施单位,资助的金额仍然是100万元,但游戏规则的改变使各省的项目实施单位很不适应,致使当年项目完成的情况很不理想,总共只办理了217个案件。2011年,妇联的彩票公益金法律援助项目(除三个省妇联外)暂停了一年,对各省的项目实施单位进行了调整和整顿。

2012年全国妇联再次申请200万元的额度,最终核准225万元。当年项目经费支出为205万元,基本完成目标。2012年,全国妇联在20个省落实了45家实施单位。最终,申报资助的案件为1347件,通过审核获得资助的案件1236件,通过率为92%。其中,妇女家庭案件841件,占68.04%;未成年人案件91件,占7.36%;农民工案件143件,占11.57%;残疾人案件51件,占4.13%;老年人案件110件,占8.90%。妇联旗下的项目实施单位共帮助1482位受援人,总共挽回经济损失6300余万元。受援对象的满意率为99%。

在调研活动中,评估小组专门考察了全国妇联系统旗下两个项目实施单位,即河南省妇女联合会权益部和陕西省妇女联合会。

河南省妇女联合会。河南省妇女联合会权益部2012年的项目经费为10万元。总共办理案件61件,其中申请成功获得资助的案件61件,通过率为100%。

按提供法律援助的人员分类,河南省妇女联合会权益部2012年办理案件的承办人员中,有专职法律援助人员13人,占21.31%;社会律师37人,占60.66%;基层法律工作者11人,占18.03%,而社会组织和注册法律援助志愿者则为0。

按法律援助对象分类,河南省妇女联合会权益部2012年办理案件的援助对象中,有妇女43人,占70.49%;老年人10人,占16.39%;残疾人7人,占11.48%;未成年人1人,占1.64%,而农民工则为0。

按案件性质分类,河南省妇女联合会权益部2012年办理的案件中,民事案件53件,占86.89%;刑事案件5件,占8.20%;刑事附带民事案件1件,占1.63%;执行案件2件,占3.28%;而行政案件则为0。

2012年,河南省妇女联合会权益部总共为援助对象39人挽回经济损失、争得各类赔偿和补偿共约204万元。援助对象的满意度达100%。

陕西省妇女联合会。陕西省及五个省辖市(西安、汉中、宝鸡、咸阳、延安)妇女联合会2012年的项目经费约26万元。总共办理案件191件,申请成功获得资助的案件184件,通过率为96%。其中,省妇联办理77件,占41.85%;省辖市妇联办理107件,站58.15%。

按提供法律援助的人员分类,陕西省及五市妇联2012年办理案件的承办人员中,有专职法律援助人员18人,占9.78%;社会律师70人,占38.04%;基层法律工作者17人,占9.24%;社会组织和注册法律援助志愿者79人,占42.94%。

按法律援助对象分类,陕西省及五市妇联2012年办理案件的援助对象中,有农民工11人,占5.98%;妇女125人,占67.94%;老年人15人,占8.15%;残疾人10人,占5.43%;未成年人23人,占12.50%。

按案件性质分类,陕西省及五市妇联2012年办理的案件中,民事案件161件,占87.50%;刑事案件8件,占4.35%;刑事附带民事案件12件,占6.52%;行政案件1件,占0.54%;执行案件2件,占1.09%。①

陕西省及五市妇联总共为妇女儿童挽回经济损失、争得各类赔偿和补偿共约1041万元。援助对象的满意度达98%。

从以上数据看,按办案人员的分类,河南妇联主要依靠"社会律师",要达到六成多;然后是"专职法律援助人员"和"基层法律工作者",所占比

---

① 以上数据资料来自中央专项彩票公益金法律援助项目信息数据管理系统数据库。

重在两成上下。陕西妇联主要依靠"社会组织和注册法律援助志愿者"和"社会律师",比重均为四成上下;而"专职法律援助人员"和"基层法律工作者",各占一成。

若以援助对象分类,既然是妇联,肯定都是以妇女家庭的案子为主,两省都要占到七成上下。其余的,河南省的老年人和残疾人的案子各占一成半和一成,未成年人的案子却只有1例;陕西省未成年人案子要占一成以上,其他类型的案子都有,但都只有半成。

若以案件性质分类,两省都是民事案件为多,接近90%。接下来,河南妇联的刑事案件,占8%,再就是执行案件,占3%;陕西省妇联的刑事附带民事案件也有6%,刑事案件占4%。其他类别极少或根本没有。

4. 民非或高校系统的项目实施单位

在实施单位分类中,法律援助类民办非企业单位和高等法学院校学生社团组织的法律帮助中心(维权机构)本属两类,但这些单位同质性较强,所以合并为一类来进行考察。评估小组一共考察了四家,这些项目实施单位都在北京,即北京义联劳动法援助与研究中心、北京致诚农民工法律援助与研究中心、北京青少年法律援助与研究中心、北京航空航天大学法学院公益法律服务中心。

(1)北京义联劳动法援助与研究中心

北京义联劳动法援助与研究中心(简称"义联中心")成立于2007年,是由北京市司法局批准、在北京市民政局登记的民办非营利机构。义联中心通过整合社会专业律师资源,致力于劳动公益法律服务和政策研究倡导。

2012年义联中心的项目经费为200万元,总共办理案件740件,其中申请成功获得资助的案件729件,通过率为99%。

按法律援助对象分类,义联中心2012年办理案件的援助对象中,有农民工546人,占74.90%;妇女129人,占17.70%;老年人12人,占1.64%;残疾人42人,占5.76%;而未成年人则为0。

按案件性质分类,义联中心2012年办理的案件中,民事案件660件,占90.54%;刑事附带民事案件3件,占0.41%;行政案件9件,占1.23%;执行案件57件,占7.82%;而刑事案件则为0。①

2012年,义联中心总共援助对象为729人,挽回经济损失1626万

---

① 以上数据资料来自中央专项彩票公益金法律援助项目信息数据管理系统数据库。

元。援助对象的满意度达100%。

(2) 北京致诚农民工法律援助与研究中心

北京致诚农民工法律援助与研究中心(简称"致诚中心")成立于2005年,是经北京市民政局依法批准正式登记的民办非企业单位,是一个以社会专职律师为主体的专门从事农民工法律援助机构。致诚中心只办理农民工法律援助案件,在办理案件时同时强调农民工依法维权与矛盾化解。

2012年致诚中心的项目经费为238万元,总共办理案件804件,其中申请成功获得资助的案件791件,通过率为98%。

按法律援助对象分类,致诚中心2012年办理案件的援助对象中,有农民工768人,占97.10%;妇女10人,占1.26%;老年人8人,占1.01%;残疾人2人,占0.25%;未成年人3人,占0.38%。

按案件性质分类,致诚中心2012年办理的案件中,民事案件684件,占86.48%;刑事案件22件,占2.78%;刑事附带民事案件6件,占0.76%;行政案件2件,占0.25%;执行案件77件,占9.73%。①

2012年,致诚中心总共为援助对象804人挽回经济损失1880万元。援助对象的满意度达100%。

(3) 北京青少年法律援助与研究中心

北京青少年法律援助与研究中心(简称"青少年中心")成立于1999年,是中国第一家专门从事未成年人法律援助与研究的公益性机构。青少年中心的宗旨是依法维护未成年人的权益,推动未成年法学研究与立法,促进中国民主法制化建设。

2012年,青少年中心的项目经费为1.9万元,总共办理案件9件,其中申请成功获得资助的案件9件,通过率为100%。

按法律援助对象分类,青少年中心2012年办理案件的援助对象均为未成年人,共9人;其他对象未涉及。

按案件性质分类,青少年中心2012年办理的案件中,民事案件2件,占22.22%;刑事案件7件,占77.78%;刑事附带民事案件、行政案件和执行案件均未涉及。②

2012年,青少年中心援助对象的满意度达100%。

---

① 以上数据资料来自中央专项彩票公益金法律援助项目信息数据管理系统数据库。
② 同上。

(4) 北京航空航天大学法学院法律援助中心

北京航空航天大学法学院法律援助中心成立于 2002 年,2009 年更名为北京航空航天大学法学院公益法律服务中心(简称"北航中心")。北航中心是一个为社会公众提供无偿法律服务的专业性公益机构,依托北航法学院的师生和学术资源,为广大群众,特别是弱势群体答疑解惑,排忧解难,尽己之力贡献于公益事业。

2012 年北航中心的项目经费为 15 万元,总共办理案件 94 件,其中申请成功获得资助的案件 73 件,通过率为 78%,实际获得办案补贴 14 万元。

按法律援助对象分类,北航中心 2012 年办理案件的援助对象中,有农民工 65 人,占 89.04%;妇女 4 人,占 5.48%;老年人 2 人,占 2.74%;残疾人 1 人,占 1.37%;未成年人 1 人,占 1.37%。

按案件性质分类,2012 年办理的案件中,民事案件 64 件,占 87.67%;执行案件 9 件,占 12.33%;而刑事案件、刑事附带民事案件和行政案件均未涉及。①

2012 年,北航中心总共为援助对象 73 人挽回经济损失 115 万元。援助对象的满意度达 100%。

从以上的统计数据看,对于援助对象,四个机构各有专攻,致诚中心和青少年中心在对象选择上最为专一,前者对农民工是 98%,后者对未成年人是 100%。义联中心和北航中心主要的援助对象也是农民工,前者是 75%,后者达 90%。其余的,义联中心妇女家庭案件也占 15%,残疾人案件有 5%,北航中心的妇女家庭类案件有 5%。除此之外,其他类型的援助对象很少。

至于案件性质,义联中心、致诚中心和北航中心主要是民事案件,都在 85%—90%,其次是执行案件,在 10% 上下;其他类型的案件很少。青少年中心主要是刑事案件,接近 80%,民事案件较少,只占 20%。

从以上对各类项目实施单位的项目实施情况的描述和初步评价中,可以看到彩票公益金法律援助项目的几个特点:

第一,从样本实施单位的情况看:2012 年,本评估项目的样本单位总共支出办案补贴 1631 万余元,但为援助对象挽回经济损失、争得各类赔偿和补偿达 4.48 亿元;支出与效益之比为 1∶27。

---

① 以上数据资料来自中央专项彩票公益金法律援助项目信息数据管理系统数据库。

第二,从样本实施单位的情况看:2012年,对办案结果,本评估项目的样本单位援助对象的满意度,基本上都在90％以上,且大多在96％以上,甚至100％。

第三,从样本实施单位的情况看:2012年,本评估项目的样本单位给予援助最多的是农民工。但各实施单位也有差别,主要以农民工为援助对象的全国律协系统的样本单位和专业机构(民非或高校)当然都在80％—90％;从省级单位看,处于东部的北京市要占三分之二,中部的河南省是三分之一,而陕西省在二分之一上下;从市级单位看,都是50％—60％;从县级单位看,处于中部的济源市只有20％,而西安市碑林区就接近50％,这可能与样本单位处于农民工流入地还是流出地相关。全国妇联系统的项目实施单位办理的案件就主要与妇女家庭相关,均达60％—70％。从面上的情况看,老年人、残疾人和未成年人的案子相对较少。不过也有例外,如北京市青少年法律援助与研究中心,主要办理的是未成年人的案件(达100％)。但其援助规模太小,虽全力以赴,全年仍然只办理了9件案子。

第四,从样本实施单位的情况看:2012年,本评估项目的样本单位办理得最多的是民事案件,在75％—90％,而刑事案件、刑事附带民事案件、行政案件和执行案件相对较少。不过,个别专业机构(民非或高校)除外,如北京市青少年法律援助与研究中心,办理的案件中80％是刑事案件。

第五,从样本实施单位的情况看:2012年,彩票公益金法律援助项目办理案件人员中最多的是"社会律师",多的是90％以上,少的也有三分之一。"社会组织和注册法律援助志愿者"则大起大落,北京市延庆县达100％;全国律协系统或高校专业民非机构也高达90％—100％;有些样本单位是50％左右;但也有不少样本单位是0。其余的两类,除了个别地方占30％—40％以外,大多不足20％或更少。

三、对彩票公益金法律援助项目的评价和政策建议

在第一部分的"小结"中曾经提出:彩票公益金法律援助项目既要体现中国法律援助事业对社会弱势群体的人文关怀,也要合乎中国彩票公益事业在资金使用上的严格要求。因此,项目评估的重点包括两个方面:其一,重点考察法律援助项目的实施效果与效率;其二,重点考察社会组

织参与法律援助行动的意义。

在对彩票公益金法律援助项目进行了为时一个月的调查并进行了较为详尽的分析研究后,评估小组进行了反复讨论,最终形成了评估意见,以下分而述之:

(一) 彩票公益金法律援助项目的实施效果和效率

2012年,彩票公益金法律援助项目在前两年的顺利运行的基础上,总结了经验和不足,显得更为成熟了。因而,按照中国法律基金会提出的"费用支出最低化、服务数量最大化、服务质量最优化"的原则,无论从效率还是从效果去考量,2012年彩票公益金法律援助项目都是值得称道的。

1. 2012年彩票公益金法律援助项目的效果评估

彩票公益金法律援助项目的实施效果是显而易见的(见表3)。

表3 彩票公益金法律援助项目资金使用的效果

项目实施单位	瞄准度(%)	效益度	满意度(%)
北京市法律援助基金会	100	1∶25	99
河南省项目管理办公室	100	1∶29	100
陕西省项目管理办公室	100	1∶21	100
延庆县法律援助中心	100	1∶8	100
郑州市法律援助中心	100	1∶36	100
西安市法律援助中心	100	1∶32	99
济源市法律援助中心	100	1∶32	100
碑林区法律援助中心	100	1∶121	98
河南农民工法律援助站	100		100
陕西农民工维权工作站	100	1∶23	90
河南省妇联权益部	100	1∶20	100
陕西省妇女联合会	100	1∶39	98
义联劳动法援助中心	100	1∶8	100
致诚农民工援助中心	100	1∶8	100
青少年法律援助中心	100		100
北航公益法律服务中心	100	1∶8	100

资料来源:中央专项彩票公益金法律援助项目信息数据管理系统数据库。

从表3中可以得出三点结论:其一,各样本单位的援助对象都是《项目实施与管理办法》所规定的农民工、妇女、老年人、残疾人和未成年人等社会弱势群体,援助对象的瞄准度可以说是100%。其二,各样本实施单位为援助对象挽回经济损失、争得各类赔偿和补偿高达4.48亿元,大多数项目单位的效益度都在1∶10—1∶40,北京市的一些基层实施单位在1∶8,也有超高的,达到1∶121;其三,各样本单位援助对象的满意度,基本上都在90%以上,而且大多在96%以上,甚至100%。

2. 2012年彩票公益金法律援助项目的实施效率

从整个法律援助的宏观层面进行比较:2012年,彩票公益金法律援助项目的资金仅有1亿元,占整个法律援助经费收入(12.77亿元)的7.83%,而完成的法律援助案件数为58029件,占当年法律援助案件总数(844624件)的6.87%。从比例上看,后者比前者少了大约一个百分点。但是,若考虑补助标准,彩票公益金法律援助项目平均要高出许多(见表4)。同时,在政府行政体系使用的法律援助财政拨款11.62亿元中,实际上只有3.71亿元用到了法律援助的办案补贴上。所以,实际上彩票公益金法律援助项目的资金使用效率远高于政府行政体系。

表4 政府行政体系和彩票公益金法律援助项目资金使用效率的比较

		政府行政体系	彩票公益金法律援助项目
法律援助总费用(亿元)		11.62	1.00
办案补贴(亿元)		3.71	0.97
补贴标准	民事案件(元/案)	463	1500/2000/2800①
	刑事案件(元/案)	829	1000/1200/1600
	行政案件(元/案)	902	1500/2000/2800
	执行案件(元/案)	无	1000/1200/1600
	重大疑难跨区案件(元/案)	无	4000/4500/5000

资料来源:中央专项彩票公益金法律援助项目信息数据管理系统数据库和《中国法律援助年鉴(2011)》数据。

如以彩票公益金法律援助项目的经费支出与援助对象获得的经济效益相比较:2012年,样本单位总共支出办案补贴1631余万元,但为援助对象挽回经济损失、争得各类赔偿和补偿达4.48亿元;效益度(支出/效

---

① 本格中三个数字分别为"西部/中部/东部",下同。

益之比)为1∶27;从全国的数据看:效益度则为1∶33。

3. 彩票公益金法律援助项目效率高、效果好的原因分析

更重要的是:彩票公益金法律援助项目办理的案件基本上都可以称为高质量的"精品"。之所以称之为"精品",与资助案件都必须经过极为严格的遴选程序相关:第一个层面是基层实施单位的优选;第二个层面是省级实施(管理)单位的审核;第三个层面是彩票公益金法律援助项目管理办公室的核准。这样严格的筛选过程,保证了彩票公益金法律援助项目极高的瞄准度、效益度和满意度。

考量资助案件的申请和审核的实际操作过程:首先是基层实施单位会尽可能选择各方面——从内容到形式乃至细节——都符合条件的案件填表上报。评估组在评估过程中,仔细检阅了各基层实施单位的案例案卷,确实都做得整整齐齐,一丝不苟。其次,到了省级或律协、妇联等项目实施(管理)单位,审查非常严格,如有一点不符合要求,此案卷就会被退回,或要求项目实施单位继续补充材料后重报,或用别的符合条件的案件替补。最后,到了中国法律援助基金会的项目管理办公室审核,依然是件件把关,平均会有3%左右的案子被要求退补。彩票公益金法律援助项目就是用这样几近苛刻的操作程序,保证了每一个通过审核获得资助的法律援助案件,都经得住检验。

如此严格的操作程序,也曾使部分项目实施单位很不适应。但项目管理办公室秉承宁缺毋滥的原则,在前两年,有的项目实施单位就没能够按时按量完成任务,甚至被暂停资助一年,进行整顿。在严格管理的基础上,2012年的项目实施就非常顺利,以确保质量为前提,全面地完成了任务。

(二)社会组织参与法律援助行动的意义

在对彩票公益金法律援助项目的效果和效率作出充分肯定之后,下面要讨论的是:从彩票公益金法律援助项目实施状况看社会组织参与法律援助行动的意义。

1. 彩票公益金法律援助项目体现了社会组织参与的重要性

彩票公益金法律援助项目的成功,当然有其物质基础,这就是其补贴标准高于一般法援项目所起到的激励性作用。与其他专项彩票公益金项目相比,彩票公益金法律援助项目资助的项目经费直接补贴到具体的项

目实施人——具体提供法律援助的律师或其他法律工作者,是其一个显著特点。

近年来,有关部门一直强调用于社会服务的资金要"做事而不养人",这个原则无疑是正确的。但是,在具体实施过程中,一些地方政府对这个原则的理解显然有误区。从某种意义上说,提供社会服务最关键的因素实际上是提供服务的人,其次才是物(场地、设施、设备等等)。因为从某种意义上说,绝大多数社会服务都是人对人的服务,因此,资金的使用也应该把人的因素放在第一位。评估组认为:要"做事"(提供社会服务)就需要服务的提供者——人,尤其是作为专业人才的人,在彩票公益金法律援助项目中就是律师和其他法律工作者。所谓"不养人",是指要破除计划经济时期形成并且一直沿袭至今的体制性惯习——不管做事不做事都按早已框定的"编制"和"任务"拨款。然而,如果把"不养人"误解为要将凡是涉及人工成本的经费支出完全排除在外,问题就大了。"做事"总是要有成本的,如前所述,社会服务主要是人对人的服务,所以人工成本是必须要考虑的。在项目评估时,评估组对所有参与个案访谈和焦点小组的办理项目案件的律师一一询问,都回答说按时足额地拿到了办案补贴。就此而言,可以说,正是彩票公益金法律援助项目把专项彩票公益金项目资助的资金完全落实到办理案件的个人,于是才有了今天有目共睹的成就。

以上谈及彩票公益金法律援助项目的成本问题,在评估中,评估组也对法律援助的办案成本作了了解。现在法援项目提供的补贴标准,大致能够覆盖办案所需的"硬成本",就是在办案过程中所需支出的费用,即用现金支付的差旅费、交通费、误餐费,等等。对于"软成本",即人工成本,包括律师或其他法律工作者所付出的时间成本和机会成本,即使有所考虑,也很有限。如果说,法律援助是所有的律师都参与,全国22万律师都来分担,那么每个律师每年承担1—2个案件,软成本由律师个人承担,也是可以理解的。但是,现实的情况并非如此。

在评估中,评估组比较深入地了解了当前律师行业的现实状况。被圈外人认作"挣大钱"的律师行业,其实也存在两极分化。真正"挣大钱"的律师,在行业中所占的比例也不会超过20%。在80%的不能"挣大钱"的律师中,就出现了一批以公益性的法律援助为主业的"公益律师",如北京义联劳动法援助与研究中心、北京致诚农民工法律援助与研究中心、北京青少年法律援助与研究中心等项目实施单位,都是由"公益律师"创办起来的民间法律援助机构。他们以"匡扶正义、惩恶扬善"的英雄主义情结来取得自我实现的成就感。

如律协系统的项目实施单位,评估组探访了其中的两个,即陕西律协农民工维权工作站和河南省律师协会农民工维权工作站。这些项目实施单位基本上靠项目资金维持生存。其做法是,先将彩票公益金项目的补助资金申请下来,然后合在一起重新分配。除了支付个人的薪资之外,还得支付行政、财会和聘用助理等必要支出。此外,省律协有两万多元资金做流动资金。因此,农民工维权工作站的律师们收入基本为底薪 2000—2500 元加上办案补贴(每个案子 200—300 元),年收入在 3 万—4 万元,大致相当于媒体披露的 2011 年郑州市(35541 元)和西安市(41679 元)的"城镇非私营单位在岗职工年平均工资"。①

农民工维权工作站的行政成本如果能够得到更多的资金支持,其运行的效率和效果应该会更高和更好。在其他层次上,如中国法律援助基金会和各省的项目管理办公室的工作成本、妇联和律协的项目管理成本也存在同样的问题。因此,评估组建议:中央专项彩票公益金项目能否考虑在项目资金之外再配比一定的工作成本。因为在市场经济环境中,公益事业也同样需要考虑运行的成本,所以"非营利",亦即"成本核算、收支相抵",在现代社会中是一个极为重要的概念。

2. 彩票公益金法律援助项目对维护社会稳定的重要作用

在评估中,评估组看到了法律援助对维护社会稳定、建设和谐社会的重要作用,甚至可以说,看到了解决一直困扰中国社会和政府多年的"上访"问题的希望。在当今中国,相当一部分人为了维权,但没有选择法律解决的途径,而是走上了上访之路。当然,这可能与中国历史文化中人治为上和行政、执法合一的传统管理体制和理念相关。上访问题得到了中央的重视,以一票否决的方式要求地方政府尽可能地把问题解决在基层。但遗憾的是,地方政府却没有真正在解决问题上下功夫,而是把精力放到了阻止上访乃至暴力截访上,最后酿成了很多悲剧乃至激起群体性事件。

在评估中,评估组获悉,如果采用法律援助的方式帮助上访维权的群众,尤其是社会弱势群体,引导他们走上法律维权的解决之道,最终大多取得了很好的效果。在妇联系统的项目实施单位,河南省妇联和陕西省

---

① 《26 省会城市平均工资,广州超北京上海居首》,人民网,http://finance.people.com.cn/money/n/2012/0824/c42877-18820372.html。

妇联的权益部。介绍项目实施情况的负责人一再强调：以往有来上访的妇女,妇联很同情她们的遭遇,但是没有手段可以帮助她们解决问题。现在有了彩票公益金法律援助项目,妇联就有了手段,帮她们请来参与法律援助项目的志愿者(律师)。在志愿者的帮助下,上访的妇女走上了法律维权的道路,最终取得了较好的效果。参与座谈的彩票公益金法律援助项目受益者,也以她们自己的亲身经历证明了法律援助良好的社会效益。

对于进城务工经商的农民工,在劳资关系、劳动保护或其他方面出现了问题时,也是彩票公益金法律援助项目帮助他们讨回公道。甚至当资方长期拖欠工资激起了群体性事件时,农民工维权工作站的律师及时出现,帮助农民工打官司,致使群体性事件消弭于无形。最后农民工的权利得到了维护,向资方讨回了拖欠的工资,高高兴兴回家过年了。

从上述种种事件得到启发,对弱势群体的法律援助可能是打破上访僵局的突破口。同时,法制宣传固然很重要,但建设法治国家可能更需要的是社会行动。不如让有需要的人民群众,尤其是让有需要的社会弱势群体,有机会在律师或其他法律工作者的帮助下,亲身经历伸张正义的法治过程,从法律援助中得益的群众再口碑相传。这样做,也许更能使法治的理念真正深入人心。

但是,从本次评估看,彩票公益金法律援助项目办理的案子还是有所偏颇：从援助对象看,老年人、残疾人、未成年人的案子相对较少；从案件性质看,主要集中于民事案件,其他案件尤其是行政案件和执行案件明显偏少。当然,这与彩票公益金法律援助项目的资金仍然偏少相关,只占整个法律援助资金的 7.83%,占专项彩票公益金项目的 1.18%。于是,在审核和选择申报资助的案件时,就会显露出较为明显的偏好。

如果彩票公益金法律援助项目的资金能够进一步增加,如果中国法律援助基金会能够与老龄委、中残联、共青团等联手合作,为老年人、残疾人、未成年人等社会弱势群体提供法律援助的效率和效果会更加显著。同时,为中央专项彩票公益金计,向这样的具有明显社会效益的项目投入更多的资金,恐怕也不失为是一个理性的选择。

结　　论

综上所述,高瞄准度、高效益度和高满意度的彩票公益金法律援助项目的成功实施,证明了在提供基本公共服务时,社会组织参与的重要性。

用"政府购买服务"的形式,能够真正做到财政以及其他政府基金难以做到的"做事而不养人"。所以,以项目的方式向非营利、专业性的社会组织提供资金,而由社会组织中的专业人士向社会弱势群体提供社会服务,应该是更好的选择。

因此,评估组建议,应该考虑逐年增加彩票公益金法律援助项目的资金,譬如在今后三年中每年按一定比例(譬如年增20%)增加本项目的投入(以2012年1亿为基数,增加到2013年1.2亿、2014年1.44亿、2015年1.73亿,2016年2.08亿),力争在2016年五年总投入达到7.45亿,其中需配套以适当的工作经费;使项目实施真正能够较为普遍的惠及农民工、妇女、老年人、残疾人和未成年人等五类对象中真正有需要的人;以法律援助倡导维权行动的法律解决路径,加速推进中国社会的法治建设进程。

本文原发表于《新视野》2014年第1期,发表时标题为《社会组织参与法律援助的实践——彩票公益金法律援助项目研究》,收入本书时有较大增删修改。

农村贫困人口的规模及结构

——以国家贫困县 Ａ 省 Ｙ 县为例

"在过去二十年,中国使四亿人脱离贫困,这是一个极大的成就。"这是世界银行对中国在 20 世纪 80—90 年代扶贫工作的赞誉。进入新世纪以来,农村贫困问题继续受到党中央、国务院的格外重视。为了进一步做好农村扶贫减贫工作,对于目前农村贫困人口的规模与结构就必须有个清楚的认识。

2006 年 5 月间,由国务院扶贫办提议并牵头,联合国家统计局、民政部、全国残联,民委、中国社科院等部门的实际工作者和理论工作者组成了一个课题组,目的是摸清当前农村贫困人口的规模和结构。由于各相关政府部门的工作面对的政策对象群体不同,加上在统计方法和统计口径上的差异,使得各种统计数字难以统一到同一个概念框架和指标体系中。

为了理清当前农村贫困人口的规模和结构以及各政府部门的统计数字之间的相互关系,深入基层去解剖麻雀,到这些统计数字的最初的出处去看看这些数字到底是怎样产生的及怎样汇总上报的,可能是一个相对可行而且可操作的思路。从这个研究假设出发,中国社会科学院社会政策研究中心受国务院扶贫办和课题组的委托,组织人员于2006年8月赴A省Y县作实地调查。

A省Y县,地处淮河与颍河交汇处、黄淮平原最南端。全县人口158万;土地面积1859平方公里,耕地面积10.7万公顷;辖30个乡镇,727个村(居)民委员会。Y县境内地势起伏,南低北高,岗湖洼地多,易涝易旱。2003年,由于淮河两次炸坝行洪,该县遭遇历史罕见的特大洪涝灾害。

早在1985年,Y县就被定为国家贫困县。2002年,Y县再次被国务院确定为扶贫开发工作重点县,共确定216个贫困村,其中重点贫困村130个。①

调查期间,调研组分别与Y县扶贫办、民政局、残联、农调队四个部门的负责人及工作人员座谈,四部门都竭尽所能地向课题组提供了他们掌握的相关数据资料。调研组也设计了问卷,在部分乡镇进行了必要的问卷调查。然后,调研组详细分析来自各方面的数据,对Y县的农村贫困状况进行了深入分析,最终的目的是要理清一个国家贫困县各部门上报的统计数字之间的相互关系,以及当前农村贫困人口的规模和结构。最后,试图根据以上的分析框架来探讨中央层面的各部门的统计数据到底是怎么一回事。

一、数据来源及资料采集方法

(一) 数据来源

本文所使用的数据主要来自四个方面,提供数据的具体政府部门及他们的采集数据的方法分述如下:

1. Y县农村扶贫开发办公室

2004年8月,Y县农村扶贫开发办公室(简称"县扶贫办")策划并实

---

① 本报告中的数据资料除特别注明出处之外,均由Y县各有关政府部门提供。

施了全县农村贫困人口的建档立卡。至 2004 年年底,数据收集工作基本完成,数据录入及初步整理、分析于 2005 年结束。

此次调查以县扶贫办提供的《A 省农村贫困监测卡》为基础,具体指标包括户主信息(姓名、地址等)、家庭基本情况(人口、劳动力及文化程度、在校学生数、住房面积等)、经济状况(年纯收入及分项等)、特殊群体情况(是否为五保户、特困户等)、致贫因素和帮扶情况等。

本研究采用的是此次调查的原始录入数据,涉及全县 31 个乡镇,共计 155407 户、524723 人。数据统计分析由调研组完成。县扶贫办提供的汇总资料是委托当地某电脑培训学校完成的,其分析工具和结果生成过程无法得知,本研究的统计结果及分析以课题组的运算结果为准。

2. Y 县民政局

Y 县民政局(简称"县民政局")提供的数据是 Y 县农村社会救助对象群体的基本资料,共分两个部分:

一是全县农村五保供养对象的数据。农村五保对象又分为两类,即"已实行五保供养对象"和"符合条件但仍未实行供养的对象"(合简称"应保未保"对象)。在调查中了解到,县民政局对全县所有农村五保供养对象建立了项目较为完备的台账,内容包括户主姓名、性别、民族、地址、邮编、类别、享受人数(其中含女性、老年人、未成年人、残疾人人数)、登记时间、证件号码等。

二是全县农村特困救助对象的数据。主要包括农村特困对象的摸底数和其中已经实际享受救助的人数。2004 年 4 月,根据国家民政部的要求,县民政局对全县农村年人均纯收入低于 625 元的家庭进行了一次全面的摸底排查,于当年 10 月结束;共收集了 38599 户、107054 人的基本信息。由于此项工作属于摸底性质,且时间紧、任务重等因素影响,数据收集仅限于农村救助对象的户数、人数、致贫因素等少量指标,无分户详细资料。

在农村特困救助对象资料中,当时已享受特困救助的 13908 户、30644 人的基本资料的调查较为详细。不过,除汇总表外,大量信息散布于各级各类的申请表、审批表中,没有录入计算机。受到调查时间的限制,虽曾有过将相关数据资料重新进行计算机处理的动议,但因档案数以十万计,调研组感到力不从心而放弃。

为与 Y 县实施第二次残疾人抽样调查的资料进行对照,调研组根据需要制作了一份《Y 县农村特困救助对象基本信息表》,请县民政局帮助下发至第二次残疾人抽样调查的样本单位,请村委会协助填写。考虑到全县农村特困救助对象摸底人数超过10万人,研究人员决定把调查项目限于家庭成员姓名、与其他家庭成员的关系、性别、年龄、文化程度、家庭在校学生数、有无严重疾病、是否残疾、有无劳动能力、就业状况、2005年家庭人均收入和是否享受特困救助等。最后采集的有效样本为759户、1682人,占2004年摸底户数人数的2.0%和1.6%。其中享受农村特困救助待遇的433人,占样本总数的25.7%。

3. Y县农村调查队

鉴于Y县农村调查队(简称"县农调队")本身并没有作统计分析的任务和农村调查数据资料属于保密范围等因素,县农调队负责人只是简要介绍了该县农村贫困人口的监测方法和几个主要汇总数据,如2004—2005年的农村贫困人口数,2005年的脱贫人数等。

4. Y县残疾人联合会(简称"县残联")

2005年,中国残疾人联合会在全国开展了第二次残疾人抽样调查,Y县的四个乡镇中的八个行政村被抽中成为此次调查的样本单位。根据全国统一部署,此次抽样调查的现场调查已于2005年5月底结束。由于此次调查的基本分析单位是在省一级,县里的调查数据并无典型意义。所以调查完毕后问卷都送到省里进行汇总处理。目前Y县残疾人联合会(简称"县残联")所存资料仅是一份简单的《抽样调查快速汇总表》,具体指标有户主姓名、家庭人口、残疾人数、性别、残疾类别、家庭地址等。据汇总表所载,全县共抽取1028户、3412人,住户调查见面人数2915人,见面率为85.4%。其中,有残疾人的家庭为192户、204人。由于分表中有一页缺省,本研究实际可利用的仅仅是189户、201人的相关数据。

(二) Y县各部门现有资料数据的收集方法

在与各有关部门的座谈中了解到,除了农村残疾人的统计数据是用抽样调查的方法直接得出之外,县农调队、县扶贫办、县民政局提供的数据采集方法基本相同,即以农调队随机抽样的"记账式"农民家计调查所获得的贫困户数据和群众评议相结合的方法,这是在我国农村界定贫困人口时普遍采用的方法。世界银行在发展中国家推行扶贫计划时,采用的界定方法也与之非常相似。

1. 通过农民家计调查确定贫困率

随机抽样的"记账式"农民家计调查是农调队的一项日常工作。在全国抽取若干样本县,在县里又抽取若干样本户,抽中的农户每天都要对自家的收入和支出记账,然后交给农调队,逐级汇总起来,就成为计算农民家庭日常生活费收入和开支的基本数据。

国家农调队根据农民家计调查数据,用科学的统计方法("马丁法")计算出贫困线,包括食品贫困线和非食品贫困线,再以此确定"绝对贫困标准"①和"低收入标准",2006 年这两项贫困标准分别为 683 元和 944 元(见表 1)。

表 1 2001—2005 年中国农村贫困状况

年份	绝对贫困			低收入		
	标准(元)	人口规模(万人)	比重(%)	标准(元)	人口(万人)	比重(%)
2000	625	3209	3.5	865	6213	6.7
2001	630	2927	3.2	872	6102	6.6
2002	627	2820	3.0	869	5825	6.2
2003	637	2900	3.1	882	5617	6.0
2004	668	2610	2.8	924	4977	5.3
2005	683	2365		944	4067	

资料来源:2000—2004 年数据根据《2004 年中国农村贫困状况监测公报》,国家统计局。2005 年数据根据《国务院扶贫办称全国农村有 2365 万人未解决温饱》,《新京报》2006 年 3 月 29 日。

在全国的贫困标准确定之后,各省(直辖市、自治区)再根据省情(市情、区情)确定本省(直辖市、自治区)的贫困标准和贫困率。一般来说,像 A 省这样的贫困县和贫困人口较多的省份,会适当调低贫困标准。然后,省扶贫办会同统计局等相关部门再确定省内各县(市)的贫困比率。县里再根据省里的贫困标准和贫困率决定各乡镇、各村的贫困比率。最后,由扶贫办和乡镇政府以及村委会共同将扶贫任务落实到户。

2. 通过群众民主评议具体落实到户

所谓"群众民主评议",拿农民的话说,叫"倒推法"或"拔大个儿",大致包含两层意思:

一是村民根据自己对贫困的理解,包括看农户的家庭收入和支出,从

---

① 严格说来,在这里用"绝对贫困"(Absolute Poverty)一词并不妥帖,更恰当的术语应该是"赤贫"(Abject Poverty 或 Beggarly),但这已经成为中国的官方用语,因而予以保留。下同。

熟悉的邻里乡亲中,将最困难的家庭依次排序。然后,村里的"评议会"听取群众意见后,根据以贫困率计算出来的本村贫困家庭的户数和人数,从低往上选出本村的贫困户。边缘部分可上可下的再作适当调整,个别户可拿到乡镇去进行平衡。确定初步名单后,要在村里张榜公布,确信村民没有意见后,再向上报。

二是想申请扶贫或救助待遇的村民,也会将自己与村里最困难的家庭比条件(一般是综合条件)。如果自认为家庭条件更差,就可理直气壮地提出申请。若感觉比不了,一般就会主动放弃。

在实际工作中,完全采用家庭收入核实农户收入来确定农村贫困对象的并不多见。Y县农调队的贫困监测、扶贫办的建档立卡、民政局的调查摸底,均采用了上述以群众评议为主来落实贫困户的办法。实际上,这种办法在农村更容易被农民所接受,也更少出纰漏。

就合理性和实用性而言,群众民主评议的方法自有其优势:一是农村家庭收入的核算极为复杂,要准确评定实属不易;二是农村中的贫困家庭多是多种因素综合作用所致,单凭家庭收入作出决定,未必合理;三是群众民主评议的方法简便易行,通常也更为准确和有效。说到底,群众评议方法的核心标准就是一条:"给你报上了,村里不能有意见",因为几乎所有的村民都在民主评议的过程中会作自我比较,相熟相知的邻里乡亲也在观望衡量;四是仔细分析群众民主评议的方法,其内涵中有诸多科学元素,如注重贫困定义的完整性和村民的民主参与,充分利用农村社区的"熟人社会"和村民们本身的"地方性知识",等等。

二、Y县农村贫困人口的规模

(一) Y县农村贫困人口的规模

在调查中,县扶贫办、县民政局和县农调队都给我们提供了他们掌握的数据资料。根据这些资料数据,我们作出了如下的分析:

1. Y县扶贫办提供的有关农村贫困人口的规模的数据

县扶贫办提供了他们通过建档立卡而搜集、整理的贫困人口数据,其中关于农村贫困人口规模的数据是155407人,Y县的农业人口总数是141.3万人,据此计算得出的贫困发生率是11.0%。

按照国家统计局和国务院扶贫办的统计口径,贫困人口可分为"绝对贫困人口"和"低收入人口"。在调查当时,Y县设定的具体标准是:农民家庭年人均收入低于 625 元①的为绝对贫困人口,农民家庭年人均收入在 625 元至 882 元②的为低收入人口。据此,对县扶贫办提供的数据作统计分析处理,调查当时 Y 县的绝对贫困人口为 79378 人,低收入人口为 76029 人。③

县扶贫办提供的数据中,还有两个与民政部门的农村社会救助工作相关的数据,即五保供养对象人数和特困救助对象人数,前者为 10387 人,后者为 41418 人。

2. Y县民政局提供的有关农村社会救助对象的规模的数据

县民政局提供了他们通过逐乡逐村逐户排查摸底得到的农村社会救助对象的数据。按照国家民政部的统计口径,农村社会救助对象分为"五保供养对象"和"特困救助对象"。在调查当时,县民政局提供的调查摸底数据是五保供养对象 17310 人,特困救助对象 107054 人。将上述数据加总,则得到农村社会救助对象的总数为 124364 人。如果据此去计算农村贫困率,则为 8.8%。

在民政部门的这两类救助对象中,又要分已经得到救助或供养的和没有得到救助或供养的两类人。具体的数据是:已经落实五保供养待遇的五保对象为 14632 人,占五保对象总数的 84.5%;"应保未保"的 2678 人,占 15.5%。已经落实特困救助的特困对象为 39644 人,占 37.0%;"应救助未救助"的 76410 人,占 71.4%。将已经得到五保和救助的对象加总,已经落实相应待遇的占农村社会救助对象总数的 43.6%。

3. Y县农调队提供的有关农村贫困人口的规模的数据

在县农调队提供的数据中,农村贫困人口总数为 162800 人。据此计算得出的农村贫困发生率是 11.5%。

县农调队提供的数据也将农村贫困人口分为绝对贫困人口和低收入人口,分别为 70900 人和 91900 人。具体数据情况见表 2。

---

① 此绝对贫困标准低于当年的国家标准,625 元实际上是 2000 年农村绝对贫困的国家标准。
② 此低收入标准低于当年的国家标准,家庭年人均收入 882 元实际上是 2003 年农村低收入的国家标准。
③ 县扶贫办提供的数据没有作这样具体的分类。

表2　Y县农村贫困人口的基本数据

	农村贫困人口	其中			
		绝对贫困人口	低收入人口	特困救助人数	五保供养人数
县农调队的数据	162800	70900	91900	—	—
县扶贫办的数据	155407	79378	76029	41418	10387
县民政局的数据	—	—	—	107054	17310

（二）对Y县农村贫困人口规模和结构相关数据的比较分析

1. 关于Y县农村贫困人口总数和贫困率的讨论

关于Y县农村贫困人口总数的讨论，可用的资料仅有农调队和扶贫办提供的数据。2004年，县农调队和县扶贫办统计的农村贫困人口分别为162800人和155407人。如果分为绝对贫困人口和低收入人口，县农调队的数据是70900人和91900人，根据县扶贫办提供的资料计算得出的数据是79378人和76029人。

Y县共有农业人口141.3万，据此计算的农村贫困发生率，按县农调队的数据是11.5％，按县扶贫办的数据是11.0％，按两个部门提供的数据计算得到的贫困率仅相距0.5个百分点，绝对人数相差7393人（见表2）。是否可以这样认为，误差在±1％之间，尚在合理区间。

根据前文所述，县农调队提供的数据是抽样调查的统计结果，应该说，只具有理论上或统计学上的意义。而县扶贫办提供的数据是根据县农调队提供的理论数据，再逐乡逐村逐户一一落实得到的数据，所以更接近客观事实。遗憾的是，并不是所有的县级扶贫办都像Y县扶贫办一样做了这么扎实的基线调查，拥有这么详细的基础数据。

2. 关于Y县农村社会救助对象人数的讨论

关于Y县农村社会救助对象人数的讨论，可用的资料有民政局和扶贫办提供的数据。2004年，县民政局和县扶贫办统计的农村社会救助对象分别为124364人和51805人，两者之间差异较大。但是，如前所述，民政局的统计数字中包括了"应保（救助）未保（救助）"的对象，而县扶贫办的数字里则没有这一块。如果不算这一块，仅计算已经落实五保供养的和已经落实特困救助的农村社会救助对象，则为14632人加上39644人，等于54606人。这样，两个数字就比较接近了，后者比前者多出3609人。

如果还用类似于计算贫困率的办法,计算出"救助率",那么根据县民政局数据和扶贫办数据计算出来的分别为 3.9% 和 3.7%,两者仅相差 0.2 个百分点,应该也在±1% 的合理误差区限内。

但是,还有一个问题,就是往下细分,两家所提供的五保供养对象数和特困救助对象数又差异极大。对于五保供养对象数,民政局提供的为 14632 人,而扶贫办的数字是 10387 人;对于特困救助对象数,民政局据提供的为 41418 人,而扶贫办的数字是 30644 人。但是,我们在分析扶贫办的统计资料时发现,有 5032 人既认同自己是五保供养对象,又认同自己是特困救助对象。在登记表格中,他们把两项都填了,而在输入电脑时,并没有被甄别出来。① 可能的解释是,这 5032 人按实际情况应该是五保对象,但是没能落实五保待遇(每年 400 元),最后,民政局作为弥补,给了他们特困救助的待遇(每年 130 元),但在性质上仍认为他们是五保对象。如果将民政局的特困救助对象 41418 人减去 5032 人,计算结果是 36386 人;将五保供养对象加上 5032 人,计算结果是 15419 人,再与扶贫办的数字相比较,就比较接近了。

另外,农村社会救助对象数是动态的。如前所述,2003 年是 Y 县大灾之年,民政局的调查摸底是 2004 年上半年做的,统计数字仍会受到上一年灾情的影响;而扶贫办的建档立卡是 2004 年下半年做的,这时农村的情况已经恢复常态,所以,民政局的农村社会救助对象数比扶贫办统计的数字更大,是可以理解的。

3. 农村贫困人口与农村社会救助对象的关系

国务院扶贫办界定的农村贫困人口与民政部界定的农村社会救助对象之间是什么关系?这是一个十分复杂的问题。

从 Y 县的情况看,年人均收入低于 822 元的农村贫困人口是个最大的概念,它基本上可以把农村社会救助对象涵盖在内。对县扶贫办提供的数据作统计分析,收入超过 822 元的农村贫困人口虽然也有,但是极少,在 54723 户、155407 人的农村贫困人口中,仅有 423 户、990 人的家庭人均收入超过了 882 元,分别占人数和户数的 0.8% 和 0.6%。所以,在讨论中可以将他们忽略不计。

从五保供养对象看,年人均收入在 625 元以下的是 6036 户、7834 人,占五保户总户数 80.9%,总人数的 75.4%;在 625—882 元之间的

---

① 输入电脑时所用统计软件有一功能,如属于输入错误,数字对不上,计算机则不认可。

是 1386 户,占 18.6%;2497 人,占 24.0%。

从特困救助对象看,年人均收入在 625 元以下的是 11797 户、27783 人,占特困户总数的 71.5%,总人数的 67.1%;在 625—882 元之间的是 4594 户,占 27.8%;13416 人,占 32.4%。

总的来看,不管是农村五保户也好,特困户也好,属于绝对贫困人口的要占七成以上乃至八成,属于低收入人口的则在二三成。

究其原因,主要是地方财政财力有限所致,尤其是像 Y 县这样的国家级贫困县。虽然新出台的《农村五保条供养工作例》规定"农村五保供养标准不得低于当地村民的平均生活水平"[①],但是中央财政的转移支付款项中,包括了五保供养经费,但没有列为专款,所以,到基层落实起来实际上就有困难。2005 年 Y 县农民人均纯收入为 1958 元,而目前的五保标准却是每人每年 400 元[②],月均 33.33 元,现行五保标准只相当于农民年人均收入的 1/5。特困救助更是因为要全部由地方财政负担,标准更低,每人每年 130 元,月均 10.83 元,现行标准只相当于农民年人均收入的 1/15。所以,即使是将绝对贫困标准确定在 2000 年的水平(年人均收入 625 元),仍有七成到八成的五保对象和特困对象事实上还不能脱贫。

(三) Y 县三个相关政府部门提供的数字并不统一

从数据的可信度来看,农村贫困人口及绝对贫困人口和低收入人口的数字,比较可靠的是县扶贫办的数字,因为这是逐村逐户调查汇总得来的。县农调队的数字与县扶贫办的数字较为接近,也很有参考意义。至于农村社会救助对象的数字,则要以民政部门的统计数字为准。其中,已经享受待遇的数字更为精准,因为这是用于发放社会救助金的工作上的统计数字。

将县扶贫办提供的建档立卡的数据和县民政局提供的实际工作的数据放在一起作统计分析,可以看到农村贫困人口与农村社会救助对象的关系,前者基本上囊括了后者。进一步细分,则可以看到社会救助对象中的五保户和特困户在绝对贫困人口中都要占到七成以上。

---

① 《农村五保供养工作条例》,民政部网站,http://www.mca.gov-cn/article/gk/fg/shjz/201507/20150700848486.shtml。

② 此标准乃省民政厅所定。

三、Y县农村贫困人口的结构

（一）农村贫困家庭中劳动力的状况

在年人均收入低于625元的绝对贫困家庭中，家中没有在劳动年龄阶段的成员的家庭要占41.2%，有在劳动年龄阶段的成员但丧失劳动能力的家庭要占18.9%。两者相加为60.1%。

年人均收入在625—822元的低收入家庭中，家中没有在劳动年龄阶段的成员的家庭要占22.2%，有在劳动年龄阶段的成员但丧失劳动能力的家庭要占17.7%。两者相加为39.9%。

在目前享受特困救助的家庭中，家中没有在劳动年龄阶段的成员的家庭要占38.4%，有在劳动年龄阶段的成员但丧失劳动能力的家庭要占23.3%。两者相加为61.7%。

另外，绝对贫困家庭和目前享受特困救助的家庭户均拥有劳动力都不到0.9人，缺乏乃至根本没有劳动力而使他们陷入贫困。而低收入家庭户均拥有的劳动力就比前两者高出约50%，达到1.3人，因此他们的收入就要相对高一些。

总之，家中拥有劳动力的情况与农民家庭收入是成正比的，与贫困程度则成反比。

（二）农村贫困家庭中残疾人的状况

了解贫困人口中到底有多少残疾人，这是本次调查预定的目标之一。正因为Y县是2005年全国第二次残疾人抽样调查的样本单位，才被选为本次做个案研究的点。但是，实际情况却很不如意。

到调查当时，县残联能够对外公开的农村残联人的基本数据，仍是根据1987年全国第一次残疾人抽样调查的结果(5%左右)推算的。据县残联负责人介绍，Y县农村的残疾人大体在5万人，其中属于农村特困救助对象的有2.1万人，目前已经落实特困救助待遇的约9000人。

2005年的全国第二次残疾人抽样调查，Y县仅有4个乡镇、8个行政村被抽中成为样本单位。根据残联提供的《抽样调查快速汇总表》，全县共抽取1028户、3412人，有残疾人的家庭为192户，残疾人为204人。残疾人数占样本总量的5.98%。

从性别看,农村残疾人以女性为多,要占被调查残疾人人数的55.2%,男性则比女性差不多要少10个百分点,为44.8%。

从残疾类别看,视力残疾占被调查残疾人人数的31.3%、肢体残疾占26.9%、听力残疾占14.4%、多重残疾占13.9%、精神残疾占6.5%、智力残疾占6.0%、言语残疾占1.0%(见表3)。

表3　Y县农村残疾人的残疾类型

残疾类别	人数	%	残疾类别	人数	%
视力残疾	63	31.3	精神残疾	13	6.5
肢体残疾	54	26.9	智力残疾	12	6.0
听力残疾	29	14.4	言语残疾	2	1.0
多重残疾	28	13.9			

为了将此次残疾人调查的数据充分利用起来,我们设计了调查表,委托县民政局帮助我们收集残疾人调查时所抽中的4个乡镇的8个村中所有社会救助对象的情况,最终将表格中列出的社会救助对象与残疾人调查资料中列出的残疾人相对照,找出那些两方面都在册的,这就是贫困残疾人。对得到的数据再进行分析后,得到以下的统计结果(见表4):

在民政局调查摸底的社会救助对象中,有25.7%的人得到了社会救助。这个比例小于全县的统计数43.6%。

在民政局调查摸底的社会救助对象中,残疾人(自报加认定)占18.5%,其中实际得到救助的占摸底所得的社会救助对象总数的4.2%。

在残疾人调查落实的残疾人(比例为6.0%)中,实际得到社会救助的要占23.3%。

表4　Y县农村残疾人实际救助情况比照

		摸底调查社会救助对象人数	实际得到社会救助人数	摸底调查贫困残疾人数	实际得到社会救助人数	残调落实残疾人数	实际得到社会救助人数
R镇	X村	150	64	40	11	26	3
	L村	140	37	56	23	25	10
S镇	P村	304	44	44	6	19	11
	Z庄	289	55	53	10	20	8

		摸底调查社会救助对象人数	实际得到社会救助人数	摸底调查贫困残疾人数	实际得到社会救助人数	残调落实残疾人数	实际得到社会救助人数
H镇	N村	168	49	21	3	26	4
	D村	176	38	13	1	29	5
G乡	T村	243	65	32	4	20	0
	K村	212	81	53	13	24	3
总计		1682	433	312	71	189	44

在绝对贫困人口和特困救助对象中,都是60%以上的家庭是因为家中没有处于劳动年龄阶段的成员或处于劳动年龄阶段的成员但丧失劳动能力。看来家中无劳动力是重要的致贫原因之一。

在民政局调查摸底的社会救助对象中,残疾人大约要占两成;在两成的残疾人中,又有两成是实际得到救助的。这么一算,真正得到救助的在社会救助对象中仅占4%。这个数字远低于残疾人调查得出的残疾人比例(6%),这恐怕应该引起重视。

四、以Y县贫困人口的结构框架分析全国情况

(一)以定性方式作简要表述

以Y县调查所获得结构框架来分析全国的情况,可以先用定性的方式来给出一个说法,这包括以下几点:

国家农调队给出的农村贫困人口以及绝对贫困人口和低收入人口的统计数字是整个分析的基础。

上述农村贫困人口数基本上已经将民政部门的社会救助对象囊括在内,进一步细分,可以说五保对象和特困对象大部分已经涵盖在绝对贫困人口之内,其余的一小部分则是低收入人口。

贫困人口中残疾人的数量还是比较少的,主要反映在残疾人在贫困人群中所占的比例低于在一般人群中所占的比例。

缺乏劳动力是大部分贫困家庭的主要致贫原因。

（二）以定量方式作表述尝试

以一个地方的个案调查的数据框架来对全国的情况作定量分析，本身是一个非常冒险的举动，现在且勉为其难地尝试一下。郑重声明，以下的分析只供参考，不能作为例证引用：

中国目前的农村贫困人口可分为两个部分，一是绝对贫困人口，二是低收入人口。绝对贫困人口的收入在683元以下，有2365万人。低收入人口的收入在683—944元之间，有4067万人。两者合计，中国目前的农村贫困人口有6432万人。

中国目前的农村社会救助对象有三个部分，一是农村低保对象，二是农村特困救助对象，三是农村五保对象。农村低保对象有476万户、959万人，农村特困救助对象有395万户、881万人，农村五保对象已经落实待遇的有414万户、443万人，应保未保的87万户、111万人。总共加起来，一共有1372万户、2394万人。

如果将农村特困救助对象和农村五保对象中的70%算入农村绝对贫困人口，那么就是说，有937万人，他们在领取了政府的五保金和救助金之后仍然未能脱贫；加上应保未保的五保户111万人，在农村社会救助对象中，有1038万人属于绝对贫困人口，占绝对贫困人口的43.9%，占农村社会救助对象的43.4%。

如果按20%来计算社会救助对象中的残疾人，那就有479万人。如果按4.2%来计算已经得到救助的残疾人，那就有101万人。

如果按60%来计算家中没有劳动力的农村特困家庭和农村低保家庭，那就有523万户属于这种类型。如果以每户平均2.5人计算，就会涉及1308万人。

（三）本研究的社会政策意义

中国的农村贫困人口6500万人（大数）可以分为三个部分：

其中有1100万人左右是没有劳动能力的，且处于绝对贫困状态，其中有不到500万是残疾人，有500多万是五保户（这两个数字是交叉关系，不能简单相加），这部分人应该作为五保和低保政策的对象，用财政转移支付的办法养起来。

其中有 4400 万人是有劳动能力的,他们大多数是低收入户,可以继续用用扶贫开发的方式帮助他们脱贫。

还有 2000 万人是处于以上两种情况之间的,要看他们所在地区的具体的社会经济状况以及自然环境,也要看政策是否对路。这两个条件如果缺少一个,可能用转移支付的办法养起来比较经济;如果两个条件都具备,那么用扶贫开发的办法更为有效。目前这部分人中大约有 1300 万人已经归到社会救助的一边,这一定有其客观的道理。但对这 2000 万人值得作更加详细的分类研究。

五、本研究的不足与发展前景

(一) 本研究的不足

本研究是一个难度很大的研究课题。首先是收集数据资料困难,但误打误撞,选对了 Y 县。这里有一批很有事业心的干部,他们的工作以及给予我们的无私帮助解决了这个首当其冲的难题。接着,就是要读懂现有的数据资料是一件很费脑筋的事。随后的困难是,怎样使一些重要的数据统一到同一个框架中来。最后要说明的是,本来本课题将 Y 县的情况说明白了就可以结束了,但现在不得不做一件画蛇添足或者是狗尾续貂的事情,即以 Y 县一个个案来推及全面,这明摆着是冒险。但即便犯忌还是要做,因为这是课题的要求。

本研究由于时间太紧,经费不足,使调查研究很受局限。同时,试图以一个县的个案来推论全国的情况,是不符合科学规律的。因此,特别强调,对 Y 县的贫困人口所做的分析,虽是有一定科学道理的;但以此推论全国的情况,仅有参考的意义。

(二) 本研究的发展前景

如果仅把本研究看作一次对研究此类问题的思路和方法上的探讨,还是有一定的贡献的。本研究开辟了一个有用的观察和分析此类问题的视角,如果有机会、有经费,可以考虑再做若干个县级单位的个案研究。然后总括起来,再来分析全国的情况,就有一定的把握了。

如果能够有充足的经费和时间,能够从设计调查方案开始从头做起,不受现有资料数据的限制(只作参考),那就可以做出一个很漂亮、当然也很有实用价值的科研成果来。

本文系与张时飞合作,原发表于《人民论坛》2009年第8期(中),发表时的标题为《当前我国农村贫困人口的规模与结构》,收入本书时有较大增删修改。

中国就业歧视:基本判断

1958年6月,第42届国际劳工大会通过了被称为"国际劳工组织(ILO)八项核心公约"之一的《(就业与职业)歧视公约》(第111号公约),英文名称为 Discrimination (Employment and Occupation) Convention (No. 111, 1958)。半个世纪以来,这项公约已经得到166个国家的批准,是批准国家数量最多的国际劳工公约之一。2005年8月,第十届全国人民代表大会常务委员会第十七次会议批准了《(就业和职业)歧视公约》。2006年1月,中国政府在日内瓦向国际劳工局长正式交存批准书,进行登记,成为批准这项公约的第164个国家。[①]

[①] 林燕玲:《批准和实施〈1958年消除就业和职业歧视公约〉对中国社会的影响》,《中国劳动关系学院学报》2006年第4期。

正因为有上述国家行动,便引出了这项"反对就业歧视,促进就业平等"的研究项目。本文乃此课题的最终成果的一部分。

一、对中国就业歧视的基本判断

课题组以浙江、河南、四川、新疆四省(自治区)为调查样本省(自治区),根据对2240份有效问卷作统计分析得出的结果,就整体而言,在当今中国社会,公众对就业歧视问题的基本判断如下:

1. 半数以上的被调查者认为就业歧视问题严重

问卷调查的统计结果显示:在2240位被调查者中,认为当前就业歧视问题"很严重"的占10.9%,认为"严重"的占40.7%,两者合计为51.6%。这意味着,半数以上的被调查者认为:当前中国社会就业歧视问题是严重的。与此同时,认为就业歧视问题"不严重"的仅占6.4%(见表1)。

表1 对中国就业歧视问题严重程度的基本判断

判断尺度	绝对数	百分比	判断尺度	绝对数	百分比
很严重	245	10.9	不严重	143	6.4
严重	912	40.7	不了解	56	2.5
一般	884	39.5	总计	2240	100.0

2. 就业人员签订劳动合同和享受社会保险的情况

目前在中国,签订劳动合同和享受社会保险是衡量就业平等的一个重要标志。对1168名在调查当时处于就业状态的被调查者的相关情况进行统计分析,可以得到以下的数据。

首先,未签订劳动合同要占到三成以上;其次,签订了固定期限合同的约为三分之一;最后,签订无固定期限合同的占到差不多两成(见表2)。

表2 四省(自治区)就业人员签订劳动合同的情况

指标	百分比	指标	百分比
未签订合同	30.2	劳务派遣	0.3
无固定期限合同	18.1	固定期限合同	34.7
其他	16.7	总计	100.0

在461位签订了固定期限劳动合同的就业人员中,合同期限1年及以下最多,占63.0%;其次是合同期2—3年,占19.6%;而3年以上的也会占到12.8%(见表3)。

表3 四省(自治区)就业人员签订合同的期限的情况

合同期限	百分比	合同期限	百分比
1年及以下	63.0	2—3年(含3年)	19.6
1—2年(含2年)	4.6	3年以上	12.8

在1020位处于就业状态的被调查者中,参加"五险"的情况应该说还是比较乐观的:参加养老保险和医疗保险的比例甚高,分别为70.3%和64.0%;参加失业保险的情况略差,但也有44.2%;工伤保险和生育保险可能起步较晚,情况也差一些,分别为35.1%和24.7%;有企业的补充养老保险和补充医疗保险的就是凤毛麟角了,只有7.7%和6.4%。更有意思的是,有12.5%的人的选项居然是"不知道"(见表4)。

表4 四省(自治区)就业人员参加社会保险的情况

社会保险种类	百分比	社会保险种类	百分比
养老保险	70.3	生育保险	24.7
失业保险	44.2	企业补充养老保险	7.7
医疗保险	64.0	企业补充医疗保险	6.4
工伤保险	35.1	不知道	12.5

就以上的情况进行分析,可以看到,参加养老保险和医疗保险的被调查者已经占到65%—70%,失业保险也有44.2%,这是一个十分可喜的现象。但签订劳动合同的却只有52.8%,这里面的差距可能是机关事业单位的工作人员目前尚未签订劳动合同所致,本次调查的被调查者中机关事业单位的比例恰好是14.8%,两者相加为67.6%,这就在以上所列出的数字范围之内了,因此可以为以上的解释作一佐证。

但是,有两个方面的情况还是十分令人忧虑:一是三分之一没有签订劳动合同的劳动者,二是参加工伤保险和生育保险的劳动者还比较少。这些情况,很可能与就业歧视相关。

3. 仅有3.2%的被调查者在遭受就业歧视后采取过行动

对2219份问卷进行统计分析的结果显示,在被调查者中,仅有72人

(占总数的 3.2%)因遭受就业歧视而采取过行动。

进一步分析表明,被调查者采取的行动主要有两种:即"向招聘单位上级主管部门反映"和"找招聘单位的领导说理"。调查数据显示,对于问卷所提问的五种行动方式,即"向工会投诉""找招聘单位领导说理""向招聘单位上级主管部门反映""要求政府有关部门仲裁"和"上告法院",选择了"向招聘单位上级主管部门反映"的占 30.9%,选择了"找招聘单位领导说理"的占 26.5%,其余的三种方式都只占一成上下(见表 5)。

表 5 因遭受就业歧视而采取行动者的行动方式

行动方式	百分比	行动方式	百分比
向工会投诉	10.3	要求政府有关部门仲裁	10.3
找招聘单位领导说理	26.5	上告法院	7.4
向招聘单位上级主管部门反映	30.9	其他	14.7

大多数遭遇就业歧视而没有采取行动的被调查者,对于问卷所提问的五种选择不采取行动的理由,即"没有时间和心情""没有钱打官司""法律无规定""举证难法院不受理""怕打击报复",选择第一个选项的要占 27.5%,其他四个选项所占比例均不足一成,而理由为"其他"的占 48.7%(见表 6)。

表 6 遭受就业歧视而不采取行动者自述的理由

行动方式	百分比	行动方式	百分比
没有时间和心情	27.5	举证难法院不受理	7.5
没有钱打官司	7.6	怕打击报复	3.1
法律无规定	5.5	其他	48.7

二、对不同类型就业歧视的状况的基本判断

以上,我们分析了公众对当前中国社会中就业歧视的基本状况作出的判断,看来问题还是比较严重的。现在,我们要对各种不同类型的就业歧视作出进一步的分析,看看在中国社会中,公众对哪几类就业歧视问题更为关注。

1. 对当前中国就业歧视状况的基本假设

在当代中国的就业领域中,究竟存在着多少种的就业歧视,我们恐怕很难一一列举穷尽。不过,基于课题组已经掌握的文献著作中的相关内容,再结合本课题在北京、山东等地所做的试调查和召开座谈会所获取的数据资料,我们先整理出一个关于"就业歧视"类型的长长的菜单。这些就业歧视在当前中国社会里时不时地有所表现,有一部分甚至相当的普遍,它们对劳动者平等就业权利构成了极大的威胁。

我们根据已经掌握的数据资料,将这张关于"就业歧视"的长长的菜单分为两个部分,即把就业歧视类型分为两个层次,以下分而述之(见表7)。

表7　当前中国就业歧视类型及其表现

	歧视类型	概念界定	主要表现
第一层次的就业歧视类型	年龄歧视	罔顾工作岗位的实际需要,对劳动者设置不合理的年龄限制。	"35岁以下"是普遍设定的年龄界限,造成"4050"人员、"80后"就业困难。
	性别歧视	罔顾工作岗位的实际需要,直接或间接对劳动者的性别予以限定。	公开以性别为由拒绝聘用;提高女性的录用标准;聘用时附加条件,如女性在合同期内不能结婚等。
	民族歧视	罔顾工作岗位的实际需要,以劳动者的民族为由而拒绝录用。	对少数民族的劳动者存有较大偏见。
	经验歧视	罔顾工作岗位的实际需要,对劳动者设置不合理的工作经历限制。	招聘广告大量充斥"两年以上相关工作经验""有相关工作经历"等用人条件。
	学历歧视	罔顾工作岗位的实际需要,对劳动者设置不合理的学历或文凭限制。	招聘广告大量充斥"学历不够标准者免谈""研究生学历免谈",等等。
	户籍歧视	罔顾工作岗位的实际需要,基于劳动者的户籍作为用人条件。	限定劳动者要有"本地户口""城市户口",或福利待遇上本地人和外地人、城里人和乡下人有别。
	地域歧视	罔顾工作岗位的实际需要,以劳动者的地域为由而拒绝录用。	公开宣扬"河南人形象不好""东北人爱闹事""北京大爷"等。
	健康歧视	罔顾工作岗位的实际需要,以劳动者的健康状况为由而拒绝录用。	有残疾人歧视、"乙肝歧视"等。

(续表)

	歧视类型	概念界定	主要表现
第二层次的就业歧视类型	相貌歧视	罔顾工作岗位的实际需要,"以貌取人"。	要求劳动者"五官端正""容貌气质佳"等。
	属相歧视	罔顾工作岗位的实际需要,以劳动者的属相为由而拒绝录用。	认为属羊的就不能录用属虎的,属鸡的就不能录用属兔的,因为属相"相克"。
	姓名歧视	罔顾工作岗位的实际需要,以劳动者的姓氏为由而拒绝录用或优待。	不愿劳动者名字中有"裴"(赔)、"梅"(霉)、"舒"(输)字,认为这样的姓名不吉利。
	血型歧视	罔顾工作岗位的实际需要,以劳动者的血型作为用人条件。	劳动者血型必须为 O 型或 B 型,不能为 AB 型等。
	身高歧视	罔顾工作岗位的实际需要,以劳动者的身高作为用人条件。	要求"男性身高不低于 1.7 米,女性身高不低于 1.6 米"等。
	酒量歧视	罔顾工作岗位的实际需要,以劳动者的酒量作为用人条件。	要求必须会喝酒,且酒量"一顿不能低于半斤白酒"等。
	经历歧视	罔顾工作岗位的实际需要,以劳动者的经历为由而拒绝录用。	较为典型的是刑释解教人员常因前科失去就业竞争机会。

第一层次的就业歧视类型。这一层次的就业歧视类型,是中国社会中常见的、普遍的,甚至已经到了司空见惯以致熟视无睹的地步。这包括年龄歧视、性别歧视、民族歧视、经验歧视、学历歧视、户籍歧视、地域歧视、健康歧视。

第二层次的就业歧视类型。这一层次的就业歧视虽然不如前一类常见和普遍,但对于某一类特定的人群而言却很可能是"致命"的。这一层次的就业歧视五花八门,稀奇古怪,简直让劳动者无所适从。这包括相貌歧视、属相歧视、姓名歧视、血型歧视、身高歧视、酒量歧视、经历歧视。

特别需要指出的是,在现实生活中,就业领域出现的形形色色、花样百出的歧视现象,很少是孤立存在的。具体到劳动者个人尤其是进城农民工、下岗失业人员、高校毕业生、有劳动能力的病残人员等就业困难群体,更多的情况则是多重歧视聚合一身,如城市农民工和下岗失业人员,在求职过程中很可能同时遭遇基于年龄、性别、民族、地域和其他原因的歧视对待。再如,对大学生的就业歧视,可能涉及诸如性别、民族、地域、学历、经验、相貌等多种形式,有的歧视类型其荒唐程度令人瞠目结舌。

2. 分析不同类型就业歧视的定量方法

由于就业歧视类型多样,界定复杂,在中国社会中又远未形成基本社会共识,要全面地、准确地测定中国目前存在的就业歧视现象及这种现象更为集中的方面,实属不易。鉴于此,本课题采取以下两种方法,即主观排序法和行为评定法。

主观排序法。即先罗列出中国目前就业领域较常出现的歧视类型(如前文中已经列举的),然后请被调查者选取四个他们认为发生频率较高的歧视,并进行排序。那些选取频率较高并被排序更前的歧视类型选项,可被看作中国目前就业歧视现象发生较为集中的方面。

行为评定法。通过详细了解被调查者遭遇求职失败的经历以及求职失败与歧视现象的关联,运用统计手段,明确区分出导致被调查者求职失败的若干重要的影响因素。具体的做法是:首先,基于课题组已经掌握的文献著作中的相关内容,再结合本课题在北京、山东等地所做的试调查和召开座谈会所获取的数据资料,尽可能罗列出中国目前劳动力市场普遍存在的影响劳动者求职成败且与歧视相关联的主要制约因素,然后请被调查者根据本人及家人的真实情况逐一回答,此问题的选项可多选,数量不限。最后,经过统计分析,那些被调查者选择比例较高的制约因素,即被认定为导致被调查者求职失败的重要因素。

3. 对各种不同类型就业歧视的定量分析

根据前文中已经确定的分析框架,以下将分别用主观排序法和行为评定法对不同类型的就业歧视进行定量分析。

主观排序法的分析结果。先用主观排序法进行调查统计:在调查问卷中,我们提出了两个问题:其一,在职业生涯中,您觉得哪些歧视行为较为普遍?其二,在求职过程中,您觉得哪些歧视行为较为普遍?然后请被调查者在年龄歧视、学历歧视、经验歧视、性别歧视、地域歧视、民族歧视、户口歧视、相貌歧视、身高歧视、健康歧视、姓名歧视、属相歧视等12种就业歧视类型中进行选择,每位被调查者可就这些歧视类型的"普遍性"选四项,并要求对所选的选项进行排序。我们再用"计分法",对12项指标的频数进行进一步的处理:如对排在第一位的打5分,排在第二位的打3分,排在第三位的打2分,排在第四位的打1分,关于"在求职过程中,您觉得哪些歧视行为较为普遍"和"在职业生涯中,您觉得哪些歧视行为较为普遍",我们得到了两组统计结果。

从各项指标的得分情况看,这两组数据的排序极为相近,只有"性别歧视"和"经验歧视","地域歧视"与"民族歧视"这两两紧靠的数据,排序颠倒了一下。因此,如果把这两组数据再简单相加,我们就可以得到一组新的数据,见表 8:

表 8 用主观排序法得出的就业歧视综合得分

	第一组得分	第二组得分	总分
年龄歧视	7627	7323	14950
学历歧视	5217	5033	10250
经验歧视	2308	2608	4916
性别歧视	2379	2341	4720
健康歧视	1831	2053	3884
相貌歧视	1533	1552	3085
身高歧视	965	937	1902
户口歧视	739	685	1424
地域歧视	439	409	848
民族歧视	270	447	717
属相歧视	17	21	38
姓名歧视	15	19	34

以上数据大致可以分为四个级别。前四项,即年龄歧视、学历歧视、经验歧视和性别歧视,可以列为 A 级(4000 分以上);第五项到第八项,即健康歧视、相貌歧视、身高歧视和户口歧视,可以列为 B 级(1000—4000 分);第九项和第十项,即地域歧视和民族歧视,可以列为 C 级(100—1000 分);第十一项和第十二项,即属相歧视和姓名歧视,可以列为 D 级(100 分以下)。

根据以上的分析看,我们是否可以把上述因素对劳动者就业的影响广度抽象地定义为"普遍性"。那么,现在我们可以得出结论:四个等级(A、B、C、D)应该分别代表"非常普遍""相当普遍""普遍"和"少见"(见表 9)。

表9 就业歧视类型的"普遍性"分级

		A级 非常普遍		B级 相当普遍		C级 普遍		D级 少见	
就业歧视分类	年龄歧视	14950	健康歧视	3884	地域歧视	848	属相歧视	38
	学历歧视	10250	相貌歧视	3085	民族歧视	717	姓名歧视	34
	经验歧视	4916	身高歧视	1902				
	性别歧视	4720	户口歧视	1424				

行为评定法的分析结果。 运用行为评定法,我们可以得到三组数据,分别为被调查者及其家人求职及求职失败状况、被调查者及其家人求职失败的主要影响因素和用工单位不录用理由的"公平性"。

被调查者及其家人求职及求职失败状况。 统计结果显示:从2005年至调查时点(2006年5月,下同),在被调查者中,67.8%的有过求职失败的经历。每人平均求职4.3次,其中求职失败3.7次;29.8%的人在从事目前的工作之前有过求职失败的经历;家人有过求职失败经历的要占49.0%;家人有过求职失败经历的要占32.3%。

关于失业人员最近一次求职的时间,在被调查者中,有65.1%的是在2006年以后,有31.1%的在2005年,仅有3.8%的人在2004年及以前。

被调查者及其家人求职失败的主要影响因素。 运用行为评定法,在问卷所列举的导致失业人员求职失败的14个因素中,63.2%的被调查者选择了"年龄偏大",61.0%选择了"学历偏低",30.1%选择了"没有工作经验",其他因素的选择比例均不足二成。

运用行为评定法,在问卷所列举的导致就业人员求职失败的14个因素中,59.7%的被调查者选择了"学历偏低",46.7%选择了"年龄偏大",31.8%选择了"没有工作经验",其他因素的选择比例均不足二成。

运用行为评定法,在问卷所列举的导致失业人员最近一次求职失败的14个因素中,42.9%的被调查者选择了"年龄偏大",18.8%选择了"学历偏低",12.2%的人选择了"没有工作经验",其他因素的选择比例均不足一成。

运用行为评定法,在问卷所列举的导致失业人员家人求职失败的14个因素中,70.5%的被调查者选择了"学历偏低",66.7%选择了"年龄偏大",31.2%选择了"没有工作经验",其他因素的选择比例均不足一成。

运用行为评定法,在问卷所列举的导致就业人员家人求职失败的14个因素中,60.9%的被调查者选择了"学历偏低",55.2%选择了"年龄偏大",32.8%选择了"没有工作经验",其他因素的选择比例均不足一成。

运用行为评定法,在问卷所列举的失业人员最近一次没有被招工单位录用的14个理由中,50.0%是因为"年龄偏大",14.8%是因为"学历偏低",12.7%是因为"没有工作经验",其他因素所占的比重均不足一成。

运用行为评定法,在问卷所列举的没有被招工单位录用的14个理由中,28.2%的是因为"年龄偏大",24.3%是因为"学历偏低",19.8%是因为"没有工作经验",其他因素所占的比重均不超过3.0%。

从以上统计结果中可以看到:被调查者选择最多的选项依次是"年龄太大""学历偏低"和"没有工作经验",选择比较多的选项依次是"身体有病""仅有成教文凭"和"因为我的性别"。

用工单位不录用理由的"公平性"。再进一步作定量分析,统计结果表明:在接受调查的失业人员中,认为用工单位"说法公平"的占14.4%,认为"不公平"的占80.0%,认为"是对自己歧视"的占5.6%,后两者即持负面意见的合计为85.6%。

同时,在接受调查的就业人员中,认为用工单位"说法公平"的仅有22.3%,认为"不公平"的占74.2%,认为"是对自己歧视"的占3.6%,后两者即持负面意见的合计为77.8%。

在前文中我们讨论过,在运用行为评定法时,"年龄偏大"指向的是年龄歧视,"学历偏低"和"仅有成教文凭"指向的是学历歧视,"身体有病"和"身体有残疾"指向的是健康歧视,"长相因素"指向的是长相歧视,"身高不够"指向的是身高歧视,"没有工作经验"指向的是经验歧视,"因为我的性别"指向的是性别歧视,"没有本地户口"和"因为我是农村的"指向是户口歧视,"地域因素"指向的是地域歧视,"因为我的民族"指向的是民族歧视。

我们继续用"计分法"对上述13种"行为"作出评判,每个方面的每一次选择给10分。然后,有三组指标对应的歧视类型是重复的,我们取其分高的指标,于是得到表10的数据。

表 10　用行为评定法得出的就业歧视得分

求职失败的原因	与歧视类型对照	得分
年龄偏大	年龄歧视	3529
学历偏低及仅有成教文凭	学历歧视	3180
没有工作经验	经验歧视	1706
身体有病及有残疾	健康歧视	461
因为我的性别	性别歧视	310
身高不够	身高歧视	260
没有本地户口(或仅有农村户口)	户口歧视	202
长相因素	长相歧视	190
因为我的民族	民族歧视	100
地域因素	地域歧视	34

至此,我们也可以把以上数据分为四个级别,前三项,即年龄歧视、学历歧视和经验歧视可以列为 A 级(1000 分及以上);第四项到第六项,即健康歧视、性别歧视和身高歧视,可以列为 B 级(250—1000 分);第七项和第八项,即户口歧视和长相歧视,可以列为 C 级(150—250 分);第九项和第十项,即民族歧视和地域歧视,可以列为 D 级(100 分及以下)。

根据以上的分析,我们可以把上述因素对劳动者就业的影响力度抽象地定义为"严重性"。那么,现在我们可以得出结论:四个等级(A、B、C、D)应该分别代表"非常严重""相当严重""严重"和"不严重"。

表 11　就业歧视类型的"严重性"分级

	A 级		B 级		C 级		D 级	
	非常严重		相当严重		严重		不严重	
就业歧视分类	年龄歧视	3529	健康歧视	461	身高歧视	260	民族歧视	100
	学历歧视	3180	性别歧视	310	户口歧视	202	地域歧视	34
	经验歧视	1706			长相歧视	190		

4. 对不同类型就业歧视状况的基本判断

在完成了以上的定量分析后,我们现在可以对不同类型就业歧视状况作出一个基本判断。根据前文中提出的就业歧视的"普遍性"和"严重性",我们可以作出一个矩阵图,如图 1:

	严重	不严重
普遍	A 严重 普遍	B 不严重 普遍
不普遍	C 严重 不普遍	D 不严重 不普遍

图 1 就业歧视"普遍性"和"严重性"的矩阵

从图1我们可以得出四种情况:A——既严重又普遍;B——普遍但不严重;C——严重但不普遍;D——不普遍也不严重。

我们再根据用主观排序法得到的就业歧视类型的"普遍性"分级和行为评定法得到的就业歧视类型的"严重性"分级,可以得出以下的研究结论,在问卷列出的12种就业歧视类型中,按被调查者的选择和评判:

(1)年龄歧视、学历歧视、性别歧视、经验歧视和健康歧视"既严重又普遍",是中国社会当前主要的五种就业歧视类型。

(2)地域歧视和民族歧视"普遍但不严重"。

(3)身高歧视、相貌歧视和户口歧视"严重但不普遍"。

(4)姓名歧视和属相歧视"不严重也不普遍"。见表12。

表 12　就业歧视类型的综合分级

	A	B	C	D
	既严重又普遍	普遍但不严重	严重但不普遍	不普遍也不严重
就业 歧视 分类	年龄歧视	地域歧视	身高歧视	姓名歧视
	学历歧视	民族歧视	相貌歧视	属相歧视
	性别歧视		户口歧视	
	经验歧视			
	健康歧视			

三、研究结论

最后,我们再将用问卷调查和定量分析得出的研究结论作一总结。研究结论包括以下八个方面:

(1)在中国就业歧视问题是严重的。

（2）不同群体和不同地区对就业歧视的判断是有差异的,但一般来说差异并不大。但就业人员与失业人员对就业歧视的判断差异较大。

（3）绝大多数劳动者认为用人单位给出的不录用的理由是不公平的,是对求职者的歧视。

（4）绝大多数就业歧视的受害者在歧视事件发生后并没有采取行动表示他们的抗议。即使少数人采取了行动但也仅限于使用最一般的行政手段——找领导或上级告状。

（5）用主观判断法得出的定量研究的结论是:在中国,年龄歧视、学历歧视、经验歧视、性别歧视是非常普遍的;健康歧视、相貌歧视、身高歧视和户口歧视相当普遍;地域歧视和民族歧视也属普遍;姓名歧视和属相歧视就较为少见。

（6）用行为评定法得出的定量研究的结论是:在中国,年龄歧视、学历歧视和经验歧视是非常严重的;健康歧视和性别歧视相当严重;身高歧视、户口歧视和相貌歧视严重;民族歧视和地域歧视不严重。

（7）综合主观判断法和行为评定法的研究结论,用矩阵的方法来对就业歧视问题作综合判断:年龄歧视、学历歧视、性别歧视、经验歧视和健康歧视既严重又普遍,身高歧视、相貌歧视和户口歧视严重但不普遍,地域歧视和民族歧视普遍但不严重,姓名歧视和属相歧视则不严重也不普遍。

（8）就社会政策而言,目前迫切需要解决的就业歧视问题是:年龄歧视、学历歧视、性别歧视、经验歧视和健康歧视。

本文系与张时飞合作,原发表于《江苏社会科学》2010年第10期,收入本书时略有增删修改。

民政工作的开放性及社会福利服务的整合

在"国务院组成部门"中,若说有哪个其任务和职责不能一言以蔽之而且使受众大致明白的,恐怕非民政部莫属。业内传言,前民政部部长崔乃夫曾经在回答中央领导关于"什么是民政工作"的提问时说,民政工作是这么一项工作:如果干得好,领导可能没感觉;但要是干得不好,领导就会觉得很重要。因此,民政工作一直以来总是以"上为中央分忧,下为百姓解愁"为己任。[①]

一般看来,崔的回答似乎有点文不对题、答非所问,并没有正面地对民政工作的内涵和外延作出解释,而是迂回地说出了民政工作的重要性。但如此作答的原因

---

① 参阅孟明达主编:《民政部大事记(一九四九年——一九八六年)》,民政部 1986 年编印。

之一,恐怕也是因为民政工作很难用一句话表述清楚。

实际上,民政部自1978年"重新设置"以来,一直试图对"什么是民政工作"这个问题作出理性的解答。沿着历史的长河,在对"民政"的概念进行研究和界定的过程中,逐渐地发现了民政的一些特点。

一、民政工作的开放性

在1950年7月召开的第一次全国民政会议上,时任内务部部长的谢觉哉的一番话非常耐人寻味:"民政是对非民政说的,内务是对外务说的。凡属人民的政事,如没有专业部门管的,就都归民政部门管;另一方面,没有专管机关的事,又常常和其他部门有着广泛的联系(尤其是与财经部门)。这个联系是切不断的,切断就不好办事,只能作某些调整。"①

谢老的这段话,很坚定地表达了三层意思:其一,人民的政事,若无专管部门管,都属于民政管;其二,不能指望给民政画个圈圈,以后就只管圈里的事情;其三,"中心工作"是中央政府工作的重心甚至核心,民政部门常常要配合其他部门做好中心工作,而当中心工作落到民政部门时其他部门也会配合。如果以系统论的语言来诠释谢老的意思,可以说"民政"是一个开放的系统。

1. 民政是一个开放的工作系统

毋庸讳言,民政工作有其开放性的特征。现代社会的一个特点就是精细分工。一个现代国家的各项国家事务或政府职责,通常都会被一一分配并归属到各个政府部门——譬如根据2013年《国务院机构改革和职能转变方案》设置的26个国务院组成部门(包括国务院办公厅)②——从而成为这个部门的工作任务或具体业务。

对于绝大部分政府部门来说,其工作任务是相对稳定的,其职责范围也是比较明确的。前民政部部长崔乃夫曾说"很多部门是以解决单一矛盾为对象的。如公安部—社会治安,卫生部—防病治病,铁道部—铁路运输,教育部—培养学生"。但是,以"解决单一矛盾为对象"的政府分工不管怎么分,总会有一些"被挑剩下"的"七零八碎",最终要由一个政府部门

---

① 参阅孟明达主编:《民政部大事记(一九四九年——九八六年)》,民政部1986年编印。
② 《国务院机构改革和职能转变方案》,人民网,http://politics.people.com.cn/n/2013/0315/c1001-20796789.html。

站出来"收拾残局"。这也是国际惯例,世界各国都这样,通常这个政府部门叫"内务部"或"内政部"或者其他什么的。中国称之为"民政",倒是特殊国情。也正因为这样,民政部门的一大堆业务之间很难看出有什么必然联系。所以,崔乃夫指出:"民政部门是以解决多方面矛盾为对象的部门,有些工作彼此之间缺少联系。如婚姻登记和殡葬改革,安置和救灾,行政区划与优抚,缺少直接的联系。"在业内,民政部常常被揶揄为"不管部",即名义上不管,其实什么都管。

"民政"一词,其实是个很古老的概念,最早见于南宋时徐天麟所著的《西汉会要》[①]一书。但是,古代的"民政"之"民",是一个相对于"军政"之"军"而言的大概念。在中国几千年高度集权的封建王朝中,政务上的分工还是很粗糙的。直到1906年(清光绪三十二年)清政府试图实行君主立宪,撤销传统的六部,改设11个新部,其中就包括民政部。辛亥革命以后,上述政府职能分工的大框架基本上延用下来,不过改称"内政部"或"内务部"。中华人民共和国成立之初,中央人民政府政务院设30个部、委、院、署、行,"内务部"仍排列首位。

中华人民共和国成立以后,随着政府职能分工的精细化,许多原来属于民政(内政、内务)部门的业务,不断地被分化出去。一方面,很多重要的业务和机构,在组织上搭起了框架,在内容上理顺了头绪,随后就会服从大局因需要而调整,或移交给别的专管部门,或开始自立门户。从这个意义上说,民政系统有点像一个政府职能乃至政府部门的"孵化器"。另一方面,因为社会与时俱进,尤其是在"经济转轨、社会转型"的改革开放时期,总会发生新的矛盾、新的问题。由此而产生的新的工作和任务,需要有政府部门来承接。那些一时乃至永远与专管部门对不上号的,就仍然要由民政部门来承担。

在计划经济时期,民政工作一直保持着一个比较大的框架,但具体的工作任务则有出有进。从中华人民共和国成立之初内务部所承担的任务看,如游民妓女的改造、民工动员、农村土地改革、土地的清丈、登记和土地证的颁发等,这些政府职责因其历史使命已经完成,所以不复存在或名存实亡。有些政府职责则因需要而转移到其他政府部门,如户籍人口调查登记、国籍的取得和丧失、禁烟禁毒、移民、城市房产地产政策的规划、

---

① 转引自崔乃夫:《关于民政理论中的几个问题》,载韩京承:《民政散论》,中国社会出版社1995年版。

城市营建用地的审核、公共房地产的保护等。还有一些职责范围缩小,如主管地方人民政权建设的指导事项,后来演变为基层政权建设。但是,民政也始终有个与社会保障相关的核心部分。第二次(1953年)到第六次(1960年)全国民政会议,一直强调优抚、复员、安置、救灾和社会救济等项工作为民政部门的主要业务或基本业务。[①] 从理论上说,上述业务基本上属于"剩余型社会福利"。

2. 民政的不甘边缘和主动求变

"文化大革命"后的1978年2月,第五届全国人民代表大会第一次会议通过决议,决定"重新设置民政部"。新组建的民政部的工作任务和职责范围,一如既往地仍然具有开放性的特点。然而,如果说计划经济时期民政工作职责范围的变动基本上是服从党中央、国务院(政务院)的安排,但到了"经济转轨、社会转型"的新时期,民政工作的变动则显示出积极求变的主动意向。

20世纪70年代末刚刚恢复重建的民政部门,工作任务相对简单。当时的民政干部经常自嘲,工作对象是"盲聋哑、痴呆傻、孤儿寡",工作手段是"发发钱、拜拜年"。一些能够体现行政权力的业务却在民政部门待不长,有的刚组建就被划出。1978年,经国务院批准成立了民政部机关人事局。但到1980年,人事局就"移交"国务院,升格为国家人事局。[②]

中国的特殊国情,决定了在整个政府体系中,一个部门得不到最高层的重视会面临怎样一种尴尬的境遇。香港学者黄黎若莲于20世纪80年代末对中国的民政和社会福利工作作了考察和研究。在《边缘化与中国的社会福利》一书中,她对当时民政和社会福利工作作了如下评价:"民政工作的预算收入,包括用在福利项目上的钱一直少得可怜。国家投入更像是残羹剩饭,而不是一项主要承担。"究其缘由,黄黎若莲指出:"民政部门管理下的社会福利变成了为边缘人口提供的边缘服务。"[③]总之,民政工作因服务对象的"边缘性"导致了其提供的服务"被边缘化",最终民政部门自身也"被边缘化"。

从1982年开始,崔乃夫主政民政部十年,这一时期是"推进民政工作改革发展,开创民政工作新局面"的十年。[④] 1983年年初,崔乃夫提出了

---

① 参阅《全国民政会议回顾(第一次到第十一次)》,民政部档案馆2006年编印。
② 参阅孟明达主编:《民政部大事记(一九四九年——一九八六年)》,民政部1986年编印。
③ 参阅黄黎若莲:《边缘化与中国的社会福利》,商务印书馆(香港)2001年版。
④ 参阅李学举主编:《民政30年:1978年—2008年》,中国社会出版社2008年版。

"三个一部分"的理论概括:"民政部的任务有九类,十几个方面。如果把这些方面进行一次归纳,我认为可以划分为'三个一部分'。即政权建设的一部分;社会保障的一部分;行政管理的一部分。"同时他还强调:"所谓一部分就不是这些方面工作的全部。"①崔乃夫的"三个一部分",一般认为有三层含义:一是民政工作可以归纳为三个部分;二是这三个部分分属三个政府工作领域;三是每一部分民政工作都是其所属领域中的一部分工作。但现在看来,崔乃夫的说法其实还有一句潜台词,即民政工作的三个部分在其所属领域中都有其扩张的广阔空间。

于是,从 80 年代中到 90 年代初,民政工作在崔乃夫的领导下主动求变。在当时的政府部门中,这样的行为是很少见的。民政工作在政权建设、社会保障和行政管理三个领域中开始自我扩张:在社会保障领域,先是从农村救济中发展出农村扶贫,继而进行农村基层社会保障制度的探讨,最后发展出农村救灾扶贫储金会、农村救灾合作保险制度和农村社会养老保险制度;社会福利事业从自费收养开始,发展出了服务于老年、儿童和精神病人的"社会化"的福利机构;从为残疾人就业开办的福利企业开始,发展出了颇具规模的"民政经济";从为残疾人事业进行社会募捐开始,发展出"社会福利有奖募捐"。在政权建设方面,先是从社会福利的角度发展社区服务,然后提升为社区建设。在行政管理方面,从社团管理开始,发展出民间组织管理。

在 20 世纪 80 年代,中国政府的财政实力还非常薄弱。据媒体报道,1986 年,崔乃夫与时任总理的赵紫阳有这么一段对话。总理问:"老崔,民政工作现在好搞不好搞?"崔乃夫笑了笑说:"说好搞也好搞,说不好搞也不好搞。"总理显然对崔乃夫的回答感兴趣,接着问:"怎么讲?"崔乃夫回答说:"我们主要是为穷人办事,可资金匮乏,一些社会福利事业很难发展。"总理又问:"解决这方面问题你还需要增加多少钱?"崔乃夫答:"每年大约 20 亿。"总理略作思考,说:"国家没钱呀,你有什么办法吗?"崔乃夫试探着问:"我们能不能搞点彩票,把闲散资金集中起来办福利事业。"②传说这段对话后来导致了"社会福利有奖募捐"(福利彩票)的诞生。其实,崔乃夫心目中的计划应该还不止于此。

---

① 参阅崔乃夫:《关于民政工作的历史、任务和特点》,载崔乃夫:《民政工作的探索》,人民出版社 1989 年版。
② 李纪:《崔乃夫与中国福利彩票,福利彩票与中国的慈善事业》,《慈善》2006 年第 6 期。

两年以后,"民政经济"作为一个突出的亮点出现在第九次全国民政会议上。在崔乃夫的报告中提出:"民政经济是在民政部门管理下,运用国家、社会、群众各方面力量,为特定对象谋福利的社会福利经济。"崔乃夫的设想是:全国民政系统要建立起四个系统,即行政系统、生产系统、服务系统和金融系统。① 然而,这个实际上是以政府部门"自力更生"筹措资金搞社会福利为目标的设想,因为过于理想化最终未能实现。

崔乃夫之后,由于社会经济发展的需要,民政部的扩张并没有停止。20世纪90年代初,民政部开始在全国大力推行城市居民最低生活保障制度的建设;1995年,民政部总结了上海市等地方政府的经验,开始在全国试点。1997年,民政部的试点得到国务院的肯定,国务院发出通知,要求在中华人民共和国成立50周年时,全国666个城市和1638个县镇所在地都要建立这项制度。1999年9月,民政部宣布,上述目标已经达到,同时出台了《城市居民最低生活保障条例》并于当年10月1日开始实施。② 随后,从2001年到2003年连续三年中央财政对城市低保制度的补贴翻番,从23亿元增加到92亿元,城市低保对象也从1999年的281万人迅速增加到2003年的2247多万人。此后,城市低保对象基本上保持在2000万—2300万人这一规模水平上。2007年,民政部宣布农村最低生活保障制度全面建立。③

2004年中共十六届四中全会提出建设社会主义和谐社会的目标之后,民政部自80年代中期以来就积极推进和介入的社会工作有了发展的机会。经过努力,在2006年中共十六届六中全会的决定中终于写入了"建设宏大的社会工作人才队伍"。此后,2012年中共十八大提出了"引导社会组织健康有序发展,充分发挥群众参与社会管理的基础作用",民政部一贯重视和支持的社会组织的发展前景又显光明。经过努力,在中共十八届三中全会的决定中就有了"要改进社会治理方式,激发社会组织活力"。

综上所述,我们可以得出几点结论:其一,政府职能分工总会留下一些"剩余"的任务或业务,这就需要一个有能力、有担当的政府部门来承担,于是民政部门应运而生。其二,随着政府职能分工的精细化,随着社会经济发展的与时俱进,民政的职能或业务会有进有出地表现出开放性。其三,从被

---

① 参阅孟明达主编:《民政部大事记(一九四九年——一九八六年)》,民政部1986年编印。
② 参阅唐钧:《中国城市贫困与反贫困报告》,华夏出版社2003年版。
③ 唐钧:《中国的贫困状况和反贫困策略的整合》,《社会发展研究》2015年第2期。

动接受到主动求变是民政发展道路上的重要转折点。其意义在于将民政系统的开放性把握在自己手中。其四,随着社会的发展,新的矛盾、新的问题仍然会不断产生。以开放之民政,可以继续做大,继续发展。

二、社会福利服务的整合

进入 21 世纪第二个十年,已经扩张了二十多年的民政工作是否还需要继续扩张?答案应该是肯定的。因为中国社会逐渐进入经济新常态,这也意味着民政工作也可能会随之进入"民政新常态"。现在的问题是,民政工作应该以怎样的路径和方式继续扩张,继续为民生保障和维护社会稳定做出新的贡献?

1. 民政工作新的增长点

2010 年前后,曾经提出过一个关于"民政工作新的增长点"的改革思路,即 20 世纪 80 年代中期到 90 年代中期,民政工作的增长点是"双拥优抚",就是常说的"军字口"的;90 年代中期到 2005 年左右,民政工作的增长点是"社会救助",就是常说的"救助口"的;此后,民政工作应该寻找新的增长点了,这就是社会福利服务,包括老年福利服务、儿童福利服务和残障福利服务。①

前两个增长点,可以从民政经费的增长中清楚地看出其发展趋势,根据民政部网站提供的数据,在 2005 年 718 亿元民政事业费中,优抚安置经费为 235 亿元,占总费用的 32.72%;城乡最低生活保障经费是 261 亿元,占总费用的 36.35%;其余的民政业务经费加起来是 222 亿元,占总费用的 30.91%。②可以说,民政事业经费基本上是优抚安置、城乡低保和其他民政业务三分天下。到 2014 年,根据民政部网站提供的统计数据:社会服务事业经费总支出为 4404 亿元,但公报没有进一步提供分类数据。③ 另据民政部网站披露的 2014 年 1—12 月支出的社会服务事业费为

---

① 唐钧:《"大民政"应该是个"发展中"的开放系统》,《中国社会报》2009 年 5 月 28 日。
② 唐钧:《现行财政体制中的民政事业经费》,《河海大学学报(哲学社会科学版)》2008 年第 2 期。
③ 《2014 年社会服务发展统计公报》,民政部网站,http://cws.mca.gov.cn/article/tjbg/201506/20150600832439.shtml。从 2010 年开始,民政部将原先的《民政事业发展统计公报》改为《社会服务发展统计公报》(民政部财务司网站,http://cws.mca.gov.cn/article/tjbg),"民政事业经费"也随之改称"社会服务事业经费",但两者在统计口径上是否有改变,民政部没有作出说明。因此在本文中,只能先将两者同等看待。

3956亿元(比公报数据少448亿元)①,但后者有分类数据。其中优抚事业经费支出602亿元,占总费用的15.21%;而社会救助经费支出则已达到2100亿元,占总费用的53.08%。

两相比较,有两点值得关注:其一,2005年的民政事业经费为718亿元,占当年国家财政支出的2.13%②;到2014年,民政部门的社会服务经费绝对数已达4404亿元,占当年国家财政支出的2.90%③;9年间增长幅度为0.77个百分点。其二,无论是2005年还是2014年,社会救助(城乡低保)和优抚安置的费用支出都是社会服务(民政事业)经费的大头。2005年,两者支出的费用相加为2702亿元,占总支出的比重为69.07%;2014年,两者相加为2702亿元,占总支出的比重为68.29%;期间增长幅度为-0.78个百分点。

以上数据分析是否说明:三十年来,"双拥优抚"和"社会救助"这两项民政业务都已相对成熟,如果不做特别大的政策调整的话,继续扩展的空间已然有限?

但是,中国的社会保障制度有一个软肋,这就是社会福利服务。2005年,民政事业经费中的社会福利开支为63亿元④;2014年,民政社会服务经费中社会福利开支增加到189亿元。⑤ 9年间,增加了两倍。但是,社会福利的需求恐怕增长更快,老年人问题、未成年人问题、残障人士问题,始终对中国社会进一步的发展进步构成挑战。但是,2005年社会福利开支占民政事业经费开支的比重为8.77%;而到2014年,这个占比减少到4.77%,反倒萎缩了差不多40%。

以上问题的主要根源可能是认识问题:中国的社会保障改革始于20世纪80年代中期,其时正值发达国家批判"福利国家"的热潮。因此,福利是个"坏东西"的观念在中国的政界和学界扎下了根。但90年代以后发达国家对"社会福利改革"的反思,并把80年代称为"拿穷人开刀的十

---

① 《社会服务统计季报》,民政部网站,http://files2.mca.gov.cn/cws/201501/20150129172531166.htm。
② 唐钧:《现行财政体制中的民政事业经费》,《河海大学学报(哲学社会科学版)》2008年第2期。
③ 《2014年社会服务发展统计公报》,民政部网站,http://cws.mca.gov.cn/article/tjbg/201506/20150600832439.shtml。
④ 唐钧:《现行财政体制中的民政事业经费》,《河海大学学报(哲学社会科学版)》2008年第2期。
⑤ 《社会服务统计季报》,民政部网站,http://files2.mca.gov.cn/cws/201501/20150129172531166.htm。

年",我们却一概不知。

于是,在中文语境中,一讲到"福利",常常就认为是"公家(国家或单位)掏钱,免费午餐",其实不然。实际上,这里所讲的"社会福利"是一个与政府的社会保障(广义的)和基本公共服务,也与社会工作理论密切相关的操作性概念,主要是指社会服务和社会津贴。社会服务或称社会福利服务,是中国社会福利制度中最主要的内容,通常讲的"非营利"应该也主要指的是这一块。所谓"非营利",就是成本核算,收支平衡。凡有能力付费的就应该付费,缺乏能力或者完全没有能力的,就由政府补贴或买单。政府通过提供社会服务,可以满足市场化服务不愿或不能涉足而人民群众日常生活又离不开的服务需求。

2012年,国际劳工组织大会通过了《关于国家社会保护底线的建议书》,其中强调,要重视以非缴费型或者根据经济情况来提供福利保障,确保相关制度安排的有效性,使被保护的社会群体和个人能够得到必要的商品和服务。这与近年来国内民政部门和学术界提出的建立适度普惠的社会福利制度的思想是一致的。

2. "三社联动"和社会福利服务

"三社联动",是近年来频繁出现在与民政工作或社会工作相关的文献中的一个概念。对于这个概念,政府、学界和媒体已经有很多的解释。有的解释比较直白,"民政味"也比较重。但是从某种意义上说,似仍未道出"联动"的本质及重要意义。最常见的如:"三社联动"就是在政府的领导下,社区居委会带动社区居民参与社区活动、社会组织为社区居民提供全方位服务、专业社工介入社区建设和发展。①

若从社会政策的角度来看,"三社联动"的本质及重要意义应该是"整合",实际上就是要将民政工作中社会治理或社区治理的"一部分"(崔乃夫语)的职责和任务,以社区建设、社会组织和社会工作为路径或手段,再以社会服务为核心整合起来,以期达到"整体大于部分之和"的目标。

若咬文嚼字,"三社联动"应该是一个只有在中文语境中才会出现的复合名词,这样的提法绝对与中国的特殊国情相关。因为按国际惯例,"三社"本就是一家,何来"联动"?而在中国,"三社"却在政府工作中分了家,所以才会有"联动"一说。当然,因为上述的"分家",就行政体系而言,

---

① 陈丽、冯新转:《"三社联动"与社区管理创新:江苏个案》,《重庆社会科学》2012年第2期。

基本上都在民政工作的范畴之内;就学术理论而言,基本上都与社会工作密切相关。这样的社会脉络,也就为"联动"奠定了行政基础、组织保证和学术底蕴。

从社会工作的发展历史看,17世纪初,在全世界率先实现工业化的英国颁布了《伊丽莎白济贫法》,开国家介入和干预济贫事业的先河。但是,《济贫法》本身的重点却放在了惩治流浪汉,而把对贫困人口的接济和援助交给了教区。于是由教堂中的牧师出面,组织慈善组织,后来又联合起来,发展成慈善组织会社,派出"友善访问员",帮助贫困家庭适应社会,改善生活。与此同时,在英美一些贫困的社区中,出现了如"汤恩比馆""霍尔馆"等社区服务中心,兴起了以社区为基础的"睦邻运动"。再后来,到20世纪初,美国的芮奇蒙德出版了《社会诊断》一书,提出了一套以"社会诊断"为核心的社会工作理论与方法,这个历史事件被认为是现代社会工作之发端。

在上述社会工作历史演进的过程中,我们会看到:以国家济贫以及后来的社会救助以及再后来的社会福利为目标,从社会组织(即当年的慈善组织会社)到社区服务(即当年的"汤恩比馆""霍尔馆")再到社会工作的诞生,是沿着一条历时性的线索,顺理成章地一步一步发展起来的。所以,从这个意义上说,按国际惯例,"三社"原本是一家,天生就是"联动"的。

在中国,"三社"则是在不同时期,根据中国的国情和社会经济发展的需要,渐次从国外引进并"嵌入"到中国的社会体制中的。首先是"社区服务",20世纪80年代中,随着社会学的恢复,民政部引入"社区"的概念并创造了"社区服务"的新理念,后来在90年代发展成"社区建设",成为民政工作中"基层政权与社区建设"的核心内容。其次是"社会工作",在80年代中后期,民政部与北京大学联合办学,开设了社会工作课程,从此社会工作教育在中国逐渐发展起来。而社会工作作为一项政府职责为政府所确认,则要到2006年中共十六届三中全会,从此民政部门又多了一项职责——社会工作。最后,是"社会组织",社团登记与管理在中华人民共和国成立初期就是民政部的职责,但社会组织的发展则是由80年代末的"希望工程"和90年代初中华慈善总会的建立为新的起点。一直到2007年中共十七大之后,社会组织才进入了快速发展的阶段。

从民政部的内部分工看,"三社"至少涉及四个业务司局,这就是民间组织管理局、基层政权和社区建设司、社会福利和慈善事业促进司以及社会工作司。若从"整体观"出发,"三社联动"就需要以上司局通力合作,协同"联动"。

前一段时间理论界时兴"大部制",其中一个主要的理论观点就是要把政府部门之间的职责范围和界限划分得一清二楚。但是,这种理想主义的职责分工是很难实现的,可以说,政府部门之间的职责怎么划分都会有交叉之处和含混之处。所以,政府工作更应该强调的是协同、是整合,而不是"楚河汉界"。"三社联动"是同一个政府部门之内的司局间的合作和联动,应该更容易实现。

"三社联动"的目标究竟是什么?按前述"最常见的"解释是针对社区治理的,窃以为有所偏颇。一言以蔽之,"三社联动"的最直接的目标就是提供社会福利服务。

在现实生活中,政府直接提供服务有很多弊病,所以就要求社会组织,亦即非营利组织或曰第三部门的介入和参与,社会组织可以把利益攸关的人民群众组织起来参与和分享服务。严格说来,社区组织本身也是一种社会组织,只不过是一种与地域联系得更紧密的社会组织而已。社会组织也好,社区建设也好,重点是人,是被用某种形式(社会组织、社区)组织起来的人。从这个意义上说,"以人为本"自是其题中应有之义。然而,近年来,最令人失望的是本应该实行自治的社区(组织),已成行政体系的延伸乃至"终端",其行为方式与行政组织一般无二了。

"社区"一词被引入民政工作领域,是从"服务"开始的。但社区工作的重点从"服务"转向"建设"之后,更被看重的似乎是"选举",但社区居民对此并不如政府期望的那样给予重视。尤其在城市,实际上服务是联系社区组织和社区居民的最重要的纽带。说得绝对一点,对居民而言,有了服务,社区组织才有其存在的正当理由;没有服务,社区组织就显得可有可无。所以,忽视甚至漠视服务去谈选举,本就是无源之水,无本之木。

就国际惯例而言,社会工作是一门应用性的现代社会科学学科,这门学科训练和培养出来的专业人才被称为"社会工作者",而他们要到社会上去做的事情则是"社会服务"。所以在学术界有"社会工作是社会福利制度中的服务传递者"的说法。社会工作的方法——个案工作、小组工作、社区工作,等等,都是做好社会服务的基本方法乃至工作模式,而不是其本身的目标。在现代社会里,社会工作不与社会福利制度结合起来,只见方法,不见目标,"科学助人""助人自助"岂不都是空话?

综上所述,"三社联动"的直接目标应该是社会福利或曰社会服务,或

者更时髦点称为基本公共服务,其理由有三:

其一,社会服务一般是指在现代社会中,因为市场并非万能,所以要用"非市场"的方式去满足人民群众的一部分服务需求。因此,如果将社会福利比作一个人,那么社会福利思想(价值理念)是其大脑,社会政策是其小脑,社会工作是其神经和血液,而社区和社会组织则是其五脏六腑和四肢百骸。当一个"人"的这些"零件"各自为政时,这个"人"不可能是一个活生生的人。只有当这些"零件"在大脑的指挥下形成一个整体时,这个"人"才能活起来。这就是"整体大于部分之和",这也是"三社联动"的根本目的。

其二,社会治理、社会建设,其目标都是为了更好地为人民服务,而社会服务或基本公共服务,是其中最基础也是人民群众最需要的服务。离开了这个基本目标,其实就谈不上"治理"和"建设"(可能是"修理"或"维稳")。社区治理、社区建设,是为了使"治理"和"建设"更有可行性和可操作性,将其与一个确定的地域空间联系到一起。从理论上说,如果一个一个的社区都治理好了,建设好了,那么整个社会也就治理好了,建设好了。

从当前民政工作的实践看,"三社联动"主要是在地方和基层付诸实施。这自有其道理,一则是越到基层,服务的需求就越具体,也就越好操作。二则是越到基层,"上面"的部门分工的界限就越模糊,也就越容易讲整合。但是,"三社联动"并非只适用于基层,在民政部门至少应该有个"中层设计"(慎言顶层)。

其三,在中国的行政体系中,因为政府部门乃至部门内部的职责分工造成了事实上的"集体利益",而现行的绩效考核则加重和加固了这种"利益分割"。所以,在如今的政府工作中,应该更强调部门合作,在部门之内则须讲求司局合作乃至处室合作,这样的政府机关才像一个整体的有活力的团队。

"三社联动"应该是今后民政部门或社会工作都应该着力强调的工作模式,这种联动和合作应该从部本级就开始,而不是局限在地方和基层。如前所述,社会福利和社会服务是当今中国民生保障的最脆弱的软肋之一,因此将其作为民政工作新的增长点非常有必要。从理论上说,在民政系统内的合作,应该阻力会小一些甚至没有阻力。但在现实中是否如此,仍须拭目以待。

本文原发表于《北京工业大学学报(社会科学版)》2015 年第 4 期,收入本书时略有增删修改。

社会保护

从社会保障到社会保护:社会政策理念的演进

在中国,一般把国家保障公民基本生活需求的社会政策和社会立法称为"社会保障"。究其原委,是因为20世纪80年代改革开放的中国开始摒弃计划意味浓郁的"劳动保险制度"准备与国际接轨时,"社会保障"(Social Security)正是国际劳工组织自第二次世界大战结束以来力推的一个与公民社会权利相关的核心概念。然而,到了90年代以后,国际劳工组织常用的概念中又多出了一个词——"社会保护"(Social Protection)。这个变化,在中国的政界和学界似乎都没有能够引起足够的重视。

尚晓援在《中国社会保护体制改革研究》一书中强调说:"社会保护,在中国是一个使用效率比社会福利、社会保障、社会保险低得多的概念。在西方发达国家的社会政策研究中，自20世纪90年代以来，社会保护概念的使用频率则日益增加。"[1]可以为此作证的最新信息是，国际劳工组织的原名为《世界社会保障报告》[2]（*World Social Security Report*）的"旗舰报告"，其2014—2015年的最新版本，已经更名为《世界社会保护报告》（*World Social Protection Report*）。[3]

"社会保障"和"社会保护"，这两个词面意义在中文语境中看起来相当接近的词汇，在国际通行的表述中实质意义却不尽相同。饶有兴味的是，这样的差异背后又潜藏了什么样的重要变化呢？

一、社会保障与社会保护

"社会保障"的概念在20世纪80年代及以前已经在国际上被普遍接受和使用；然而到90年代以后，"社会保护"概念崛起并逐渐成为新的国际共识，要讨论这一历史演进过程中蕴含的社会政策价值理念的变化，不妨先看一下对这两个名词的一般性解释。

1. 社会保障

"社会保障"一词，译自英文"Social Security"，美国1935年的《社会保障法》（Social Security Act）第一次在社会立法中引入这个名词。第二次世界大战以后，欧洲国家纷纷建立"福利国家"。但因为价值理念和文化传统的差异，远隔大西洋的美国却没有简单地附和及接受这个在当时得到普遍赞扬的新生事物，而是坚持本国较为低调的"社会保障"的概念。与此同时，国际劳工组织可能是为了取得更广泛的国际共识，也采用了"社会保障"这个概念，并于1952年国际劳工大会通过了《社会保障（最低标准）公约》，制定了建立社会保障制度的基本准则。此后，"社会保障"一词逐渐被国际社会普遍使用，成为一个在相关的社会政策和社会立法中频频出现的专门术语。

第二次世界大战以后，国际劳工组织对社会保障所作的一个较早期

---

[1] 参阅尚晓援：《中国社会保护体制改革研究》，中国劳动社会保障出版社2007年版。
[2] 参阅国际劳工局编著：《世界社会保障报告（2010—2011）》，人力资源和社会保障部社会保障研究所译，中国劳动社会保障出版社2011年版。
[3] 参阅李华主编：《国际社会保障动态：反贫困模式与管理》，上海人民出版社2015年版。

的界定是"社会保险和类似的制度加上家庭津贴"。① 美国1999年出版的《社会工作辞典》对社会保障的定义是：一个社会对那些遇到了已经由法律做出定义的困难公民，如年老、生病、年幼或失业者提供的收入补助。② 与此相一致，在詹姆斯·米奇列(J. Midgley)所著的《社会保障、不平等与第三世界》一书中，也把社会保障的外延界定为社会救助、社会保险和社会津贴。③

在《社会保障导论》一书中，国际劳工组织对社会保障所下的更为正式的定义是："社会通过一系列对付经济和社会风险的公共措施，为社会成员提供保护——否则，这种风险将导致薪给的停止支付，或因疾病、生育、工伤、失业和死亡导致实际收入的减少；同时它也提供医疗照顾和家庭津贴。"④

以上种种定义，有一个特点，都把社会保障仅仅看成是一种收入保障。但是，到了20世纪80年代以后，国际劳工组织对社会保障的界定逐渐地发生了变化。

在题为《21世纪社会保障展望》的报告中，国际劳工组织的专家组提出：社会保障的目标不止于防止或减轻贫困，应该更为广泛。它反映着一种最为广义的社会保障意愿。它的根本宗旨是使个人和家庭相信他们的生活水平和生活质量会尽可能不因任何社会和经济上的不测事件而受很大影响。这就不仅是在不测事件中或已出现不测事件时去解决困难，而且也要防患于未然，帮助个人和家庭在面临未能避免或不可避免的伤残和损失的时候，尽可能地做到妥善安排。因此，社会保障需要的不仅是现金，而且还要有广泛的医疗和社会服务。⑤

2010—2011年版的《世界社会保障报告》关于社会保障的定义是这样的：本报告所用社会保障概念是指，在下列各种情况下——(1)因疾病、残疾、生育、工伤、失业、老年或家庭成员死亡而没有工资收入(或收入不足)；(2)缺乏或没有能力支付保健医疗服务；(3)家庭福利不足，特别是对儿童或成年被赡养人的福利不足的；(4)处于贫困和受到社会排斥

---

① 参阅皮埃尔·拉罗克等：《21世纪社会保障展望》，唐钧等译，华夏出版社1989年版。
② R. L. Barker: *The Social Work Dictionary*, Washington, D. C: NASW Press (National Association of Social Workers), 1999.
③ J. Midgley, *Social Security, Inequality and the Third World*, London: Wiley, 1984.
④ ILO, *Introduction of Social Security*, ILO, Geneva, 1984.
⑤ 参阅皮埃尔·拉罗克等：《21世纪社会保障展望》，唐钧等译，华夏出版社1989年版。

的——向被保护者提供安全保护的各种保障待遇,不管是现金待遇还是实物待遇。①

此时的社会保障概念,已经远远超出了"社会保障＝社会津贴＋社会保险＋社会救助"的传统思维。更重要的是,这种观点已经成为一个相当广泛的国际共识。在当今世界上,作为社会政策和社会立法重要领域的社会保障,其目标是试图建立一个尽可能全面防范所有可预见的社会经济风险,保障全体公民基本生活需求的国家制度。

2. 社会保护

正如尚晓援指出的那样:"20世纪90年代以来,很多大的国际组织和学者倾向于使用'社会保护'这个概念。"②的确,从20世纪90年代起,在国际劳工组织、世界银行等国际组织推动下,一个新名词——"社会保护"异军突起,逐渐成为国际上与社会经济发展相联系的一个重要议题。

饶有兴味的是,对于"社会保护"这个概念,为数不多的中国研究者却从不同的角度作出了不同的界定。

谢冬梅的定义是:"政府通过收入支持,对社会上最低收入群体提供最低生活保障,赋予其教育、医疗和就业等机会,促进社会公平和公正的政策措施。政府是该项政策工具的主要提供者,在整个社会保护网络中处于核心地位。"③

曾群则认为:"社会保护可以从两个角度来理解。第一,社会保护作为一种政策目的,指促进社会成员的福利和经济保障。第二,社会保护作为一种政策手段,指一组特定的公共行动或干预。"④

尚晓援提出:"社会保护这个概念……用以概括各种形式的国家干预政策,这些政策旨在保护个人免受市场不测造成的种种后果的危害。"⑤

上述三个社会保护概念在表述上的差异是显而易见的。谢的界定与其文章是专门针对低收入群体的;曾的定义则要宽泛得多,是从社会政策或公共政策的视角出发的;尚的界定更是非常明确地强调了政策的指向,直指市场经济的"不测"后果。在国际上,各种国际组织之间,对社会保护

---

① 参阅国际劳工局编著:《世界社会保障报告(2010—2011)》,人力资源和社会保障部社会保障研究所译,中国劳动社会保障出版社2011年版。
② 参阅尚晓援:《中国社会保护体制改革研究》,中国劳动社会保障出版社2007年版。
③ 谢东梅:《低收入群体社会保护的政策含义及其框架》,《商业时代》2009年第21期。
④ 曾群:《社会保护比社会保障有更大包容性》,《长江日报》2007年12月6日。
⑤ 参阅尚晓援:《中国社会保护体制改革研究》,中国劳动社会保障出版社2007年版。

所下的定义也有很大的差别:

英国海外发展研究所(ODI)对社会保护的定义是:社会保护是指为了应对脆弱、风险以及社会无法容忍的剥夺而采取的一种公共行为。①

国际劳工组织给出的定义则要具体得多:社会保护是指通过不断的政府行动和社会对话而实现的一系列政策措施,其目的是确保所有的男人和女人都能享有尽可能安全的工作环境,获得充分的社会服务和医疗服务;并且在因疾病、失业、生育、伤残、丧失家庭主要劳动力或年老而造成收入丧失或减少时,能够得到足以维持生计的保障待遇。②

世界银行(WB)的界定也很具体,但角度却不尽相同:仅在遭遇风险时向低收入者提供临时性的救助和津贴是远远不够的,应该对人力资本投资(如对教育和医疗卫生投资)的主张进行公共干预,帮助个人、家庭和社区更好地管理风险;对受到社会剥夺的低收入者提供支持,创造更多的就业机会。③

进一步分析上述三个国际组织的社会保护定义,可能要联系到界定者的"本职工作",联系到机构本身的服务宗旨——英国海外发展研究所的定义与其从事学术研究身份相符,学术味儿相当浓郁,也很简明扼要,但太原则,甚至有点忽视可操作性。国际劳工组织的定义看起来更像一个获取的手段或途径更加明确、庇护的范围更加广泛的社会保障制度;世界银行定义的基本立足点则是扶贫,或按国际惯例可称为"千年议程"或"减贫"。

显而易见,上述社会保护概念在表述上的差异说明:无论国际国内,关于社会保护的定义,迄今为止尚且未能达成完全的共识。

关于社会保护的外延,《世界社会保障报告(2010—2011)》列举了欧洲委员会、经济合作与发展组织和联合国所作的分类:

欧洲委员会所作的社会保护分类包括八个分项,即疾病/医疗服务保护、残疾保护、老年保护、遗属保护、家庭/儿童保护、失业保护、住房保护和其他未分类的社会排斥保护。

---

① 转引自谢东梅:《低收入群体社会保护的政策含义及其框架》,《商业时代》2009年第21期。
② 国际职业安全与卫生信息中心撰稿:《提供全面保护,促进社会对话》,《中国安全生产报》2007年5月10日。
③ 转引自谢东梅:《低收入群体社会保护的政策含义及其框架》,《商业时代》2009年第21期。

经济合作与发展组织的社会保护的分类有九项：老年保护、遗属保护、丧失劳动能力保护、健康保护、家庭保护、积极的劳动力市场项目、失业保护、住房保护、其他社会政策领域。

联合国的社会保护分类建立在政府职能分类的基础上，首先被分成两个独立的功能：健康保障和社会保护。然后社会保护又被分成了九类：疾病和伤残保护、老年保护、遗属保护、家庭和儿童保护、失业保护、住房保护、其他未分类的社会排斥保护、社会保护研究和开发，以及其他未分类的社会保护。①

综上所述，从以上国际组织界定的社会保护外延看，其范围是相当广泛的。正如尚晓援所说："社会保护"是一个比"社会保障"更宽泛的概念，可以包括多种多样、正式和非正式的保护方式，并且突出对弱势群体进行支持的政策目标。②

二、社会保护和社会保障的比较

在很多场合，谈及社会保障，常常会带出与其面貌极为相似的亲兄弟——社会保护；反之亦然。然而，即使一对亲兄弟在外貌上再相似，毕竟还是会有差异。所以，在"社会保护"和"社会保障"同时出现的场合，研究者就常常会情不自禁地对这两个概念进行比较。

1. 社会保护和社会保障的差异性

国际劳工组织的报告中指出："社会保护与社会保障这两个术语，被人们以各种不同的，且并不总是完全一致的方式所使用。它们在各国和各个国际组织机构中的用法都有差异，甚至在不同的时期，它们的用法也不相同。"③国际劳工组织的这段话，实际上是说，在时间、空间和组织这三个维度上，社会保护和社会保障都会表现出其差异性。

早在1993年，作为国际劳工组织亚太局社会保障顾问的林恩·维拉考特（Lynn Vellacott）就作过这样的比较，她认为："社会保障"与"社会保护"概念各自代表了不同的范畴。根据国际劳工组织的划分，社会保障的

---

① 参阅国际劳工局编著：《世界社会保障报告（2010—2011）》，人力资源和社会保障部社会保障研究所译，中国劳动社会保障出版社2011年版。
② 参阅尚晓援：《中国社会保护体制改革研究》，中国劳动社会保障出版社2007年版。
③ 参阅国际劳工局编著：《世界社会保障报告（2010—2011）》，人力资源和社会保障部社会保障研究所译，中国劳动社会保障出版社2011年版。

范畴包括九个劳动风险方面,即疾病、生育、养老、残疾、工伤事故、职业病、失业、死亡、家庭津贴。而社会保护政策包含的内容和使用的手段更为广泛,不仅包括上述内容方面,而且包括社会救助形式的补助甚至食物,以及提供职业培训和就业服务等。①

维拉考特的说法道出了一个事实,在 20 世纪 90 年代以前,社会保障的概念实际上在"圈内"已经形成了一个思维定式或称"刻板印象"。按维拉考特的说法,甚至社会救助都没有被包括在内。然而,社会保护的概念则是开放的,不仅包括通常列举的社会保障各个分支项目,还包括了其他提供保护的形式:维拉考特列举的有社会救助、职业培训、就业服务等,也用较多的篇幅谈及雇主责任制和储备积累制(中央公积金或私人公积金)。

同样是在 1993 年,在第 80 届国际劳工大会上,国际劳工局局长米歇尔·汉森(M. Hansen)在所作的《社会保障的发展历程:社会保险——社会保障——社会保护》报告中说:"近期来,也就是在过去的三四十年期间,社会保障的概念已进一步扩大到向所有公民提供普及化的基本社会支持的社会保护体制,而不再考虑交纳投保金情况或就业史,……在这些新的保护体制中,政府往往是根据需要而不是权利来确定津贴的数额。"②

在汉森的讲话中,至少披露了两点:首先是社会保护不再纠结于缴费以及工龄,即超越了一直以来可能已经被绝对化了的社会保险的政策思路和制度安排;其次是确定保障待遇的参照物是"需要"而非"权利",这在一定意义上否定了风靡一时的欧洲普惠主义的福利国家政策的普遍意义。最终汉森将社会保护的立足点界定为"向所有公民提供普及化的基本社会支持"。

二十年过去了,前文所列举的欧洲委员会、经合组织和联合国所作的社会保护分类,应该是当今世界最新的关于社会保护外延的国际共识,显而易见,其中涉及的一些类别超出了一般公认的社会保障范围。譬如欧洲委员会分类中的住房保护和其他未分类的社会排斥保护,经合组织分类中的积极的劳动力市场项目、住房保护和其他社会政策领域,联合国分

---

① 林恩·维拉考特:《亚太地区的社会保护政策:发展变化及争论焦点》,葛蔓译,《中国劳动科学》1993 年第 9 期。
② 米歇尔·汉森:《社会保障的发展历程:社会保险——社会保障——社会保护》,《中国劳动报》1993 年 6 月 22 日。

类中的其他未分类的社会排斥保护、社会保护研究与开发和其他未分类的社会保护。这些项目应该是在新的形势下形成的对社会保护的国际共识。看起来,积极的劳动力市场项目——职业培训、就业服务等——二十年后仍然被强调,新的内容则加上了住房保护。

在三大国际组织的社会保护分类中有一个更明显的政策取向,就是社会保护不再"关门"——欧洲委员会的"其他未分类的社会排斥保护",经合组织的"其他社会政策领域",联合国的"其他未分类的社会排斥保护""社会保护研究与开发"和"其他未分类的社会保护"都为社会保护外延的进一步发展留下了充分的余地。

中国的学术界虽然在对社会保护的研究上有所滞后,但为数不多的新进的研究者也发表了相似的意见。譬如曾群在其《社会保护比社会保障有更大包容性》一文中指出:自 20 世纪 90 年代以来,社会保护已经逐步成为国际发展政策学界和开发组织所使用的一个重要术语。因为社会保护比较中性,具有较大的包容性,既可指发达国家普遍实施的社会保障制度(包括社会保险和社会救助),又可指一些发展中国家实施的应对绝对贫穷的社会安全网。①

国际劳工组织的报告对此作出解释:社会保护这个术语,因其内涵比社会保障更为宽泛,而被世界各地众多机构所引用。它经常被理解为比"社会保障"具有更广义的特征(特别是它还包括家庭成员之间以及本地社区成员之间相互提供的保护),但它也同样被人们狭义地使用(被狭义理解为,仅对最贫困、最弱势或者是被社会排斥的群体所采取的措施)。②

2. 社会保护和社会保障的共同性

因为社会保护的意义更为宽泛,因此有研究者建议用其取代社会保障:"社会保障只是社会保护或促进人们福利和提供经济保障的手段之一,有其特定的功能和适用范围,并不能全面地协助所有的公民处理各种社会风险,满足多样的社会需求,我们有必要超越现有社会保障体系,在其基础上构建一个更为全面的社会保护制度。"③

但是,国际劳工组织显然不准备接受这个意见,而是再次强调了两者的共同性。国际劳工组织认为:在许多情况下,"社会保障"和"社会保护"

---

① 曾群:《社会保护比社会保障有更大包容性》,《长江日报》2007 年 12 月 6 日。
② 参阅国际劳工局编著:《世界社会保障报告(2010—2011)》,人力资源和社会保障部社会保障研究所译,中国劳动社会保障出版社 2011 年版。
③ 曾群:《社会保护比社会保障有更大包容性》,《长江日报》2007 年 12 月 6 日。

在很大程度上都可以互换。而国际劳工组织则根据表达内容和所提建议的不同,在不同场合使用这两个术语。对于这一点,在《世界社会保障报告(2010—2011)》中,国际劳工组织是这样表述的:"相应地,本报告使用了'社会保护',主要基于以下两方面的考虑:(1)社会保护和'社会保障'可以互换;(2)'保护'是人们面临社会风险和社会需要时,由社会保障所提供的。"①

在国际劳工组织的文献中,社会保护和社会保障确实常常在同一意义上被使用。有趣的是,有时都可以轻而易举甚至"自然而然"地互换。譬如,在国际劳工组织题为《增长、就业与社会保护》②的报告中有这样一段话:"提供社会转移支付的社会保障体系是预防和减轻贫困的手段,它们直接而迅速地发挥作用,所谓的经济增长'散布'效应可能带来的好处无法与之相比。经合组织国家多年的经验表明,社会保护是减少贫困和不平等的有力工具;在许多经合组织国家,社会保护使贫困和不平等减少了大约一半。"在以上这段话中,开始时用的社会保障到后文中不知不觉地就变成了社会保护。

当然,社会保护和社会保障能在同一意义上使用,是因为社会保障一开始就是而且迄今仍然是社会保护的核心内容。早在七十年前,国际劳工组织在第 26 届国际劳工大会上通过的《费城宣言》(亦即《关于国际劳工组织的目标和宗旨的宣言》)中就有这样的表述:"社会保障为所有需要这些保护的人提供了基本收入,并提供综合的医疗服务。"

如前所述,随着社会经济的不断发展,社会保障的内容也在变化,但这主要表现在其外延不断地扩张。也就是说,人们获得社会保障,包括相应的社会服务和社会转移的途径和手段正在不断地丰富,甚至超越了关于社会保障传统边界和传统模式的国际共识。于是,社会保障便有了更多的与其他领域交叉、渗透、混合的机会。譬如,传统的被动接受的社会服务中已经被赋予更多的积极参与的内涵;又如,社会转移已不再将强调权利和义务对等的缴费或工龄等条件绝对化;再如,不再用同一个制度模式作为标准来衡量和评价所有国家相关制度的优劣,等等。

至此,一个以约定俗成的社会保障国际共识为核心,但又更具包容性

---

① 参阅国际劳工局编著:《世界社会保障报告(2010—2011)》,人力资源和社会保障部社会保障研究所译,中国劳动社会保障出版社 2011 年版。
② 国际劳工局编写:《增长、就业与社会保护:在全球市场经济中实现均衡增长的战略》,日内瓦,2007 年 6 月 12 日国际劳工大会劳工与社会事务部长非正式会议讨论报告。

和开放性的新概念——"社会保护",在人类历史中某一不确定的时刻悄然登台并且很快地发展起来。

三、社会保障最低标准和社会保护底限

在国际劳工组织的文献中,近年来经常使用的一个词组是"social protection floor"。在 2010—2011 年的《世界社会保障报告》的中文版[①]中,这个词被直译为"社会保护地板层"。词组中的"floor",本义是"地板",其引申义可谓"基底"。就"floor"本身的词义去推敲,在中文语境中是否可以用意译的方式,译成"底限"? 这样,"social protection floor"就成了"社会保护底限"。

前文中对社会保障和社会保护的概念的描述和分析,可以说是为进一步分析"社会保护底限"打基础、作铺垫。而要讨论社会保护底限,应该先提到一个七十多年前诞生的概念——国际劳工组织制定的"社会保障最低标准"。

1. 社会保障最低标准

成立于 1919 年的国际劳工组织,自称是"一个制定标准的组织",这些标准包括公约和建议书。在社会保障方面,迄今在国际劳工大会上已经通过了 31 项公约和 24 项建议书。在 2002 年,国际劳工组织又将其中的 6 项公约确认为最新的社会保障公约,这 6 项公约是《社会保障(最低标准)公约》(第 102 号公约,1952 年通过)、《工伤津贴条约》(第 121 号公约,1964 年通过)、《伤残、老年和遗属津贴公约》(第 128 号公约,1967 年通过)、《医疗和疾病津贴公约》(第 130 号公约,1969 年通过)、《就业促进和失业保护公约》(第 168 号公约,1988 年通过)、《生育津贴公约》(第 183 号公约,2000 年通过)。

其中的《社会保障(最低标准)公约》(以下简称《公约》),明文规定了 9 个社会保障项目。之后,又根据公约中关于"一般收入保障或一般社会救助计划"的规定,设定了第 10 个项目。这 10 个项目分别是医疗服务、(作为患病期间收入支持的)疾病津贴、伤残津贴、老年津贴、(负有赡养责任的家庭成员死亡后的)遗属津贴、生育津贴、(支持儿童抚养责任的)家

---

① 参阅国际劳工局编著:《世界社会保障报告(2010—2011)》,人力资源和社会保障部社会保障研究所译,中国劳动社会保障出版社 2011 年版。

庭津贴、失业津贴、工伤津贴和（防止贫困和社会排斥的）社会救助，由此而形成的社会保障外延，成为国际劳工组织所有与社会保障相关的任何讨论的参照系。公约还对每一个社会保障分支项目（计划）的最低待遇水平以及相应的权利和义务作出了规定。①

《公约》表达了国际劳工组织坚守了几十年的理念，就是要为世界各国绘制一幅社会保障制度建设的基本蓝图，提供一套能够为国际社会普遍接受的社会保障最低标准，从而使有需要的个人和社会群体都能获得有效的安全保护。公约全面阐述了一个国家社会保障制度在制定、融资、治理和监督等方面的指导原则，在推动国家层面的综合性社会保障制度的发展，并逐步扩大在世界各国中的覆盖面等方面起到了积极的作用。②

然而，《公约》在全世界的推行并不如预期得那么顺利。历史上，最早建立社会保障制度的都是现在所谓的发达国家，紧随其后的是中等收入国家，发展中国家只是最近才开始尝试建立类似的制度。

近年来，在很多场合，国际劳工组织都会提到一个关于社会保障覆盖面的基本判断：全世界被社会保障制度覆盖而且真正享受到了保障待遇的实际上只有一小部分人口，许多国家的社会保障实际上仅局限于少数几个保障项目。全世界只有 1/3 的国家（占世界人口的 28%）建立了涵盖国际劳工组织《公约》所规定各个项目的综合性保障体系。据估计，真正被综合性社会保障制度所覆盖的仅仅是正规就业的工薪雇员。据此推论，世界上享有此等待遇的其实只有 20% 的劳动年龄人口（和他们的家庭）。③

最新出版的《世界社会保护报告（2014—2015）》再次强调："目前只有 27% 的全球人口能够享有完善的社会保障系统的保护，剩余的 73% 的人口只能被部分保障或完全没有保障。换句话说，全球约有 52 亿人，没有途径获得充分的社会保障。"④

中国的研究者对此评论说："毫无疑义，人们最大的需求是获得保障与安全，获得适当的社会保护是所有人的权利，建立和完善社会保护制度

---

① 参阅国际劳工局编著：《世界社会保障报告（2010—2011）》，人力资源和社会保障部社会保障研究所译，中国劳动社会保障出版社 2011 年版。
② 吕茵：《国际劳工组织社会保障标准立法理念探析》，《理论界》2013 年第 1 期。
③ 参阅国际劳工局编著：《世界社会保障报告（2010—2011）》，人力资源和社会保障部社会保障研究所译，中国劳动社会保障出版社 2011 年版。
④ 参阅李华主编：《国际社会保障动态：反贫困模式与管理》，上海人民出版社 2015 年版。

是各国政府面临的挑战。据国际劳工组织提供的有关数据,世界人口的80%没有获得适当的社会保护。全世界人口的半数以上被排除在任何类型的国家社会保护政策之外,他们既不能从社会保险计划中受益,又不能获得社会福利的保护。"①

鉴于以上的判断,国际劳工组织的成员国达成一项共识:国际劳工组织的现行社会保障最低标准也应该与时俱进,应该提供新的建议指导各国社会保障权利的实现。于是,在2012年的国际劳工大会上通过了《关于国家社会保护底限的建议书》(第202号建议书,以下简称《建议书》),明确界定了保障的内容和保障的水平,并且提出了适合于各国实施的具体方法和途径。

此前,在联合国的另一个报告中,首先提出的是"社会经济底限"的概念,即必须为个人和家庭提供最低水平的社会保护,并将其无可争议地作为全球经济中社会经济底限的一部分。此后,"社会底限"或"社会保护底限"就被用来表示全球公民应该享受的最基本的社会权利、服务和设施。

2. 社会保护底限

从某种意义上说,"社会保护底限"概念的提出,是国际劳工组织在新形势下再度强调要对有需要的个人和社会群体提供安全保护,并希望世界各国对此作出可靠承诺的理念的新的表述。② 当今世界正面临着全球性的金融危机和经济危机,在这样的艰难时期,无论是对个体生活,还是对整个社会生活,社会保障在经济、社会和政策层面都在发挥着不可替代的稳定器作用。然而,以往对社会保障的理解,主要瞄准的是正规就业人群,因此,《建议书》中提出的新的建议是:各成员国要重新确定提供社会保障的选择顺序,优先考虑那些目前未受保护的、贫穷的、弱势的社会群体,譬如在非正经济组织中的工人及其家庭,要为这些社会群体在他们的整个生命周期中提供有效的、基本的社会保障。

《建议书》提出建议,无论社会保障制度的制定还是实施,各国社会保障制度的发展都应该采取渐进的方式。要设立明确的政策目标和实施的时间框架,有步骤地根据社会保护底限所确定的保障需求和优先选项,逐步覆盖所要覆盖的人群,逐步提高社会保护的水平。《建议书》还提出:要

---

① 高春燕:《人类安全与社会保护》,《中国人口报》2005年2月2日。
② 参阅国际劳工局编著:《世界社会保障报告(2010—2011)》,人力资源和社会保障部社会保障研究所译,中国劳动社会保障出版社2011年版。

重视以非缴费型或者根据经济情况来提供福利保障,确保相关制度安排的有效性,使被保护的社会群体和个人能够得到必要的商品和服务。①

2011年世界社会公正日(2月20日),联合国秘书长潘基文在他的致辞中说:"我们依然面对全球金融和经济危机的后果,如何应对这一挑战比以往任何时候都更加重要。对危机开始以来数千万失业者而言,全球(经济)衰退远未结束。这就是整个联合国系统在其对策中倡议制定社会保护底限的一个原因。这项努力旨在帮助确保人人享有基本社会服务,为民众提供获取体面收入的手段,并加大对穷人、弱势群体和边缘化群体的保障力度。"②

使用"社会保护底限"这个概念的好处在于其简明扼要。③ 联合国建议:为了实现多方面的人权,社会保护底限应由"社会服务"和"社会转移"两个方面构成。前者是指无论身处何地,都有经济能力享受清洁水源、卫生设施和医疗、教育等基本服务;后者是指建立一整套最基本的社会转移制度,无论是用现金还是实物,为穷人和弱势群体提供最低限度的收入保障,并使其享受最基本的服务,包括医疗服务。

关于社会保护底限,国际劳工组织目前的工作重点可以概括为:(1)为所有居民提供必要的经济保障,使其能够负担并可以享受国家规定的基本医疗服务,而国家则保证承担适当的、通常是筹资分担责任,并承担建立服务提供系统的基本责任;(2)通过家庭和儿童福利政策,使所有的儿童都得到收入保障,保障水平不低于国家规定的贫困线,以便儿童获得营养、教育和照顾;(3)通过社会救助或其他社会转移计划(如针对妇女在产前几周和产后一周期间的收入转移计划),结合失业保障或其他劳动力市场政策,为工资收入不足以维持生计的劳动年龄内人员提供最低收入保障;(4)建立针对老年人和残疾人的养老金制度,为所有老年和残疾居民提供收入保障,保障水平不低于国家规定的贫困线。

社会保护底限与国际劳工组织"人人享有社会保障"的"二维战略"是相一致的。所谓二维战略,包括纵向和横向两个维度。横向维度的发展

---

① 闫欣:《建立国家社会保护底线》,《中国社会保障》2014年第1期。
② This effort is designed to help ensure access to basic social services, provide people with the tools to generate decent incomes, and strengthen safeguards for the poor, vulnerable and marginalized.
③ M. Bachelet, *Social Protection Floor for a Fair and Inclusive Globalization*, http://www.ilo.org/global/publications/ilo-bookstore/order-online/books/WCMS_165750/lang-en/index.htm.

目标是:即使保障水平较低,也要通过落实社会保护底限,设法尽快使基本的核心保障项目——收入保障和医疗保健扩展到全体社会成员。纵向维度的发展目标是:在人们遭遇各种风险,譬如年老、患病、失业、丧失劳动能力或失去家庭经济支柱时,设法提供更高水平的收入保障和质量更高的医疗保健以维持人们一定的生活水准。随着国家财政能力的提高和社会政策的发展,社会保障项目的范围和水平至少要达到《公约》所规定的标准,然后再逐步提高到《公约》规定的更高水平。[①]

在《世界社会保护报告(2014—2015)》中郑重提出:《建议书》是第一次以国际法的形式确认了社会保障的三重角色,社会保障既是"基本人权",也是"社会和经济的必需品"。关于社会保护底限,《建议书》则强调提供核心的医疗保障和基本的收入保障的重要性,同时强调这些保障必须在整个社会保障系统中处于优先的位置,并以此为基础在更高水平上构建一国的社会保障体系。

报告还对"社会保护底限"在全球的发展作出了这样的展望:构建国家社会保护底限已经成为包括联合国、二十国集团、国际粮农组织、世界银行、欧盟等众多国际组织和跨国组织的共识。目前国际劳工组织正在与这些国际组织和跨国组织推动社会保障体系在全球各国的建立,并将其融入一国可持续的、包容性的发展中。[②]

本文原发表于《社会科学》2014年第10期,收入本书时略有增删修改。

[①] 参阅国际劳工局编著:《世界社会保障报告(2010—2011)》,人力资源和社会保障部社会保障研究所译,中国劳动社会保障出版社2011年版。

[②] 参阅李华主编:《国际社会保障动态:反贫困模式与管理》,上海人民出版社2015年版。

社会保护的历史演进

在 2012 年的国际劳工大会上,通过了《关于国家社会保护底限建议书》[①],这个事件在当代社会政策发展史上,应该是一个意义非凡的转折点。建议书的面世,表明有一个与社会政策相关的,或者说是与当今中文语境中的"民生保障"相关的新的国际共识正在形成。

应该强调的是:这个国际共识现在被称为"社会保护"(social protection)。对此,中国学者的认识是:"社会保护,在中国是一个使用频率比社会福利、社会保障、社会保险低得多的概念。在西方发达国家的社会政策研究中,自 20 世纪 90 年代以来,社会保护概念的使用

---

① 《国际劳工大会关于国家社会保护底线的建议书(第 202 号)》,国际劳工组织网站,http://www.ilo.org/wcmsp5/groups/public/---ed_norm/---normes/documents/normativeinstrument/wcms_r202_zh.pdf。

频率则日益增加。""很多大的国际组织和学者倾向于使用'社会保护'这个概念。"①

这个如今得到很多国际组织和著名学者青睐的新概念,究竟应作何解？国际劳工组织将社会保护定义为：通过不断的政府行动和社会对话而实现的一系列政策措施,其目的是确保所有的男人和女人都能享有尽可能安全的工作环境,获得充分的社会服务和医疗服务；并且在因疾病、失业、生育、伤残、丧失家庭主要劳动力或年老而造成收入丧失或减少时,能够得到足以维持生计的保障待遇。②

如果我们按照以往研究社会福利和社会保障的传统,从一个广义的角度去看待人类历史上所有的自我保护措施,并循着时间的线索去追溯社会保护的发展和演进,可以发现,在历史长河中,人类社会为了应对本身不断的进步和发展,以及这种发展变化带来的新的经济社会风险,曾经在社会保护的大旗下做出了怎样的历时性、动态性的不懈努力。

一、社会保护的历史演进及阶段划分

钱运春在《西欧生产方式变迁与社会保护机制的重建》一书中提出的研究思路,是从一种历时性的广义的"社会保护"视角出发的,并且对社会保护的历史演进提出了一个有用的分析框架："经济（生产力）发展推动生产方式的转变,不同的生产方式有不同的社会风险,需要不同的社会保护机制,社会才能平稳运行。"③

显而易见,钱运春的研究思路和分析框架与前一段时间国内学者热衷于将社会保障制度的发展与 GDP 增长作简单的线性相关的学术逻辑迥然不同。我们由此而得到启发,如果循着人类社会的社会保护机制历时性、动态性的发展去发掘历史真相,才有可能为深化社会保障制度改革找到真正的出路。

钱运春认为：人类社会的经济活动共经历了三种生产方式,农业（自

---

① 尚晓援：《中国社会保护体制改革研究》,中国劳动社会保障出版社 2007 年版,第 1、8 页。
② 国际职业安全与卫生信息中心撰稿：《提供全面保护,促进社会对话》,《中国安全生产报》2007 年 5 月 10 日。
③ 钱运春：《西欧生产方式变迁与社会保护机制的重建》,上海社会科学院出版社 2011 年版,第 2 页。

然经济)生产方式、工业化(机器大生产)生产方式和后工业化(信息化)生产方式。与以上三种生产方式的转变相对应,就产生了三种社会保护机制,即农业社会(生产方式)的社会保护机制、工业社会(生产方式)的社会保护机制和后工业社会(生产方式)的社会保护机制。① 在本文中,我们着重讨论的是工业化生产方式和后工业化生产方式以及与其相对应的工业社会的社会保护机制和后工业社会的社会保护机制。

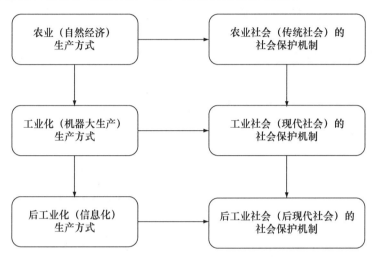

图 1　人类社会历史上的三种生产方式和三种对应的社会保护方式

在钱运春提出的分析框架基础上,本文试图进行更进一步的研究发掘,这就是:在历史发展的过程中,生产力或经济的发展、生产关系的转变和社会保护机制的变革并不是在同一历史时刻发生的。从某种意义上说,社会保护机制的变革和重建,总是会滞后于生产力或经济的发展和生产关系的转变。一般的规律是,生产力或经济通常会率先发展,继而带动生产关系的转变,然后再促使社会保护机制的变革和重建。

更为有趣的是,就本文着重讨论的两大阶段——工业社会(现代社会)的社会保护与后工业社会(后现代社会)的社会保护而言,每个阶段的社会保护机制都有一个从保守到变革再到重建的缓慢的渐变过程。实际上,在每一个阶段的前半期,基本上会继续沿用上一个阶段的社会保护机制,但是这必然与发展变化了的生产力和生产方式逐渐产生矛盾,最终积

---

① 钱运春:《西欧生产方式变迁与社会保护机制的重建》,上海社会科学院出版社2011年版,第1—4页。

重难返,引发质疑和批判。到了这一阶段的后半期,为适应社会的需要,就会逐渐演化出一种与发展变化了的生产力和生产方式相适应的新的社会保护机制。

因此,每个大的阶段又可以细分为两个小的阶段:在工业社会(现代社会)的社会保护阶段,又可划分出继续沿用农业社会的社会保护机制的"沿用传统社会保护"阶段和逐渐演变为工业社会的社会保护机制的"创新现代社会保护"阶段;在后工业社会(后现代社会)的社会保护阶段,又可划分出继续沿用工业社会的社会保护机制的"沿用现代社会保护"阶段和逐渐演化出后工业社会的社会保护机制的"创新后现代社会保护"阶段(图2)。

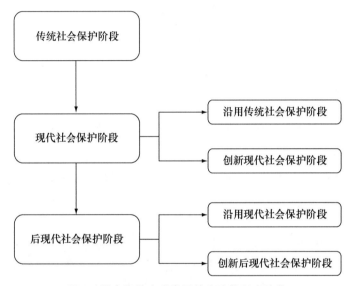

图2　社会保护方式发展的大阶段和小阶段

要说明的是,按照作历史划分的学术惯习,通常会以某一个历史时刻或某一历史事件为阶段划分的标志或曰里程碑。但是关于社会保护的历史划分,虽然我们想尽量尊重上述学术传统,但有时确实勉为其难。这恐怕是因为世界社会经济的发展从工业社会(现代社会)到后工业社会(后现代社会)是一个连续不断的变化过程,社会保护机制的变化也处于一个随着经济社会的发展变化而逐渐变革的演进过程中,所以有时要精确地以某一个历史时刻或某一个历史事件作为一个阶段划分的明确标志或里程碑,实在困难。同时,这样的困惑也与我们的研究刚刚起步,对问题的认识还很肤浅相关。当然,或许也是由于面对当代社会的这种历时性、动态性的变化,相隔的时间距离还太近的缘故。正所谓"不识庐山真面目,只缘身在此山中"。

二、社会保护历史演进的各个阶段

在钱运春的分析框架基础上,本文着重讨论的两大阶段为"现代社会保护阶段"和"后现代社会保护阶段"。我们在以上述新的理论框架内,利用很多在讨论社会福利和社会保障历史发展时我们其实已经非常熟悉的史实,进一步讨论社会保护是如何随着生产力的发展和生产方式的变革一步一步地走到今天的。更重要的是,我们试图厘清,我们今天是站在一个怎样的历史时点上以及我们应该怎么办。以下我们分而述之。

(一)两大阶段时间划分概述

在进入讨论的正题之前,我们先简要地对"现代社会保护阶段"和"后现代社会保护阶段"两大阶段的时间划分作一概述。在试图作出这样的阶段划分时,我们参考了阿尔温·托夫勒(Alvin Toffler)《第三次浪潮》①中对三次"浪潮""革命"或"文明"提出的时间划分。这是因为,从某种意义上说,《第三次浪潮》主要讨论的就是生产方式的变化对社会经济发展的影响,这正是我们论述的历史背景或者说社会脉络。具体的两大阶段的时间划分如下:

第一阶段,与托夫勒提出的工业革命的三百多年相一致,从17世纪到20世纪中叶。在这一阶段,发达国家的工业化逐渐成形、成熟并最后达到顶峰,社会保护也从最初的"国家济贫"逐渐发展到"福利国家"——这个阶段可称之为"现代社会保护阶段"。

第二阶段,与托夫勒所提出的信息革命的几十年相一致,从20世纪中叶迄今。在这一阶段,世界经济向信息化、全球化的后工业社会、后现代社会转变,先是"福利国家"遭受批判,然后以社会保险为核心的社会保障制度也受到质疑。根据我们在前文中提出的理论框架,之后就应该是新的社会保护理念和制度的逐渐确立——这个阶段可以称之为"后现代

---

① 托夫勒:《第三次浪潮》,朱志焱、潘琪、张炎译,生活·读书·新知三联书店1983年版,第4页。

社会保护阶段"。

在这里,要说明的是:就社会保护发展的国际趋势而言,我们目前已经进入"后现代社会保护阶段",并且正处于从"沿用现代社会保护"的第一个小阶段向"创新后现代社会保护"的第二个小阶段变化的转折点上。就此而言,真正的"创新后现代社会保护"对我们来说还是"未来学"。而国际劳工组织2012年通过的《关于国家社会保护底限建议书》,则很有可能正是这个意义重大的历史转折点的标志。

(二) 现代社会保护阶段

从具体的时间划分来说,关于社会福利、社会保障和社会保护的讨论,通常是以1601年英国的《伊丽莎白济贫法》为发端,这与钱运春对"西欧工业化时代"的起始时间1601年是一致的。在以下的讨论中,"现代社会保护阶段"的发端是指17世纪初。

但是,在我们的讨论中,这一阶段时间长度基本上与托夫勒所说"工业革命"的三百多年,即"第二次浪潮"相一致。其终结点比钱运春所说的"西欧工业化时代"的1939年略晚。

在现代社会保护阶段中,以19世纪中后期为界限,又可以划分出"沿用传统社会保护机制"的阶段和"创新现代社会保护机制"的阶段。

1. 沿用传统社会保护机制的阶段

这一阶段大致上是从17世纪初到19世纪中晚期,是从欧洲各国相继开始工业革命进程到现代工业国家基本成型。17世纪以前,虽然在一部分欧洲国家,如英国、法国和德国,工业革命已然破题,并有持续的进步与发展,但社会保护机制仍然沿用农业社会的传统模式,主要是以一家一户为社会支持的基本单位的家庭保障,加上社区(教区)中的邻里互助以及宗教的和世俗的慈善济贫。

但是,"工业革命推动的市场化和城市化必然导致社会分化,这种分化一旦缺乏相应的社会保护机制,特别是经营集团利用自身的先发优势和权力优势,将权力和资本相结合,强化对社会的剥削,就必然导致社会分化的恶化。"①于是出现了现代化过程中的第一个发展瓶颈,即钱运春所说的"贫困陷阱"。

---

① 参阅钱运春:《西欧生产方式变迁与社会保护机制的重建》,上海社会科学院出版社2011年版。

作为工业革命发源地的英国,最早感受从传统走向现代的社会变迁的挑战和压力。于是,在1601年,英国的《伊丽莎白济贫法》开启了国家直接干预济贫事业之发端。在工业化发展的早期,就开创了被后世称为"英国模式"的社会保护机制。

然而,《济贫法》最直接的目标主要是以国家和法律的名义对"游民"进行惩治,真正的济贫责任则交给了民间的慈善组织。在教堂和牧师倡导下,旨在帮助社会贫弱群体的民间慈善组织发展起来。后来,这些民间慈善组织联合起来组织起"慈善组织协会",派出"友善访问员",帮助贫困家庭适应社会,改善生活,这就是现代社会工作和社会服务之源头。

在社会福利理论中,有一种称为"补救型"的福利模式,可以理解为在因市场或家庭的作用的缺失而造成社会成员生活困难时进行补救的社会保护机制,这实际上指的就是"英国模式"或"盎格鲁-撒克逊模式"。虽然当年在整个西欧,慈善济贫实际上是一种普遍的文化传统。但英国首先以国家立法的手段接管了济贫事业,所以这样的社会保护方式就打上了英国的标签。英国模式的核心理念是"人的需要",基本手段是"自上而下的施予"。在行政程序上,则强调要以进行严格的"家庭经济调查"为前提,以确定申请者是否"真的"贫困或"真的"有需要。

在英国的补救型福利模式的背后,潜藏的仍然是农业社会传统社会保护的制度文化惯性——强调眼见为实的"需要",一直要到贫困已经成为既成事实才会施以援手。这种社会保护手段与工业国家快速发展的社会化大生产仍然不相适应。到19世纪中期,经济危机、失业增加、工资下降和物价上涨使得社会大众生活普遍贫困,出现了现代化过程中的第二个发展瓶颈,即钱运春所说的"城市化陷阱"。

2. 创新现代社会保护机制的阶段

这一阶段大致上是从19世纪后半期到20世纪中叶,是欧美各国工业化从成型走向成熟的阶段。城市化陷阱造成的普遍的社会危机引发了新的制度变革,社会保护机制的创新首先在当年具有相对"后发优势"的德国取得了成功。19世纪后半期德意志帝国的统一,推动德国经济在工业化的道路上高歌猛进,并在欧洲乃至全世界呈现出快速崛起的姿态。然而,因为在国内对劳工过度的压迫和剥削,阶级矛盾十分突出,工人运动风起云涌,最终导致社会激烈动荡。对此,有一批经济学家敏锐地意识到在国家分配过程中存在着严重的"弊害",于是开始致力于社会政策的研究,继而帮助俾斯麦首相建立了社会保险制度。

在社会福利理论中，另有一种制度型的福利模式，可以理解为以权利为价值判断的基础，通过社会对话明确政府、雇主和雇员在社会保护机制中各自的责任，最终通过立法的方式将具有共识性的社会契约提升为国家法律制度的社会保护机制，这种制度模式被后世称为"德国模式"或"欧陆模式"。这种由工人阶级不懈斗争争取来的自下而上再将其法律化的社会契约，强调的是"人权"。具体的操作方式是"社会对话"和"三方机制"，即政府、雇主、雇员三方以社会团结为目标，通过协商谈判最终达成共识来采取共同的行动，并作出相应的制度安排。

第二次世界大战结束后，发达国家或者说是工业国家，从战争的废墟上开始重建，凭借其已经成型的工业化基础，如雄厚的科学技术力量和丰富的企业管理经验，创造了长达二十多年资本主义发展的"黄金时代"。这一经济成就，也宣示了工业化、现代化社会开始走向成熟，走向顶峰。以上的判断，与托夫勒对第二次浪潮，即工业文明在第二次世界大战后10年，亦即20世纪中叶达到顶峰的说法是一致的。与此相伴相随的是，在战后"战时共产主义"的社会氛围中，以凯恩斯经济学为理论基础，以《贝弗里奇报告》为制度蓝图，制度型的福利模式或社会保护模式也走向了其巅峰时刻，开创了一个以"福利国家"为旗帜的新时代。

福利国家的经验，也使以社会保险为核心的社会保障制度成为一种普遍的国际共识。1952年国际劳工大会通过《社会保障（最低标准）公约》，规定了十个社会保障项目，其中有七项，包括疾病津贴、伤残津贴、老年津贴、遗属津贴、生育津贴、失业津贴和工伤津贴采用的是社会保险的方式，即通常所谓的七大社会保险项目；其他两项，家庭津贴和社会救助，则分别采用社会津贴和社会救助的方式；还有一项，即医疗服务，既可以采用社会保险方式，也可以采用直接提供服务的方式。

从德国的制度型福利模式发展出来的福利国家模式，再到更为普遍的以社会保险为核心的社会保障模式，表现了在工业国家逐渐走向成熟、走向顶峰的历史过程中的社会保护机制的变革与创新。这种依靠集体力量，强调预防风险的社会保护机制，深刻地体现了托夫勒所说的工业社会的标准化、专业化、同步化、集中化、好大狂和集权化等原则或特征。[①] 因此，毫无疑问是与工业化、城市化、现代化的第二次浪潮是相适应的。在

[①] 托夫勒：《第三次浪潮》，朱志焱、潘琪、张炎译，生活·读书·新知三联书店1983年版，第7—8页。

产业结构以劳动密集型产业为主并提供了充分的就业岗位的前提下,个人有工作能力和工薪收入时,在国家的干预下将一部分收入储存起来,以备在未来遭遇社会风险时的不时之需。

应该指出,在这一时期,因为生产力的进步、生产方式的发展和社会保护机制的创新能够互相适应,导致了发达国家社会经济的协调发展。《危机后的反思——西方经济的改革之路》的作者之一汉斯约里·赫尔(Hansjorg Herr)在接受《文汇报》采访时谈道:这些类似的政策(如"罗斯福新政""福利国家"),在当时所有主要的资本主义国家里都得到了实施,于是便有了20世纪50—60年代的黄金时代。①

(三)后现代社会保护阶段

20世纪中期以降,世界上发生了一系列的社会变迁:从20世纪60年代的"非殖民化"和民族独立运动,再到70年代的"石油危机",使发达国家逐渐丧失了在劳动力、原材料和能源方面的资源优势。这种釜底抽薪式的社会变迁,令资本主义的黄金时代戛然而止。于是,在80年代便出现了"保守主义革命",其结果是"把国内和国际的金融市场进行了彻底的放松规制"。②

在《第三次浪潮》一书中,托夫勒从另一种角度诠释了以上的变化。他认为:"当今世界许多变化和趋势都是相互联系在一起的,是宏观世界的组成部分。它意味着工业化文明的末日,一个新文明正在兴起。"③

赫尔所说的"彻底放松规制",给了资本超越民族国家界线漫游全球的极大自由,于是就有了之后风靡世界的"全球化"。托夫勒预言的以信息化为先导的第三次浪潮,也在后来的几十年中渐成事实。于是,我们这个星球就开始进入了以信息化、全球化为代表的后工业社会或后现代社会。

在这一阶段里,后工业社会、后现代社会赖以生存和发展的新依据已经与工业社会、现代社会的基本法则相冲突,有时候,这样的冲突还表现得非常激烈。社会保护和生产力、生产方式之间,也处于一种越来越不相

---

① 权衡:《一个放松规制的市场体系会导致高度的不稳定性》,《文汇报》2014年6月16日。
② 同上。
③ 托夫勒:《第三次浪潮》,朱志焱、潘琪、张炎译,生活·读书·新知三联书店1983年版,第3页。

适应的态势。虽然相信创新"后现代社会保护机制"的阶段终将会来临，但是，就社会保护机制而言，我们迄今为止仍然处于沿用现代社会保护机制的阶段。

1. 沿用现代社会保护机制的阶段

这一阶段，大致上是从20世纪80年代一直到现在。资本主义黄金时代在20世纪70年代被终结，致使福利保障待遇曾经一路攀升的福利国家政策出现了财政危机。由此，在发达国家出现了一股批判凯恩斯经济学和福利国家的思潮，并最终导致80年代的"保守主义革命"。1979年英国的撒切尔夫人和1980年美国的里根总统上台后，便开始了"社会福利制度改革"——试图拿现代社会保护机制中最激进的福利国家模式充当经济不景气的替罪羊。对此，我们的评论是：真问题，假改革。

所谓真问题，是指与工业社会、现代社会相适应的以社会保险为核心的社会保障制度，与当代的后工业社会、后现代社会不相适应了。近年来，国际劳工组织多次提及一个基本事实：从1952年《社会保障（最低标准）条约》出台至今，实际上建立了符合国际劳工标准的综合性社会保障制度，亦即以社会保险为核心的社会保障制度的国家只有三分之一，真正受到综合性社会保障制度庇护的劳动年龄人口及其家庭更是只有五分之一，而大多数国家其实只有支离破碎的很少几个社会保障项目。

所谓假改革，指的是从英国和美国开始后来几乎席卷所有发达国家的社会福利制度改革。将经济不景气归咎于"懒惰的穷人"，是一个基于新教教义的"古董级"话题。在全球化的浪潮中，再也不受民族国家国境线限制的资本是最大的赢家，而仍然被限制在国境线之内的政府权力和劳动就业却都处于困顿之中。自由的资本到发展中国家去投资以更低的成本攫取更丰厚的利润，但这给发达国家本身带来的则是税收锐减和大量失业。于是代表大资本利益的右翼领导人以"拿穷人开刀"的"社会福利制度改革"，成功地转移了国内中产阶级的愤怒。

但更重要的是，在新自由主义理论的影响下，"这些对金融市场的放松规制导致了金融市场经历了一场又一场的危机。……放松规制也导致了投机的泡沫，包括席卷全世界的房地产市场、网络经济的投机泡沫，这都造成了极大的资源浪费"，"市场激进型的资本主义"直接"导致了2008年的深重危机。这是一种把自己消耗殆尽的资本主义，它不可能在未来给我们带来经济繁荣。"①这应该就是现代化过程中的第三个发展瓶颈,即钱运春所说的"全球化陷阱"。

对于同样的问题,更为超然于托夫勒的未来学的解释也许更加显示正能量,更加意味深长:"世界并没有面临末日,人类的历史才刚刚开始。世界在混乱骚扰底下,蕴藏着惊人的希望和前景。"但是,他指出:"世界上许多严重问题,都不再能在工业制度结构中解决了",而"政治的根本问题在于:谁能为新文明的兴起作出规划,以取代旧的工业社会。"②

2. 创新后现代社会保护机制的阶段

这一阶段,也许我们应该说它尚且属于未来,但在这里也不妨也来作一些未来学的预测。当今世界,已经为第三次浪潮席卷,但这股浪潮依然在不停地奔腾向前,并随时随地向四下漫延和扩展。然而,迄今为止,第三次文明却远未最终成型,更谈不上成熟。因此,在以社会保险为核心的现代社会保护机制在全世界受限、受困之时,创新后现代社会保护机制的"新文明"正在不露声色地登上历史舞台。也许现在我们还没有意识到,后现代社会保护机制的发展正站在十字路口。这个意义重大的转折点,也许就是我们在文章的开头所说的,2012年国际劳工组织通过的《关于国家社会保护底限建议书》的问世。

三、社会保护底限与机制创新

接下来,我们要讨论的问题是:为什么说《关于国家社会保护底限建议书》是一个体现了社会保护机制创新的新文件,这个建议书又为我们提出了怎样的与后工业社会、后现代社会相适应的新思想?

(一) 建议书中表达的新思想

要讨论国际劳工组织2012年的《关于国家社会保护底限建议书》中表达的新思想,恐怕唯有通过与六十年前的《社会保障(最低标准)公约》比较,才会有更加清晰的认识。

如前所述,在《第三次浪潮》一书中,托夫勒概括出了工业社会的基本

---

① 权衡:《一个放松规制的市场体系会导致高度的不稳定性》,《文汇报》2014年6月16日。
② 托夫勒:《第三次浪潮》,朱志焱、潘琪、张炎译,生活·读书·新知三联书店1983年版,第3,5页。

原则或特征,即标准化、专业化、同步化、集中化、好大狂和集权化。托夫勒认为:"各种文明都有潜在的法则,有一整套规律和原则贯穿在它的一切活动之中,好像是经过反复设计好了似的。工业化推向全球,它的独特潜在的设计变得清晰可见,它包括六个相互联系的原则,统筹安排了千百万人的行动。"①

1952年,在工业社会从成型走向成熟的历史背景下出台的《社会保障(最低标准)条约》,可以说集中体现了上述工业社会的这些"统筹安排千百万人行动"的基本原则和特征:第一,条约本身就是标准化的象征,诸如基本概念、制度框架、运行模式等,都在条约中被统一起来。第二,社会保障本身被专业化了,其纷繁复杂的法规条款,将劳动者的需要与权利尽收囊中,成为一个对其具有控制权和话语权的官员和专家有利的"灰箱"。第三,所有的工薪劳动者,从缴纳费用到享受待遇,就时间和机会而言基本实现了同步化。第四,社会保险基金的统一管理、统一缴费和统一给付,更是充分体现了集中化的原则。第五,好大狂表现在推行社会保障的发展策略上,歧视就是要将以社会保险为核心的社会保障制度,亦即福利国家模式的基本框架"一刀切"地推向全球。第六,集权化体现在社会保障制度高度集中的管理方式,进一步将劳动者的需要与权利直接与企业、与国家,尤其是后者紧紧地捆绑在一起。

不能仅仅以"好"与"坏"或者"对"与"不对"来评论上述以社会保险为核心的社会保障制度,因为当其特征与工业社会赖以立足的这些基本原则完全相适应乃至完全一致时,这样的制度肯定是"好"制度,是"对"的制度。但是,当制度所倚仗的社会脉络发生了根本性的变化时,制度就变"坏"了,变成"不对"的制度了。就此而言,上述理论逻辑对任何社会政策乃至经济政策应该都是有解释力的。

实际上,在20世纪中期,福利国家的理想一经提出,就有学者提出批评。这种批评来自两个方向:一种批评的出发点和归宿都是"自由市场",其中最为著名的莫过于1944年出版的弗里德里希·哈耶克(F. Hayek)的《通向奴役之路》。②

另外还有一种批评的出发点和归宿则是"社会保护",这就是同样在

---

① 托夫勒:《第三次浪潮》,朱志焱、潘琪、张炎译,生活·读书·新知三联书店1983年版,第92页。

② 参阅哈耶克:《通向奴役之路》,王明毅、冯兴元译,中国社会科学出版社1997年版。

1944年出版的卡尔·波兰尼(Karl Polanyi)的名著《大转型：我们时代的政治与经济起源》。波兰尼在他的书中提出：现代社会为两个方向完全相反的作用力所支配，一种力量要释放市场力量，另外一种力量则要保护社会。波兰尼认为：所谓"大转型"，涉及"社会之中两种组织原则的作用"。"其中之一就是经济自由主义的原则，其目的是要建立一个自律性的市场"，"另一个原则是社会保护的原则，其目的是人类、自然和生产组织的保护"。① 由此看来，波兰尼的著作应该就是"社会保护"概念的出处，或者说，是波兰尼的社会经济思想为社会保护提供了学术理论支持。

如果把社会保护看作是人类社会的自我保护，那么在其内涵和外延上就会表现出一种与工业社会、现代社会完全不同的思维方式和理论逻辑。人类社会自我保护的思想在2012年的《关于国家社会保护底限建议书》中得到了体现，这个文件以个性化、多元化、差异化、分散化、适度性和自主化等原则与特征，既从工业社会、现代社会的封闭和狭隘中突围，又与后工业社会、后现代社会的开放和包容迅速地融合到一起。

表1 社会保护的历史演进

传统社会保护阶段 农业社会三千多年	现代社会保护阶段 工业社会三百多年		后现代社会保护阶段 信息社会三十多年	
	沿用传统社会保护机制的阶段 17世纪初到19世纪中晚期	创新现代社会保护机制的阶段 19世纪末到20世纪中晚期	沿用现代统社会保护机制的阶段 20世纪中晚期迄今	创新后现代社会保护机制的阶段 未来
随意性	补救型、随意性、恩赐性	制度型、标准化、一刀切	制度型、标准化、一刀切	开放型、包容性、可选择
家庭保障、家族保障、社区互助、宗教慈善	家庭保障、家族保障、社区互助、宗教慈善、慈善事业、社会救助	家庭保障、家族保障、社区互助、宗教慈善、慈善事业、社会救助、社会保险、社会津贴、社会服务	家庭保障、家族保障、社区互助、宗教慈善、慈善事业、社会救助、社会保险、社会津贴、社会服务	家庭保障、家族保障、社区互助、宗教慈善、慈善事业、社会救助、社会保险、社会津贴、社会服务、住房保护、教育保护、就业保护、社会排斥保护

---

① 波兰尼：《巨变：当代政治与经济的起源》，黄树民译，社会科学文献出版社2013年版，第241—242页。

(二) 社会保护的开放性和包容性

在当代,社会保护已经发展成为一个涉及极广的针对社会领域而建构的保护机制。如果作空间上的横向比较,可以看到,在不同的国际组织给出的社会保护外延中,不仅包涵了以往社会保障制度传统定义中所包括的内容,还将以往并不认为是传统的社会保障制度范围的内容也涵盖在内。表2中,将欧洲委员会、经合组织和联合国的社会保护概念的外延中,属于传统社会保障范畴和不属于传统社会保障范畴的保护手段放在一起,进行了对比。

表2 社会保护的外延

	传统社会保障范畴	非传统社会保障范畴
欧洲委员会	疾病/医疗服务保护、残疾保护、老年保护、遗属保护、家庭/儿童保护、失业保护	住房保护,其他未分类的社会排斥保护
经合组织	老年保护、遗属保护、丧失劳动能力保护、健康保护、家庭保护、失业保护	积极的劳动力市场项目、住房保护,其他社会政策领域
联合国	健康保障、疾病和伤残保护、老年保护、遗属保护、家庭和儿童保护、失业保护	住房保护、其他未分类的社会排斥保护、社会保护研究和开发、其他未分类的社会保护

资料来源:国际劳工局编著:《世界社会保障报告(2010—2011)》,人力资源和社会保障部社会保障研究所译,中国劳动社会保障出版社2011年版。

对此,国际劳工组织的报告中作了这样的解释:"社会保护"经常被理解为比"社会保障"具有更广义的特征(特别是它还包括家庭成员之间以及本地社区成员之间相互提供的保护),但它也同样被人们狭义地使用(被狭义理解为,仅对最贫困、最弱势或者是被社会排斥的群体所采取的措施)。①

世界银行从减贫角度出发对"社会保护"的定义则走得更远:"仅仅在遭遇风险时向低收入者提供临时性的救助和津贴是远远不够的,应该对人力资本投资(如对教育和医疗卫生投资)的主张进行公共干预,帮助个人、家庭和社区更好地管理风险;对受到社会剥夺的低收入者提供支持,

---

① 国际劳工局编著:《世界社会保障报告(2010—2011)》,人力资源和社会保障部社会保障研究所译,中国劳动社会保障出版社2011年版,第15页。

创造更多的就业机会。"①

中国的学者对此评论说："社会保护这个概念……用以概括各种形式的国家干预政策,这些政策旨在保护个人免受市场不测造成的种种后果的危害。""社会保护是一个比社会保障更宽泛的概念,可以包括多种多样、正式和非正式的保护方式,并且突出对弱势群体进行支持的政策目标。"②

"社会保护底限"特别强调对弱势群体的保护。在2011年世界社会公正日(2月20日),联合国秘书长潘基文在他的致辞中说:我们依然面对全球金融和经济危机的后果,如何应对这一挑战比以往任何时候都更加重要。对危机开始以来数千万失业者而言,全球衰退远未结束。这就是整个联合国系统在其对策中倡议制定社会保护底限的一个原因。这项努力旨在帮助确保人人享有基本社会服务,为民众提供获取体面收入的手段,并加大对穷人、弱势群体和边缘化群体的保障力度。③

从社会保护的历史进程中,可以观察到一个非常有趣的现象。这就是,在整个发展过程中,社会保护的具体方式虽然在不断地发展进步,但从未因新的保护手段的出现并逐渐占据优势因而淘汰旧的保护手段。譬如说,人类社会从一开始就有家庭保护和家族保护;到了传统的农耕社会,便又发展出社区互助和宗教慈善;到了工业社会,又有了作为国家制度的社会救助、社会保险和社会津贴,还有社会服务。但是,工业社会的现代社会保护手段并没有完全取代农耕社会的传统社会保护手段,即便是当时被认为更为先进的社会保险制度的出现也没能淘汰被认为已经落后的社会救助制度。反倒是从最早的家庭保护到现代的社会保障,构成了一个社会保护的大家族,所有的保护手段都在一起和平共处并相辅相成。

且不说如今的社会保护已经扩张到教育、住房等非传统社会保障领域,这个概念甚至已经超越了传统的社会范畴,"侵入"到经济领域和政治领域。譬如,积极的劳动力市场政策、对社会排斥的行政干预和法律干

---

① 转引自谢东梅:《低收入群体社会保护的政策含义及其框架》,《商业时代》2009年第21期。
② 尚晓援:《中国社会保护体制改革研究》,中国劳动社会保障出版社2007年版,第8页。
③ This effort is designed to help ensure access to basic social services, provide people with the tools to generate decent incomes, and strengthen safeguards for the poor, vulnerable and marginalized.

预,等等。有研究表明:社会保护机制的作用不仅作为保护性因素,还可作为生产性因素。劳动者需要稳定的收入保障来为自己和家庭进行长远谋划。劳动者稳定的收入保障对于经济也是非常有益的,因为这可以使有效需求的预测具有可操作性。

《关于国家社会保护底限建议书》没有像六十年前那样制定一个标准,而是将所有社会保护手段列出了一张清单,让所有的成员国自行选择并搭配成"自己的"社会保护机制。这是否可以理解为新的国际共识是以建议书而不是以新的公约面世的原因之一?

本文原发表于《社会科学》2015年第8期,收入本书时略有增删修改。

中国城市居民的"基本生活需要"

2004年,中国社会科学院社会政策研究中心以"基本生活需要"为核心概念,在北京、上海、天津、沈阳、西安、武汉和成都等七个城市进行了"中国城市居民基本生活需要测度"的研究课题,以随机的分层抽样的方法,对3518名(每个城市500名)调查对象进行了入户问卷调查。根据统计分析的结果撰写了这份报告。

之所以要做"中国城市居民基本生活需要测度"这个课题,目的是试图对"基本生活需要"这样一个与老百姓日常生活或切身利益密切相关的重要概念,给出一个在社会政策和社会立法层面上具有实践意义并且可作定量分析和研究的操作性定义。

一、研究"基本生活需要"的重要性和实践意义

在中国社会里,"基本生活需要",可以说是分配与再分配领域中"社会保障"和"最低工资"以及其他类似的社会政策和社会立法最常用的概念之一。因此,要阐述"基本生活需要"这个概念的重要性,就要从其与社会保障和最低工资以及其他类似的社会政策和社会立法的关系说起。

(一)"基本生活需要"与社会保障制度

在中国,较早、较多地运用"基本生活需要"这个概念的是在社会保障研究领域。若说"基本生活需要"以及类似的概念,在20世纪最后的二十年中,亦即改革开放初期出版和发表的有关社会保障的文献著作中已然"混得脸儿熟",恐怕一点也不过分。

类似的概念最早见于1989年出版的,由陈良瑾主编的《社会保障教程》一书,在这本书中,作者提出了"社会保障的目标是满足人的基本需要"①的观点。此后,这个提法被中国从事社会保障研究的专家学者们所广泛接受。

出版于1999年,由雷洁琼和王思斌主编的《中国社会保障体系的建构》一书中也曾提到:"现实—理性的社会保障制度以保障社会成员的基本生活和促进其发展为根本目标。"②

1998年,周弘在其著作《福利的解析:来自欧美的启示》中,将研究视野扩展到国际社会。她谈到,《联合国人权宣言》宣称:社会的每个成员都有权享受社会保障——"人类的生存是最重要的,首先应当保障人的生命,其次要保障人类社会成员的基本生活需要"。③

在1996年出版的《社会保障经济理论》一书中,丛树海在作文献回顾时评论道:"对社会保障基本性质的认识比较一致","在社会保障提供的标准上,一般都认为是对基本生活的保障。"④现在看来,这个评价对此前和此后的社会保障文献著作其实都同样适用。

---

① 陈良瑾主编:《社会保障教程》,知识出版社1989年版,第6页。引文中的重点号为本报告作者另加,下同。
② 雷洁琼主编:《中国社会保障体系的建构》,陕西人民出版社1999年版,第97页。
③ 周弘:《福利的解析:来自欧美的启示》,上海远东出版社1998年版,第167页。
④ 丛树海:《社会保障经济理论》,上海三联书店1996年版,第18页。

譬如，在1991年出版的，侯文若所著的《社会保障理论与实践》一书中是这样给社会保障一词下定义的："社会保障可理解为对贫者、弱者实行救助，使之享有最低生活，对暂时和永久失却劳动能力的劳动者实行生活保障并使之享有基本生活，以及对全体公民普遍实施福利措施，以保证生活福利增进，而实现社会安定，并让每个劳动者乃至公民都有生活安全感的一种社会机制。"①

又如，1995年出版的，杜俭、郑维桢主编的《社会保障制度改革》一书中认为，社会保障是"政府和社会为了保持经济的发展和社会的稳定，对劳动者和社会成员因年老、伤残、疾病而丧失劳动能力或丧失就业机会，或因自然灾害和意外事故等原因面临生活困难时，通过国民收入分配和再分配提供物质帮助和社会服务，以确保其基本的生活需要"。②

再如，在1997年出版的《论中国特色的社会保障道路》一书中，郑功成界定社会保障时提出："社会保障的目的是通过国家和社会出面来保证社会成员的基本生活权益和不断改善、提高社会成员的生活质量，促进并实现社会的稳定发展。"③

根据以上所引用的各家之言，可以归纳出，在社会保障研究领域中，从一开始，"基本生活需要"以及类似的概念无疑已经成为一个"核心概念"，这个概念实际上将会对中国社会的再分配起到关键的作用。从某种意义上说，社会保障是在现实条件下可能实现的一种特殊的"按需分配"，在这里，这个"需"字只能理解为"基本生活需要"。譬如，在中国各项社会保险制度中，都强调了类似的价值观念：1995年国务院《关于深化企业职工养老保险制度改革的通知》中指出：改革的目标是"为了保障企业离退休人员基本生活"；1999年国务院制定的《失业保险条例》的目标也是"为了保障失业人员失业期间的基本生活"。④

（二）"基本生活需要"与最低工资制度

"最低工资标准"自20世纪初以来，由于国际劳工组织的大力推介，逐渐为世界上大多数国家所接受。尤其是发展中国家，纷纷立法给予确

---

① 侯文若：《社会保障的理论与实践》，中国劳动出版社1991年版，第11页。
② 杜俭、郑维桢主编：《社会保障体制改革》，立信会计出版社1995年版，第4页。
③ 郑功成：《论中国特色的社会保障道路》，武汉大学出版社1997年版，第5页。
④ 《关于深化企业职工养老保险制度改革的通知》、《失业保险条例》，劳动与社会保障部网站，http://www.molss.gov.cn。

认。在与"最低工资"相关的概念中,"基本生活需要"又成为其中的"关键词"之一。

1970年通过的国际劳工局第131号公约《确定最低工资并特别考虑发展中国家公约》中提出:"确定最低工资水平时应考虑的因素包括:……工人及其家庭的需要。"同时通过的国际劳工局第135号建议书《确定最低工资并特别考虑发展中国家建议书》也提出:"确定最低工资,应当成为旨在战胜贫困,保证全体工人及其家庭需要的政策的内容之一。"①

在《最低工资:实践与问题的国际评述》一书中,国际劳工局官员杰拉尔德·斯塔尔谈到"最低工资立法几乎盛行于所有拉美国家"时指出,"大多数国家在宪法或法规条文中都提出,政府要保证工人获得的工资能够维持基本生活标准"。②

在1994年7月第八届全国人大八次会议上通过的《中华人民共和国劳动法》第48条规定:"国家实行最低工资保障制度。"与《劳动法》的精神相一致,1993年颁布的《企业最低工资规定》和2003年颁布的《最低工资规定》的第1条,都开宗明义地将"保障劳动者个人及其家庭成员的基本生活"作为"制定本规定"的三大理由或目标之一。③

综上所述,无论国际国内,对"最低工资"的定义又是围绕着"基本生活需要"这个核心概念展开的。类似的社会政策和社会立法无疑就此确立了"基本生活需要"在初次分配中的地位和作用。显而易见,这样的理解和诠释会使初次分配中暗含了再分配的因素。

(三)"基本生活需要"和其他相关制度

当然,"基本生活需要"(基本生活水平)这个概念的应用并不局限于社会保障和最低工资这样两个领域,其他与人民生活密切相关的社会政策设计,同样也有可能用到这个概念。

譬如,一直以来,国内热衷于讨论的个人所得税起征点问题,各种专家意见林林总总,从主张将800元的现行起征点提高到1200—4000元的

---

① 国际劳工局第131号公约《确定最低工资并特别考虑发展中国家公约》,国际劳工局第135号建议书《确定最低工资并特别考虑发展中国家建议书》,载杰拉尔德·斯塔尔:《最低工资:实践与问题的国际评述》,马小丽译,经济管理出版社1997年版,第208、209页。

② 同上书,第9页。

③ 《企业最低工资规定》、《最低工资规定》,劳动与社会保障部网站,http://www.molss.gov.cn。

都有。其实,从国际惯例看,起征点以内的收入被称为"豁免额",其含义就是这部分收入是个人或家庭用于满足"基本生活需要"的,不应该征税,政府须予以豁免。

在《个人所得税制的国际比较》一书中,"各国税制比较研究"课题组认为:"在确定个人所得税的课税对象(或征税范围)之后,还必须按照国际通行的办法,从个人收入总额(或各种毛收入)中,扣除各项成本费用以及赡养纳税人本人及其家属的生计费用和其他必要的费用,仅就扣除费用后的余额征税。"①最近媒体上的讨论都纯粹以现行标准制定以来工资增长多少为依据来讨论问题,衡量标准的参照物把握不好,反而失去了讨论的基础。因此,以"基本生活需要"的概念为基础来讨论这个问题,对厘清起征点问题的头绪显然是有益的。

同样,在讨论其他与城市居民个人和家庭的切身利益相关的支出问题,如教育、医疗、住房等费用时,"基本生活需要"的概念都是一个必须加以考虑的重要因素。

总而言之,在社会政策的策划和设计过程中,"基本生活需要"这一概念的影响几乎是无时不在,无处不在,因此,给出这个概念的操作性定义并进行定量研究应该是一个值得悉心研究的课题。

二、关于"基本生活需要"认识上的误区

如前所述,按社会科学研究的一般规律,作为社会保障制度和最低工资标准测定的核心概念之一的"基本生活需要",应该有其明确的定义。同时,社会保障制度和最低工资标准的设计都是与社会政策研究密切相关的应用社会科学课题,所以,研究者应该想到在与政策相关的操作层面上进一步界定这个概念,同时向定量化的方向发展。于是,便会产生对"基本生活标准"的操作性定义及度量方法的研究冲动。

然而,奇怪的是,虽然中国的专家学者几乎众口一词地用这个词,但什么是"基本生活需要"?对这个概念本身却很少有人给予解释。究其原委,恐怕是对于这个概念本身,专家学者们都认为已经约定俗成,其含义似乎就应该不言自明。

---

① 各国税制比较研究课题组编著:《个人所得税制国际比较》,中国财政经济出版社1996年版,第55页。

在 20 世纪 80 年代中开展社会保障研究的初期,陈良瑾根据马斯洛的"需要层次论",把人的基本需要定义为生存需要和安全需要。① 这个用定性的方法作出的界定有一定的道理,但却模糊。如果从社会政策的角度去看待这个定义,可能会马上想到,在用定性的方法给出定义之后,紧接着就需要考虑可以与定量分析相联系的更具操作意义的进一步界定。

穆怀中在《中国社会保障适度水平研究》一书中解释自己提出的社会保障定义时,将"保障程度"界定为"基本经济生活安全"。他认为,这就是"社会保障水平线"。这个论述向可作定量研究的方向更靠近了一步。但他又认为,国际上常用的测定"基本经济生活安全"或"社会保障水平线"的指标是贫困线。②

如果用贫困线来界定基本经济生活安全或社会保障水平线,可能会将"基本生活需要"低估了。在以上引用的各家定义中,侯文若给出的定义在这一点上最为明确,他提出了"最低生活"和"基本生活"两个不同的概念。近十年来,因为城市居民最低生活保障制度的创立和普及,最低生活标准或最低生活保障标准已经为公众耳熟能详,这是一种建立在满足最起码的生活水平上的最低标准,即贫困线,而与社会保障制度的一般目标——基本生活标准,应该不是一回事。

在实际工作中,最低工资的测算也出现了同样的问题。2003 年的《最低工资标准规定》中要求:"确定和调整月最低工资标准,应参考当地就业者及其赡养人口的最低生活费用、城镇居民消费价格指数、职工个人缴纳的社会保险费和住房公积金、职工平均工资、经济发展水平、就业状况等因素。"具体的计算方法有二:其一,比重法。"即根据城镇居民家计调查资料,确定一定比例的最低人均收入户为贫困户,统计出贫困户的人均生活费用支出水平,乘以每一就业者的赡养系数,再加上一个调整数。"其二,恩格尔系数法。"即根据国家营养学会提供的年度标准食物谱及标准食物摄取量,结合标准食物的市场价格,计算出最低食物支出标准,除以恩格尔系数,得出最低生活费用标准,再乘以每一就业者的赡养系数,再加上一个调整数。""以上方法计算出月最低工资标准后,再考虑职工个人缴纳社会保险费、住房公积金、职工平均工资水平、社会救济金和失业

---

① 陈良瑾主编:《社会保障教程》,知识出版社 1989 年版,第 7 页。
② 穆怀中:《中国社会保障适度水平研究》,辽宁大学出版社 1998 年版,第 39 页。

保险金标准、就业状况、经济发展水平等进行必要的修正。"①

从以上的政策条款中设计的计算方法看,实际上是把"基本生活需要"跟"贫困户"的生活状况挂钩,是"硬指标",而其他因素大多是"务虚"的"软指标"。

拿一些城市的最低工资标准反过来推算,可以发现,现行标准可能实际上是与城市居民最低生活保障标准挂钩的。譬如,将上海的最低工资665元除以最低生活保障标准330元,得到的商是1.92。有研究表明,上海2001年就业者的赡养系数是1.94(包括就业者本人,下同)②,再看看西宁市的数据,最低工资370元除以155元,得到的商是2.39,而当地2002年就业者负担系数是2.43。③ 以上的计算结果是否表明,决定最低工资标准的两个因素实际上可能是最低生活保障标准和赡养系数?同时,这也意味着,一个四口之家(按赡养系数估算),夫妻俩都出去就业讨生活与不就业光领最低生活保障金,收入是一样多。所以,这样的计算方法是有问题的。就常理而言,城市居民家庭中夫妻双双出外工作,所挣的钱怎么也得使自己能够摆脱贫困的窘境吧,也许这才能称得上"满足个人和家庭的基本生活需要"。因此,以贫困家庭的生活状况来定义"保障劳动者个人及其家庭成员的基本生活"的标准是有问题的。

然而,从将基本生活需要与最低生活标准,亦即贫困线相联系的思路或做法中,也许可以得到一个启发。如前所述,中国社会中存在着一个有趣的现象,对于"最低生活标准",近年来已有很多的研究④,对其进行定量分析也已经有比较成熟的方法。但是,同样也已经成为老生常谈的"基本生活需要",却始终没有人提出应该从定量的角度作更为深入的分析。以一般的常识去推理,既然最低生活保障标准可以测量,而且在中国已经有这样的实践。那么,基本生活标准,亦即基本生活需要,应该同样也可以测量。而且,运用的方法也应该大致相通。

---

① 《最低工资标准规定》,劳动与社会保障部网站,http://www.molss.gov.cn。
② 彭希哲、徐佳:《上海市婚姻家庭结构的现状与变化》,人口世界网站,http://www.popinfo.gov.cn。
③ 此处引用的就业者负担系数是根据《关注低收入群体走共同富裕之路》(青海省城调队著,青海统计信息网,http://www.qh.stats.gov.cn)提供的数据推算出来的。
④ 参阅唐钧:《中国城市居民贫困线研究》,上海社会科学院出版社1997年版;亚洲发展银行"中国城镇贫困研究"课题组:《城镇贫困:中国发展的新挑战》,经济科学出版社2003年版。

三、测度"基本生活标准"的方法

有研究表明:最低工资制度起源于新西兰和澳大利亚,目标是要消灭"血汗工厂"中的"极低工资制度"。① 由此推理,澳大利亚是否会在相关的研究领域,包括对"基本生活需要"的研究方面,也居于领先地位?

果不其然,澳大利亚新南威尔士大学社会政策研究中心自 1995 年以来与国家社会保障部合作进行了一项研究,研究的目标是要开发一个"可操作的澳大利亚家庭预算标准系列"。在《澳大利亚可操作的标准预算的发展》一书中提出:

> 预算标准(Budget Standards)表现为在特殊的地点和时点一个特定的家庭所需要的特定的生活水平,因此,预算标准的开发包括在一个特定的市场货篮中装入商品和服务并且将它们定价。
>
> 开发预算标准的出发点,是要确定代表一个家庭生活水平的商品和服务的消费支出。通过变换被包括在货篮中的货品的范围、数量和质量,一个预算标准原则上是能够代表不同的生活水平的。预算标准也能通过改变货篮中货品的数量和价格来适应不同家庭需要的具体情况。②

从以上的引文中看,所谓的预算标准的测量方法包括以下几个方面:
(1) 用一个可操作的家庭的预算标准系列来代表这个家庭的生活水平;
(2) 这个预算标准是由装入一个特定货篮中的商品和服务来表示的;
(3) 装入货篮中的货品(商品和服务)的范围、数量和质量是可变换的;
(4) 在一个特定的时空条件下,货篮中的货品可以被定价;
(5) 货篮中货品的总价格即这个家庭的基本生活支出;
(6) 基本生活支出可代表这个家庭的生活水平;
(7) 这个家庭的生活水平亦即这个家庭的基本生活需要。

无独有偶,1994—1996 年在帮助北京、江苏、吉林等地确定最低生活

---

① 杰拉尔德·斯塔尔:《最低工资:实践与问题的国际评述》,马小丽译,经济管理出版社 1997 年版,第 1 页。
② Peter Saunder et al., *Development of Indicative Budget Standards for Autralia*, Social Policy Research Center, University of New South Wales, 1987, p.1.

保障标准时也曾经用过"标准预算法",当时,采纳莫泰基对这种测量方法更为通俗的称呼,称其为"市场菜篮法"。① 在《中国城市居民贫困线研究》一书中,在讨论"市场菜篮法"时曾经提出两个问题:其一,往菜篮子里装些什么才是最合适的? 其二,谁来决定往这个菜篮子里装什么?

书中是这样来回答上述两个问题的:"一般认为,由专家来确定'菜篮子'的内容的传统方法包含了随意地强加于人的因素……如果'菜篮子'的内容由全社会来决定的话,事情可能会变得更合理些。"

书中还介绍了马克和兰斯利尝试通过"社会共识"来确定"菜篮子"的内容的方法:他们选择了 35 个与个人消费相关的项目让被调查者回答,哪些项目是所有的家庭都需要的,哪些项目是有需要但不是所有的家庭都需要的。结果根据调查,选出了其中的 14 个项目。马克和兰斯利指出:"立足于对生活必需品的构成的普遍的社会共识,将为我们提供一种视社会为一个整体的参考意见。"沃克对此评论说:综合的标准预算法和社会共识法是可以共存的。布拉德肖等人也主张"标准预算法的民主化",也就是:通过公众讨论来确定一套预算指标,以取代传统的由专家来作出判断的预算指标。②

根据以上对预算标准法的认识,设计了本次调查的问卷,目的是通过以问卷调查为基础的定量研究方式来获得上述"社会共识"。参考《中国统计年鉴》对《城镇居民家庭平均每人全年消费性支出》的分类,列出了一个包括 10 大类 65 种商品与服务的清单。③ 据此制成问卷,请被调查者从这个大"货篮"中选择他们认为属于"基本生活需要"的商品和服务,同时给出 2004 年 8 月他们在这些商品和服务上的消费支出金额。接下来的研究思路是这样的:

(1) 根据调查对象的选择,以一个标准的选择比例(譬如 50% 或 60%)来选定属于"基本生活需要"的商品和服务,并将它们装进一个比实际的"消费性支出"小一号的货篮中。

(2) 根据调查对象提供的实际消费支出(2004 年 8 月)金额,逐项计算出上述小"货篮"中每一项货品的月人均消费金额。

---

① 莫泰基:《香港贫穷与社会保障》,中华书局(香港)1993 年版,第 94 页。原文为粤语"市场食送篮法",依普通话改为"市场菜篮法"。
② 唐钧:《中国城市居民贫困线研究》,上海社会科学院出版社 1998 年版,第 39、45—46 页。
③ 调查问卷由唐钧、风笑天、张时飞三人负责设计,并经过"中国适度劳动力成本"和"中国社会保障制度改革"两个课题组的专家学者反复讨论后确定。

（3）由于按"预算标准"方法的要求，每一种被选中的商品和服务，按照"需要"的数量及价格，应该被分摊在"人（户）均月消费支出"这样一个统一的可作比较的基本量纲上。因此，在计算过程中，对"耐用消费品""子女教育费用"和"北方城市的冬季供暖费用"进行了适应这一要求的技术处理。

（4）将这些货品的月人均消费金额进行加总，便可以得到月人均"基本生活消费"的总金额。这个月人均"基本生活消费"的总金额可以被看作每人每月的"基本生活标准"。

四、中国的实践：七城市调查统计分析

2004年9月，课题组在北京、上海、天津、沈阳、西安、武汉和成都等七个城市，同时进行入户问卷调查。① 在对调查数据进行定量分析后，得到了"七城市平均的基本生活标准"和"七城市各自的基本生活标准"两大类的统计结果：

（一）七城市平均的基本生活标准

如果将七个城市总共3518份问卷作为一个调查总体来作分析和研究，统计结果表明，以被调查对象选择的百分比达到60%以上为划分标准，被选中的商品与服务总共有26项，见表1。

表1 基本生活需要的"菜单"②

序号	消费品名称	公众选择（%）	序号	消费品名称	公众选择（%）
01	粮食	98.9	14	房租或物业费	86.5
02	油	98.2	15	水费	95.0
03	蔬菜	99.0	16	电费	98.2
04	鱼肉蛋	86.9	17	燃料费	87.5

---

① 这次调查是由首都经济贸易大学、华东理工大学、南开大学、天津大学、沈阳师范大学、长安大学、西安财经学院、华中科技大学和四川大学等高等院校的相关学系的师生实施的，调查之前，中心派员对调查员进行了培训；在调查中，中心也派员进行督导。这次调查共发出问卷3850份，回收问卷3530份，其中有效问卷3518份。调查数据的输入和处理，是由南京大学的风笑天老师完成的。
② 以百分比达到60%以上为选择标准。

(续表)

序号	消费品名称	公众选择（%）	序号	消费品名称	公众选择（%）
05	牛奶	64.6	18	日常杂用	75.6
06	衣服	97.6	19	学杂费	94.5
07	鞋	90.0	20	课外活动费用	72.4
08	袜子	80.4	21	学习辅导费用	60.3
09	医疗保险自负部分	69.6	22	彩电	92.9
10	自付医药费	80.1	23	洗衣机	75.1
11	报刊	65.5	24	床上用品	79.9
12	家庭电话	87.5	25	冰箱	78.5
13	公共交通	68.9	26	其他家具	77.5

根据以上的选择，将选上的消费品归类，先将最后五项耐用消费品和与教育相关的三项指标（另行处理）搁置一边，主要看日常生活开支的实际月人均消费额（2004年8月），得到的数据如表2。

表2 日常消费品分类和月人均消费金额

序号	分类	包括的细项	月人均消费（元）
1	食品	粮食、油、蔬菜、鱼肉蛋、牛奶	98.05
2	衣着	衣服、鞋、袜子	33.48
3	医疗	医药保险自负部分、自付医药费	152.15
4	文化	报刊	18.39
5	交通通讯	公共交通、家庭电话	21.24
6	居住	房租或物业费、水费、电费、燃料费	41.33
7	日用杂品	日常杂用	12.56
	总计		377.20

将包括食品、衣着、医疗、文化、交通通讯、居住、日用杂品等七类18项的消费支出相加，得到月人均开支377.20元。这也就意味着，一个三口之家，一个月的日常消费就是1131.60元；一个四口之家，一个月的日常消费就是1508.80元。这是上述七个城市的平均水平。

如果加上五项被调查对象选中的耐用消费品（彩电、洗衣机、床上用品、冰箱、家具）的人均月消费金额（把购买这些商品的金额按使用年限平摊到每人每月),那么月人均基本生活需要为494.98元(377.20元+117.78元)。按这个标准计算,一个三口之家,一个月的基本生活消费就是1484.94元;一个四口之家,一个月的基本生活消费就是1979.92元。这是上述七个城市的基本生活需要的平均水平。

如果家中子女正在上学,那么这个家庭的支出中还要加上子女教育费用月均224.24元(没有区分大、中、小学,但包括学杂费、课外活动费用和学习辅导费用,将一个学期的费用平摊到6个月)。

如果是需要冬季取暖的北方城市(沈阳、天津、西安),那么这个家庭的支出中还须加上取暖费月户均90.62元(平摊到全年12个月)。

总的来说,两个成人带一个孩子的三口之家,每月基本生活标准是1709.18元,两个成人带一老一少的四口之家,则是2204.16元。如果在需要冬季取暖的北方,那么三口之家需要1799.80元,而四口之家则需要2294.78元。具体见表3。

表3 七城市平均"基本生活标准" (元)

调整前					调整后			
日常生活需要	耐用消费品消费	基本生活标准	三口之家生活标准	四口之家生活标准	教育费用	供暖费用	三口之家生活标准	四口之家生活标准
377.20	117.78	494.98	1484.94	1979.92	224.24	90.62	1799.80	2294.78

然而,代表七个城市平均水平的"基本生活标准"只有象征性意义,也许可以代表特大城市和大城市的一般消费水平,但就操作性层面而言,仍然缺乏实际意义。所以,还必须就七个城市各自的具体情况再作分地区的统计分析。

(二) 七城市各自的基本生活标准

有趣的是,具体到各个城市的具体情况,实际上,调查对象的选择是不一样的:如果以选择的百分比50%以上选出上述七个城市"基本生活需要"货篮中的货品(商品和服务),再根据这些货品在各个城市的实际消费金额来计算每个城市的"基本生活标准",则结果如下:

1. 七城市居民对"基本生活需要"的选择

以选择的频率达50%以上作为划分标准,七个城市的调查对象从65个指标中选出了他们认可的"基本生活需要"的商品和服务,见表4。

表4 七城市基本生活需要货篮中的商品与服务①

	序号	消费品名称	北京	沈阳	天津	武汉	上海	西安	成都
日常生活需要	01	粮食	97.4	99.4	98.6	99.2	99.4	98.2	98.8
	02	油	96.0	99.4	97.6	98.6	98.4	98.4	97.2
	03	蔬菜	98.0	99.6	98.8	99.4	99.6	99.2	96.9
	04	鱼肉蛋	93.2	79.6	87.2	84.8	96.4	85.0	80.5
	05	牛奶	82.5	49.6	58.0	55.2	79.8	66.7	59.8
	06	在外就餐	51.3						
	07	衣服	90.0	79.4	90.8	90.0	90.2	93.0	93.3
	08	鞋	80.7	75.0	85.1	82.6	82.8	87.0	84.6
	09	袜子	69.1	64.4	77.2	78.6	74.4	79.8	72.6
	10	家庭日用杂品	85.9	68.6	84.7	58.8	84.8	76.4	55.9
	11	医疗保险自负部分	65.1	57.2	55.8	59.0	82.0	74.3	54.5
	12	自付医药费	75.1	68.2	79.2	70.4	73.0	84.6	65.2
	13	公共交通	69.7	53.2	51.1	71.8	77.8	78.2	59.6
	14	家庭电话	92.0	75.2	87.6	79.6	92.6	83.6	74.4
	15	手机费	70.5				66.8	56.5	
	16	书籍	57.0		50.9	53.4	63.4	58.3	
	17	报刊	75.5		59.5	68.8	77.0	60.3	52.2
	18	房租或物业费	84.1	78.4	84.4	65.6	97.8	91.6	61.2
	19	水费	94.4	94.2	96.1	94.6	91.8	93.8	89.4
	20	电费	95.6	96.2	98.2	97.4	97.4	97.4	93.7
	21	燃料费	84.5	91.4	89.4	78.0	90.0	90.6	78.9
耐用消费品	22	其他家具	76.9	51.4	81.7	73.2	79.6	87.2	79.1
	23	厨房设备	70.7	55.6	76.0	71.2	74.2	88.0	68.3
	24	卫生设备	59.0	53.4	63.3	62.2	68.8	76.0	55.5
	25	彩电	86.3	80.6	93.7	90.4	93.2	94.0	85.0
	26	电脑	57.4				59.0		
	27	冰箱	81.1	56.4	79.8	77.0	91.0	80.8	67.9
	28	空调	66.7		53.8	65.0	81.4	64.9	
	29	热水器	66.9		59.1	60.0	69.2	60.9	65.9
	30	洗衣机	78.9	52.0	74.1	70.2	80.6	82.8	72.4
	31	床上用品	76.7	59.6	81.3	75.4	84.4	89.0	77.4
取暖费	32	暖气费	52.4	74.4	62.7			51.3	
子女教育	33	学杂费	56.2	51.0	62.1	61.4	61.8	59.1	57.5
	34	课外活动费用	51.4			50.0	51.6	52.3	

① 以百分比达到50%以上为选择标准。

从表4中可见,被各城市居民装进货篮中的货品有多有少,并不一样,但最终还算是一个"大同小异"的局面。

2. 七城市的基本生活标准

按照七城市调查对象往"日常生活需要"的货篮中所装的货品,将其分为四大类:

(1)"日常生活需要",这一大类又可以分成七小类:

① "食品":包括"粮食""油""蔬菜""鱼肉蛋""牛奶""在外就餐"等指标;② "衣着":包括"衣服""鞋""袜子"等指标;③ "医疗":包括"医疗保险自负部分""自付医药费"等指标;④ "文化":包括"书籍""报刊"等指标;⑤ "交通通讯":包括"公共交通""家庭电话""手机费"等指标;⑥ "居住":包括"房租或物业费""水费""电费""燃料费"等指标;⑦ "日用杂品":包括"家庭日用杂品""洗理费"等指标。

(2)"耐用消费品",包括"家具""床上用品""厨房用品""卫生设备""冰箱""空调""热水器""洗衣机""彩电""电脑"等指标。

(3)"子女教育",包括"学杂费""课外活动费用"等指标;

(4)取暖费。将"耐用消费品"和"子女教育"和"取暖费"这三大类指标放到一边,先计算"日常生活需要"。根据从问卷调查中获得的构成"日常生活需要"的各类各项货品(见表4)的实际消费金额数据(2004年8月),就可以计算出七城市"日常生活需要"的一般标准,见表5。

表5 七城市"日常生活需要"的一般标准 （元）

序号	分类	北京	沈阳	天津	武汉	上海	西安	成都
1	食品	78.34	84.71	91.00	86.62	176.48	120.87	67.33
2	衣着	26.76	27.76	26.97	30.59	53.10	43.12	23.44
3	医疗	52.79	117.06	87.53	37.84	149.84	138.47	17.39
4	文化	14.78		14.78	18.56	7.58	7.31	7.34
5	交通通讯	50.12	16.54	18.82	15.66	65.30	42.30	9.07
6	居住	45.58	40.69	42.52	32.53	61.21	44.42	22.32
7	日用杂品	10.18	12.05	12.47	8.96	22.70	15.11	7.36
	总计	278.55	298.81	294.09	230.76	536.21	411.60	154.25

再根据各个城市的调查对象对"耐用消费品"指标的不同选择,将购

买当时各种耐用消费品的价格,根据其使用年限①平摊到"每人每月",再加总,就可以计算出月人均耐用消费品的消费金额,见表6。

表6 七城市耐用消费品消费的一般标准 （元）

序号	分类	北京	沈阳	天津	武汉	上海	西安	成都
1	其他家具	35.79	11.74	21.35	21.19	40.21	25.61	23.15
2	厨房设备	9.57	4.23	4.60	5.35	12.00	6.87	7.24
3	卫生设备	5.39	3.16	2.60	3.23	9.81	3.83	2.82
4	彩电	39.23	28.26	29.17	29.59	41.96	32.98	33.90
5	电脑	87.69				60.93		
6	冰箱	24.46	17.19	18.60	17.95	21.07	19.79	15.78
7	空调	31.20		22.79	25.61	42.15	26.35	
8	热水器	12.15		8.12	11.30	13.83	7.20	8.94
9	洗衣机	13.78	6.95	7.76	9.83	11.86	10.18	8.84
10	床上用品	8.77	5.49	5.78	8.22	10.58	11.86	8.05
	总计	268.03	77.02	120.77	132.27	264.40	144.67	108.72

将"日常生活需要"和"耐用消费品"两项相加,得出"基本生活需要"的月人均标准,见表7。

表7 七城市的基本生活标准 （元）

排序	城市	基本生活需要	日常生活消费	耐用消费品消费
1	上海	**800.61**	536.21	264.40
2	西安	**556.27**	411.60	144.67
3	北京	**546.58**	278.55	268.03
4	天津	**414.86**	294.09	120.77
5	武汉	**363.03**	230.76	132.27
6	沈阳	**375.83**	298.81	77.02
7	成都	**262.97**	154.25	108.72

按照这个标准,可以得出在这七个城市中三口之家和四口之家一个月的生活费用,见表8。

---

① 我们没有采用一些家用电器的"规定使用年限"的国家标准,而是根据公众认可的"实际使用年限"。

表8　七城市中三口之家和四口之家基本生活的一般标准　　　　　　　（元）

排序	城市	基本生活标准	三口之家生活标准	四口之家生活标准	日常生活需要	三口之家生活标准	四口之家生活标准
1	上海	800.61	2401.83	3202.44	536.21	1608.63	2144.84
2	西安	556.27	1668.81	2225.08	411.60	1234.80	1646.40
3	北京	546.58	1639.74	2186.32	278.55	835.65	1114.20
4	天津	414.86	1244.58	1659.44	294.09	882.27	1176.36
5	武汉	363.03	1089.09	1452.12	230.76	692.28	923.04
6	沈阳	375.83	1127.49	1503.32	298.81	896.43	1195.24
7	成都	262.97	788.91	1051.88	154.25	462.75	617.00

如果家中有子女,则要加上子女的教育费用,则基本生活标准还要增加一块。子女教育费用包括"学杂费""校内课余活动费用""课外活动费用"等三个指标。先求出这三个指标的和,再分摊到一个学期的六个月中,算出月户均支出,见表9。

表9　七城市中子女教育费用的一般标准　　　　　　　　　　　　（元）

	武汉	北京	天津	上海	沈阳	西安	成都
学杂费	766.73	1096.47	1168.71	1498.48	696.34	1066.79	721.00
校内课余活动费用	166.64	198.47	149.84	151.48	73.12	144.74	90.03
课外活动费用	142.75	283.84	189.87	225.32	129.84	226.75	122.90
一学期总的教育费用	1076.12	1578.78	1508.42	1875.28	899.30	1438.28	933.93
每户每月教育费用	197.35	263.13	251.40	312.55	149.88	239.71	155.66

另外,在北方城市中,冬季供暖是一笔很大的开支。在调查中,北京、天津、沈阳和西安的调查对象都把供暖作为基本生活支出。但是,由于调查当时正是盛夏酷暑时节,所以实际消费的填写有较大的困难。现在根据上述四省市的有关文件对费用加以调整,计算每一供暖季(4—5个月不等)的供暖费用,然后将费用分摊到每户每月。

表10　四个北方城市冬季供暖费用的一般标准

	北京	天津	沈阳	西安
每供暖季供暖费价格(元)	24	20	21	16
户平均住房面积(平方米)	49.94	46.86	55.83	65.16
年供暖费用支出(元)	1197.60	937.20	1172.43	1042.56
每户每月供暖支出(元)	**99.80**	**78.10**	**97.70**	**86.88**

加上子女教育费用和北方城市冬季供暖的费用后,一个家庭的平均月生活消费的标准再次上升,见表11。

表11　加上教育和供暖费用后的七城市耐用消费品消费的一般标准　（元）

排序	城市	调整前			教育费用	供暖费用	调整后	
		基本生活标准	三口之家生活标准	四口之家生活标准			三口之家生活标准	四口之家生活标准
1	上海	800.61	2401.83	3202.44	312.55		2714.38	3514.99
2	北京	546.58	1639.74	2186.32	263.13	99.80	2002.67	2549.25
3	西安	556.27	1668.81	2225.08	239.71	86.88	1995.40	2551.67
4	天津	414.86	1244.58	1659.44	251.40	78.10	1574.08	1988.94
5	沈阳	375.83	1127.49	1503.32	149.88	97.70	1375.07	1750.90
6	武汉	363.03	1089.09	1452.12	197.35		1286.44	1649.47
7	成都	262.97	788.91	1051.88	155.66		944.57	1207.54

综上所述,便是运用"预算标准法"或"市场货篮法",在中国社会背景下,对中国城市居民的"基本生活需要"的计算。

（三）结语

以上就是我们运用了我们所理解并加以改造的"预算标准法"或"市场货篮法",在中国社会背景下,对中国城市居民的"基本生活需要"进行的探讨。由于受到各方面条件的限制,我们现在进行的这项研究还是一个非常初步的探索,主要的目的是探讨我们设计的调查研究方法能否在实际中运用?是否合理?同时,撰写这个研究报告的目的也是为引起政府有关部门和学界同行对这个研究领域的关注而做的抛砖引玉之举,试图推动这个对于中国社会保障制度和劳动力市场建设可能有着重要意义的研究课题在今后能够取得更加科学、合理,更具实践意义的进展。

本文系与张时飞合作,原发表于《河北学刊》2007年第1期,发表时的标题为《论中国城市居民的基本生活需要》,收入本书时有较大增删修改。

中国贫困现状和反贫困策略的整合

就社会发展"以人为本"的终极目标而言,改革开放三十多年来,中国社会所取得的最大成就,并不是所谓经济增长的奇迹,也不是博得了世界第二大经济体的地位。在中国取得的诸多世界级的经济社会成就中,成功的减贫才应该是排在第一位的。同时,中国的反贫困策略——农村扶贫和社会救助——举世瞩目,也为实现联合国及世界银行的"千年目标"做出了巨大的贡献。但是,当今中国仍然是一个发展中国家,中国仍有数以亿计的庞大的贫困人口存在;中国的贫富差距还很大,基尼系数在 0.5 左右。这些也都是不争的事实。

一、中国贫困人口的规模

在中国,实际上有两种由政府发布的官方贫困标准:第一种是民政部门及各地方政府发布的城乡最低生活保障标准,主要用于由民政部门操作的社会救助工作;第二种是国家统计局发布的国家贫困线,主要用于由国家扶贫部门操作的农村扶贫工作。因此,关于中国贫困人口规模,也就会有两种不同的统计口径。

(一)民政部门管理的城乡社会救助对象

要讨论民政部门管理的社会救助对象,民政部官方网站上载有一些基本的统计数据。根据最新出台的《社会救助暂行办法》,社会救助的工作对象可包括城镇最低生活保障对象、农村最低生活保障对象、农村五保供养对象、城乡医疗救助对象、自然灾害救助对象和临时救助对象。但是,城乡医疗救助制度基本上是在低保对象和五保对象中实施的,从这个意义上说,实际上说是重复的。自然灾害救助对象和临时救助对象则随相关的天灾人祸的发生而形成,在数量上是不确定的。所以,本文中所称"民政部门管理的城乡社会救助对象"主要是指城镇最低生活保障对象、农村最低生活保障对象和农村五保供养对象。

1. 城镇最低生活保障对象

政部的官方网站提供了如表1中有关城镇居民最低生活保障制度的历时性数据。然而,要讨论民政部门管理的城乡社会救助对象,首先要关注贫困标准,最新出台的《社会救助暂行办法》规定:"最低生活保障标准,由省、自治区、直辖市或者设区的市级人民政府按照当地居民生活必需的费用确定、公布,并根据当地经济社会发展水平和物价变动情况适时调整。"①

表1 2014年各地区城镇最低生活保障标准

地区	2014年平均标准(元)	地区	2014年平均标准(元)
全国	392	河南	313
北京	650	湖北	391
天津	638	湖南	350

---

① 《社会救助暂行办法》,民政部网站,http://www.mca.gov.cn/article/zwgk/fvfg/zdshbz/201402/20140200593613.shtml。

(续表)

地区	2014年平均标准(元)	地区	2014年平均标准(元)
河北	413	广东	424
山西	374	广西	336
内蒙古	474	海南	360
辽宁	418	重庆	347
吉林	336	四川	319
黑龙江	394	贵州	388
上海	702	云南	337
江苏	491	西藏	492
浙江	529	陕西	382
安徽	411	甘肃	320
福建	396	青海	331
江西	415	宁夏	301
山东	432	新疆	321

资料来源:《2014年2季度保障标准》,民政部网站,http://www.mca.gov.cn/article/zwgk/tjsj/。

根据《社会救助暂行办法》的规定:"国家对共同生活的家庭成员人均收入低于当地最低生活保障标准,且符合当地最低生活保障家庭财产状况规定的家庭,给予最低生活保障。"①上述城镇最低生活保障标准,是各地民政部门审核和批准城镇最低生活保障对象的最基本的法律依据。

表2 1996—2013年城镇最低生活保障制度保障人数

年份	1996	1997	1998	1999	2000	2001	2002	2003	2004
保障人数(万人)	85	88	184	281	403	1171	2065	2247	2205
年增长率(%)		3.5	109.0	52.7	43.4	190.5	76.4	8.8	−1.9
年份	2005	2006	2007	2008	2009	2010	2011	2012	2013
保障人数(万人)	2234	2240	2272	2335	2346	2311	2277	2144	2064
年增长率(%)	1.3	0.3	1.4	2.8	0.5	−1.5	−1.8	−5.8	−3.7

资料来源:《民政事业发展统计公报》(1996—2009)和《社会服务发展统计公报》(2010—2013),民政部网站,http://www.mca.gov.cn/article/zwgk/tjsj/。

---

① 《社会救助暂行办法》,民政部网站,http://www.mca.gov.cn/article/zwgk/fvfg/zdshbz/201402/20140200593613.shtml。

从表2中可以看到,从有统计数据的1996年开始,一直到2003年,城市低保制度呈现出大发展的趋势。城市低保对象从1996年的85万人,增加到2003年的2247万人。前后相比,增加了24.5倍。此后,一直到2011年的9年中,城市低保对象的数量一直维持在2200万—2300万人的水平上。当然,其中也有一些细微的变化:在2003年达到2247万人以后,2004年有一个整理性的回缩,降到2205万人。然后又逐步上升,到2008年,突破2300万人。2009年达到峰值2346万人。此后,城市低保对象人数又逐年下降,2011年跌破2300万人的关口。再接着,在2012年和2013两年中继续以较大幅度下降,先后跌破2200万人和2100万人的大关,达到2003年以来的最低值。

2. 农村最低生活保障对象

在民政部的官方网站上,同样也提供了有关农村最低生活保障制度的历时性数据。其中也包括历年的农村最低生活保障标准。见表3。

表3 2014年各地区农村最低生活保障标准

地区	2014年的平均标准(元)	地区	2014年的平均标准(元)
全国	299	河南	146
北京	613	湖北	180
天津	493	湖南	188
河北	205	广东	295
山西	199	广西	167
内蒙古	298	海南	262
辽宁	241	重庆	202
吉林	181	四川	160
黑龙江	194	贵州	173
上海	630	云南	171
江苏	402	西藏	170
浙江	413	陕西	184
安徽	228	甘肃	183
福建	224	青海	175
江西	216	宁夏	183
山东	222	新疆	159

资料来源:《2014年2季度(社会救助制度)保障标准》,民政部网站,http://www.mca.gov.cn/article/zwgk/tjsj/。

根据《社会救助暂行办法》的规定,上述农村最低生活保障标准,也是各地民政部门审核和批准农村最低生活保障对象的法律依据。

表4　2001—2013年农村最低生活保障制度保障人数

年份	2001	2002	2003	2004	2005	2006	2007
保障人数（万人）	305	408	367	488	825	1593	3566
年增长率（%）		33.9	−10.0	32.9	69.1	93.1	123.9
年份	2008	2009	2010	2011	2012	2013	
保障人数（万人）	4306	4760	5214	5314	5345	5388	
年增长率（%）	20.7	10.6	9.5	1.9	0.6	0.8	

资料来源：《民政事业发展统计公报》（2001—2010）和《社会服务发展统计公报》（2010—2013），民政部网站，http://www.mca.gov.cn/article/zwgk/tjsj/。

从表4中可以看到，农村低保制度的发展可以说是一路"高歌猛进"，从有统计数据的2001年的305万人开始，6年的时间就突破了1000万人的大关。2007年再翻一番，达到3500多万人。继而，2008年突破4000万，2010年突破5000万，随后就暂时停留在约5300万人的水平上至今。

3. 农村五保供养对象

在农村，由民政部门管理的社会救助对象还有农村"五保"对象。

"五保供养"是中国特有的社会救助制度，与其他社会救助制度不同，这是以一些特殊人群的特殊需要作为享受待遇的前提条件。根据2006年国务院发布的《农村五保供养工作条例》规定："老年、残疾或者未满16周岁的村民，无劳动能力、无生活来源又无法定赡养、抚养、扶养义务人，或者其法定赡养、抚养、扶养义务人无赡养、抚养、扶养能力的，享受农村五保供养待遇。"表5是取自于民政部官方网站的农村五保对象的历时性数据。

表5　2001—2013年农村五保供养制度保障人数　　　　（万人）

年份		2004	2005	2006	2007	2008
五保对象人数		229	300	503	531	549
其中	分散供养				393	393
	集中供养				138	156
年份		2009	2010	2011	2012	2013
五保对象人数		553	556	551	546	538
其中	分散供养	382	379	367	360	354
	集中供养	172	177	184	185	184

资料来源：《民政事业发展统计公报》（2004—2010）和《社会服务发展统计公报》（2010—2013），民政部网站，http://www.mca.gov.cn/article/zwgk/tjsj/。

从表 5 中可以看到,农村五保供养对象人数在 2006 年有个爆发性的发展,一下子突破了 500 万的大关,以后一直保持在 530 万—550 万。另外,在"集中供养"和"分散供养"之间有一个此长彼消的过程:前者从不到 140 万人增长到 180 万人以上,后者则从将近 400 万人下降到 360 万人左右。

与其他社会救助方式不同,农村五保供养的标准是根据"不得低于当地村民的平均生活水平"的原则来确定的,并要求"根据当地村民平均生活水平的提高适时调整"。

表 6 2006—2013 年农村五保供养制度保障标准　　　　(元)

年份	2007	2008	2009	2010	2011	2012	2013
集中供养	1953	2176	2587	2952	3400	4061	4685
分散供养	1432	1624	1843	2102	2471	3008	3499

资料来源:《民政事业发展统计公报》(2006—2010)和《社会服务发展统计公报》(2010—2013),民政部网站,http://www.mca.gov.cn/article/zwgk/tjsj/。

从表 6 中可以看到,从有可作比较的统计数据的 2007 年以来,农村五保供养标准也是节节攀升:2013 年与 2007 年相比,集中供养的五保标准,上升了 140%;分散供养的五保标准,上升了 144.3%。两者基本上是齐头并进,同步上升。

(二)扶贫部门管理的农村扶贫对象

三十多年来,中国的扶贫成就可谓举世瞩目。但是,在这个领域,迄今为止并没有一部正式的法律。中国扶贫工作是依据党中央、国务院所制定的规划开展的,最新的规划是《中国农村扶贫开发纲要(2011—2020 年)》。新的规划中"将农民人均纯收入 2300 元(2010 年不变价)作为新的国家扶贫标准"。国家统计局每年都会发布关于农村贫困人口以及扶贫工作情况的统计数据,这些数据可以在国家统计局官方网站上找到。

表 7 2001—2013 年农村贫困标准及现状

年份	农村扶贫标准(元)	贫困人口(万人)	低收入线(元)	低收入人口(万人)
2001	630	2970	631—872	6102
2002	627	2820	628—869	5825
2003	637	2900	638—882	5617
2004	668	2610	669—924	4977

(续表)

年份	农村扶贫标准（元）	贫困人口（万人）	低收入线（元）	低收入人口（万人）
2005	683	2365	684—944	4067
2006	693	2148	694—958	3550
2007	785	1479	786—1067	2841
2008	1196	4007		
2009	1196	3597		
2010	1274	2688		
2011	2300	12238		
2012	2300	9899		
2013	2300	8249		

资料来源：李少云：《扶贫中期评估总报告》，中国农业大学人文与发展学院网站，http://cohd.cau.edu.cn；《国民经济和社会发展统计公报》(2006—2013)，国家统计局网站，http://www.stats.gov.cn/tjsj/tjgb/ndtjgb/。

从表7中可以看到，进入新世纪以来，农村扶贫标准一直在不断地调整。从2001年到2006年，采用的现价标准，因此每年都根据物价上涨进行微调，标准一直在600—700元之间，基本上是在同一个水平上。同时，扶贫对象以两种不同的标准分成贫困人口和低收入人口。随着扶贫工作的推进，贫困人口逐渐减少，贫困人口从2001年的2970万人减少到2006年的2148万人，下降了27.8%；低收入人口从6102万人减少到3550万人，下降了41.8%。

2007年，扶贫工作试图进行较大的改变，贫困标准一下子提高了13.3%，达到785元；低收入标准提高了11.4%。这一年扶贫力度加大，贫困人口减少了31.1%（669万人），低收入人口减少了20.0%（709万人）。2008年，又把贫困标准提高到1196元，同时取消了贫困人口和低收入人口的区别，整个贫困群体增加到4007万人。这个标准施行了两年，在2010年再次调整为1274元，但贫困人口则下降减少到2688万人，比2008年下降了32.9%。

2011年，又重新制定了扶贫标准，增加到2300元，这个标准已经非常接近世界银行每天1美元的国际贫困标准。此后的五年中，准备以2010年的不变价实行这个标准。2011年，贫困人口增加到12238万人，到2013年，再次减少到8249万人，下降了32.6%。

如果将以上所述的城镇低保对象、农村低保对象和农村五保对象加总起来,总称为社会救助对象,那么,2013年由民政部门管理的这部分城乡贫困人口大约有8000万人。

中国的农村扶贫则一直在不断地调整贫困标准,每次大调整,贫困人口总是大幅度地增加。然后通过调整工作方式,增大扶贫力度,使既定的贫困人口较快地减少。2013年,以年收入2300元(2010年不变价)计算,成为扶贫对象的贫困人口还有8249万人。

必须强调的是:上述两种贫困标准(社会救助标准和扶贫标准)是以不同的方式和不同的口径制定的,在工作中,由不同的政府部门,从不同的角度,分别用于不同的反贫困领域。因此,两者绝不能简单相加。

二、20世纪80年代以来中国的减贫成就

自改革开放以来,中国政府和中国社会在减贫方面做出的努力及取得的成就是举世瞩目的。2004年,世界银行行长沃尔芬森曾评价说,中国有2.2亿人摆脱了贫困,中国扶贫的成就之大是"人类历史上无与伦比的"。以下,仍然从社会救助和农村扶贫两个方面分别加以叙述:

(一) 社会救助

毫无疑问,社会救助制度的建立和发展是20世纪90年代中国社会的一件大事。这项制度不但在保障层次和覆盖范围上完善了中国的社会保障制度,也对中国社会应对"下岗失业"浪潮做出了应有的贡献。

城镇低保。1993年,上海市创建城市居民最低生活保障线制度。21年中,这项制度经历了两大发展阶段,即1993—1999年的"创立推广阶段"和1999年至今的"提高完善阶段"。

第一,1993—1999年的创立推广阶段。1993年6月1日,上海市率先创立了城市居民最低生活保障线制度,当时标准是月人均120元。1994年,民政部召开第十次全国民政工作会议,肯定了上海经验,并部署试点。到1995年上半年,又有厦门、青岛、大连、福州、广州等五个大中城市相继建立了城市低保制度。当时,这项制度的建设基本上是各个城市地方政府的自发行为。

1995年5月,民政部在厦门、青岛分别召开了工作座谈会,号召将这项制度推向全国。经过努力,到1997年5月底,全国已有206个城市建

立了这项制度,约占全国建制市的 1/3。① 此时,制度创建和推行已成为中央政府的一个职能部门——民政部门的有组织行为。

1997 年 8 月,国务院颁发了《国务院关于在各地建立城市居民最低生活保障制度的通知》。② 要求到 1999 年年底,全国所有的城市和县政府所在的镇都要建立这项制度。自此,这项制度的创立和推行成为中共中央、国务院的一项重要决策,推进的速度明显加快。1999 年 11 月,民政部宣布:到 9 月底,全国 668 个城市和 1638 个县政府所在地的建制镇已经全部建立起低保制度,低保对象增加到 282 万人。在国庆 50 周年的前后,各地的低保标准普遍提高了 30%。③ 表 8 是各直辖市和省会城市最低生活保障制度创建时间及保障标准。

表 8　各直辖市和省会城市最低生活保障制度创建时间及保障标准

城市	创建时间	提标前（元）	提标后（元）	城市	创建时间	提标前（元）	提标后（元）
北京	1996.7	200	273	武汉	1996.3	150	195
天津	1998.1	185	241	长沙	1997.7	130	169
石家庄	1996.1	140	182	广州	1995.7	240	281
太原	1997.7	120	155	南宁	1995.9	150	195
呼和浩特	1997.1	110	143	海口	1995.1	170	221
沈阳	1995.3	150	195	成都	1997.7	120	156
长春	1996.7	130	169	重庆	1996.7	130	169
哈尔滨	1997.4	140	182	贵阳	1998.1	120	156
上海	1993.6	215	280	昆明	1996.7	140	182
南京	1996.8	140	180	拉萨	1997.1	130	169
杭州	1997.1	165	215	西安	1998.1	105	156
合肥	1996.7	150	195	兰州	1998.1	120	156
福州	1995.1	170	200	西宁	1997.8	120	156
南昌	1997.1	100	143	银川	1998.1	100	143
济南	1996.7	140	208	乌鲁木齐	1998.1	120	156
郑州	1996.8	120	169				

资料来源:民政部救灾救济司(民政部社会救助司的前身)提供。

---

① 张佳:《为改革催生——城市最低生活保障制度发展综述》,《中国社会报》1997 年 8 月 21 日。
② 参阅《国务院关于在各地建立城市居民最低生活保障制度的通知》,载《社会保障制度改革指南》,改革出版社 1999 年版。
③ 范宝俊:《在全国城市居民最低生活保障工作会议上的讲话》,民政部救灾救济司提供。

1999年9月,国务院颁布《城市居民最低生活保障条例》,明确规定:"持有非农业户口的城市居民,凡共同生活的家庭成员人均收入低于当地城市居民最低生活保障标准的,均有从当地人民政府获得基本生活物质帮助的权利"。① 这项条例使城市居民最低生活保障制度成为中华人民共和国一项正式的法规制度。

第二,1999年10月至今的提高完善阶段。进入新世纪,城市低保制度的发展进入第二阶段,发展目标是提高保障水平和完善制度框架。在第一阶段制度创建过程中,城市低保经费主要由地方财政承担,这就造成一个悖论:越是经济水平落后、地方财政困难的地区,城市低保对象越多,而分担的低保资金也就越多。因此,当时的城市低保制度并没能充分发挥出"最后安全网"的作用。1999年,只有281万人得到了救助,只占估算的贫困人口的十分之一到五分之一。

2000年,为了配套深化国有企业改革,国务院下决心要做好城市低保这张"安全网","资金瓶颈"终于被突破。中央财政投入的低保经费,从2000年的15亿,增加到2003年的92亿。2004年突破100亿的大关,达到105亿。然后一直处于直线上升的趋势:2008年突破200亿,达到267亿;2009年突破300亿,达到359亿;2011年突破500亿,达到502亿。加上地方财政支出,全部低保经费在2002年突破100亿,达到109亿。从2006年开始,1—2年就迈上一个台阶,2006年,迈上200亿,达到224亿;2008年迈上300亿,达到393亿;2009年迈上400亿,达到482亿;2010年迈上500亿,达到525亿;2011年迈上600亿,达到660亿;2013年迈上700亿,达到757亿(见表9)。

表9　1996—2013年城市最低生活保障制度的财政支出　　　(亿元)

年份	全部财政支出	其中		年份	全部财政支出	其中	
		中央财政	地方财政			中央财政	地方财政
1996	3		3	2005	192	112	80
1997	3		3	2006	224	136	88
1998	7		7	2007	277	161	116
1999	14	4	10	2008	393	267	126
2000	22	15	7	2009	482	359	123

---

① 《城市居民最低生活保障条例》,《中国社会报》1999年10月20日。

(续表)

年份	全部财政支出	其中		年份	全部财政支出	其中	
		中央财政	地方财政			中央财政	地方财政
2001	42	23	19	2010	525	366	159
2002	109	45	64	2011	660	502	158
2003	153	92	61	2012	674	439	235
2004	173	101	72	2013	757	546	211

资料来源:《中国民政统计年鉴2007》,中国统计出版社2007年版;《民政事业发展统计公报》(2007—2009)和《社会服务发展统计公报》(2010—2013),民政部网站,http://www.mca.gov.cn/article/zwgk/tjsj/。

2002年以后,城镇低保制度在中国的经济社会生活中发挥了巨大的作用,保障的人数一直稳定在2000万—2300万人(见表2),但地方财政投入和中央财政投入却都不断翻番。可以想见,增加的资金主要用于提高低保对象的生活水平和应对物价上涨的影响了(见表9)。

农村低保。在城市低保制度发展的同时,农村低保制度也有很大的发展。实际上,最初提出"最低生活保障"这一概念,在农村更早于城市。1990年,山西省在进行建立农村社会保障体系试点时,就提出了类似的概念。但是囿于种种原因,这个政策创意当时在农村并没有能够进一步发展成为可行的社会政策。

第一,制度创立阶段(1996—2007年)。在20世纪90年代中期创立城市低保制度的过程中,农村最低生活保障的问题再次被提出。从这时起到2007年农村低保完成全覆盖,可以算作农村低保制度发展的第一阶段——制度创立阶段。

1996年,在民政部办公厅下发的《关于加快农村社会保障体系建设的意见》中明确指出:"农村最低生活保障制度是对家庭人均收入低于最低生活保障标准的农村贫困人口按最低生活保障标准进行差额补助的制度。"同时,在这个文件中,还确立了"保障资金由当地各级财政和村集体分担"的筹资原则。这个筹资原则主要是由于考虑到各级政府当时财力普遍不足而制定,但在实际工作中却阻碍了经济发达地区农村低保制度的发展。

90年代中后期,上海、北京、广东、辽宁等地纷纷提出了"整体推进城乡最低生活保障制度建设"的政策设想。到2003年,民政部官员披露:已经有15个省的2037个县市建立起农村最低生活保障制度,低保对象为404万人,约占农业人口0.4%,支出的低保资金已经达到8亿元。为此,民政部发文要求各地对特困农民人口进行全面排查,并寄希望于中央财政给予农村低保经费上的支持。但终究因为思想不一致,这项计划被束之高阁。① 取而代之的是在未开展农村低保工作的地区(大多处于中西部的发展中地区)建立农村特困户救助制度。在此之后,在广大的农村地区开始了农村低保制度和农村特困户救助制度"双轨并行"的局面。

2004年中共十六届四中全会以后,尤其是确立了构建社会主义和谐社会的战略目标后,地方政府的积极性被调动起来,继而形成一种"倒逼机制",2004年的说法是"有条件的地方,要探索建立农村最低生活保障制度";到2005年,"探索"之前加上了"积极"二字;到2006年,干脆就说"逐步建立"了。这几年,农村低保制度的建设步伐明显走上了快车道。到2006年,已建立农村低保地区增加到18个省份、1791个县(市),有1509万人、743万户家庭得到了低保救助。同时还有729万人、308万户家庭得到了特困救助;农村低保支出达到了36.9亿元。②

在2007年3月的"两会"上,温家宝总理在《政府工作报告》中提出:"今年要在全国范围建立农村最低生活保障制度。"而到3月7日,媒体报道,民政部领导作出承诺:"今年上半年全国完成农村低保建制。"仅仅半年以后,2007年8月,民政部副部长李立国通过新闻媒体宣告:"到今年6月底,全国31个省区市都已经建立了农村最低生活保障制度,覆盖了2068万人。"③

第二,快速发展阶段。2007年至今,农村低保的发展进入了第二阶段——快速发展阶段。这一阶段的特点是:财政投入力度加大,低保对象迅速扩展。

表10　2007—2013年农村最低生活保障制度财政投入状况

年份		2007	2008	2009	2010	2011	2012	2013
全部财政投入(亿元)		104	222	363	445	668	718	867
其中	中央财政(亿元)			255	269	503	431	612
	地方财政(亿元)			108	176	165	287	255
年增长率(%)			113.5	55.4	29.0	50.1	7.5	17.3

资料来源:民政部社会救助司提供。

---

① 傅航:《民政部排查全国特贫人口,农村低保新政策暂无消息》,《21世纪经济报道》2003年第3期。
② 以上数字引自《民政统计·2006年统计数据》,民政部网站,http://www.mca.gov.cn。
③ 《"全民低保"进入攻坚阶段》,《第一财经日报》2007年8月1日。

从表10中可以看到,自2007年实现农村低保全覆盖以来,农村最低生活保障的财政投入增加迅猛。农村低保制度建立后的翌年,财政投入就翻了一番;2009年和2011年,也都增加了50%以上;2010年增长将近30%;2012年稍低,不到10%,但2013年又上升到增长将近20%。到2013年,比2007年增加了738亿元,增加了7.1倍。尤其值得注意的是,在2011年,农村低保的财政投入第一次超过了城镇低保。而到2013年,农村低保的支出已经超过800亿元,比城镇低保高出16个百分点、85亿元。2007年以后,财政投入的力度加大,尤其是中央财政的大量投入,7年中连续翻番,从某种意义上说,中国的低保制度还是财政拨款决定经费支出,这导致了农村低保人员的快速增长(见表4)。

农村五保。 农村五保供养制度是一个极有中国特色的社会救助制度。20世纪50年代中期,在农村合作化运动中,对无依无靠无劳动能力的孤寡老人、残疾人和孤儿(俗称"三无"对象),由集体实行"五保供养制度",即保吃、保穿、保住、保医、保葬(老人)或保教(孤儿)。这些政策措施最早在1956年的《高级农业生产合作社示范章程》中得到了确认。

改革开放以来,农村五保供养工作以2006年新的《农村五保供养工作条例》的出台为界线,可以划分为两个阶段,之前可称为"集体供养阶段",之后可称为"财政供养阶段"。将"集体供养阶段"和"财政供养阶段"的五保供养工作相比较,最大的进步是将原来"五保供养是农村的集体福利事业。农村集体经济组织负责提供五保供养所需的经费和实物",改变为"农村五保供养资金,在地方人民政府财政预算中安排","中央财政对财政困难地区的农村五保供养,在资金上给予适当补助"。这是农村五保供养制度的质的飞跃,五保对象的社会身份完成了从"吃百家粮"到"吃皇粮"的根本改变。

表11 2006—2013年农村五保供养制度财政投入状况

年份	2009	2010	2011	2012	2013
财政投入(亿元)	88	98	122	145	172
年增长率(%)		11.4	24.5	18.9	18.6

资料来源:《民政事业发展统计公报》(2009)和《社会服务发展统计公报》(2010—2013),民政部网站,http://www.mca.gov.cn/article/zwgk/tjsj/。

从表11中可以看到,在可以得到数据的年份中,各级地方财政对于农村五保供养工作的资金投入一直都在增加,增长的幅度除2010年外,都在20％左右,五年中大约翻了一番。考虑到2007年以后,五保对象人数始终保持在530万—550万人,并没有明显的增加。所以,增加的资金应该主要用于应对物价上涨和提高五保对象的生活水平了。

(二) 农村扶贫

在2001年国务院新闻办公室发表的题为《中国的农村扶贫开发》的白皮书中,将从改革开放到20世纪末的中国农村扶贫划分为三个阶段:即1978—1985年的"体制改革推动扶贫阶段",1986—1993年的"大规模开发式扶贫阶段"和1994—2000年"扶贫攻坚阶段"。

进入21世纪,中国政府连续制定了《中国农村扶贫开发纲要(2001—2010年)》和《中国农村扶贫开发纲要(2011—2020年)》,标志着农村扶贫又走上了新的里程。2011年,国务院新闻办发布了题为《中国农村扶贫开发的新进展》的白皮书,在回顾新世纪第一个十年的农村扶贫时着重强调:"国家把扶贫开发纳入国民经济和社会发展总体规划。"因此,可以把2001以来的扶贫工作划为第四阶段,称为"全方位推进阶段"。

1978—1985年的体制改革推动扶贫阶段。 1978年,按当时确定的贫困标准,中国的农村贫困人口有2.5亿人,占农村总人口的31％。改革开放以后,通过推行家庭联产承包责任制等一系列"富民政策",中国农村的贫困人口急剧减少。到1985年,没有解决温饱问题的贫困人口减少到1.25亿人,占农村人口的比例下降到15％。在这一阶段,共减少贫困人口1.25亿人,平均每年减少1786万人。

1986—1993年的大规模开发式扶贫阶段。 20世纪80年代中期,中国绝大部分农村地区经济快速增长,但仍有少数地区相对滞后,相当一部分低收入人口还不能维持基本的生存需要,发展不平衡的问题凸显出来。为了进一步加大扶贫力度,中国政府自1986年起成立了专门的扶贫工作机构,安排专项资金,制定专门的优惠政策,确定了开发式扶贫方针。当时,以人均年收入200元为贫困线来计算,贫困人口仍有1.25亿。经过政府和全社会的共同努力,到80年代末,农村贫困人口减少到了8000万,占农村总人口的比重下降到9％。在这一阶段,政府的财政投入达468亿元,平均每年59亿元,共减少贫困人口4500万,平均每年减少643万人。

1994—2000年的扶贫攻坚阶段。 1994年,《国家八七扶贫攻坚计划》公布实施,明确提出要集中人力、物力、财力,动员社会各界力量,力争用七年左右的时间,到2000年年底基本解决8000万农村贫困人口的温饱问题,中国的扶贫开发进入了攻坚阶段。当时,以人均年收入400元为标准,确定中国的农村贫困人口有8000万。到2000年,中国的贫困人口已经下降到3000万人,占农村总人口的3%。在这一阶段,共投入扶贫资金1243亿元,平均每年投入178亿元。共减少贫困人口5000万人,平均每年减少714万人。至此,"八七"扶贫攻坚目标基本实现。①

2001年以来的全方位推进阶段。进入新世纪,为了尽快地解决少数贫困人口的温饱问题,巩固扶贫成果,为达到小康水平创造条件,中国政府发布了《中国农村扶贫开发纲要(2001—2010年)》②,进一步加大扶贫的力度和深度。2000年,中国政府再次把贫困标准调整到856元,贫困人口增加到9422万人。2001—2010年,财政投入从128亿元增加到349亿元,10年累计投入2044亿元。其中,中央财政安排的扶贫资金从100亿元增加到223亿元,10年间,累计投入1440亿元。2008年,扶贫标准提高到1196元,2010年再提高到1274元,但贫困人口却减少到2688万人。③ 2010年,扶贫标准增加到2300元,在新的扶贫标准下,扶贫对象增加到12238万人。2011年,中央综合扶贫投入2272亿元,2012年达到2996亿元;其中专项扶贫资金2011年为272亿元,2012年为332亿元。贫困人口再次下降到8249万人。④ 见表7。

三、中国反贫困策略的整合

从社会政策的角度看,任何政策都不可能是十全十美的,就像任何治病的药都会有副作用一样。一项政策,即使在刚刚实施时势头很好,给人感觉是解决了大问题,但随着时间的推移,其不足之处乃至负面影响就会慢慢地显露出来。中国的反贫困政策,主要是社会救助和农村扶贫,这两

---

① 参阅国务院新闻办:《中国的农村扶贫开发》,国务院扶贫办网站,http://www.cpad.gov.cn;国务院扶贫开发领导小组办公室:《中国扶贫开发的伟大历史进程》,《人民日报》2000年10月16日;汝信、陆学艺、单天伦等主编:《中国社会蓝皮书·1999》,社科文献出版社1999年版;汝信、陆学艺、李培林等主编:《中国社会蓝皮书·2002》,社科文献出版社2002年版。

② 这里所说的贫困标准应该是当时政策规定的"低收入标准",贫困人口的数字也是把当时的"贫困人口"和"低收入人口"加总起来计算的。参见表10。

③ 参阅国务院新闻办:《中国农村扶贫开发的新进展(白皮书)》,人民出版社2011年版。

④ 《国务院关于农村扶贫开发工作情况的报告》,中央人民政府官方网站,http://www.gov.cn/gongbao/content/2011/content_2020905.htm。

项政策各有所长,但同时也各有所短。只有把这两种政策有机地整合到一起,使之成为同一个大系统中的两个子系统,并且能够做到功能耦合,才能发挥出"1＋1＞2"的整体效应来。

社会救助政策的优点在于能够把有限的资金用到最需要的人身上,因为任何人想要得到救助,都必须经过法定的"家庭经济调查"。但是,社会救助政策也有其明显的缺陷,因为这项制度实际上并不能够帮助受助者脱贫,因为政策设计的初衷就只是为了保障受助者最起码的生活需要。

17世纪初,英国从"需要"出发作"国家济贫"的制度安排时,主要瞄准的对象是没有劳动能力的人,并且为此而设计了一整套行政程序,以确认受助者是因为没有劳动能力而不是因为懒惰。但是在现代社会里,陷入贫困窘境的人,除了因为没有劳动能力,还有可能是因为没有工作机会,譬如失业,而且后者的数量可能远远大于前者。在这样的社会背景下,一味地从"需要"出发给予救助,对受助者个人及其家庭可能不利。与此同时,对社会的整体利益来说,可能更加不利。于是,从20世纪80年代以来,国际上对于贫困治理,出现了许多新政策,譬如"积极的劳动力市场政策",譬如"减贫"和"千年目标",譬如"工作福利",等等,无不强调挖掘贫困群体自身的潜力,让他们尽可能地自食其力。

无独有偶,中国的扶贫政策也在20世纪80年代不约而同地诞生。1982年,民政部首创"农村扶贫",试图改"被动的救济"为"主动的扶贫",改消极的"输血功能"为积极的"造血功能"。由于扶贫政策在农村发挥了积极的影响,取得了很好的社会经济效益。1985年,中国政府设"国务院扶贫办公室",专门管理农村扶贫工作。

改革开放之初,中国的贫困人口达2.5亿之多,约占中国10亿人口的1/4。80年代以"大包干"为核心的富民政策将农民的积极性充分调动起来了,到80年代中期,中国农村的贫困人口就减少了一半。1986年,中国政府开始有组织、有计划地在农村大规模推行经济开发性扶贫,国家财政向贫困地区增加转移支付并拨出扶贫专款。中国的农村贫困人口80年代平均每年减少1350万,到80年代末,中国农村的贫困人口减少到3000多万。1994年,国家实施"八七扶贫攻坚计划",将农村贫困标准提高到625元,贫困人口也相应增加到8000多万。经过七年的奋斗,每年投入100亿—200亿元。90年代农村贫困人口平均每年减少530万,到20世纪末,中国的贫困人口再次减少到3000万。

然而，进入新世纪，中国社会被连续几年"扶贫效果不佳"所困扰：2001年到2005年平均每年只减少112万。尤其是2003年，由于受到"非典"和自然灾害的影响，贫困人口不降反升，比前一年还多出了80万。

经过开发性扶贫，中国的贫困人口在80年代末和90年代末都还"剩下"3000万的事实发人深省：难道这仅是一种偶然的巧合？其中会不会蕴含着某种客观规律？医学上对近视眼有"真性近视"和"假性近视"之分，借用这个说法，是否可以把贫困也分为"真性贫困"和"假性贫困"？一方面"假性贫困"乃是政策失当所致，一旦政策改变，走上正途，农民的积极性被调动起来，扶贫的效率和效果都非常好。另一方面，经过屡屡扶持仍不得脱贫的3000万人则属于"真性贫困"，其中可能还有"高度真性贫困"。因而沿用经济开发的老办法，效果总是不尽如人意。

经过研究，中国的"真性贫困"群体，大概涉及三个农村困难群体：其一，农村中的鳏寡孤独；其二，生活在"一方土地养不起一方人"地区的困难群体；其三，生活在自然灾害频繁发生的农村地区的困难群体。很明显，这些困难群体是难以通过"开发性扶贫"的方式摆脱贫困的。

无论国内外，常常会听到一种意见：扶贫就要扶持"最贫困"的个人或社会群体。但是，"开发式扶贫"也不是万能的，实际上，"最贫困"的这一部分人可能是扶不起来的。于是，在2007年前后，由此而产生了一个新的政策思路：以开发式扶贫去扶持"可以扶持"的贫困群体；而以农村低保去救助实际上"难以扶持"的贫困群体。

与此同时，囿于种种原因，农村低保制度的建设一度推进缓慢。最主要的原因是当时有个认识误区，认为农村有了扶贫，就不需要低保了。2006年以后，扶贫和救助分工的思路逐渐明确，加上地方政府高涨的积极性形成了一种"倒逼"机制，促成农村低保在2007年迅速实现了"全覆盖"。在2010年发表的《中国农村扶贫开发的新进展》白皮书中，写到了农村低保："2007年，国家决定在全国农村全面建立最低生活保障制度，将家庭年人均纯收入低于规定标准的所有农村居民纳入保障范围，稳定、持久、有效地解决农村贫困人口温饱问题。"

此后，农村扶贫的方式发生了变化，从对农村贫困户的扶持变为"整村推进"。2008—2010年，扶贫工作开始实行"整村推进"的策略，要在2010年底实现对少数民族地区、边境地区和革命老区的"三个确保"。2011年，新的国家扶贫标准提高到人均纯收入2300元。2012年，国务院扶贫办启动了11个连片特困地区区域发展与扶贫攻坚规划，首次实现了对 592 个国家重点县全覆盖。2013 年分三个层次全面实施了新的十年扶贫开发战略:第一个层次是 14 个集中连片特困地区,覆盖 680 个县;第二个层次是 592 个国家重点县,其中在集中连片特困地区内的重点县是 440 个,区外的是 152 个;第三个层次是实施 3 万个村的整村推进。

在 2007 年以来的这段时间内,农村扶贫基本已经告别了之前扶贫到户的传统工作方式,转变为纯粹的区域性经济开发。于是,所有的贫困人口和贫困家庭都逐渐聚集到农村低保和社会救助的保护伞下。这就导致了 2007 年以来,农村低保对象人数持续增加,2013 年比 2007 年增加了 1822 万人,增加的幅度超过了 50%。以上的事实说明,在中国的反贫困政策中,扶贫和救助位置的摆放还不够妥当。大原则虽然定下,但在工作实践中,还需要继续磨合。

以上讨论的是农村的扶贫与救助,实际上,城市的反贫困政策应该也一样。在 20 世纪 90 年代,中国政府和社会都把建设城市居民的最低生活保障制度放在第一位,这是因为当时中国社会还没有全面建立这项制度。同时,中国的失业浪潮和就业形势给整个社会带来了太大的压力,社会保险网又是漏洞百出而且不能在短时间内修补完善。于是,唯一的选择是抓紧时间,编织一道"最后的安全网",先保证所有的城市居民在遭遇收入中断或丧失的危机时,不至于处于贫困无助的境地。

如今,社会救助这张"最后的安全网"已经织就,十多年来已经使 2000 万—2300 万城市贫困人口最起码的生活需求得到了保障。在此基础上,城市反贫困政策就要继续前进,用城市扶贫来使一部分有能力、有潜力的城市贫困人口最终走出困境。

"城市扶贫"的含义应该也是政府和社会用政策、用资金和其他必要的手段,帮助城市中有劳动能力的贫困群体改变和重建他们的生产方式与生活方式以创造更多的工作机会,从而使他们与他们的家庭获得可持续的生计。

"可持续生计"是 20 世纪 90 年代在国际上流行开来的一个概念,在 1995 年社会发展峰会上通过的《哥本哈根宣言》中是这样表述的:"使所有男人和妇女通过自由选择的生产性就业和工作,获得可靠和稳定的生计。"结合以上两个概念,提出以下的政策建议:

第一,政府和全社会都应该以积极的眼光看待城市中的贫困群体,绝对不要把他们看成是社会的负担,而是依然要把他们看作是宝贵的人力资源,相信他们能够通过自己的努力去创造适合自己的就业岗位,从而获得可持续的生计。

第二,中国需要造就一大批以"养人"为目的但又有自我生存和发展能力的、"饭碗型"的小型经营实体。这可能是有中国特色的城市居民中的"可持续生计"的概念。中国的服务市场尚有太多空白有待填补,只要肯动脑筋,就会有收获。

第三,在城市扶贫中要重视社区的作用,社区建设应该与解决当前中国最迫切需要解决的问题联系起来。有一些贫困人士,有劳动能力但是较弱,在其他方面的能力更是欠缺,这些人可能应该主要由社区把他们组织起来,在提供社会服务方面找到出路。

第四,应该注意的是,面对贫困,国际上的口号是"减贫",而不是消灭贫困。这可能是人类对于贫困问题认识的升华。在20世纪,英国于40年代末建立"福利国家"后,美国于60年代建立"伟大社会"后,都曾经豪迈地宣布——贫困被消灭了。但是到了20世纪80年代以后,受到全球化的影响,全世界都出现了"新贫困"现象。此后,国际社会对反贫困的结果和效果采取了更为谨慎的态度。可以说,贫困令世间绝大多数人厌恶而唯恐避之不及,但是贫困又形影不离地伴随人类社会直至今天。但是,反贫困战略和策略不能以不变应万变,而应该随着社会、经济环境和扶贫对象本身的变化,更有效、更明智地采取更富有弹性的社会政策措施。

第五,社会工作服务机构和社会工作者对社会救助和扶贫工作的主动介入和干预是非常重要的。社会工作是"助人自助"和"科学助人"的专业和职业。从历史上看,社会救助制度是从慈善事业发展而来,而社会工作也同样是从慈善事业发展而来。从这个意义上说,社会救助和社会工作可谓同根同源。到当代社会,可以说是社会工作与社会救助的结合导致了"扶贫"概念的诞生。用社会工作者对扶贫对象和救助对象进行个案管理,并辅之以小组工作和社区工作,这也是社会救助和扶贫工作的国际惯例。

譬如在中国台湾和香港地区,与社会救助和扶贫相关的事务都是由社会工作者来承担。社会工作者每人负责若干个案,从接案开始,就要从物质上、精神上全面地帮助案主(贫困家庭和个人)。救助对象生活上有任何问题和困难,都可以找社工帮忙解决。在明确规定的社会工作者职责范围内的问题,社工马上依法处理;超越社工职权范围的,则立即实行转介,即移交给负有责任的其他政府部门。同时,社工还要对救助对象的生活状况进行追踪调查。更有社工以"资产建设"的理念进行扶贫,帮助贫困家庭创业,做个小生意、小买卖,争取从根本上摆脱贫困,摆脱对政府和社会的依赖。近年来,在上海和广东(广州、深圳和东莞),这方面也有很多成功的经验,应该向全国推广,使之发扬光大。

本文原发表于《社会发展研究》2015年第2期,收入本书时略有增删修改。

追求"精准"的反贫困新战略

前不久,习近平主席在部分省区市党委主要负责同志座谈会上提出:"'十三五'时期是我们确定的全面建成小康社会的时间节点,全面建成小康社会最艰巨最繁重的任务在农村,特别是在贫困地区。各级党委和政府要把握时间节点,努力补齐短板,科学谋划好'十三五'时期扶贫开发工作,确保贫困人口到 2020 年如期脱贫。"在对加大扶贫力度提出具体要求时,习近平谈到了"四个切实",即切实落实领导责任,切实做到精准扶贫,切实强化社会合力,切实加强基层组织。① 其中的"精准扶贫",可以说是近年来中国城乡反贫困战略的一个创

---

① 《习近平:确保农村贫困人口到 2020 年如期脱贫》,新华网,http://news.xinhuanet.com/politics/2015-06/19/c_1115674737.htm。

新性的工作思路。

"精准扶贫"的工作思路来自基层,据媒体报道,是四川省宜宾市翠屏区在扶贫工作中创造了这个新思路、新做法。国家扶贫办总结并推广了来自基层的经验,使之成为指导全国扶贫工作一个重要的价值理念。① 当然,要确保贫困人口如期脱贫,达到 2020 年"全面建成小康社会"的战略目标,光有农村扶贫还是不够的。习近平讲话中所讲的"扶贫",其实是一个"大扶贫"的概念。他还提除了"四个一批",即除了要"扶持生产和就业发展一批,通过移民搬迁安置一批",还"通过低保政策兜底一批,通过医疗救助扶持一批"。② 与此同时,民政部也对社会救助工作提出了"精准"的要求。③

从更为宏观的层面来考量:要确保贫困人口如期脱贫,必须整合开发性扶贫、劳动就业和社会救助,这样才能形成一个中国反贫困的大系统。而追求"精准",则是中国整个反贫困战略一个关键的核心概念。如何理解"精准"?窃以为大致上可以分为三个方面,这就是目标的"精准"、手段的"精准"和标准的"精准"。以下我们分而述之。

一、中国反贫困战略目标的"精准"

如果把整个反贫困战略看作一个大系统,就系统论的理论而言,系统总是围绕着系统目标来运行的。所以,反贫困战略成功与否,首先取决于系统目标是否"精准"。中国反贫困战略的目标究竟是什么呢?要讨论这个问题,我们可能需要追根溯源到"贫困"的定义,这就涉及如何认识和理解"贫困"这个概念。

(一) 认识和理解贫困

要认识和理解贫困,就必然要面对世界上数以百计的贫困定义。在对形形色色的"贫困"定义做过一番研究后,发现其中的差异主要在于观察和考量贫困的角度和层面的不同。

---

① 《宜宾翠屏区精准扶贫 助力农户致富》,《华西都市报》2014 年 5 月 21 日。
② 《习近平:确保农村贫困人口到 2020 年如期脱贫》,新华网,http://news.xinhuanet.com/politics/2015-06/19/c_1115674737.htm。
③ 《李立国:当前我国社会救助事业发展的形势和任务》,中国共产党新闻网,http://theory.people.com.cn/n/2015/0708/c207270-27272640.html。

就观察和考量贫困的角度而言,不同的贫困定义大致上可分为四大类:第一类,关键词是"匮乏",从单纯的物质匮乏,一直到将社会的、情感的和精神文化等的各方面的匮乏都包含在内;第二类的关键词是"能力",其视角是贫困是相关的个人或群体缺乏能力;第三类的关键词是"地位",其视角是贫困是相关的个人或群体的阶层地位排序处于社会底层;第四类的关键词是"排斥"或"剥夺",其视角是贫困是个人或群体遭受社会排斥或社会剥夺。

就观察和考量贫困的层面而言,大致有三个层面的理解:第一个层面是将贫困视为一种社会事实,理解为一种现实的客观存在;第二个层面是将贫困视为一种公众的社会评价,加入了主观的价值判断的因素;第三个层面是将贫困视为一种社会分配的结果,加入了现行的社会制度的因素(见图1)。①

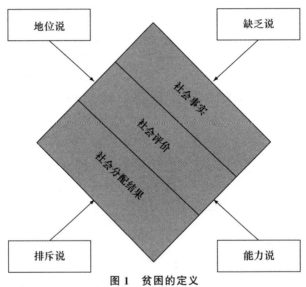

图1 贫困的定义

从以上的理论分析看,作为一个现实生活中难以避免的社会事实,"贫困"并不像通常认为得那么简单。究其本质而言,贫困是一个集经济、社会、政治、文化、环境等各种因素于一身的复杂事物。因此,就反贫困的战略而言,应对这样一个复杂的事物,最忌讳的就是一因一果的线性思维。但是,在实际工作中,这种简而化之的思维定式,却常常被奉为政策

---

① 唐钧:《中国城市贫困与反贫困报告》,华夏出版社2003年版,第28—32页。

制定的路径依赖。

（二）慎言消灭贫困

联合国最近发布的《千年发展目标 2015 年报告》中提到：生活在极端贫困中的人数从 1990 年以来已经减少了十亿多，但是，目前全球仍有约八亿人生活在极端贫困中。因此，国际社会应该向最弱势人群以及在过去 15 年里生活未得到改善的人伸出援手，在已取得成功势头的基础上，努力完成千年发展目标所开启的工作。① 如果对联合国的"千年发展目标"有所关注的话，我们可以发现，联合国经常使用的一个核心概念是"减贫"，即减少贫困现象、减轻贫困程度，而非国内常用的"消灭贫困"。

从当今世界的现实状况看，哪怕是发达国家，实际上都没能消灭贫困。有很多学者就此问题表达了自己的观点：英国的安东尼·吉登斯（A. Giddens）曾经指出："贫困在富裕国家普遍存在。"② 台湾地区的孙健忠也持同样的观点："任何社会中均有贫穷，此为不争的事实。"③ 香港地区的莫泰基更是进一步提出："贫穷是很苦，相信没有人喜欢的；但是人类的历史从未能摆脱贫困。"④ 美国的文森特·帕里罗（V. Parrillo）、约翰·史汀森（J. Stimson）和阿黛思·史汀森（A. Stimson）则从另外一个角度提出问题："至于穷人，他们所受的苦难和堕落从 20 世纪末以来没有发生太大的变化，只是非贫困者与他们之间的差距进一步拉大了。"⑤

回顾历史，早在 1948 年，英国政府宣布，已经建成福利国家。当时，人们普遍认为，"贫穷——作为人们熟知的 18、19 世纪式的贫穷，在 20 世纪下半叶已经消失了"。⑥ 20 世纪 60 年代，美国的约翰逊总统发起"伟大社会"运动，"无条件地向美国贫困开战"，要使"所有的人都富足和自

---

① 《综述：联合国千年发展目标成果显著但未完全实现》，新华网，http://news.xinhuanet.com/world/2015-07/07/c_1115841125.htm。
② 安东尼·吉登斯：《社会学（第四版）》，赵旭东等译，北京大学出版社 2003 年版，第 326 页。
③ 孙健忠：《台湾地区社会救助政策发展之研究》，巨流图书公司（台湾）1994 年版，第 14 页。
④ 莫泰基：《香港贫穷与社会保障》，中华书局（香港）1993 年版，第 7 页。
⑤ 文森特·帕里罗、约翰·史汀森和阿黛思·史汀森：《当代社会问题》，周兵等译，华夏出版社 1999 年版，第 237 页。
⑥ 闵凡祥：《国家与社会》，重庆出版社 2009 年版，第 75 页。

由"。① 但是到了 80 年代以后,尤其是进入 21 世纪以来,英国和美国的贫困问题却日趋严重。据媒体报道,美国的贫困发生率将近 15%(2013 年)②,而英国则已高达 21%(2012 年)③。

可能有人会以"绝对贫困"和"相对贫困"的区别为由,对以上观点提出质疑。但是,国内对这两个概念的理解恐怕是存在误区的。在《社会学》一书中,吉登斯解释道:"理解贫困有两种不同的方法。绝对贫困指的是缺乏保持健康和有效的身体活动所需要的基本资源。相对贫困指的是评价一些群体的生活条件与大多数人享有的生活条件之间的差距。"④ 由此可见,这两个概念的区别是理解贫困的视角与方法的不同,譬如用"市场菜篮法"和"恩格尔系数法"来测量贫困,一般被认为用的是绝对的方法;而用"收入比例法"则被认为用的是相对的方法。但在国内常常将这两个概念的差异理解为"绝对贫困"即"最贫困",而"相对贫困"则"相对好一些"。

以辩证思维来理解这个问题:实际上,绝对的方法中含有相对的成分,相对的方法中又含有绝对的成分。举一个例子:用"市场菜篮法"测量贫困,被认为是一种绝对的方法,而这种方法中一个重要的步骤就是要确定哪些消费品是生活必需品。在 20 世纪 90 年代城市低保制度初创时,家里有冰箱、彩电等"非生活必需品",一般就得不到救助;后来一般家电被接纳为生活必需品了,但家里有空调还是不行;再后来,门槛进一步降低,但又规定家中不能养宠物……随着社会经济的发展和人民生活水平的提高,社会对"贫困"内涵和外延认识的包容性也在扩张。在生活必需品的认定上,门槛一直在降低,这就使绝对的标准有了相对的意义。

再举一个例子,在 20 世纪 80 年代初,曾将农村贫困标准定为年人均纯收入 200 元;到 90 年代,为了实施"八七扶贫攻坚计划",则将扶贫标准提高到年收入 400 元。进入新世纪,政府更是频繁地提高贫困标准,从 2001 年的 630 元逐渐提高到 2011 年的 2300 元(见表 1)。上述贫困标准

---

① 阿瑟·林克、威廉·卡顿:《一九〇〇年以来的美国史》,刘绪贻等译,中国社会科学出版社 1983 年版,第 848、852 页。
② 《"钱"景沮丧,美国该如何解决》,凤凰网,http://news.ifeng.com/a/20140918/42021824_0.shtml。
③ 《英国削减福利 致贫困家庭和领救济人数激增》,中国新闻网,http://www.chinanews.com/gj/2014/06-05/6245683.shtml。
④ 安东尼·吉登斯:《社会学(第四版)》,赵旭东等译,北京大学出版社 2003 年版,第 297 页。

都是国家统计局用绝对的方法计算出来的,但是,这些"绝对"的标准又会随着社会经济的发展而调整,这就有了"相对"的意义。同时,每次提高贫困标准,贫困人口的规模都会比调整前扩大数倍。然而,可以想见,每次根据新标准划定的贫困地区和贫困人口,其中相当一部分与以前确定的贫困地区和贫困人口是重合的,而且根据旧标准应该是"已经脱贫"的,这使"相对"的变化中又有了"绝对"的意义。

表1 2001—2014年农村贫困标准及现状

年份	农村扶贫标准（元）	贫困人口（万人）	低收入线（元）	低收入人口（万人）
2001	630	2970	631—872	6102
2002	627	2820	628—869	5825
2003	637	2900	638—882	5617
2004	668	2610	669—924	4977
2005	683	2365	684—944	4067
2006	693	2148	694—958	3550
2007	785	1479	786—1067	2841
2008	1196	4007		
2009	1196	3597		
2010	1274	2688		
2011	2300	12238		
2012	2300	9899		
2013	2300	8249		
2014	2300	7017		

资料来源:李少云:《扶贫中期评估总报告》,中国农业大学人文与发展学院网站,http://cohd.cau.edu.cn;《国民经济和社会发展统计公报》(2006—2013),国家统计局网站,http://www.stats.gov.cn/tjsj/tjgb/ndtjgb/。

综上所述,对于"贫困"这样十分复杂的事物,简单化的线性思维一定不可取。更不要轻易地宣称我们已经消灭了贫困,即便消灭的是"绝对贫困",亦属非理性。从历史教训看,这样的说法恐怕禁不住历史的考验,终究会落个贻笑大方。

（三）中国反贫困战略的"精准"目标

经过以上的讨论,我们现在言归正传,最终要聚焦于中国反贫困战略的目标。更重要的是,这个目标还要追求"精准"。当然,首先要提出的问题是一个国家或一个社会为什么要反贫困?答案是,这样做有两个目的:第一是社会公正,第二是社会稳定。同时,这两个目的的排列顺序很重要,社会公正是一个国家或一个社会的终极目标,而社会稳定则是一个功利性或曰工具性的目标,后者要对前者起到维护和保障的作用。如果把顺序颠倒了,为了稳定而去损害社会公正,其结果必然会适得其反。

如前所述,在宏观层面上,反贫困战略会受到经济、政治、社会、文化、环境等各种因素的影响。国际上有研究表明:在一个国家或一个社会里,贫困的存在及其严重的程度取决于两个因素:其一,这个社会能够生产多少物质财富?其二,这些财富将被怎样分配?因此,在中观层面上,对反贫困战略具有更直接影响的因素是经济增长、劳动分配和社会保障——经济增长决定这个社会能够生产多少物质财富,这些物质财富将怎样分配则决定于初次分配——劳动分配和再分配——社会保障(见图2)。

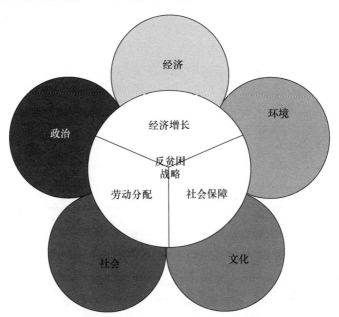

图 2 　与反贫困战略相关的影响因素

必须注意的是,反贫困战略中观层面的三个相关因素在操作层面上也有既定的排列次序:首先是经济增长,其次是劳动分配,最后是社会保障。经济增长被放在第一位,是因为经济不景气,物质财富十分匮乏,光想在社会分配上做文章,结果必然是"巧妇难为无米之炊"。只有经济增长了,物质财富丰富了,社会分配才有讨论的余地。劳动分配被放在第二位,是因为如果劳动者失业或了无生计,实际上就意味着失去了参加初次分配的权利。同时,当今世界上常见的"工作贫困",即虽然有工作、有收入,但仍不足以养家糊口,也应引起特别关注。总之,我们应该认识到,经济增长势头再好,如果没有与之相适应的社会分配,反贫困的目标也不能实现。另外,如果初次分配中贫富差距拉得太大,光靠再分配来弥补是难以奏效的。社会保障被放在末位,是将其看成是一张为弥补初次分配不足的托底性的安全网,其目的是不让每一个公民或社会成员跌落贫困陷阱中。

当然,我们也要特别注意,如果物质财富丰富了,但国家和社会却没有公平分配的愿望,社会公正就会被破坏。那么,哪怕是用尽其他各种手段维持"稳定",这样造成的"稳定"中一定蕴含着不稳定的因素,而且其影响将在经济、政治、社会、文化、环境等各领域全面渗透,结果是难以预料的。常说的"中等收入陷阱",其实主要就是因此而造成的。

对"贫困"有个全面的、深刻的理解,才能理解习近平主席的相关讲话精神,才能理解"一个不能少"的"全面小康"对中国社会经济发展的积极意义。也只有这样,才能确定真正"精准"的反贫困的目标,围绕这个目标,才能制定真正"精准"的反贫困战略。

二、中国反贫困战略中手段的"精准"

在讨论了中国反贫困战略的目标之后,接下来就要更深入地讨论实现目标的手段。至于反贫困的手段,我们也同样要讲求"精准"。在以上谈及的与反贫困直接相关的三个因素中,若将经济增长、劳动分配和社会保障再进一步落实到实践中的可操作层面,根据以往的经验,经济增长方面的具体手段是开发性扶贫;劳动分配方面的具体手段是可持续生计;社会保障方面的具体手段则是社会救助。

如果把上述三个方面看成是反贫困战略的三个子系统,那么,反贫困战略的这种结构分化,目的是为了更好地功能耦合。也就是说,每个子系统都有自身的独特功能,而相互之间的功能特性又能相互支持、相互配合,最终能够在相辅相成或相反相成的基础上整合起来,达致整体大于部分之和的系统效应。

要强调的是,以上三种手段在反贫困战略中的运用,也是有顺序的,而且手段的排序,与以上讨论的相关因素的排序还不一致。在操作层面上,排在首位的应该是社会救助,其次是开发性扶贫,排在末尾的是可持续生计。当然,这样的排序是学理性的,亦即可能是理想化的(见图3)。

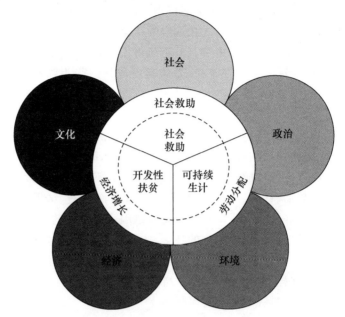

图3 反贫困战略各种手段的功能耦合

(一) 反贫困战略中的社会救助

在反贫困战略中,将社会救助子系统放在首位,是因为社会救助制度设计的初衷是针对现实存在的贫困现象的。如前所述,当今世界各国实际上都会有贫困现象存在。所以,在国家实行干预时,可以根据最起码的生活水平制定贫困标准,可以不问情由先把所有收入水平在标准以下并且有需要的贫困家庭和个人都纳入这项制度的庇护之下。然后再根据实际情况,帮助这些贫困家庭和个人通过有效的方式寻找可持续生计,逐渐摆脱贫困的困扰。但要注意,在贫困人群中,可能有一部分人是难以"脱贫"的,那么在生活中就需要长期依靠社会救助制度给予稳定可靠的保护。

20世纪90年代,中国社会在建立城市居民最低生活保障制度时就采取了这样的策略。90年代初,处于经济转轨、社会转型的激烈变化中的中国,突然出现了一股"下岗失业"的大潮,几千万国有企业职工顿时成为下岗失业人员。为此,出于稳定社会、讲求公正的目的,中国政府花了10年的时间,建立起城市低保制度,在"应保尽保"的口号下,将2200多万家庭人均收入低于低保标准的城市贫困人口纳入这项制度的庇护之下。在社会稳定的目的基本达致以后,再通过各种就业和可持续生计的渠道,让这些下岗失业人员自食其力。当然,其中的原因之一,是部分低保对象进入老年阶段后可以领取养老金,因此不再需要救助。从2010年至今,城市低保对象逐渐减少,从2009年最高峰时的2346万人逐渐减少到2014年的1877万人,减少了19%。① 见表2。

表2　1996—2014年城镇最低生活保障制度保障人数

年份	1996	1997	1998	1999	2000	2001	2002	2003	2004	2005
保障人数(万人)	85	88	184	281	403	1171	2065	2247	2205	2234
年增长率(%)		3.5	109.0	52.7	43.4	190.5	76.4	8.8	−1.9	1.3
年份	2006	2007	2008	2009	2010	2011	2012	2013	2014	
保障人数(万人)	2240	2272	2335	2346	2311	2277	2144	2064	1877	
年增长率(%)	0.3	1.4	2.8	0.5	−1.5	−1.8	−5.8	−3.7	−9.0	

资料来源:《民政事业发展统计公报》(1996—2009)和《社会服务发展统计公报》(2010—2013),民政部网站,http://www.mca.gov.cn/article/zwgk/tjsj/。

(二) 反贫困战略中的开发性扶贫

将开发性扶贫放在次席,是因为框定贫困群体之后,在一些贫困家庭和个人相对集中的地区,可以通过国家和社会的支持,包括政策的支持、资金的援助、能力的培养以及文化的建设,以地区性的经济开发谋求群体性的可持续生计,最终使这个地区的大部分有能力的贫困家庭和个人能够逐渐摆脱贫困的困扰。但是,要强调的是,开放性扶贫并非万能。不是所有的贫困家庭和个人都可以通过这种方式脱贫。有一部分缺乏劳动能力的个人及其家庭和缺乏人类生存的基本条件的地区,实际上是难以通过这种方式脱贫的。这些贫困家庭和个人以及生存条件恶劣的地区,仍

---

① 《社会服务发展统计公报(2009—2014年)》,民政部网站,http://www.mca.gov.cn/article/sj/tjgb/。

然要依靠社会救助来维持最起码的生活水平。总而言之,概括起来一句话:能够通过开发性扶贫脱贫的贫困人口给予扶贫,不能通过开发性扶贫脱贫的贫困人口则给予救助。

中国自 20 世纪 80 年代以来开发性扶贫的实践为我们提供了这方面的经验。70 年代末,以人均年收入 200 元为标准,中国的农村贫困人口有 2.5 亿人,通过推行家庭联产承包责任制,到 1985 年,贫困人口减少到 1.25 亿人。80 年代中期,中国政府确定实行开发式扶贫,到 80 年代末,农村贫困人口减少到了 3000 万人。1994 年,开始实施"八七扶贫攻坚计划",以人均年收入 400 元为标准,农村贫困人口增加到 8000 万人。经过 7 年的努力,2000 年的贫困人口再次下降到 3000 万人。2000 年,贫困标准被调整到 856 元,贫困人口达 9422 万人。经过 10 年的努力,2010 年贫困人口又减少到 2688 万人。2010 年,扶贫标准增加到 2300 元,经过努力,到 2014 年,贫困人口下降到 7017 万人(见表 1)。

以上的数据告诉我们两条经验:一是中国的农村扶贫的标准是逐步提升的,三十多年来,人均年收入从 200 元到 400 元再到 856 元再到 2300 元,大致分四个阶段,每一阶段都制定一个"跳一跳够得着"的目标,然后通过努力使之变为现实(见表 1)。这样逐步地连续不断地调高标准,逐步地达到国际水平。目前的标准,按人民币兑换美元的汇率 6.1428 计算,达到了每天 1.04 美元,按购买力平价美元计算,则为 2.06 美元。

二是开发性扶贫和社会救助应该做到功能耦合、相辅相成。实际上,不管怎么加大扶贫力度,可以看到,每个阶段最后总是还有 3000 万左右的贫困人口不能脱贫。因此,我们应该认识到,开发性扶贫并非万能。在反贫困战略中,必须整合开发性扶贫和社会救助这两种制度:可以通过开发性扶贫脱贫的,给予扶贫;不能通过开发性扶贫脱贫的,则给予救助。

(三) 反贫困战略中的可持续生计

之所以将可持续生计放在末席,并不是因为其不重要,而是因为这种手段是将开发性扶贫以及其他经济发展的成果落实到家庭和个人的最后手段。开发性扶贫是地区性的经济开发,一般来说,在这一方土地中,有能力的人先得益,率先脱贫致富。所以,要将包括经济开发性扶贫在内的经济发展成果落实到贫困家庭和个人,则需要一家一户地帮助他们建立起与经济社会环境相配套的个性化的可持续生计。"可持续生计"的概念是联合国提出的,与一般理解的就业不同,就业常与工业化发展相关的正规路径联系在一起。可持续生计的范围要宽泛得多,可以包括正规就业,但更多的是偏向于强调非正规的途径,即只要通过劳动或经营能够收获足以养家糊口的相应报酬,而且这种劳动或经营必须是合法并且可持续的。其主要的目的是尽可能地开发每一个贫困家庭和个人的潜能力,就可能让他们通过自己的努力来摆脱贫困的困扰。

中国三十多年来的反贫困经验证明,帮助有能力的贫困家庭和个人脱贫,光靠正规就业的渠道是远远不够的。农村的开发性扶贫自不待说,因为从就业的角度来说,农村的种养殖业以及其他的副业基本上都是"非正规"的。这样的业态以可持续生计来概括,可能更准确。现在的问题是城市贫困家庭和个人,其实"扶贫"和"可持续生计"的概念对他们来说也同样适用。自古以来,城市居民讨生活的基本手段之一就是摆摊设点做小买卖,因为这样的可持续生计成本是最低的。但是,很多地方政府有"城市洁癖",对这些本来可赖以维生的手段一律封杀,于是城管和小贩猫捉老鼠绵绵无期的战斗就成为一个时代的特征。当然,也有的地方政府比较明智,于是在背街小巷就多出了很多可持续生计。当然,近年来,阿里巴巴淘宝的网店,也为贫困家庭和个人提供了类似的生计,使小商贩生涯通过"互联网+"变得"高大上"起来,马云也因此获得了成功。

20世纪80年代,美国的迈克尔·谢若登(Michael Sherraden)教授提出了"资产建设"的概念,他认为:要帮助穷人脱贫,不能像以前那样将福利政策集中在收入和消费,而是要更多地关注储蓄、投资和资产积累,他将这个想法称之为"以资产为基础的福利政策"。①"资产建设"的思想在全世界得到了广泛的传播,具体的方法是为穷人设立"个人发展账户",帮助他们建立起自己的资产,再将资产变为资本。

根据国际经验,我们可以作这样的政策设计:对有劳动能力的低保对象设立"个人发展账户"并鼓励他们积极工作,在双方约定的期限内,譬如3—5年,不管他们收入多少,都不减他们的低保金。只是要求他们每月往个人发展账户中存钱若干,个人发展账户中的积蓄在约定期限内不能随意支配。到约定期满时,账户中就会有一笔比较可观的资金。譬如每月存500元,3年就有18000元,5年就有30000元。此时,低保对象从账户中将钱取出,政府再给予同样或加倍的金额补贴,就可以帮助他们做小

---

① 迈克尔·谢若登:《资产与穷人:一项新的美国社会福利政策》,高鉴国、展敏译,商务印书馆2005年版,第8页。

买卖或开网店,于是就有了可持续生计。政府再采取 2—3 年逐渐减少低保金金额的办法,扶上马再送一程,这样可以确保低保对象真正脱贫。

顺便说一句,要在"可持续生计"上下功夫,充分发挥社会组织和社会工作的作用是很重要的。行政手段功利性太强,总希望以最小的机会成本获得最耀眼的政绩,所以花活儿多、水分多。"可持续扶贫"是慢功细活,须得让社会工作者以个案工作、小组工作和社区工作的方法去助人自助。只有在社会心理上使得受助者摆脱既成的心理状态和生活方式,只有耐心地搀扶他们走上脱贫之路,才能收获真正的反贫困成果。

三、中国反贫困战略标准的"精准"

在讨论了中国反贫困战略的目标和手段的"精准"之后,现在我们来讨论标准的"精准"。其实,关于"精准"问题的讨论,很可能其源头就是对贫困标准的精细准确的要求。这也是近三十年来,城乡反贫困工作,尤其是社会救助工作中最让人不放心的敏感点甚至软肋。

(一)贫困标准"精准"的相对性

贫困标准的讨论来源于社会救助,而社会救助制度设计的初衷,是针对因丧失劳动能力而致贫的社会成员的,譬如陷入贫困的老年人、未成年人和重病重残人士。但是,随着工业化、城镇化的进一步发展,尤其到了当代社会中,一部分有劳动能力但缺乏劳动机会的社会成员,譬如失业者,譬如"工作贫困"人士,他们也会跌入贫困的陷阱。因为这部分社会成员的日常生活也需要得到社会救助制度的庇护,这就使这项制度面对的问题越来越复杂。

现实生活中的社会救助制度,有三个因先天不足以致难以克服的缺陷:其一,社会救助制度其实不具备使救助对象脱贫的功能,其目标仅仅是保障救助对象最起码的生活水平,这就是通常所说的"救急不救穷",即所谓"托底性"。其二,社会救助制度的实施需要大量的行政成本,尤其是人工成本,因为这项制度要求对申请者进行家庭经济状况调查,并且在受助者获得救助期间进行定期的追踪调查。但制度成本的问题在中国不太突出,因为我们是靠城乡社区几百万居委会、村委会的干部,他们以志愿者的角色帮助政府完成了这项庞大的社会工程。但这样的制度安排,又衍生出许多与"非专业性"相关的错保、漏保等问题。其三,社会救助制度在实施期间必定会同时受到来自两个方面的责难,一方面,会有人责难社会救助制度"养懒汉",具有"消极性";但另一方面,又会有人诟病社会救助制度"太苛刻",具有"侮辱性"。这样同时来自价值对立的两个方向的质疑,会使负责实施这项制度相关的政府机构和工作人员左右为难。

另外,从社会政策的实践看,一项政策如果必须定下标准才能付诸实施,其实都有某种程度上的不公平性。譬如说,政府将 2011—2015 年的贫困标准定为年人均纯收入 2300 元,那么有人会提出质疑,2310 元就不贫困了吗? 2400 元就不贫困了吗?……因此,有一段时间,我们在贫困标准之上,又定出一个低收入群体的标准,一般高出贫困标准 1/3(31%—38%),但同样的问题依然存在。譬如 2010 年的低收入标准是年收入 786—1067 元,但还是有人会提出质疑,难道 1070 元就不是低收入了吗? 1100 元就不是低收入了吗? (见表 1)社会救助也存在同样的问题。

最近有学者提出:政府可以委托智库和智囊用科学的方法来解决标准的"精准"问题。他们认为:政府可以委任一个专家小组,用定量研究的方法做出一个计算贫困标准的数学模型,然后每年将相应的数据填入,进行计算,算出来是多少就是多少。这个建议看起来很有创新意义,计算出来的贫困标准一定"精准"。但是应该指出的是,这个主意其实还有很多不足之处:其一,计算贫困线的方法有很多,譬如常见的有"市场菜篮法""恩格尔系数法""收入比例法""生活形态法""马丁法",等等。用这些不同的方法计算出来的贫困线都是不一样的。现在民政部门计算低保标准,多用"市场菜篮法";扶贫办采用的扶贫标准则是国家统计局用"马丁法"计算出来的。所以,其实很难确认用哪种方法计算出来的贫困标准是最合适、最"精准"的。其二,作为政府工作中操作层面上的贫困标准,不是一个学术研究的成果,而是一个政治决定。专家通过定量研究和分析,最终计算出来的贫困标准,对政府而言,只是一个政策建议和咨询意见。在科学的计算之外,政府决策还需要考虑很多"非科学"的因素。贫困标准,作为政府的政治决定,是一个各方面协商一致或者更直白地说是妥协的结果。当代社会分工精细,每一种社会角色都被赋予相应的社会职责。专家学者应该恪守"参谋"的本分,没有必要越俎代庖,"篡夺"政府的决策之权。

综上所述,贫困标准并非天然产生,而是人为"划"出来的"道",所以其"精准"实际上也是相对的。对贫困标准作出决策,如前文所做的理论分析，至少要综合考虑贫困标准作为社会事实、作为社会评价、作为政策后果等不同层面的影响因素。何况，国家的反贫困战略动用的主要是财政资金，亦即纳税人的钱，这就牵涉到很多利益相关的社会阶层和社会群体，审慎行事十分必要。因此，从某种意义上说，贫困标准实际上具有一定的模糊性，过分刻意地追求精细准确，反倒有可能适得其反。

（二）关于确定贫困标准的政策建议

前文中提及，必须确定标准才能实施的政策都有某种程度上的不公平性。然而，反过来从操作的层面看，当这些政策必须划出道来才能实施时，不公平性可能要被放在其次。但是，作为政策的设计者和决策者，一是要对这种不公平性心知肚明；二是要尽可能地将这种不公平性降低到临界点。

在中国，现行的贫困标准实际上有两条：一条是民政部门所采用的社会救助标准，亦即通常所说的城乡低保标准。按现行政策，城乡低保标准是由地方政府用根据当地生活必需品消费的最起码的支出水平确定的。另一条是扶贫部门所采用的扶贫标准。按现行政策，扶贫标准由国家统计局根据城乡居民住户调查数据算出，然后将全国人均年收入低于此标准的县划为贫困县。如果这些贫困县连成一片，则称为贫困地区。贫困县或贫困地区中所有的农村居民，无论实际收入多少，都被算作贫困人口。

按这样的方法计算贫困标准和贫困人口，用于目标是经济开发的区域性扶贫，是可行且可操作的。但若把目标定为"一个不能少"的"全面小康"，恐怕就过于粗略了。因为这些贫困县或贫困地区是否脱贫是按人均收入来进行评估的，但人均收入即使是绝对正态分布，也有50%的居民家庭的收入在贫困标准之下。何况按以往的经验，在贫困标准之下的一般有60%—70%。何况，在贫困县和贫困地区之外，哪怕是在城镇，是在富裕地区，也都还有贫困家庭和个人。因此，若要求反贫困的成果没有水分，为城镇和农村居民家庭分别设立按家庭人均收入为基础的贫困标准，然后以"可持续生计"或"社会救助"的手段去帮助和扶持他们，这恐怕才是标准"精准"的题中应有之义。

如前所述，民政部门所用的社会救助标准是符合"按家庭人均收入为基础"的要求的。但是，按照现行政策，社会救助标准又是由地方政府制定的。这样的规定是有其历史原因的，在20世纪90年代，是地方政府最早开始创立城市低保制度，再自下而上地遍及全国。因为低保是地方政府的行政行为,资金自然也由地方政府筹措。当时低保标准的制定,大致有三种方式:其一,经过调查研究,用科学方法计算出来,最后由政府拍板决策的;其二,向与自己社会经济状况相仿的城市"学习",再加以微调的;其三,根据当地的财政状况和支付能力,再加以微调的。这样的历史背景造成了地方上制定低保标准的路径依赖,并一直沿用至今。

如今的城乡低保制度,实际上70%左右的经费开支来自中央财政。譬如城镇低保,2013年和2014年,中央财政的"补助资金"占比均为72%(见表3)。农村低保情况其实也一样。既然中央财政"拿大头",那么就应该对贫困标准有发言权,至少应该出台一个更为"精准"的指导性的意见,以改变地方政府各自为政的局面。

表3　1996—2014年城市最低生活保障制度的财政支出　　　(亿元)

年份	全部财政支出	其中		年份	全部财政支出	其中	
		中央财政	地方财政			中央财政	地方财政
1996	3		3	2006	224	136	88
1997	3		3	2007	277	161	116
1998	7		7	2008	393	267	126
1999	14	4	10	2009	482	359	123
2000	22	15	7	2010	525	366	159
2001	42	23	19	2011	660	502	158
2002	109	45	64	2012	674	439	235
2003	153	92	61	2013	757	546	211
2004	173	101	72	2014	722	519	203
2005	192	112	80				

资料来源:《中国民政统计年鉴2007》,中国统计出版社2007年版;《民政事业发展统计公报》(2007—2009)和《社会服务发展统计公报》(2010—2014),民政部网站,http://www.mca.gov.cn/article/zwgk/tjsj/。

从方法上看,这样做并不十分困难。计划经济时代,国家对工资标准曾有八类地区的划分。按照同样的思路,首先,我们可以在城市以区级行政区划作为基本单位,在农村以县级行政区划作为基本单位,用"人均GDP""人均财政收入""人均财政支出""恩格尔系数""基尼系数""人均可支配收入(城镇居民)""人均纯收入(农村居民)"等统计指标形成一个综合指数。再用"聚类"的方法,根据上述综合指数将全国城市的区级行政单位和农村的县级行政单位分成若干等级。然后,再在每个等级中作抽样,确定若干做统计调查的样本区县。再根据城乡居民入户调查的统计数据,用"马丁法""市场菜篮法"或"收入比例法"计算出最低生活保障标准,提供给政府作决策参考。最后,由中央政府决策,至少可以作为指导性意见予以公布。

要特别指出的是,中国的现行低保标准与人均收入的距离太大。很多国际上的反贫困专家主张贫困标准应该是社会人均收入或社会中位收入的50%。在欧盟地区,也确实以社会中位收入的50%—60%作为各成员国的贫困标准。但以目前可以得到的资料作比较,我国的现行标准只在社会平均收入的15%—26%。全国平均是16%,在20%及以上的只有八个省份,大部分都在15%—17%的区间(见表4、表5)。如果以"全面小康"为目标,能否先将家庭和个人的贫困标准提升为当地社会人均收入的30%或40%?

表4 2014年城市低保标准及与人均收入的比较

地区	最低生活保障标准(元)	城镇家庭人均收入(元)	低保标准占人均收入的比率(%)	人均收入30%的低保标准(元)	地区	最低生活保障标准(元)	城镇家庭人均收入(元)	低保标准占人均收入的比率(%)	人均收入30%的低保标准(元)
全国	392	2404	16	721	河南	313	2033	15	610
北京	650	3659	17	1098	湖北	391	2071	18	621
天津	638	2626	24	788	湖南	350	2214	15	664
河北	413	2018	20	605	广东	424	2679	15	804
山西	374	2006	18	601	广西	336	2056	16	617
内蒙古	474	2363	20	709	海南	360	2041	17	612
辽宁	418	2424	17	727	重庆	347	2094	16	628
吉林	336	1935	17	581	四川	319	2032	15	610
黑龙江	394	1884	20	565	贵州	388	1879	20	564
上海	702	3976	17	1193	云南	337	2025	16	608
江苏	491	2862	17	859	西藏	492	1836	26	551
浙江	529	3366	15	1010	陕西	382	2031	18	609
安徽	411	2070	19	621	甘肃	320	1734	22	520
福建	396	2560	15	768	青海	331	1859	17	558
江西	415	2036	20	611	宁夏	301	1940	15	582
山东	432	2435	17	731	新疆	321	1847	17	554

资料来源:《社会服务发展统计公报(2014)》,民政部网站,http://www.mca.gov.cn/article/zwgk/tjsj/。

表5 2014年农村低保标准及与人均收入的比较

地区	平均收入(元)	平均标准(元)	占比(%)	40%	地区	平均收入(元)	平均标准(元)	占比(%)	40%
全国	874	299	34	350	河南	831	146	18	332
北京	1572	613	39	629	湖北	904	180	20	362
天津	1418	493	35	567	湖南	838	188	22	335
河北	849	205	24	340	广东	1021	295	29	408
山西	734	199	27	294	广西	724	167	23	289
内蒙古	831	298	36	333	海南	826	262	32	330
辽宁	933	241	26	373	重庆	791	202	26	316
吉林	898	181	20	359	四川	779	160	21	312
黑龙江	871	194	22	348	贵州	556	173	31	222
上海	1766	630	36	706	云南	621	171	28	249
江苏	1247	402	32	499	西藏	613	170	28	245
浙江	1614	413	26	646	陕西	661	184	28	264
安徽	826	228	28	331	甘肃	523	183	35	209
福建	1054	224	21	422	青海	607	175	29	243
江西	843	216	26	337	宁夏	701	183	26	280
山东	990	222	22	396	新疆	727	159	22	291

资料来源：《社会服务发展统计公报（2014）》，民政部网站，http://www.mca.gov.cn/article/zwgk/tjsj/。

当然，在实施中可以考虑先让老年人、未成年人和重病重残人士达到上述标准，譬如城市按人均可支配收入的30%计算，农村按人均纯收入的40%计算，而有劳动能力者，则在上述标准的基础上相应地打个八折或九折。应该承认，这个标准可能谈不上"精准"，但却更合乎反贫困战略的目标——社会公正和社会稳定。

本文原发表于《西北师范大学学报（社会科学版）》2016年第1期，收入本书时略有增删修改。

健康社会政策：理论与实践

中共十六届六中全会通过的《中共中央关于构建社会主义和谐社会若干重大问题的决定》中指出："目前，我国社会总体上是和谐的。但是，也存在不少影响社会和谐的矛盾和问题"，在这些矛盾和问题中，"卫生"赫然在列。于是，在第三部分"坚持协调发展，加强社会事业建设"中，用了整整一节的篇幅来阐述"加强医疗卫生服务，提高人民健康水平"的问题。

在中共十七大报告的第八部分"加快推进以改善民生为重点的社会建设"中，也用了整整一节来谈"建立基本医疗卫生制度，提高全民健康水平"的问题。并且强调"健康是人全面发展的基础，关系千家万户幸福"，并且明确地提出要"建设覆盖城乡居民的公共卫生服务体系、医疗服务体系、医疗保障体系、药品供应保障体系"。

为了更好地讨论全民健康和医疗卫生服务的问题,我们可能还是有必要先讨论几个与健康和卫生相关的一般性命题,对一些基本概念作出诠释。

一、与健康和卫生相关的基本概念

(一) 什么是卫生?

据《辞海》解释:在古汉语中,"卫生"指的是"养生"之道①,其含义与如今作为专有名词的"卫生"实际上相距甚远。按《现代汉语词典》的解释,作为形容词,"卫生"的解释是"能防止疾病,有益于健康";作为名词,则是"合乎卫生的情况"。② 上述第二层含义,即对名词"卫生"的解释,似乎有同义反复的嫌疑,还是令人不得要领。

无奈之中,我们可能反倒要参考一下英语单词"health"的汉语释义。我们常说的"世界卫生组织",就是 World Health Organization(WHO),那么,反过来说,"卫生"不就是"health"——"健康"吗?也许,是"卫生"这个词把我们搞糊涂了。于是,在中国,卫生部成了主要是管理医院和医疗服务的政府部门,实际上是"医疗管理部"或"医院管理部"。这也许是一个误区,真正意义上的卫生部,本应该是为全体公民提供健康服务的"健康服务部"。

(二) 什么是健康?

接踵而来的第二个问题是:什么是健康?世界卫生组织给"健康"下了这样一个定义:"健康不仅是没有疾病或不受伤害,而且还是生理、心理和社会幸福的完好状态。"③在这个定义中,"健康"一词,明显包括了三重含义,并且可能超出了我们的一般理解。第一层含义是"没病没灾",这是有史以来中国人的最普遍的理解;第二层含义是"身心愉悦",这是当今中国已经被接受的代表着社会进步的新的理解;第三层理解是"幸福美满",这种理想的"完好状态"乃是当今中国尚且理解不够,乃至被很多人忽视

---

① 辞海编辑委员会:《辞海》,上海辞书出版社 1980 年版,第 403 页。
② 参阅中国社会科学院语言研究所词典编辑部编:《现代汉语词典》,商务印书馆 2005 年版。
③ 参阅科克汉姆:《医学社会学》,杨辉、张拓红等译,华夏出版社 2000 年版。

甚至无视的。

对于当今中国,"健康"的这个定义的重要性是显而易见的。中国的文化传统强调"名不正则言不顺",而世界卫生组织的定义则是在联合国这一"超级权威"的组织层面上,通过"国际惯例"来帮助我们"正本清源"。按中国人的习惯思维,与卫生部"对口"的世界卫生组织对"health"——不管是翻译成"健康"还是"卫生"——的权威解释,应该可以帮助我们打开医疗卫生和健康服务的政策视野。

当然,本文的议题主要与医疗卫生和健康服务相关的社会政策相关,因此,我们可能不会漫无边际地去讨论广义的健康问题。我们还是要把讨论范围适当地限制在中共十七大提出的公共卫生服务体系、医疗服务体系、药品供应保障体系和医疗保障体系以及以上四个子系统整合而成的大系统上。

(三)健康服务的社会意义

在中国,很长时间里,社会学和社会政策学参与制定健康政策的机会较少,有关政府部门与社会学界的对话和沟通非常欠缺。社会一脉"闯入"卫生领域,应该是新世纪以来才发生的事,还是"非典"引发的社会危机捎带着创造了这个"闯入"的契机。

有研究表明:"好的医疗保健并不必然意味着良好的健康状况。良好的健康状况与那些医院医生无法控制的因素联系最为紧密,包括遗传、生活方式(如吸烟、饮食、饮酒、运动、焦虑)以及物理环境(如污水处理、水质、工作条件等等)。大多数损害人体健康的因素是医生和医院无力控制的,从长远看,婴儿死亡率、疾病以及人的寿命受到医疗保健质量的影响很小。"①因此,国际上流传着一种说法,医疗对健康的"贡献"不到20%。但北京大学医学部主任韩启德院士在一个"颠覆性"的报告中则谈道:医疗对健康只有8%的作用。

因此,在国外,社会学和社会政策学介入健康服务领域已经是一件天经地义、顺理成章的事。在科克汉姆(William Cockerham)所著《医学社会学》中提到:"与以前不同的是,在世界范围内医学社会学已经进入了这样的发展阶段,即允许从一个独立的社会学视角来审视医学问题。""更多地关注医学社会学在多大程度上增进我们对社会因素与健康之间复杂关

---

① 参阅戴伊:《理解公共政策》,彭勃等译,华夏出版社2004年版。

系的解释。"为此,他指出:"目前,在美国和西欧,在所有从事社会学研究的人当中,医学社会学家是最大的群体,并且是最有活力的一个群体。"①在沃林斯基(Fredric Wolinsky)所著的《健康社会学》中也提到:"医学社会学是社会学中最大、最生机勃勃的分支学科。"②

(四) 传染病时代与慢性病时代

纵观历史,在 20 世纪以前,斑疹伤寒、结核病、猩红热、麻疹、霍乱、天花和脊髓灰质炎等烈性传染病是人类的头号杀手,我们姑且称之为"传染病时代"。到了 20 世纪中期,因为免疫和抗生素的广泛应用,一些传染病基本上被消灭,其余的也得到了控制。戴伊(Thomas Dye)认为:"从历史上看,成人与婴儿死亡率降低主要是由公共健康与卫生方面的改善带来的,包括天花疫苗、清洁的公共供水系统、卫生的污水处理、饮食方面的改善以及提高的生活水平。"③

从此,慢性病取代了传染病成为健康的主要威胁。"如今,许多主要的致死原因与个人习惯和生活方式密切相关,而非医药所能解决。"④这显然说的是致病(尤其是慢性病)的社会因素。于是,癌症、心脏病和中风成为主要的死亡原因,人类社会从此迈进了"慢性病时代"。

与急性传染病相比,慢性病有两个不同的特征:其一,慢性病的致病原因被认为主要是受到社会环境和生活方式的影响;其二,慢性病似乎是只能控制而不可治愈的。正因为如此,在 20 世纪前半期形成的"治疗至上论"已经与以慢性病为主要威胁的当代社会中的实际情况不相符合。⑤

当前的中国社会与政府显然对健康服务领域的这一深刻变化认识不足。在 20 世纪 90 年代以来的医疗体制改革中,"治疗至上"的观念仍然占据主导地位,而导致健康受损和疾病的社会因素仍然被忽视。譬如近年来普遍施行"以大病为主"的医疗卫生政策,其基本理念就是"治疗至上"的一个最明显的例子。

从另一个角度看,虽然老百姓普遍对现行医疗卫生政策很不满意,主要是"看病贵、看病难",但中国的人均预期寿命仍在不断提高。中华人民

---

① 参阅科克汉姆:《医学社会学》,杨辉、张拓红等译,华夏出版社 2000 年版。
② 参阅沃林斯基:《健康社会学》,孙牧虹、冯韵文等译,社会文献出版社 1992 年版。
③ 参阅戴伊:《理解公共政策》,彭勃等译,华夏出版社 2004 年版。
④ 同上。
⑤ 参阅科克汉姆:《医学社会学》,杨辉、张拓红等译,华夏出版社 2000 年版。

共和国成立之初,中国的人均预期寿命仅有35岁;而2000年的"五普"数据告诉我们,中国的平均预期寿命已达71.4岁,比1990年普查数据提高了2.85岁。① 中共十七大会议召开期间,卫生部副部长高强对媒体表示,2006年,中国的人均预期寿命值已达到73岁。然而,如果把这个成就归于"我国卫生费用的投入产出效率是很高的"②,从前文中提到的理论分析看,这个结论不能说不对,但显然有所偏颇。

(五) 以人为本与医学伦理

治病救人乃至救死扶伤是医生的神圣职责,那么,人文关怀就绝对少不了。在西方,有《希波克拉底誓言》,提出了"关心病人比关心病更重要"的价值判断③,奠定了当代医学伦理学的基础。在中国,药圣孙思邈也在《大医精诚》中提出:"凡大医治病,必当安神定志,无欲无求,先发大慈恻隐之心,誓愿普救含灵之苦。"④可见无论古今中外,医学伦理或曰医德乃是这个领域带根本性的国际共识。

在医学或医疗卫生领域中,科学与人文的关系显得分外突出。社会科学家于光远认为:"对临床来说,不仅疾病一般都有社会的原因,有社会性,医学的治疗行为,包括所用的方法、手段,也是有社会性的。所以临床是两重的社会自然过程,因此,我认为医学不是一门纯粹的自然科学,本身是一门社会科学与自然科学交叉的学科。"医学家黄家驷则认为:"人的健康与疾病,不仅受着物质环境的支配,也受社会制度、经济条件、精神状态等影响。因此,医学又是与社会科学密切相关的。"⑤

所以,在医疗卫生与健康服务领域中,绝不能把科学理性和经济理性当作唯一的衡量尺度。在社会政策学的视野中,医疗卫生与健康保障是公民的一项基本权利,同时也成为政府的一项基本责任。如前所述,从马斯洛的"需求层次论"看,在社会领域的公民基本权利中,健康权和生存权

---

① 《平均预期寿命71.40岁,中国十年人均增寿2.85岁》,中新网,http://www.cns.com.cn,2002年9月25日。
② 《民生关注:我国将进入全民保健国家行列》,《河北日报》2007年10月18日。
③ 转引自张大庆、陈琦编:《中国医学人文教育——历史、现状与前景》,北京大学医学出版社2006年版。
④ 参阅孙思邈:《大医精诚》,转引自中央电视台《大家》栏目编:《大医精诚》,商务印书馆2005年版。
⑤ 转引自张大庆、陈琦编:《中国医学人文教育——历史、现状与前景》,北京大学医学出版社2006年版。

一样，都属于最低层次的生理需求——生存权是维持生命的存续，健康权是保障生命的质量。在这两个方面，老百姓是绝对没有退路的。因此，其健康问题必须由政府承担起基本保障的责任。

（六）基本医疗服务不能市场化

医疗卫生和健康服务领域是一个非常特殊的社会领域，在这里，市场经济理论中的"价格机制"通常是失灵的。

在雷诺兹（L. Reynolds）所著的《宏观经济学》中写道："每一个市场的基本特点是市场价格，用它来平衡市场的供给量和需求量，分配现有供给，和发出供给需要的增减信号。""在纯粹竞争下，一个具体的产品只能有一个价格。如果某一卖者以高于别人的价格要钱，买者就会到别处去买。市场中的买者和卖者人数多，而且可能从一个市场转到另一个市场，迫使所有交易趋于单一价格。"①

如果我们足够细心的话，可以发现，在以上描述市场和价格以及价格机制的文字中，实际上存在着一个前提，这就是所谓"纯粹竞争"。什么是"纯粹竞争"呢？按雷诺兹的解释，"在各市场中，有很多买者和卖者，进入市场完全自由，没有互相勾结串通和固定价格，产品标准化。人们知道他们希望买什么，知道市场情况，为他们自身利益而行动。这种情况叫纯粹竞争"。②

然而，遗憾的是，上述建立在"纯粹竞争"基础上的理想化市场至少在医疗卫生领域实际上是不存在的：其一，医患双方，也就是上述的卖者和买者，地位是极其不平等的。患者，亦即买者，并不一定知道他们应该"买什么"，他们也不太了解"市场情况"，因此也难以"为他们自身的利益而行动"。这通常被解释为双方信息不对称，其实不仅如此，医患之间还存在着权力的不对称。医方，亦即卖者，他们的专业知识和技术实际上在法律的保护下已经上升为专业权力，医生的行医权或处方权是得到国家保护的：患者患的是什么病、应该吃什么药、做什么检查、是否要动手术……实际上统统是医生说了算，患者并无讨价还价的余地，要么选择接受，要么选择放弃。其二，医疗服务是一个通常所谓的专业领域，市场进入并不是"完全自由"的；医疗资源常常表现为短缺甚至匮乏，"卖者"其实是有限

---

① 参阅雷诺兹：《宏观经济学》，马宾译，商务印书馆1983年版。
② 同上。

的;在当前市场机制并不完善的前提下,"勾结串通和固定价格"更是常常发生的事;要说医疗卫生领域的"产品标准化",更是难以企及。所以,医疗卫生似乎是一个天然的垄断领域,至少在当前的中国是这样,因为没有"纯粹竞争"这个前提,价格机制在这里是失灵的。以下,我们再来看看在经济学家和社会学家在一些经典著作或教科书中表述的观点。

格伦内斯特(H. Glennerster)在《从英国的经验看医疗竞争与质量》一文中则指出:"在标准的经济理论中,一种服务或产品的质量在竞争环境下通过不断创新得到维护和提高。一个公司的持续存在(股东利润、市场份额及职员的工作)取决于该公司是否能够生产出消费者需要的产品。要达到这一境界,消费者要完全了解,至少是充分了解,并有机会在不同的厂商之间作出选择。竞争,意味着产品供方能够自由进入市场,并且失败的生产者能够走向破产。这就是自亚当·斯密以来的经济理论的基础。但是,有了肯尼斯·阿罗(K. Arrow)在1963年对经济理论的贡献,经济学家已经认识到,医疗市场具有某些特性导致这些基本假设并不适用。"[1]

雷诺兹在其另一本著作《微观经济学》中指出:"保健业也具有有趣的经济特点。需求大部分是由医生决定而不是由消费者决定。医生决定,什么时候你需要去看他,你是不是该进医院,在医院该住多少时候,是否需要动手术,该服什么药和做什么检查。""在美国,医生是收入最高的职业;而这和他们实行的价格不是没有关系的。各地区的医生,是'合作的寡头垄断'。""在纯粹竞争下,不正常的高价格水平,说明供给不足,人们可以期望增加供给会带来价格下降。但是,在寡头垄断下,不一定这样。大夫收入很高,这一事实并不证明他们太少。"[2]

社会学家则主要把批判的目光投向"医生的权力"。在谢弗(Richard Schaefer)所著的《社会学与生活》一书中指出:"美国健康保障体系中强势的医师角色,让他们得以主导与护士及病人之间的关系。""健康保障体制就像其他社会制度一样,抗拒基本的改变。一般而言,通过现存制度的运行而得到实际财富及权力者,会有强烈的诱因想维持现状。"[3]

吉登斯在他的著作《社会学》中也表达了同样的意思:"医学界在界定

---

[1] 参阅格伦内斯特:《从英国的经验看医疗竞争与质量》,载格伦内斯特:《英国社会政策论文集》,苗正民译、李秉勤译,商务印书馆2003年版。
[2] 参阅雷诺兹:《微观经济学》,马宾译,商务印书馆1993年版。
[3] 参阅谢弗:《社会学与生活》,刘鹤群、房智慧译,世界图书出版公司2006年版。

什么构成和不构成疾病方面拥有巨大的权力,它能够运用其'科学真理'仲裁者的地位把人类生活中越来越多的领域置于其控制之下。"①

经济学家和社会学家在这里讲的是"美国国情"和"英国国情",有些情况可能与中国的事实不符,譬如,"医生是收入最高的职业",但多少对我们今天认识医生的强势的专业权力以及基本医疗服务不能"市场化"大有裨益。

当然,几乎在所有的"专业领域"里,都会出现信息不对称或权力不对称,譬如通讯、股市,等等。在中国,"行政垄断"更是一个"特殊国情"。然而,医疗卫生领域还有一个与其他专业领域不一样的特点,这就是,在健康保障上老百姓是没有退路的。不满意通信市场或股票市场,可以选择放弃,作这样的选择并不会构成致命的威胁。但在健康保障方面,涉及人的生命质量的底线,绝无退路。如果选择放弃,其结果则是不言而喻的。

(七)"政府失灵"和准市场理论

但是,国内外有很多研究都发现,如果没有竞争,就有可能导致公共机构的惰性,这也就是所谓"政府失灵"。"公共机构虽然能够克服市场失灵的问题,但他们自身也存在许多问题。传统的公共垄断机构无视消费者的偏好,将消费者处于垄断控制之下。医疗服务供方没有维护或提高质量的积极性。他们能够依仗有利地位,左右政府意志。如果行业势力强大,就更是如此。这样的机构最终会衰败。"

为解决上述问题,"由此引出的'准市场理论',建议引入竞争,以刺激公共资金支持的医疗体系的效率"。于是,在发达国家,"在医疗服务领域探索兼顾自由市场竞争与社会公平的道路",开始出现"寻求一种将公共资金和服务的提供相结合以及将免费医疗与公共医疗服务供方之间的竞争相结合的途径"。"医疗服务的供方必须通过竞争赢得国家的惠顾,不像国家官僚机构那样只需争取年度预算。这样公共医院的垄断权力就受到了挑战。"②

在这方面,英国的做法是:国家将继续提供资金,但服务提供的体系将发生巨变。国家将不再是福利服务的供方,而只是这些服务的主要买

---

① 参阅吉登斯:《社会学(第四版)》,赵旭东等译,北京大学出版社 2003 年版。
② 参阅格伦内斯特:《从英国的经验看医疗竞争与质量》,载格伦内斯特:《英国社会政策论文集》,苗正民译,李秉勤译,商务印书馆 2003 年版。

方。国家提供福利将系统地在内部市场或"准"市场上相互竞争的独立供方所替代。国家出资的方式也将发生巨变,在有些方面,中央国家机构将成为主要的买方;在其他方面,国家给可能使用服务的人直接提供专款或票券。或者更通常的做法是,将款项发放给代理机构,由它们在相互竞争的供方中选择,并负责向供方拨款。①

关于实行这样的"内部市场"或"准市场"的竞争的好处,格伦内斯特举了一个例子:在改革之前,社区的全科医生要等很长时间才能从拥有垄断权力的医院那里取回为病人所做的各类检查结果。医院的化验师们辩解说,全科医生送来的化验单总得排在医院的会诊医生之后,似乎让他们加快速度是不可能的。但是,当改革后,全科医生有权选择化验室,短短几星期情况就发生了变化,检查结果在第二天就能拿到了,而且医院的会诊医生的等待时间也并没有因此而延长。②

以上的国际经验给我们启发:可不可以在不涉及价格机制(譬如提供免费医疗)的前提下,引入公共医疗服务供方之间的竞争机制,以打破垄断权力?

二、中国健康服务政策改革和发展的轨迹

(一)"医改基本不成功"的呐喊

2005年年中,国务院发展研究中心课题组在题为《对中国医疗卫生体制改革的评价与建议》的报告(以下简称《国研中心报告》)中提出:"改革开放以来,中国的医疗卫生体制发生了很大变化,在某些方面也取得了进展,但暴露的问题更为严重。从总体上讲,改革是不成功的。"③

这一研究结论在国内掀起了轩然大波,而民间"看病难、看病贵"的呼声则成为这个论断有力的佐证。2004年卫生部公布的《第三次国家卫生服务调查主要结果》显示,有48.9%的居民生了病不去医院看病;在去看

---

① 参阅格伦内斯特:《市场、私有化和医疗改革的赞成和反对意见:英国福利提供准市场的发展》,载格伦内斯特、格兰德:《英国社会政策论文集》,苗正民译,李秉勤校,商务印书馆2003年版。
② 参阅格伦内斯特:《从英国的经验看医疗竞争与质量》,载格伦内斯特:《英国社会政策论文集》,苗正民译,李秉勤译,商务印书馆2003年版。
③ 国务院发展研究中心课题组:《对中国医疗卫生体制改革的评价与建议(概要与重点)》,中国网,http://www.china.com.cn,2005年7月29日。

病的患者中,经医生诊断该住院治疗却未住院的也达到 29.6%。[①] 2000 年,世界卫生组织对 191 个成员国进行了评估排序:就卫生筹资与分配公平性而言,中国为 188 位,列倒数第四;就卫生总体绩效而言,中国为 144 位,也处于下游水平。[②]

20 世纪的 80—90 年代,由于中国政府囊中羞涩,于是采取了一系列措施紧缩财政支出,对医疗卫生领域的财政投入大幅度减少,同时,给医疗机构开了个口子,让医院去营利,试图选择"市场化"路子来解决医疗卫生问题。1978—2003 年,中国居民个人在医疗卫生方面的现金支出占卫生筹资总额比重由 20% 上升到 56%。而政府投入的比例仅为 16%。[③] 这样的政策选择导致中国的医疗卫生事业出现了很多问题。

与此同时,药品流通体制也出现了不少恶性问题,药监局的高官落马,黑龙江齐齐哈尔第二制药厂和安徽华源制药公司的药品安全事件,等等,都可以说就是在医疗卫生领域推行"市场化""商业化"[④]的不良后果。

之所以作出"医改基本不成功"的评价,《国研中心报告》是从计划经济时期中国医疗卫生事业发展的成绩破题的,因此,我们的分析不妨仍然按照这个思路展开。

(二) 计划经济时代的医疗保障体制

在郑功成所著的《论中国特色的社会保障道路》一书中,把计划经济时代的"传统的"医疗保障制度分成了四个"板块",即"全民保健""公费医疗""劳保医疗"和"合作医疗"。[⑤]

全民保健。全民保健是"以国家为直接责任主体,以国家财政拨款为经济后盾,并由国家医疗卫生机构直接组织实施的一项社会保障制度,其服务的重点是预防为主,包括儿童防疫、地方病防治、传染病防治等项目。此外。还有爱国卫生运动。在传染病防治方面,"人类面临的传染病达 50 多种,新中国成立以后由于国家对传染病的防治高度重视,多数传染病在中国已经得到了控制"。在对血吸虫病、氟中毒等地方病防治方

---

① 《中国医疗费涨得离谱》,《环球时报》2004 年 12 月 15 日。
② 《"中国医疗改革违背了卫生事业发展基本规律"》,《中国经济时报》2005 年 6 月 6 日。
③ 《卫生部长:医疗卫生支出还远远不够》,《中国青年报》2007 年 3 月 5 日。
④ 国务院发展研究中心课题组:《对中国医疗卫生体制改革的评价与建议(概要与重点)》,中国网,http://www.china.com.cn,2005 年 7 月 29 日。
⑤ 参阅郑功成:《论中国特色的社会保障道路》,武汉大学出版社 1997 年版。

面,到1992年年底,新中国成立以来全国投入改水工程的资金共达133.5亿元,受益人口六亿多人。

公费医疗。公费医疗制度是根据1952年政务院发布的《关于全国人民政府、党派、团体及所属事业单位的国家工作人员实行公费医疗预防的指示》而建立的。公费医疗通过医药卫生部门向实施范围内的工作人员及其家属提供免费的医疗保健服务,其经费来源于国家财政拨款,由各级卫生行政部门或财政部门统一管理使用,从单位"公费医疗经费"项目中开支,实行专款专用。据郑功成的估计,公费医疗制度不仅保障实施范围内3000多万工作人员的健康和疾病医疗,而且对其无医疗保障的父母及未成年子女实行半费优惠等待遇,受益人口可达5000多万人。

劳保医疗。劳保医疗制度是根据1951年颁布的《劳动保险条例》建立起来的。劳保医疗以企业为直接责任主体,面向本企业职工及其家庭成员,由企业直接组织实施。职工无论在职或退休,均能享受免费医疗待遇,并惠及其家属。劳保医疗经费来自企业成本列支和利润提成,据郑功成估计,在职职工与退休职工及其受益家属构成了一个达两亿多人的劳保医疗对象群体。

合作医疗。合作医疗制度是根据1956年全国人大一届三次会议通过的《高级农业生产合作社示范章程》中的有关规定建立起来的。合作医疗通过农村集体和个人集资,向农村居民提供基本医疗保障。具体的做法是:以社队集体为责任主体,由社队直接组织实施,包括建立医疗点与药房、配备乡村医生、从集体收益中拨款补贴,受益对象为当地全体社会成员。到1976年,全国有90%的农村居民参加了合作医疗。

(三) 对计划经济时代医疗保障制度的正面评价

在《国研中心报告》中,对计划经济时期的医疗保障制度给予了积极的评价:"计划经济时期,在整个经济发展水平相当低的情况下,通过有效的制度安排,中国用占GDP百分之三左右的卫生投入,大体上满足了几乎所有社会成员的基本医疗卫生服务需求,国民健康水平迅速提高,不少国民综合健康指标达到了中等收入国家的水平,成绩十分显著,被一些国际机构评价为发展中国家医疗卫生工作的典范。"①

---

① 国务院发展研究中心课题组:《对中国医疗卫生体制改革的评价与建议(概要与重点)》,中国网,http://www.china.com.cn,2005年7月29日。

在 20 世纪 90 年代,很多研究者的研究结论都可以与上述说法互为印证。郑功成认为:"应该肯定,在计划经济时代,中国传统医疗保障制度的历史功勋是巨大的,是不可磨灭的。"①

岳颂东在《呼唤新的社会保障》一书中也提到:"职工医疗制度的实行对减轻职工因病和生育增加的经济负担,恢复和增进劳动者的身体健康,保护劳动力,保证国家机关的正常运转,促进经济发展和社会安定都发挥了重要作用。因此,应当充分肯定职工医疗保险制度的历史作用。"②

在著名"劳动部课题组"的《中国社会保障体系的建立与完善》研究报告中明确指出:"随着我国经济的发展,医疗卫生事业也有了较大的发展,并且取得了举世瞩目的成就,卫生费用投入少,卫生服务效益显著,人民的健康水平有了很大的提高。"③

以下数据可以给予以上说法数量化的支持:1949 年,中国每万人口拥有的卫生机构数为 0.07 个,1980 年增加到 1.83 个,增加了 25 倍;1949 年,中国每万人口拥有的卫生技术人员数为 9.32 人,1980 年增加到 28.48 人,增加了 2 倍。④ 平均预期寿命从 1949 年的 35 岁增长到 1981 年的 68 岁⑤,死亡率从 1949 年的 20‰下降到 1978 年的 6‰,婴儿死亡率从中华人民共和国成立前的 200‰左右下降到 1981 年的 35‰。⑥

(四) 特殊的社会经济脉络造就计划经济时代的医疗卫生成就

《国研中心报告》中总结了计划经济时期"医疗卫生事业发展的基本经验":一是医疗卫生服务体系的布局与服务目标合理,二是医疗卫生工作的干预重点选择合理,三是形成了广覆盖的医疗费用保障机制。⑦

其实,除了上述"基本经验"之外,可能还有更深层的原因,这与计划经济时代特殊的社会经济背景是分不开的,这包括:

特点之一:社会经济环境日益改善使健康水平得以提高。中华人民共和国成立以前,中国人健康水平的低下,是长年的战乱以及自然灾害和

---

① 参阅郑功成:《论中国特色的社会保障道路》,武汉大学出版社 1997 年版。
② 参阅岳颂东:《呼唤新的社会保障》,中国社会科学出版社 1997 年版。
③ 参阅劳动部课题组:《中国社会保障体系的建立与完善》,中国经济出版社 1994 年版。
④ 参阅国家统计局社会统计司:《中国社会统计资料·1993》,中国统计出版社 1993 年版。
⑤ 劳动部课题组:《中国社会保障体系的建立与完善》,中国经济出版社 1994 年版。
⑥ 国家统计局社会统计司:《中国社会统计资料·1987》,中国统计出版社 1987 年版。
⑦ 国务院发展研究中心课题组:《对中国医疗卫生体制改革的评价与建议(概要与重点)》,中国网,http://www.china.com.cn,2005 年 7 月 29 日。

瘟疫的频繁发生的结果。中华人民共和国成立后,社会经济环境从总体来看日渐改善,除了一些年份发生严重的天灾和人祸之外,安定的生活和收入的增加显然有利于中国人健康水平的提高。用前文中相关的理论分析看,这应该是中国人能够迅速摆脱"东亚病夫"形象的最主要的原因。

特点之二:计划时期社会组织的结构和功能具有特殊性。第一,一元化的社会组织结构,使健康和医疗卫生服务内化为一项与社会结构相匹配的功能,亦即成为基层组织(单位、公社)的一项不可推卸的职责,并且常常作为政治任务来执行;第二,这种高度组织化(甚至准军事化)的社会结构,可以很有效率地将疾病预防和防疫工作推行到基层,再落实到家庭和个人;第三,基层组织可以不计成本地调动劳动力,尤其是农村人民公社可以调动大量的农村劳动力,以对可能致病的不良环境进行大规模的改造。

特点之三:计划时期的医疗服务和药品生产具有可控性。第一,计划经济体制使政府可以直接控制医疗服务和药品生产,亦即可以不计成本地将其价格压制在一个很低的水平上,医生和护士的人工成本很低,药品的售价也极为低廉;第二,由于中国长期遭受西方的经济封锁,一直处于与世隔绝的状态,所以知识产权和专利制度对中国也没有约束力,可以以较低的成本仿制较为先进的药品。

还可以找出一些相关社会经济背景,但恐怕最应该强调的是,在当时具有无上权威的毛泽东在医疗卫生领域的基本思想是与联合国倡导的健康服务理念相通的,如"应当积极地预防和医治人民的疾病,推广人民的医药卫生事业","面向工农兵、预防为主、团结中西医","把医疗卫生工作的重点放到农村去",等等。其中,强调"预防"、强调面向(工农兵)人民群众(亦即卫生经济学的"可及性"),重视中医中药,迄今仍然是在中国健康和医疗卫生服务中应该遵循的基本原则。

(五) 计划时期的健康和医疗卫生服务体系不适应市场体制

平心而论,从今天来看,计划经济时期的服务成就,是不应该以简单的"好"或"坏"来作评价的。主要的考量标准应该是:当改革开放的中国从计划体制转轨为市场取向后,原来的健康和医疗服务体制能否与新的变化中的社会脉络相契合?我们应该以此为标准,来评估原有的体制和机制。

以此为考量的标准,我们可以看到,城市单位体制的削弱和农村集体经济的瓦解，使原有的健康和医疗卫生服务政策失去了可依托的基本的社会组织体系。在城市中，原来依附在单位体制上的基层健康和医疗卫生服务的体制与机制先是被当作"办社会"的包袱而卸下，到后来则是相当多的企业面临破产或改制自身难保，失业或下岗的职工被彻底甩到了社会上；农村的合作医疗制度也因在经济上失去了集体经济这个靠山而成为无米之炊，虽然在20世纪80—90年代，卫生部门多次试图恢复农村合作医疗制度，但终因资金来源无保障而不可持续。同时，许多与健康或致病原因相关的环境治理、环保工程的建设和维持运转的成本成为突出的问题。

以此为考量的标准，我们还可以看到，对外开放使中国得以进入全球化的世界贸易圈，市场取向的经济体制改革则使中国必须要遵循经济规律和国际惯例。于是，药品生产必须顾忌知识产权的限制，在医疗服务和药品生产及流通方面人为地维持低价的状况也就不可能再持续下去。

与此同时，随着人民生活水平的提高和医疗技术的进步，人们对健康的期望值也越来越高，由此也给一些非理智的"市场需求"提供了生存环境。中国传统文化中对补品的热衷、对"好药"的企求和对偏方的执着一时成为时尚。以前所谓的疑难杂症，尤其是可能判人死刑的"绝症"，现在在人们印象中，似乎只要肯花钱也都可以搞掂一切，这对健康和医疗卫生服务肯定是一大冲击。

综上所述，是社会经济背景的变化，导致了与计划经济体制相适应的健康和医疗卫生服务体系逐渐陷入困境，最终到了非改革没有出路的地步。医疗保障和医疗卫生领域的改革就是在这样的社会经济背景下提出来的。

(六) 医疗卫生和医疗保障体制的改革过程

医疗卫生和医疗保障体制的改革始于20世纪80年代中期，大致可分为四个阶段，即社会脉络剧变阶段(1985—1995年)、医疗保险改革阶段(1996—1999年)、推行"产权改革"阶段(2000—2003年)及政策反思与重构阶段(2005年至今)。

社会脉络剧变阶段(1985—1995年)。在中国，城市的经济体制改革要迟于农村。直到80年代中期，以放权让利、承包经营为特征的体制内企业的改革才拉开序幕。在这一轮改革中，体制内企业拥有了某种意义上的"企业经营自主权"后，于是便掀起了一股给职工大发实物福利的热潮。这股热潮也影响到健康与医疗服务领域,很多研究所说的在这个领域中与计划经济相关的种种"不是",在计划时期其实并不十分突出,而恰恰是在这段时间来了个总爆发。配合企业以及职工个人的"需要",医院通过公费医疗和劳保医疗以福利的名义帮单位发"好药"、补品和营养品一时成为时尚,用各种生活用具(高压锅、电饭锅等)来做药品包装更是当时一大奇观。

虽然在 1979 年,卫生部领导就说出了"运用经济手段管理卫生事业"的豪言壮语。但真正"放手干",还是要到 1985 年。这一年,被媒体称为"中国医改元年",因为国务院批转了卫生部《关于卫生工作改革若干政策问题的报告》[1],报告提出:"必须进行改革,放宽政策,简政放权,多方集资,开阔发展卫生事业的路子,把卫生工作搞好。"这一时期医改的核心思路是放权让利,扩大医院自主权,基本上是克隆国企改革的模式。改革的基本做法,则是"只给政策不给钱"。[2] 有一个数据可以说明这个问题,在卫生总费用中,国家财政所承担的份额从 1980 年的 1/3(36.2%)迅速下降到 1990 年的 1/4(25.1%),再下降到 1995 年的 1/5(18.0%),而个人负担部分却从 1980 年的 1/5(21.2%)上升到 1/3(35.7%),再上升到 1995 年的将近 1/2(46.4%)。[3]

公费医疗和劳保医疗的失控,致使医疗费用迅速增加,很多当时的相关研究都提到:1978 年,公费、劳保医疗两项费用总支出 27 亿元,到 1993 年,上升为 465 亿元,再过两年,到 1995 年,则已达 654 亿元。17 年中,竟增长 24 倍多。[4]

与此同时,不少国营和集体企业因为不适应市场体制,经济效益大大滑坡。据《社会蓝皮书(1996)》披露:1995 年,全国国有企业的亏损面在 45% 左右。全国有四万多个停产、半停产企业,涉及的职工已达 700 万人。另外,还有 200 万下岗人员和 700 万失业人员。[5] 一般来说,困难企业职工和下岗失业人员的基本医疗保障实际上已经到了名存实亡的地步。

---

[1] 《卫生部关于卫生工作改革若干政策问题的报告》,医学教育网,http://www.med66.com。
[2] 曹海东、傅剑锋:《中国医改 20 年》,《南方周末》2005 年 8 月 4 日。
[3] 《历年我国卫生总费用构成》,中国医药经济信息网,http://www.menet.com.cn。
[4] 参阅郭士征、葛寿昌:《中国社会保险的改革与探索》,上海财经大学出版社 1998 年版。
[5] 参阅江流、陆学艺等主编:《1996 年社会蓝皮书》,中国社会科学出版社 1996 年版。

因此,1994年出台的《卫生部关于职工医疗制度改革的试点意见》(以下简称《试点意见》)宣称:"随着经济的发展和改革的深入,现行医疗制度存在的一些缺陷日益突出,主要是:医疗费用由国家、企业包揽,缺乏有效的制约机制,造成严重的浪费;缺乏合理的医疗经费筹措机制和稳定的医疗费用来源,部分企业经营发生困难时,职工甚至得不到应有的基本医疗保障;医疗保障的覆盖面窄,管理和服务的社会化程度低,不利于劳动力的流动和减轻企业的社会负担。这种制度不仅不能适应建立社会主义市场经济体制的需要,而且本身也难于继续运转下去。"①这无疑是医疗卫生和医疗保障体制的改革向第二阶段迈进的信号。

医疗保险改革阶段(1996—1999年)。这一阶段的政策目标之所以放在医疗保险制度改革上,是当时对形势的判断使然。从《试点意见》中的分析看,减轻政府和企业医疗支出的负担被放到了重要位置上。当时有一份研究报告称:在1994年年底以前,已经"普遍实行了公费、劳保医疗费用和个人挂钩的做法,挂钩已达到享受对象的80%以上"②。这表达了当时政府和企业急于"甩包袱"的紧迫感。因此,从某种意义上说,当时的政策设计,主要是针对健康和医疗卫生服务的需方,即患者的。对此,孙树菡在《中国社会保障制度变迁与评估》一书中评述道:"这个模式的立足点是,想比较强地控制和约束供需双方尤其是需求方的医疗行为,减少医疗费用,尤其是控制不合理的医疗行为及医疗费用的增长。"③

1996年的"两江试点",拉开了医疗保险改革的序幕。试点方案包括以下五个方面:第一,职工医疗保险费用由用人单位和职工共同缴纳;第二,建立社会统筹医疗基金和职工个人医疗账户相结合的制度;第三,建立对职工个人的医疗费用制约机制,减少浪费;第四,加强对医疗单位的有效制约,改善医疗服务;第五,加强管理,强化监督。④ 以上五点,前三点主要是针对职工个人,比较具体且可操作性较强;后面两点主要是针对提供医疗服务的政府相关机构和医院,比较原则且务虚的成分更大。

1998年,国务院颁布了《关于建立城镇职工基本医疗保险制度的决

---

① 参阅《关于职工医疗制度改革的试点意见》,载国家经济体制改革委员会编:《社会保障体制改革》,改革出版社1995年版。
② 参阅刘志峰:《深化社会保障体制改革,促进现代企业制度建立》,载国家经济体制改革委员会编:《社会保障体制改革》,改革出版社1995年版。
③ 参阅郑功成等:《中国社会保障制度的变迁与评估》,中国人民大学出版社2002年版。
④ 参阅《关于职工医疗制度改革的试点意见》,载国家经济体制改革委员会编:《社会保障体制改革》,改革出版社1995年版。

定》(以下简称《医保决定》),开始在全国建立城镇职工基本医疗保险制度。《医保决定》基本上是根据"两江试点"的经验制定的,改革的基本思路是:"低水平、广覆盖、双方负担、统账结合。"上述"双方负担",一般的理解是"基本医疗保险费用由单位和职工双方共同负担",但是,这个说法实际上还暗含着"政府不负担",亦即当时圈内流传的"坚决不搞第三个'确保'"。上述"统账结合",也是"保险基金实行社会统筹与个人账户相结合"。① 同时,将企业缴费的比例从工资总额的10%调整为6%,而个人缴费从1%调整为2%。②

如前所述,这一轮医疗保险改革,由于政策思路偏重约束需方(患者),实际上使个人的医疗费用负担加重了。从"卫生总费用"看,到1997年,政府的卫生支出在其中所占的比重已经降到了15.4%,直到2002年,一直徘徊在15%上下,到2003年以后才略有起色,2005年恢复到接近1995年的水平(18%)。同时,个人负担部分的比例上升到2000年的59.0%,2001年的60.0%,然后逐步降到2005年的52.2%。③

造成以上"数据难看"的原因之一,是绝大部分中国人被排斥在医疗保障制度之外了。首先是按原来的政策,居民家庭成员中有在职职工的,其被赡养人可以随之享受"半劳保"或"半公费",现在这些人都被排斥在外了。他们中大多是老人和孩子,本来就是疾病多发群体。其次,不论什么"所有制",凡是企业缴纳不起或不愿缴纳医疗保险费的,统统不得参加医疗保险。所以,在1998年改革后,中国能够享受医疗保险的城镇职工和离退休人员人数骤降,只剩下三部分人,即"参加医疗保险社会统筹与个人账户相结合改革"的职工401.7万人,离退休人员107.6万人,"参加职工大病医疗统筹"的1108万人,"参加离退休人员医疗费用社会统筹"的离退休人员78.8万人,共计1588.5万人。④

在这一阶段,当政府和社会都把注意力放在医疗保险制度改革之上时,医疗服务体制本身的"市场化"悄然坐大。虽说其间也有过激烈的"大争论",但"公益派"始终处于下风。更有意思的是,"医改"的思路几乎是

---

① 参阅郑功成等:《中国社会保障制度的变迁与评估》,中国人民大学出版社2002年版。
② 以上数据引自《关于职工医疗制度改革的试点意见》,载国家经济体制改革委员会编:《社会保障体制改革》;《关于建立城镇职工基本医疗保险制度的决定》,劳动保障部网站,http://www.molss.gov.cn。
③ 《历年我国卫生总费用构成》,中国医药经济信息网,http://www.menet.com.cn。
④ 《1998年劳动和社会保障事业发展年度统计公报》,民政部网站,http://www.molss.gov.cn。

紧跟着国有企业改革的方案亦步亦趋。这也就意味着,在决策者心目中,医院被当成企业来办了。

如果我们熟悉那一时期的社会经济脉络,那么,产生这样的政策后果应该是不足为怪的。因为国家财政吃紧,所以在20世纪90年代,"政府卸包袱"是理直气壮的。与此同时,为了"建立现代企业制度","企业卸包袱"又理所应当。于是,"建设靠国家,吃饭靠自己"的经验不胫而走,连通常被看作"最政府"的民政部门还要搞"民政经济",卫生部门岂能免俗。

推行"产权改革"阶段(2000—2003年)。随着新世纪的到来,当医疗保险制度改革终于尘埃落定,医疗服务领域则已经进入到推行"产权改革"的新阶段。

2000年,国家体改办等出台《关于城镇医药卫生工作体制改革的指导意见》,"转变公立医疗机构运行机制。扩大公立医疗机构的运营自主权,实行公立医疗机构的自主管理,建立健全内部激励机制与约束机制";"鼓励各类医疗机构合作、合并,共建医疗服务集团";"营利性医疗机构医疗服务价格放开,依法自主经营,照章纳税"。① 随之,卫生部等推出《关于城镇医疗机构分类管理的实施意见》,将城镇医疗机构分为营利性和非营利性两种类型。实际上,这个文件中所有关于"营利性"和"非营利性"的界定都基本符合国际惯例,其中只有一段话似乎有空子钻,即"政府举办的非营利性医疗机构主要提供基本医疗服务并完成政府交办的其他任务,其他非营利性医疗机构主要提供基本医疗服务,这两类非营利性医疗机构也可以提供少量的非基本医疗服务"②。但在实践中,"营利性"和"非营利性"这两个概念被故意混淆,一种在调查时经常听到的解释是:只要是政府办的医院都是"非营利性"的,而社会办的医院都是"营利性"的,而无须考量其实际行为究竟如何。因此,某大城市便出现了三家政府办的"非营利医院"一年营利四个亿的黑色幽默。

2004年,卫生部有关领导进一步提出:在医疗体制改革中,政府要"大踏步"后退,只管部分公立医院,其他的走向市场。③ 这样的改革思路,与国有企业的"产权改革""抓大放小""改制转轨"等如出一辙。

于是,从基层刮起了一股"卖医院"之风,因为"卫生费用主要来自地

---

① 《关于城镇医药卫生工作体制改革的指导意见》,中国网,http://www.china.com.cn。
② 《关于城镇医疗机构分类管理的实施意见》,中国网,http://www.china.org.cn。
③ 曹海东、傅剑锋:《中国医改20年》,《南方周末》2005年8月4日。

方财政",所以,"地方财政卸包袱的冲动,是医改市场化方向的重要动力之一"。从 90 年代末开始,浙江萧山、山东临沂、四川通江、江苏射洪等地开始拍卖卫生院;辽宁海城则更上一个台阶,还加上了三所市直医院;而到"宿迁经验"问世时,全市被拍卖的公立医院达 133 家,"医疗事业基本实现政府资本完全退出"。①

一时间,有近百亿元民营和外资准备介入中国的近百家的医院改制工作。据说,中国医疗产业的总市场价值将为 6400 亿元,"让医院改革来得更加猛烈些吧","中国医疗市场可能出现与上世纪 70 年代的美国相类似的爆发式增长"的欢呼声不绝于耳。但也有圈内人感慨:"那个乱啊,办民营医院就像办乡镇企业,公立医院就到处合作办专科,医生专家就到处走穴","这医药一放开,不知造就了多少百万富翁"。②甚至民间流传,有医院竟挂出了"让一部分人先健康起来"的标语横幅。

2003 年,"非典"的突然袭击给各级政府及有关部门当头棒喝。当"非典"袭来时,沉浸在"市场梦"中的有关部门是张皇失措的。于是,"非典"很快从医疗卫生领域的危机发展成一场影响深远的社会危机。所幸的是,"非典"给中国社会带来的惨痛教训终于使我们的思想回到了正常的轨道上。

政策反思与重构阶段(2005 年至今)。2000 年,中国在世界卫生组织就"卫生筹资与分配公平性"对 191 个国家的排序中处于倒数第四,这使在 20 世纪最后的二十年经济增长的全球排序中始终名列前茅的中国蒙羞。万幸的是,2003 年的"非典"危机,帮助我们捅开了最后一层窗户纸。2004 年,卫生部公布了《第三次国家卫生服务调查主要结果》,用调查数据还原了一个"看病贵、看病难"的真实而又残酷的现实世界。

于是,2005 年 5 月,卫生部明确提出:"市场化非医改方向。"③同年 8 月,国务院发展研究中心课题组提出了"中国医改基本不成功"的判断。改革中出现的问题要靠深化改革来解决,从 2002 年起,一系列新的医疗卫生和健康服务政策相继出台,主要目标是构筑一个"惠及全民"的医疗保障平台。

---

① 曹海东、傅剑锋:《中国医改 20 年》,《南方周末》2005 年 8 月 4 日。
② 同上。
③ 《市场化非医改方向》,《医院报》2005 年 5 月 16 日。

2002年中共中央、国务院发布《关于进一步加强农村卫生工作的决定》①,决定在农村地区推行新型农村合作医疗制度和农村医疗救助制度。新型农村合作医疗制度最大的现实意义在于,这是中华人民共和国成立以来中国政府第一次直接地为农民的医疗保障乃至社会保障慷慨买单。如果把"新农合"看作一种准医疗保险制度,那么,农村医疗救助制度的出台,就为贫困人口也能够得到医疗保障起到了决定性的作用。加上慈善事业的支持,农村人口的医疗保障问题至少从理论上是能够自圆其说了。

2003年,民政部开始在全国推行城镇居民医疗救助制度。至此,城镇居民的医疗救助制度与20世纪末建立的城镇职工基本医疗保险制度相配合,是否也能形成一个医疗卫生政策的闭环系统呢?很遗憾,答案是不能,因为在城镇还有"非从业居民",主要是老人和儿童,仍然被排斥在政策视野之外。这个人群有多大?从2006年的数据看,参加职工基本医疗保险的有1.5亿人,城市低保对象有2200多万人,假设仍然享受"传统医疗制度"的公务员和事业单位工作人员有3000多万人,那么,总共有两亿多人。如果以4.5亿城镇户籍人口(2006年的估计数)来计算,就还有两亿多人不能享受医疗保障;如果以5.77亿城镇常住人口(2006年数)来计算,那就有3亿—4亿人与医疗保障无缘。②

直到2007年7月,针对"城镇非从业居民",国务院出台了《关于开展城镇居民基本医疗保险试点的指导意见》(以下简称《意见》),列出了到2010"城镇居民基本医疗保险试点"的时间表:2007年在有条件的省份选择2—3个城市启动试点,2008年扩大试点,争取2009年试点城市达到80%以上,2010年在全国全面推开,逐步覆盖全体城镇非从业居民。③ 10月,在中共十七大报告中,就提出了"全面推进城镇职工基本医疗保险、城镇居民基本医疗保险、新型农村合作医疗制度建设"④,加上城乡医疗救助,一共是五个与医疗相关的社会保障制度,将有可能在2010年实现对城乡居民的全覆盖。

---

① 《中共中央、国务院关于进一步加强农村卫生工作的决定》,人民网,http://www.people.com.cn。
② 《国务院关于开展城镇居民基本医疗保险试点的指导意见》,劳动保障部网站,http://www.molss.gov.cn。
③ 同上。
④ 参阅《高举中国特色社会主义伟大旗帜,为夺取全面建设小康社会新胜利而奋斗》,载《十七大报告辅导读本》,人民出版社2007年版。

(七)"路线之争"的长期性

从以上关于医改的历史回顾看,从改革开放之初,在卫生领域就开始了"市场派"与"公益派"的"路线之争"。但是,后来前者被戴上了"改革派"的光环,由此名正言顺;而后者则被贬为"保守派",因此就名不正言不顺。再后来,前者几乎兵不血刃地将后者边缘化了。

"如果等一二年,其他部门、行业各种产业都搞起来了,甚至你自己的领地都被人家挖走了,市场、群众就不需要你的产品了。"乍看这段话,还以为是一位企业的董事长关于开拓市场的宏论?但据媒体披露,这恰恰是卫生部的前领导向本系统发出的号召。[①] 因为市场派的"改革方案"无非就是跟着国有企业改革的路子邯郸学步、东施效颦。医院被当作企业办的结果当然是把"利润最大化"堂而皇之地摆在第一位,于是,医疗卫生服务"救死扶伤"的公益福利性质只在向国家要钱的时候才会出现,而面向患者则常常强调"医院又不是慈善机构"。这种"左右逢源"的态势,使"不成功"的医改一度立于不败之地。

三、健康与医疗卫生服务的模式之争

(一) 医疗保障的"模式"

在国内外很多与健康和医疗卫生服务相关的文献著作中,都会提到医疗保障的"模式"。从理论上将某一国医疗保障的制度框架归为一种模式,并不是要涉及这个国家相关的制度安排的所有具体细节,而是指从这个制度框架中抽象出来的一些与众不同的特点。

模式分类的根据包括两个方面四个问题,两个方面是指医疗保障体制和医疗服务体制。从医疗保障体制看,有两个问题:一是如何筹资?二是公民如何享受服务?从医疗服务体制看,也有两个问题:一是谁来管理?二是怎样管理?这四个问题是划分医疗保障模式的分水岭。

(二) 医疗保障的三种模式:一种国际共识

在赵曼、吕国营所著的《社会医疗保险中的道德风险》一书中提到了

---

① 曹海东、傅剑锋:《中国医改20年》,《南方周末》2005年8月4日。

"三种筹资模式",即"以国家一般税收作为筹资来源的模式""以缴纳社会保险费(税)作为筹资来源的模式"和"私人保险模式"。① 又如,在孙炳耀主编的《当代英国瑞典社会保障制度》一书中指出:"世界上各国的医疗保障大体上存在着三种模式。一是市场主导模式,医疗服务实行市场运作,病人或者直接支付医疗费用,或者通过商业保险,由第三方支付部分医疗费用。这种形式往往与政府提供的医疗救助并存。二是社会保险型,由受保人及雇主、政府缴费形成医疗基金,由基金支付受保人的医疗费用。三是政府直接经办医疗服务机构,为全体公民提供医疗服务。三种模式体现着政府干预程度强度的发展。"② 从以上论述中可以看到,关于医疗保障的"模式",国内学术界是有基本共识的。

在普雷切特(T. Pritchett)、丝米特(J. Schmit)、多平豪斯(H. Doerpinghaus)等所著的《风险管理与保险》一书中谈及:"经济发展水平不同的国家,健康保险发展水平也不同。发达国家和工业化国家的保健服务国民普及率较高,贫穷国家则较低,而保险普及率较高的国家,财政支付手段也千差万别。有些实行国家公共健康保险,有的为社会保险制,还有的是私人、自愿保险计划。"③ 在贾埃莫(S. Giaimo)所著的《谁为保健改革出资》一文中,作者声称通过考察20世纪80年代末以来英国、德国和美国的保健改革认识到:"这几个国家都有各自不同的保健体系,都实施了意在控制保健支出的重大改革举措。因此,英国的国家保健服务(NHS)是由一般收入提供财政支持的、全民的、国家管理的保健体系,德国拥有一个法定的、由雇主和雇员出资的国民保险项目,而美国则主要依靠志愿的、以就业为基础的附加福利(Fringe Benefits)来覆盖大多数劳动力,公共项目所起的作用比较小,只覆盖某些具体类别的人口。"④ 至此,我们是否可以推断,在国际上,关于医疗保障(保险)的模式,观点基本上也是一致的。

综上所述,赵曼等所谓的"以国家一般税收作为筹资来源的模式",孙炳耀所谓的"政府直接经办医疗服务机构",贾埃莫所谓的"国家保健服

---

① 参阅赵曼、吕国营:《社会医疗保险中的道德风险》,中国劳动社会保障出版社2007年版。
② 参阅孙炳耀主编:《当代英国瑞典社会保障制度》,法律出版社2000年版。
③ 参阅普雷切特、丝米特、多平豪斯、艾瑟琳:《风险管理与保险》,孙祁祥等译,中国社会科学出版社1998年版。
④ 参阅贾埃莫:《谁为保健改革出资》,载皮尔逊主编:《福利制度的新政治学》,汪淳波、苗正民译,商务印书馆2004年版。

务"和普雷切特等所谓的"国家公共健康保险",基本上说的是同一种制度。普雷切特等认为"英国的保险制度大体属于这种类型",贾埃莫也认可这一点,故在这里我们称之为"英国模式"。①

赵曼等所谓的"以缴纳社会保险费(税)作为筹资来源的模式",孙炳耀所谓的"市场主导模式",贾埃莫所谓的"国民保险项目"和普雷切特等所谓的"社会保险制",基本上也是大同小异。普雷切特等认为"德国主要采取这种社会保险制",贾埃莫也认可这一点,故在这里我们称之为"德国模式"。②

赵曼等所谓"私人保险模式",孙炳耀所谓的"社会保险型",贾埃莫所谓的"志愿的、以就业为基础的附加福利"和普雷切特等所谓的"私人、自愿保险计划",说的基本上也是一回事。普雷切特等认为"美国是实行自愿、私人保险体制的典型国家",贾埃莫也认可这一点,故在这里我们称之为"美国模式"。③

(三)英国模式

2006年9月,《中国青年报》有报道称,中央政府的医改协调小组比较青睐"英国模式"。翌日,多家媒体刊登专家意见,有的说"'英国模式'非常理想化,实施难度相当大",也有的说"'英国模式'恐怕治不了'中国病'",不一而足。其实,我们不必一见"英国模式"就过敏。④

普雷切特等在《风险管理和保险》一书中指出:纯粹的国家公共健康保险是国家拥有并管理健康保险的制度,如医院归国家所有,医生是国家的雇员。国家提供各类医疗保障(或全民医疗服务),其资金来源于国家的税收。英国的保险制度大体属于这种类型。⑤

具体而言,英国模式具有以下几个特点:

第一,英国模式被称为"全民医疗服务",其基本理念是,无论病人的

---

① 参阅贾埃莫:《谁为保健改革出资》,载皮尔逊主编:《福利制度的新政治学》,汪淳波、苗正民译,商务印书馆2004年版;普雷切特、丝米特、多平豪斯、艾瑟琳:《风险管理与保险》,孙祁祥等译,中国社会科学出版社1998年版。
② 参阅普雷切特、丝米特、多平豪斯、艾瑟琳:《风险管理与保险》;贾埃莫:《谁为保健改革出资》,载皮尔逊主编:《福利制度的新政治学》,汪淳波、苗正民译,商务印书馆2004年版。
③ 同上。
④ 阿净:《医改,不必谈"英"色变》,《新京报》2006年9月21日。
⑤ 参阅普雷切特、丝米特、多平豪斯、艾瑟琳:《风险管理与保险》,孙祁祥等译,中国社会科学出版社1998年版。

支付能力如何,都应能够得到良好的医疗服务。所有公民都应拥有可以获得医疗保障的基本权利,国家计划向所有公民提供高质量的医疗服务,确保所有公民都能得到适当的治疗,医疗保障是必需品而不是奢侈品。①这种体制的优点之一是在享受医疗服务方面的平等,病人医疗需求的满足,不受个人经济能力的限制,人人都可以平等享受医疗服务,从而使它成为一种普遍主义的福利。②

第二,英国模式是医疗保障和医疗体制合一的制度,全国的医院都实行国有化,由卫生部门直接管理。卫生部门的责任是建立完全的卫生服务,改善人民的身体及精神健康,预防、诊断和治疗疾病,提供的服务实行免费。"英国的国民医疗保健制度……其运作模式是国家出资,国家管理,其承保的项目范围非常广泛,包括了医生服务的普遍保险,医院和家庭互利服务以及处方药物。几乎所有的医疗保健专业人士都由政府直接雇用。"③

第三,英国模式由政府通过一般税收筹措资金,因此赵曼等称之为"以国家一般税收作为筹资来源的模式"。"这种筹资机制直接使用来自政府预算的一般性税收收入,即通过政府在财政支出中安排国民健康保障支出。"④具体的做法是"医疗总供给量,在英国它完全由卫生部与财政部的谈判决定,影响因素包括卫生部门对费用增加的说明和财政部对宏观经济的考虑,在很大程度上也考虑纳税人的意愿"⑤。

第四,英国模式由全科医师提供基层医疗服务,并承担整个医疗体系的"看门人"的角色。"全科医生提供基层医疗服务,是英国初级卫生体系的基础,直接与居民联结。居民不是有病时再找医生,而是平时就选择好自己的全科医生,登记注册,就可以在任何时候都得到服务","全科医生提供的服务主要是对一些日常小病及慢性病提供医疗咨询、检查诊断、治疗,在必要的时候,向医院转送病人。"⑥

第五,英国模式重视社区卫生服务中心的建设,具体的做法是,由医院和地方政府共同建立了"联合咨询委员会","委员会有专职的社区医

---

① 参阅雷吉达:《社会保险和经济保障》,陈秉正译,经济科学出版社2005年版。
② 参阅孙炳耀主编:《当代英国瑞典社会保障制度》,法律出版社2000年版。
③ 参阅赵曼、吕国营:《社会医疗保险中的道德风险》,中国劳动社会保障出版社2007年版。
④ 同上。
⑤ 参阅孙炳耀主编:《当代英国瑞典社会保障制度》,法律出版社2000年版。
⑥ 同上。

生,负责社区医疗的规划和评估,研究当地对社区卫生的需要求及设法满足这些需求"。他们的主要工作是提供预防卫生服务,包括组织健康教育,卫生检查和监督,提供防疫注射,妇幼保健,家庭看护,巡回医疗,病人运送、残疾人服务和早产儿童照顾,等等,还负责学校的医疗卫生服务。20世纪90年代以后,社区卫生服务与家庭医生的初级医疗服务出现了整合的趋势,"在社区建立社区卫生中心,原来的社区卫生工作者以及家庭医生都进入中心"。①

(四) 德国模式

2006年4月,《中国发展观察》杂志发表了一篇题为《全民医保怎么保》的与医改相关的观点综述,其中谈到顾昕的意见:政府投入医疗卫生事业的正确方式是投资于医疗保险体系,引入医疗保险管理者作为医疗服务第三方的购买者,打破医患双向关系主导的结构。② 在接受其他媒体记者采访时,他提到:"社会保险模式,简称德国模式"③,"医疗改革只能从医疗保险进行突破,'没什么可争的'。"④

普雷切特等在《风险管理和保险》一书中指出:社会保险制是由公众及个人共同筹集健康保险费用。雇主以及雇员向私营保险人支付工资税,而保险人与医生组织签约提供医护服务。医院可能是公有或者私有。不享受雇员津贴者(如失业者或老年人)由国家提供保险。德国主要采取这种社会保险制。⑤

具体而言,德国模式具有以下几个特点:

第一,德国模式被认为是"法团主义的",其基本理念是"自治"和"均衡",即通过授予雇主和雇员相同的财政和管理职能,将权力制衡的思想制度化。国家不为健康和医疗服务提供财政支持,国家的作用在于"通过框架立法(Framework Legislation)为保健体制制定宽泛的政策目标和规则,但把实施的权力下放给省一级的由疾病基金会和医师组成的准公共协会(Quasi-public Associations)"。国家"本着辅助原则和部门运作人自

---

① 参阅孙炳耀主编:《当代英国瑞典社会保障制度》,法律出版社2000年版。
② 张妮:《全民医保怎么保》,《中国发展观察》2006年4月29日。
③ 《顾昕:只需很小成本就可以实现全民医保》,《21世纪经济报道》2006年9月28日。
④ 《顾昕:医改只能从全民医疗保险进行突破》,《经济观察报》2007年8月19日。
⑤ 参阅普雷切特、丝米特、多平豪斯、艾瑟琳:《风险管理与保险》,孙祁祥等译,中国社会科学出版社1998年版。

治原则,通常不直接干预保健管理",而由雇主和雇员"在疾病基金会的董事会派等同的代表(Parity Representation)来参与保健的管理"。①

第二,德国模式是医疗保障和医疗体制分离的制度。"德国的强制性国民保险体系通过一个由大约 500 个准公共疾病基金会(Quasi-public Sickness Funds)组成的网络,覆盖了 90% 的人口。"②这些基金会包括地方的、企业的和行业的(如矿工疾病保险基金会,海员疾病保险基金会,农业工人疾病保险基金会,等等)。③ 疾病基金会尽管在组织结构上有不同之处,都能依照法律的要求提供相似的一揽子服务。④

第三,德国模式由雇主和雇员以相同的身份为保健服务出资⑤,一般来说,雇主与雇员各交纳一半的保险费。在德国,并不是所有的人都参加疾病保险,而是只要求"所有的雇主向收入低于一定限度的工人提供保险,缴纳与雇员相同份额的资金,与雇员共享对疾病基金的管理权"⑥。法定医疗保险带有强制性,其对象是:其一,工资低于规定水平(年收入低于 58500 马克或月收入低于 4875 马克,20 世纪 90 年代的标准)的所有雇员;其二,农民、家庭手工业者;其三,就业期间参加法定疾病保险的养老金领取者;其四,投保人配偶及子女。对一些特殊对象则有特殊的规定:其一,年收入或月收入高于上述规定工资水平的雇员,可以自愿参加法定疾病保险;其二,雇员的月收入低于 610 马克时,其疾病保险的缴费全部由雇主提供;其三,自主经营者和大学生要全部负担自己的保险费;其四,失业者的保险费,由联邦劳工局缴纳。⑦ 另外,公务员不参加法定的疾病保险,他们的医疗费用可报销 50%—70%,由国家财政支出。其五,因为各种原因不能参加疾病保险者可以通过无须付费的医疗救助得到卫生保健服务。

第四,德国模式的医疗费用的支付,完全由疾病保险基金承担,费用多少根据医疗服务的需要而定,而与保险人缴费多少无关,以体现社会公

---

① 参阅贾埃莫:《谁为保健改革出资》,载皮尔逊主编:《福利制度的新政治学》,汪淳波、苗正民译,商务印书馆 2004 年版。
② 同上。
③ 参阅克劳斯:《社会市场经济》,波恩,路德维希·艾哈德基金会 1992 年版。
④ 参阅贾埃莫:《谁为保健改革出资》,载皮尔逊主编:《福利制度的新政治学》,汪淳波、苗正民译,商务印书馆 2004 年版。
⑤ 同上。
⑥ 同上。
⑦ 参阅王东进主编:《医疗保险操作指南》,改革出版社 1999 年版;克劳斯:《社会市场经济》,屈祖荫主编:《市场经济国家社会保险概况》,改革出版社 1995 年版。

平的原则。保险人医疗费用的支付由医生同业公会与疾病保险基金以签订合同的方式确定,一般是疾病保险基金每季度按合同规定的额度支付给医生同业公会,医生同业公会再按保险人门诊和住院治疗费用的平均数同医院和门诊部结算。保险人同医院、医生不发生任何直接的费用关系,各自委托自己一方的中介机构来进行结算和分配。此外,国家也制定成本控制政策,要求保健体系的运作者执行。①

第五,德国模式之所以被称为疾病保险,是因为它还包括向保险人支付病假补贴。参保的雇员患病,6周内由雇主发给病假工资;超过6周,则由疾病保险基金发给病假津贴。但一年内最多领取72周,超过者则可提前退休。

(五) 美国模式

报载,20世纪90年代,在关于医改的"大争论"日趋激烈时,哈佛大学卫生经济学教授肖庆伦闻讯从美国飞到中国,专程向卫生部领导进谏:"中国千万不能走美国的路,美国医疗业的商业化太严重了,普通美国人苦不堪言。"②教授的忠告引出了以下的疑问:何谓"美国模式"? 为什么美国哈佛大学教授要反对中国采用"美国模式"?

普雷切特等在《风险管理和保险》一书中指出:私人自愿保险制不要求雇主、雇员或个人加入任何健康保险计划。一般大型企业主为其雇员购买健康保险。还有部分人没有保险,就无法得到医护服务,保险人、医生及医院完全私营,美国是实行自愿、私人保险体制的典型国家。③

具体来说,"美国模式"具有以下的特点:

第一,美国模式被称为"基于就业的附加福利体系"(Employment-based fringe Benefits System),其基本理念是"自由竞争"。"美国保健体系最为显著的特点是没有法定的全民保健项目"。"在志愿的、私营的附加福利体系里,政府运作者不拥有可以控制雇主和承保人行为的机制,州政府对基于就业的保险部门只有限定的管理权,而联邦政府权限甚至更小"。同样,工会对保健体系也"不具备抗衡的力量,因为工会不存在或很

---

① 参阅王东进主编:《医疗保险操作指南》,改革出版社1999年版;克劳斯:《社会市场经济》,屈祖荫主编:《市场经济国家社会保险概况》,改革出版社1995年版。
② 曹海东、傅剑锋:《中国医改20年》,《南方周末》2005年8月4日。
③ 参阅普雷切特、丝米特、多平豪斯、艾瑟琳:《风险管理与保险》,孙祁祥等译,中国社会科学出版社1998年版。

少存在于工作场所,也没有参与福利国家的管理"。①

第二,美国模式也是医疗保障和医疗体制分离的制度。美国模式的制度安排"使雇主成为保健体系和保险体系的关键作用者。他们能够自由地决定是否将保险作为附加福利提供给其职员"。大多数美国人只能靠其雇主提供医疗保险,如果雇主愿意提供,大多数公司会支付保险费的大部分(至少对最为便宜的保健计划是如此)。

第三,美国模式中也包括一些公共项目,但只限于一些指定的人口群体,如老年人、残疾人、军人和社会中的赤贫者。譬如:为老年人设立了"医疗照顾"制度(Medicare),1990年,大约有13%的美国人(3400万)享受这项福利待遇。又如:为贫困人群设立了"医疗救助"制度(Medicaid),1990年,大约有10%的美国人(2500万)被置于这项制度的庇护之下。

第四,美国模式被举世公认为一种"昂贵"的制度安排。"美国保健体制的享受权一直面临着昂贵的缺口"。"美国从来没有实行过能够限制总体保健支出的、类似于全面预算的机制,也没有什么有效的体系来控制医疗技术的扩散。""医院没有多大的积极性去寻求花费较少的治疗方法,承保人在很大程度上支付了医生的账单,同时又不对他们的治疗决定加以质疑,这样就等于听任医生自己决定是否应该节俭,应该作出何种临床决定。"②

第五,美国模式的医疗卫生服务覆盖面是很有限的,一般认为,在美国,1996年有15.6%(4170万)的人,没能享受任何医疗保障。这些未保险人群包括25岁以下的单身成年人、儿童、工作在小企业的雇员、黑人、西班牙人、失业者、合法和非法的外国人、为享受国民医疗补助制度的穷人及其家庭。③所有无保险的人或者必须依靠慈善照顾,或者自付医疗费,或者不看病。④然而,美国模式中也有一种比较特别的制度安排:"未保险人能够享受医院的急诊治疗,而给他们治病的安全网提供者则通过向参加私营保险的病人收更高的费用来弥补自己的损失。承保人反过来

---

① 参阅贾埃莫:《谁为保健改革出资》,载皮尔逊主编:《福利制度的新政治学》,汪淳波、苗正民译,商务印书馆2004年版。
② 同上。
③ 参阅雷吉达:《社会保险和经济保障》,陈秉正译,经济科学出版社2005年版。
④ 参阅王东进主编:《医疗保险操作指南》,改革出版社1999年版;克劳斯:《社会市场经济》,屈祖萌主编:《市场经济国家社会保险概况》,改革出版社1995年版。

又通过向雇主征收更高的保险费而将成本转嫁给他们。"①

(六) 对英国模式、德国模式和美国模式的综合评估与比较

一般来说,美国的医疗服务模式常常为世人诟病,即使是美国学者,也常常直言不讳地批评美国的健康政策。一种常见的说法是:"在西方国家中,除了南非,美国是唯一一个没有为其国民提供国家医疗保险的工业化国家。"②另一个常见的说法是:"美国在保健方面所花的钱,比世界上任何国家都多……然而,尽管美国全国人均保健花费在工业国家中一直列居最高位,而在很多健康状况度量指标上,同其他工业国家相比,却始终排在后面。"③

与国内一些学者的认识可能恰恰相反,与经合组织其他伙伴相比,英国在国民保健方面的支出一直比较低。德国在20世纪70年代中期经历了一次费用上涨之后,在80年代又重新控制住保健支出。美国对保健的支出胃口最大,其保健支出一直居世界同行之首。英国和德国的保健一直能够覆盖所有的人群,而美国却没有做到这一点,足以说明美国在支出方面的不平等性。

谢弗(Richard Schaefer)在《社会学与生活》一书中介绍了英国、瑞典和加拿大的"全民健康保险制度"后,披露了一组数字:具有讽刺意义的是,当这些国家为全体公民提供大规模的健康保险时,美国的健康保障成本还高于其他国家:平均每人每年花费3701美元,加拿大为1665美元,而英国仅花费1246美元。④

贾埃莫在其所著的《谁为保健改革出资》一文中,也用一组数字比较了英国、德国和美国的保健支出占国民生产总值的百分比和人均保健支出。1960年时,保健支出占国民生产总值的百分比中,英国是3.9%,德国是4.8%,美国是5.2%;到1997年,英国是6.7%,德国是10.4%,美国是14.0%。1960年时,人均保健支出中,英国是54美元,德国是48美元,美国是149美元;到1997年,英国是1457美元,德国是2677美元,美

---

① 参阅贾埃莫:《谁为保健改革出资》,载皮尔逊主编:《福利制度的新政治学》,汪淳波、苗正民译,商务印书馆2004年版。
② 参阅雷吉达:《社会保险和经济保障》,陈秉正译,经济科学出版社2005年版。
③ 参阅转引自海尔姆斯和奎因顿所作的序,载奥尔贝齐和克瑞果尔德主编:《收入、地位和健康》,叶耀先编译,中国建筑出版社2002年版。
④ 参阅谢弗:《社会学与生活》,刘鹤群、房智慧译,世界图书出版公司2006年版。

国是 4090 美元。①

接着,贾埃莫评论说"上述三个国家是以截然不同的方式对待效率和平等的目标。到目前为止,英国和德国已经取得了良好的成本业绩,但却没有牺牲掉全民可享的原则,也没有要求社会中最为贫弱的成员承担过多由调整所带来的负担。""美国只是在最近才出现医疗支出增长速度的明显减缓,而实现费用削减的代价是,社会中更为贫困、疾病缠身的人就业机会大大减少。"②

贾埃莫认为:"美国的雇员附加福利的私营与自愿性导致了广泛的不公平现象,因为雇主和承保人都可以因为竞争或利润的原因而'不选择'或拒绝穷人和有病的人。"③对此,美国权威的健康事务研究与健康政策科学院院长兼首席执行官海尔姆斯(David Helms)和国家政策研究会会长兼首席执行官奎因顿(A. Quainton)曾引用《美国公众健康杂志》上麦坎尼克(D. Mechanic)的一段话来说明美国模式的"严重后果":"保证若干部分人可能提供的一切,其他几部分人的所得就会低于最低标准。所有的人都越发必须合理处理需求和总体利益关系,面对保健服务分配计划问题。如果他们不这样做,就会加深社会分裂和人间苦难。"④

贾埃莫的结论是:在英国和德国,社会公民权利和体面的最低限度社会福利的定义制定得慷慨大方,即人人有权享有同样水准的高质量治疗。这是基于人们的医疗需求,而不是基于一个人是否有能力偿付医疗费用,也不是基于过去的缴费情形。相形之下,美国"基于偿付能力"的"双重提供体系"(Two-tiered System of Provision,类似于我们所说的"双轨制"或"二元结构"),"为有钱人提供慷慨的服务,将剩余的福利提供给穷人,这样就违背了全民性、社会公民权利的综合性以及与此相关的平等概念"。⑤

---

① 参阅贾埃莫:《谁为保健改革出资》,载皮尔逊主编:《福利制度的新政治学》,汪淳波、苗正民译,商务印书馆 2004 年版。
② 同上。
③ 同上。
④ 转引自海尔姆斯和奎因顿所著的序,载奥尔贝齐和克瑞果尔德主编:《收入、地位和健康》,叶耀先编译,中国建筑出版社 2002 年版。
⑤ 参阅贾埃莫:《谁为保健改革出资》,载皮尔逊主编:《福利制度的新政治学》,汪淳波、苗正民译,商务印书馆 2004 年版。

四、健康社会政策改革前瞻

(一) 健康服务和社会和谐

我们还是搬出那句我们尽可能不把它当作套话的套话:改革中出现的问题要靠深化改革来解决。然而,改革的目标到底是什么?这是最值得深思的。简言之:医改的方向必须要以人为本,要为了所有人的健康去改革。所以,只有全民医疗服务(譬如英国模式)或全民医疗保险(譬如德国模式)是符合这个大方向的。我们先来看看国际经验。

其实在美国,也一直存在着国家是否应该介入医疗卫生领域的两派争议。支持用国家医疗保险计划来解决国民的保健问题的专家学者认为:"所有公民都应拥有可以获得医疗保障的基本权利,国家计划应该向所有公民提供高质量的医疗服务,确保所有公民都能得到适当的治疗,医疗保障是必需品而不是奢侈品。"①

贾埃莫在《谁为保健改革出资》一文中指出:"事实上,保健项目是最具再分配特色的社会保险项目,能够创造广泛的团结,从而能实现平等、保护处于弱势的社会成员利益。英国和德国的全民保健项目通过风险分担包括了大量的再分配成分,……全民保健项目涉及富者向穷者、年轻者向年老者、健康者向有病者、男人向女人之间的交叉补贴(Cross-subsidies)。""总之,英国和德国的全民保健体系使公平(Equity)等同于平等。公平指的是一种广泛的团结性,即穷人和病人具有与富人和健康者相同的地位。这一等同观念来自于主导社会保险的互助与互惠思想:人们相互认同,认识到大家都有生病或变残疾,因此应该针对这种可能性而共担风险。这样全民项目给处于劣势者和处于优势者带来共同的福利,将他们的命运连接在一起,从而包含了公平的成分。"②

吉登斯也认为:"社会团结是社会学中最重要的概念之一。""越来越多的社会学家把注意力转向社会支持和社会整合在促进健康中的作用。"吉登斯引用维尔金森(R. Wilkinson)的观点:"国家财富多并不必然导致人口更健康","世界上最健康的社会并不是最富裕的国家,而是那些收入

---

① 参阅雷吉达:《社会保险和经济保障》,陈秉正译,经济科学出版社 2005 年版。
② 参阅贾埃莫:《谁为保健改革出资》,载皮尔逊主编:《福利制度的新政治学》,汪淳波、苗正民译,商务印书馆 2004 年版。

更为均等、社会整合程度最高的国家。"同时,他也指出:"收入差距拉大破坏了社会整合,并使人们更难应对风险和挑战。社会孤立程度和应付压力方面的失败反映在健康指标上。"①

(二) 医改的目标

当前中国在医疗保障和医疗服务体制方面的困境,其实与美国模式有许多相近之处(或者说是前一段医改学美国的结果)。虽然中国90%以上的医院是公立医院,但是这些医院的运营模式大多是营利性的,或者说是按市场的行为方式在运作的。同样,虽然中国的医疗保险机构是政府的,但其运作方式与"信奉利润最大化和精算公平原则"的私人保险公司有很多相似之处。譬如,贾埃莫批评说:"精算公平认为健康的人没有责任对生病者进行交叉补贴;保险费只应当反映对保健的预期或实际使用情形。事实上,这种'正义性'鼓励了各种不公平的现象。"②

因此,我们在考虑中国的医改方案时,看看美国学者所提出的美国的医改方案,可能是饶有兴味的。雷吉达(G. Rejda)在《社会保险和经济保障》一书中提出了"国家医疗保险有效性的标准",这包括六个方面③:

其一,覆盖所有的人群。覆盖所有的人群是一个有效的国家医疗保险计划的必备条件,不应该拒绝任何一个需要该计划的公民。当所有的人都能免于因不良健康和物力支付医疗费用而带来的财务风险时,国家经济保障的目标就容易实现了。

其二,全面的保障。"一项有效的国家保险计划应该能向消费者提供全面的健康保障,应该能够提供住院治疗、体格检查、胎儿检查、长期护理设施和家庭护理、康复服务、处方药和修复用装置等方面的服务","应该强调预防性保健和保持健康计划","还应该能提供针对某些疾病的早期检查、早期隔离和早期治疗措施。"

其三,有效的融资。"一个稳健的国家医疗保险计划应该能为医疗保障建立有效的融资体系。进行融资时应该做到对所有人都是公平的,也就是说应该将费用公平地在各类细分人群中进行分摊。"可以通过保险费、工资税、政府一般性收入和税收抵扣等组合而成的多种方式为国家医

---

① 安东尼·吉登斯:《社会学(第四版)》,赵旭东等译,北京大学出版社2003年版,第326页。
② 同上。
③ 参阅雷吉达:《社会保险和经济保障》,陈秉正译,经济科学出版社2005年版。

疗保险筹集资金,还可以用自付和共付的方式建立分担费用的机制。

其四,有效的成本控制。"一个稳健的国家医疗保险计划同样应该能对成本进行有效的控制,鼓励高效地使用资源,并抑制医疗服务费用的上升。计划应该鼓励使用低成本的设施,而不是昂贵的住院治疗。计划应该为医院提供有效的成本控制方法,减少对医院增加成本的激励。"

其五,消费者和提供商都能接受。"一项有效的国家医疗保险计划必须能同时被消费者和医疗服务提供商所接受。""任何国家医疗保险计划都将体现政治上的妥协和消费者、医生和政府间利益的平衡。"

其六,有效的管理。有效的管理是一个十分重要的政策问题。管理程序不应该过分复杂、昂贵或不方便。

(三)"全民"的医疗卫生和健康服务

中共十七大报告中提出:"健康是人全面发展的基础,关系千家万户幸福。"因此,要"建立基本医疗卫生制度,提高全民健康水平。"这是在党的最高层次的重要文献中,第一次将"全民"同"医疗卫生"、同"健康"联系在一起。具体而言,就是到2020年,中国医疗卫生发展的目标是:"人人享有基本医疗卫生服务。"

"人人享有基本医疗卫生服务"代表的是最具普世性的价值理念——公平和公正,这个提法脱胎于世界卫生组织在20世纪80年代提出的"人人享有基本卫生保健"的"全球策略"。作为世界卫生组织的成员国,中国自然也承担着实现这项"全球策略"的义务。

从公民个人的角度看:健康权是公民的基本权利。如前所述,健康权是公民的一项基本权利,同时也是政府的一项基本职责。《中华人民共和国宪法》规定:"国家发展医疗卫生事业,发展现代医药和我国传统医药,鼓励和支持农村集体经济组织、国家企业事业组织和街道组织举办各种医疗卫生设施,开展群众性的卫生活动,保护人民健康"。

在《世界人权宣言》中,将生存权和健康权相提并论:"人人有权享受为维持他本人和家属的健康和福利所需的生活水准,包括食物、衣着、住房、医疗和必要的社会服务。"实际上,在这两个方面公民个人是没有任何退路的。所以,公民的健康问题必须由政府承担起基本保障的责任。

从马斯洛的"需求层次论"看,健康权和生存权一样,都属于最低层次的生理需求——生存权是维持生命的存续,健康权是保障生命的质量。几乎所有的相关调查都显示,在公众对经济、社会风险的排序中,疾病风险几乎总是被放在首要的位置上。故而世界上的第一部社会保险立法，也是1873年在德国诞生的《疾病保险法》。

因而，中共十七大报告指出："强化政府责任和投入，完善国民健康政策，鼓励社会参与，建设覆盖城乡居民的公共卫生服务体系、医疗服务体系、医疗保障体系、药品供应保障体系，为群众提供安全、有效、方便、价廉的医疗卫生服务。"这一段话最主要的关键词，就是"覆盖城乡居民"。

从社会整体的角度看：医疗保险的真谛是互助互济。医疗保障针对的是疾病风险，而疾病风险与现代社会中的老年风险、失业风险、生育风险、工伤风险相比，有一个非常重要的差别：其他风险，都是在人生某一固有的年龄段才会出现，所以，针对这些风险，个人、家庭、社会和政府会有未雨绸缪的时间和足够的思想准备。譬如到60岁或65岁时开始享受养老保险，在失业时有限制地享受失业保险，等等。从资金筹措和分配来看，这些保险项目可以有纵向的储蓄积累，也可以有横向的再分配和互助互济，回旋余地较大。疾病风险则不同，生病是一个人一生中随时都可能发生的风险。这也就意味着，对于个人来说，发生疾病风险的不确定性比其他经济、社会风险更大。因此，医疗保险实际上是最符合"大数定律"的。

所谓"大数定律"，其大意是：一个保险项目参保的人越多，发生风险的概率就越小，因此保险项目本身的风险也就越小，亦即保险项目的稳定性、可靠性就越大。研究表明：就一个人群而言，患病的概率会随着规模的扩大而趋向一个常数。层次越高，范围越大，人数越多，这个客观存在的常数就越明显、越稳定。所以，抵御疾病风险，从成本效益看，自己给自己储备积累是不划算的，因为会患什么病、需要多少钱，这些相关因素的不确定性太大。应对疾病风险更应该依靠参保群体之间的横向的再分配和互助互济。也就是说，靠大多数不生病的人，用基本上不影响自己生活的少量资金投入医疗保险项目，以帮助少数生病的人渡过难关；而不生病的人在投入资金的同时，也享有了在自己生病时获得帮助的权利。

另外，从理论上说，当一项社会保险制度只对一小部分公民有效时，就会异化为一种"特权"，而不能享受这种特权的常常又是贫弱群体，所以，在此时，社会保险制度不但没有起到缩小贫富差距的作用，反倒是扩大了贫富差距。在没有建立新型农村合作医疗制度之前，农民，规模高达八亿多人的庞大社会群体几乎没有任何医疗保障。因此，城乡之间的贫富差距中，除了收入上、财产上的差距之外，医疗保障和医疗服务将差距再次拉大。

还有,当一项社会保险制度只对一小部分公民有效时,大多数没有保障的人就会千方百计地来利用这项制度。譬如,没有参保的人靠参保的家庭成员开药治病,已经是日常司空见惯的事。但这样做,就破坏了社会保险制度"先尽义务,后享权利"的基本原则。在社会保障理论中有个"绿洲效应",就是把没有享受社会保险的人比作沙漠,把享有社会保险的人比作沙漠中的绿洲,沙漠是永远要吞噬绿洲的;保护绿洲的唯一办法,就是把沙漠尽快地改造成绿洲。因此,要尽力避免所谓"绿洲效应",尽快地扩大医疗保险的覆盖面,使没有参加医疗保险的人参加进来,这样才能避免"免费搭车"的不公平现象。

(四)怎样实现"人人享有基本医疗卫生服务"的目标?

在我国,城乡二元结构的存在还是一个不争的客观现实,城乡居民在医疗保障和医疗服务方面的巨大差异也是一个客观现实,要解决这些问题,想一蹴而就地马上做到"全覆盖"是不可能的。2002年中共中央、国务院发布《关于进一步加强农村卫生工作的决定》,决定在农村地区推行新型农村合作医疗制度。为了解决农村贫困人口和低收入人口无力参保的困难,在建立新农合的同时,农村医疗救助制度也逐步推开。经过几年的磨合,这两项制度已经形成有机的对接。重庆市提供的经验是,政府为此搭建了一个"医疗救助—新农合—医疗救助—慈善援助"的制度无缝对接的平台,很好地解决了农村贫困人口和低收入人口对医疗保障和医疗服务的"可及性"问题。

2003年,城镇居民医疗救助制度开始在全国推行。2007年7月,针对"城镇非从业居民",国务院出台了《关于开展城镇居民基本医疗保险试点的指导意见》。自此,在城市中,由城镇职工医保、城镇居民医保和城镇居民医疗救助制度也有可能构成一个有效的"制度闭环"。

由城市职工医保、城市居民医保和新农合搭建的医疗保障与医疗服务制度框架先把所有的城乡居民都囊括在内,然后国家财政再以"补贴患者"的方式逐步加大投入,并逐渐调整三项制度参保(参合)者的待遇水平,加上城乡医疗救助和慈善援助,中国的新的医疗保障和医疗服务模式呼之欲出。

2007年,城镇职工医疗保险制度的参保人数已经达到1.80亿人,城镇居民基本医疗保险参保人数达到0.41亿人,两者相加为2.21亿人;大约为城镇常住人口的40%;若以户籍人口计算,则已近50%。新型农村合作医疗制度的参合人数达到7.3亿人;已超过农村常住人口的90%以上;若以户籍人口计算,则达到86%。

在2008年的"两会"上,国务院总理温家宝在《政府工作报告》中提出:"在全国农村全面推行新型农村合作医疗制度,用两年时间将筹资标准由每人每年50元提高到100元,其中中央和地方财政对参合农民补助标准由40元提高到80元。"同时,温家宝还指出,医改的初步方案即将向社会公开征求意见。"改革的基本目标是:坚持公共医疗卫生的公益性质,建立基本医疗卫生制度,为群众提供安全、有效、方便、价廉的基本医疗卫生服务。我们要坚定地推进这项改革,让人人享有基本医疗卫生服务。"[①]

最后,要强调一点,新农合和城市居民医保,就其性质而言,仍然是一种"准社会保险",因为社会保险制度的一个突出的特点就是其"强制性",而上述两项制度现在则是以"自愿参保"(参合)为号召。如前所述,医疗保险制度是最符合"大数定律"的,而大数定律中的"大数"应该是不容选择的。显而易见,如果不生病就不参保,只有到生病时才"临时抱佛脚",这样做的结果是参保的人大多甚至全部都是有病的,都是要马上支付医疗费的,可想而知,这样的制度怎么可能有持续发展的生命力呢?

私营的商业承保人信奉利润最大化和精算公平原则,因此将市场分割,"精选掉"健康的、有钱的病人,因为他们的保险成本最小;同时避开无利可图的、花费高的病人,即有病的人和穷人。

现在中国只有一亿人有医疗保险,然而利用医疗保险的人肯定远远超过一亿。所以,年人均支出1000元绝对是个虚数。只有"全民"了,也就是全都是"绿洲"了,"沙尘暴"才会被消灭。

(五) 医改前景展望

就国际经验而言,健康问题常常会被归到社会领域,主要用社会政策来推动,用社会立法来规范。从以往的经验来看,社会领域的问题必须按社会发展的规律来治理。反之,如果在治理社会领域的问题时,不是把社会目标放在第一位,而是把经济目标放到第一位,其结果常常会事与愿违。

[①] 温家宝:《十一届全国人大一次会议政府工作报告》,中国政府网,http://www.gov.cn,2008年3月5日。

健康的社会性质也决定了医疗并不仅仅是一种技术或者说是一种高科技,健康是服务,更需要强调的是医疗,是人对人的服务。因此,在与健康相关的政策方面,光有科学理性、经济理性是不够的,还要有人文关怀。尤其在当今中国,恐怕更需要强调健康政策中的人文精神,强调人的因素第一。

进一步讨论,即使仅仅把医疗看成是一种科学技术,却也是一种相当不完善的科学技术。迄今为止,人们对外部的大宇宙的了解远远超过对人体这个小宇宙的了解。作为个体,因为年龄、性别、种族、人生经历和生活方式等方面的千差万别,造成了一个个独一无二的人,而我们对人的了解还是很肤浅的。

应该把事物的本质告诉人民群众,因为中国自古以来的种种"神医"传说,都给国人留下了只要找到"神医""神药",没有治不好的病。国人本就陷在这样的误区里,加上当今经济主义的误导,就变成了只要肯花钱就没有治不好的病。同时,如果医疗被简单地看成是消费,其人文和公益性质便无从体现。在这样的背景下,医院逐利倾向是无法抑制的。这就是当今医患矛盾的核心问题。如果我们不给予重视,"医改"一直停留在技术、管理和经济层面,只在外围兜圈子。健康政策本身的"健康"就愈来愈成疑了。

(六) 医改的最大障碍

中国医改的最大障碍是什么?说白了,就是在这个领域存在着一个既得利益集团,官、医、药等几个方面的"精英"合谋,造成了实际上阻碍医改的森严壁垒。这几年推行新型农村合作医疗,大概一共花了30个亿。然而据圈内人士透露,有两家著名的大医院,因为经常有高层领导来看病,他们轻而易举地就得到了差不多同样多的财政拨款。

如何才能使全国的老百姓都获得起码的健康服务,是摆在我们面前迫切要解决的问题,否则,"小康社会"也好,"和谐社会"也好,最起码是缺了一只角。因此,卫生部门应该代表老百姓的利益去管理医院,而不要当所有医院的总院长。

最后再强调一点,所有的学科都是我们观察世界的一个特别的视角,医学是一个视角,经济学也是一个视角。只注重其中一个视角,我们观察世界时得到的印象是线性的;如果从两个不同的视角去观察问题,则可以构成一个平面;如果观察和研究的视角有更多的层面,得到的印象就是立体的、多维的了。希望在今后卫生政策和健康服务的研讨中,希望在医改进一步深化的过程中,至少应该加入医学社会学的视角。当然也包括让健康社会政策和医疗社会工作的视角都加入进来。

本文原发表于《江苏社会科学》2008 年第 4 期,发表时的标题为《关于健康社会政策的理论思考》,收入本书时有较大增删修改。

中国老年服务的现状、问题和发展前景

中共十八大报告明确提出:要"积极应对人口老龄化,大力发展老龄服务事业和产业。"①据国家统计局提供的数据:2014年,中国60岁及以上的老年人已经增加到2.12亿人,占总人口的15.5%;65岁及以上的老年人也已达到1.38亿人,占总人口的10.1%。② 上述数据说明,"十二五"以来,中国人口老龄化的进程正在加速并走向峰值。因此,作为有针对性的应对策略之一,老

---

① 胡锦涛:《坚定不移沿着中国特色社会主义道路前进 为全面建成小康社会而奋斗——在中国共产党第十八次全国代表大会上的报告》,新华网,http://www.xj.xinhuanet.com/2012-11/19/c_113722546.htm。
② 《2014年国民经济和社会发展统计公报》,国家统计局网站,http://www.stats.gov.cn/tjsj/zxfb/201502/t20150226_685799.html。

年服务体系建设的重要性和紧迫性也就不言而喻了。

2015年是"十二五"的最后一年,这也意味着我们即将走向迎接2020年全面小康到来的"十三五"。在这承上启下的一年中,我们首先要做的事情就是要总结经验,反省不足,厘清思路,走向理性,争取在即将来临的"十三五"期间,使中国的老年服务事业更上一层楼。

一、"十二五"期间老年服务发展的成就

毫无疑问,"十二五"期间的老年服务,已经有了长足进步。总结一下,有四点成就非常突出:

(一)国家政策支持力度空前

"十二五"期间,国家对老年服务的政策支持可以说是力度空前。到民政部网站上搜索,"十二五"以来,国务院及所属各职能部门一共出台了26项与老年服务相关的政策法规。① 见表1。

这些政策法规表现出三个特点:第一是发布频度密集,上述26项政策法规中,2015年1—4月有4项,2003年和2004年各有10项,在两年多时间里,接近平均每月1项。第二是涉及范围广泛,发布政策法规的国家机关,除了国务院和主管部门民政部以及全国老龄办,还涉及国家发改委、财政部、人社部、国家卫计委、教育部、工信部、国土资源部、住建部、商务部、税务总局、体育总局、人民银行、银监会、保监会、国家标准委、国家质监总局、国家开发银行等,涉及面非常广泛。第三是部门密切合作,上述26项政策法规中,有15项是两个及以上的国务院职能部门联合发布的,最多的涉及10个部门。

表1 "十二五"期间出台的与老年服务相关的政策法规

01	《关于进一步做好养老服务业发展有关工作的通知》	民政部	2015
02	《关于开发性金融支持社会养老服务体系建设的实施意见》	民政部、国开行	2015
03	《关于规范养老机构服务收费管理促进养老服务业健康发展的指导意见》	发改委、民政部	2015

---

① 民政部网站,http://www.mca.gov.cn/article/zwgk/fvfg/shflhshsw。

(续表)

04	《关于鼓励民间资本参与养老服务业发展的实施意见》	民政部、发改委、教育部、财政部、人社部、国土部、住建部、卫计委、银监会、保监会	2015
05	《关于开展养老服务和社区服务信息惠民工程试点工作的通知》	民政部、发改委、工信部、财政部、公安部、卫计委	2014
06	《关于鼓励外国投资者在华设立营利性养老机构从事养老服务的公告》	商务部、民政部	2014
07	《关于减免养老和医疗机构行政事业性收费有关问题的通知》	财政部、发改委	2014
08	《关于加快推进健康与养老服务工程建设的通知》	国发改委、民政部、财政部、国土部、住建部、卫计委、人民银行、税务总局、体育总局、银监会	2014
09	《关于做好政府购买养老服务工作的通知》	财政部、发改委、民政部、老龄办	2014
10	《关于建立健全经济困难的高龄失能等老年人补贴制度的通知》	财政部、民政部、老龄办	2014
11	《关于推进城镇养老服务设施建设工作的通知》	民政部、国土部、财政部、住建部	2014
12	《联合推进建立养老机构责任保险制度》	民政部、保监会、老龄办	2014
13	《关于加强养老服务设施规划建设工作的通知》	住建部、国土部、民政部、老龄办	2014
14	《关于加强养老服务标准化工作的指导意见》	民政部、标准委、商务部、质检总局、老龄办	2014
15	《关于建立养老服务协作与对口支援机制的意见》	民政部	2013
16	《关于开展公办养老机构改革试点工作的通知》	民政部	2013
17	《关于推进养老服务评估工作的指导意见》	民政部	2013
18	《关于做好2013年度中央专项彩票公益金支持农村幸福院项目管理工作的通知》	民政部、财政部	2013
19	《养老机构管理办法》	民政部	2013
20	《养老机构设立许可办法》	民政部	2013
21	《关于印发中国老龄事业发展"十二五"规划的通知》	国务院	2013

(续表)

22	《关于香港澳门服务提供者在内地举办营利性养老机构和残疾人机构服务有关事项的通知》	商务部、民政部	2013
23	《关于开展"社会养老服务体系建设推进年"活动暨启动"敬老爱老助老工程"的意见》	民政部	2013
24	《关于加快发展服务业的若干意见》	国务院	2013
25	《关于鼓励和引导民间资本进入养老服务领域的实施意见》	民政部	2012
26	《社会养老服务体系建设规划(2011—2015年)》	民政部	2011

资料来源:民政部网站,http://www.mca.gov.cn/article/zwgk/fvfg/shflhshsw。

(二)国家和社会投资规模可观

在资金投入方面,2012年,有民政部官员在介绍"十二五"规划中的社会养老体系建设时表示:"我们整个'十二五'期间要投入2500亿元以上的资金。"①以此计算,平均每年的投入达500亿元。从2011年以来的实际情况看,上述2500亿元,不仅有各级政府的财政投入,还包括了各种社会资金。

关于政府投入,仅在2014年,"财政部门和民政部门利用财政资金和彩票公益金加大投入,共有约250亿元用于养老服务设施建设"②。

关于社会资金,媒体上有一些报道都与养老地产相关。投资的主力是"房企"和"险企":截至2014年年中,各家险企计划投资养老地产的金额已超过2000亿元③;截至2014年年末,全国已有超过80家房企进入养老地产领域,投资总额超过800亿元。但有媒体评论,实际投入可能会少于计划额度。④

另外,民政部在2011年就提出:要把福彩公益金的50%用于养老

---

① 雁冰:《"十二五"全国养老事业需投入2500亿》,《21世纪经济报道》2012年10月18日。
② 《去年250亿投向养老服务设施》,新华网,http://news.xinhuanet.com/politics/2015-03/14/c_127579418.htm。
③ 《千亿险资抢"啃"养老地产,饕餮盛宴尚待文火细烹》,新华网,http://news.xinhuanet.com/fortune/2014-05/09/c_126479928.htm。
④ 《开发商实际投入低于计划额度,养老地产投资雷声大雨点小》,新华网,http://news.xinhuanet.com/fortune/2015-01/22/c_127409576.htm。

服务。① 最近,国家发改委、民政部和国家老龄委又发文强调:要确保将政府用于社会福利事业的彩票公益金50%以上用于养老服务业。② 根据最近发表的《中国福利彩票公益金使用情况报告》提供的数据:福利彩票公益金支持老年福利类项目的资金金额,2011年是8.58亿元,2012年是11.03亿元,2013年是12.79亿元。③

(三) 服务机构和床位快速增长

"十二五"期间,养老服务的机构数和床位数有了明显的增长。根据民政部发布的《社会服务发展统计报告》披露的数字:规划期前的2010年,全国各类老年福利机构为39904个,共有养老服务床位314.9万张,年末入住的老年人为242.6万人。到2013年,全国各类养老服务机构增长到42475个,共有养老服务床位493.7万张,年末入住的老年人为307.4万人。见表2。④ 两相比较,机构数增长了6.4%,床位数增长了56.8%,入住老年人增长了26.7%。根据国家统计局发布的《国民经济和社会发展统计公报》提供的数字,2014年,养老服务机构中的床位增加到551.4万张。⑤ 与民政部提供的2010年的数字相比,增长了75.1%。

表2 "十二五"期间老年服务机构基本情况

	机构		床位		入住老人	
	绝对值(个)	增长幅度(%)	绝对值(万张)	增长幅度(%)	绝对值(万人)	增长幅度(%)
2010年	39904	—	314.9	—	242.6	—
2011年	40868	2.41	353.2	12.16	260.3	7.30
2012年	44304	8.41	416.5	17.92	293.6	12.79
2013年	42475	−4.13	493.7	18.54	307.4	4.70

资料来源:《社会服务发展统计公报》2010—2013年,民政部网站,http://cws.mca.gov.cn/article/tjbg/。

---

① 《每年福彩公益金50%以上用于养老》,《云南经济报》2011年11月4日。
② 《三部联合发文要求:50%以上福彩公益金须用于养老产业》,中国网,http://news.china.com.cn/live/2015-04/28/content_32475838.htm。
③ 《民政系统福利彩票公益金用于老年福利类项目的情况》,中国福彩网,http://www.cwl.gov.cn/gyj/syqk/mzb/389818.shtml?_u=Y3VycmVudFFzZXJJJZD1hOTdjMmViMS1hYTg4LTQ2YzYtOTU4OS02ZGFmYTYyY2RiNjU%253D。
④ 《民政部2010年社会服务发展统计报告》和《民政部2013年社会服务发展统计报告》,民政部网站,http://cws.mca.gov.cn/article/tjbg/。
⑤ 《2014年国民经济和社会发展统计公报》,国家统计局网站,http://www.stats.gov.cn/tjsj/zxfb/201502/t20150226_685799.html。

（四）养老服务体系达成共识

在价值理念层面上，政府、企业、社会组织和学界乃至全社会已经就"居家为基础，社区为依托，机构为支撑"的老年服务的体系框架和结构层次达成共识并深入人心。这个共识既与国际经验相接轨，又与中国国情相适应。其中所表达的理性和远见，影响是深远的，可列为"十二五"期间养老服务领域取得的最大成就。

二、"十二五"期间老年服务业发展的不足

在肯定成绩的同时，也不可否认，"十二五"期间，在老年服务领域还存在诸多显而易见的缺憾。譬如房企、险企积极的资金投入，却主要把功课做到了养老地产上。在一些媒体的合谋下，2013年被奉为"养老地产元年"，2014年更被热炒成"养老地产沸腾年"。[①] 这一轮炒作，无论对政府还是对市场，都造成了极大的认识误区。

概括起来，这些误区主要表现在两个方面：第一，政策出台很多，却没有明确的目标和方向，更没找到解决老龄问题的突破口。第二，资金投入不少，但只见枝叶疯长，既不开花更谈不上结果。究其缘由，大致有以下三个方面。

（一）重视增加床位但忽视使用效率

"十二五"期间，老年服务机构床位数的增长成为政府一个重要的考核指标。规划中的指标是每千人30张床位，加总起来应该是636万张床位[②]，按前文中国家统计局提供的数字计算，截止到2014年，已经完成86.7%。

但是，随着床位数的不断增加，床位利用率却在不断下降。如前所述：2010年，314.9万张床位入住242.6万老年人，床位利用率为77.04%，空床率为22.96%。到2013年，493.7万张床位入住307.4万老年人，床位利用率下降到62.26%，空床率为37.74%。如果按国家统

---

① 秦玥：《养老地产之殇：部分房企以养老为名圈地》，《中国经营报》2014年11月1日。
② 《明年我国每千名老人 拥有30张养老床位》，《北京青年报》2014年9月21日。

计局提供的 2014 年的数据计算,551.4 万张床位入住 288.7 万老年人①,床位利用率为 52.36%,而空床率上升为 47.64%,差不多接近五五开了(见表 3)。这说明,光重视增加老年服务床位的工作思路是有问题的,其结果就是导致了一个床位数和空床率同时快速增长的怪圈。

表 3　老年服务床位的使用率和空床率

	床位(万张)	入住老人(万人)	使用率(%)	空床率(%)
2010 年	314.9	242.6	77.04	22.96
2011 年	353.2	260.3	73.70	26.30
2012 年	416.5	293.6	70.49	29.51
2013 年	493.7	307.4	62.26	37.74

资料来源:《社会服务发展统计公报》2010—2013 年,民政部网站,http://cws.mca.gov.cn/article/tjbg/。

(二) 空讲潜在需求而不看有效需求

"十二五"期间的老年服务业之所以热得烫手,是因为很多投资者都看到了正在日益加速的人口老龄化进程带来的"商机"。于是,便有"专家"就此炒作起来:美国怎样,欧洲怎样,日本怎样,不一而足。但是,一个最基本的社会事实却被忽略了。如今正在或者即将跨越老年门槛的这一代人,正是第二次世界大战以后成长起来的那一代人。在发达国家,这是经历了资本主义黄金时期的一代人,所以他们大多属于富裕阶层;同一代人,在中国却是从计划经济时代走过来的一代人,他们大多属于中低收入阶层。

我们必须正视这样的国情:中国 8000 万的企业退休人员,他们的养老金经过"十一连涨",到 2015 年大概是平均 2200 元。② 且不说每月服务费万元以上还要数百万元押金的"高大上"养老地产、养老社区,即使是收费在 3000—5000 元的中档水平的老年服务机构,光凭养老金收入,绝大多数老年人也无福消受。

用经济学的语言来表述,消费者有购买欲望也有支付能力的需求才是有效需求,而消费者虽有购买欲望但没有支付能力的需求只是潜在需

---

① 《2014 年国民经济和社会发展统计公报》,国家统计局网站,http://www.stats.gov.cn/tjsj/zxfb/201502/t20150226_685799.html。
② 《企业退休人员基本养老金"十一连涨"》,《工人日报》2015 年 1 月 17 日。

求。当我们错把潜在需求当作有效需求来做市场策划时,美好的愿望岂能不落空?所以,拿发达国家的情况来简单比照,似乎很不负责任。我们不是反对学习发达国家的先进经验,问题在于学什么,怎么学。我们也不是绝对抵制"高大上",但那纯粹是市场的事,应该按市场规律去发展,政府反倒不必过多操心。

(三)政策面面俱到但缺乏重点突破

如前所述,"十二五"期间出台了很多养老服务政策,看似面面俱到,但却没有找到真正解决问题的突破口。在中国两亿老年人中,最为困难的群体是失能老人,而其中又以完全失能老人为甚。一个政府正式公布的数字是:我国 60 岁及以上的老人已经超过两亿,其中失能老人数达到3700 多万。① 此前,中国老龄科学研究中心 2010 年的调查数据更为具体翔实:中国失能老人有 4031 万人,其中完全失能老人 1213 万人,部分失能老人 2818 万人。② 当老人的日常生活不能自理时,其处境的窘困和无奈是难以言表的。尤其是完全不能自理的老人,不但自己痛苦不堪,还连累全家都不得安宁。从这个意义上说,解决失能老人,特别是完全失能老人的问题意义重大,应该是发展老年服务的突破口。

从数量上看,两亿老人中有 1000 万完全失能老人,占 5%;3000 万部分失能老人,占 15%;还有 1.6 亿健康或轻微失能老人,占 80%。由此看来,现在所说的"90—7—3"或"90—6—4"可能有其疏漏之处。如果纯粹从需要出发,应该是"80—15—5"。

同时,就"居家为基础,社区为依托,机构为支撑"的老年服务的体系框架和结构层次而言,应该是:居家养老主要针对健康或轻微失能老人,完整的表达应该是社会服务和社区服务支持下的居家服务;社区养老主要针对部分失能老人,重点放在老年人日间照料中心;机构养老主要针对完全失能老人,对他们提供"全天候、全方位"的专业性长期照护服务。但在实际工作中,对养老服务的层次结构的理解也许有误区。似乎被误解乃至曲解为:富裕的老年人可以追求"高大上"的机构养老,而中低收入的老年人就只能将就着宅在家中度过晚年。

---

① 《关于建立健全经济困难的高龄失能等老年人补贴制度的通知》,民政部网站,http://fss.mca.gov.cn/article/lnrfl/zcfg/201410/20141000717271.shtml。
② 《2010 年调查报告:我国城乡老人近一半空巢》,新浪网,http://finance.sina.com.cn/china/hgjj/20120710/163612527875.shtml,2012 年 7 月 10 日。

综上所述，如果我们不走出这些老年服务的误区，就有可能陷入一个恶性循环：有长期照护需要的老人因没有支付能力不能接受机构服务，老年服务机构空床率高经营亏损难以为继，机构发展不能持续拉社会福利事业的后腿，社会福利事业发展迟缓造成更多的社会问题……

三、老年服务的有效需求和良性循环

看到了老年服务发展的不足，就要想方设法打破上述恶性循环，从将潜在需求变成有效需求入手，引导老年服务走向良性循环。要想达到上述目标，首先应该考虑将老年服务发展的突破口锁定在生活更为困难的失能老人身上。

中国社科院社会政策研究中心题为《失能老人护理补贴制度研究》的研究报告，对"失能老人"给出了一个定义：60岁及以上，用本土化的《日常生活行动能力量表》进行评估后认定的部分或完全丧失日常生活自理能力的老人，而且他们的失能状况将会持续较长时间（譬如三个月或半年以上），因而需要长期照护。这个报告还对"长期照护制度"作出了界定：长期照护制度是指对完全失能或部分失能的老人实施的，目标是尽可能地保持老人的生活质量和独立、自主、参与、个人充实和人类尊严的，在政府的资金投入和政策支持下，由机构、社区和家庭等多元化服务主体运作的社会服务制度。①

2014年，国务院颁布了两个文件，将现代保险服务业与老年服务保障联系到一起。在国务院《关于加快发展现代保险服务业的若干意见》中指出：要让现代保险服务业真正成为中国社会应对社会经济风险的有效保障机制。② 在国务院《关于加快发展养老服务业的若干意见》中更是直接提出："鼓励老年人投保……长期护理保险……鼓励和引导商业保险公司开展相关业务。"③

为解决失能老人长期照护的资金问题，可以考虑通过长期积累的保险手段来筹集资金，最终将潜在的失能老人的长期照护需求转变为有保

---

① 唐钧：《失能老人护理补贴制度研究》，《江苏社会科学》2014年第2期。
② 《国务院发布关于加快发展现代保险服务业的若干意见》，新华网，http://news.xinhuanet.com/insurance/2014-08/13/c_126867451.htm。
③ 《国务院关于加快发展养老服务业的若干意见》，中国政府网，http://www.gov.cn/zwgk/2013-09/13/content_2487704.htm。

险给付支持的有效需求。因为我们缺乏经验,保险项目的客户可以首选更加容易作出评估和判断的"完全失能老人"。根据国际经验,完全失能老人的生活需求是有限的也是相对稳定的,同时老人完全失能发生的时间以及发生后的生存期也是有规律可循的。上述客观规律构成了可以采用保险手段的前提条件。

中国社科院社会政策研究中心就上述理论假设做了实证研究,在北京、上海、杭州、武汉、长沙、哈尔滨等六个城市所作的问卷调查表明:老人从生活完全不能自理到去世的平均时间是44个月,出现完全不能自理状况的平均年龄为79岁。在完全失能老人中,有25.9%在6个月内去世,57.2%在12个月内去世,77.0%在24个月内去世。

以上述调查数据为基础再进一步计算,如果每月支付4000元,44个月就需要176000元。如果按复利5%计算,40岁一次性趸交30000元,50岁交50000元,60岁交80000元,70岁交130000元,到79岁时可积累到大约20万元。如果按复利4%计算,40岁一次性趸交45000元,50岁交65000元,60岁交950000元,70岁交145000元,到79岁时也可以积累到大约20万元。按以上标准交费,连本带息就可以满足每月支付4000元的需要。当然,以上计算也没有考虑物价上涨的因素,没有考虑保险的经营成本。若要付诸实施,还需要做更为专业的保险精算。

在调查中,问到被调查者购买保险的意愿,在40—59岁的中年群体中,有49.72%回答"会买"。在60岁及以上的老年群体中,有31.53%回答"会买"。从经济收入看,月收入3001—20000元的,回答"会买"的占到46.67%,收入在3000元以下和20000元以上的就很少作肯定答复了。从消费支出看,月支出3000—10000元的,回答"会买"的要占41.17%,支出在3000元以下和10000元及以上的也很少选此选项。调查结论是:就家庭经济条件的影响而言,基本上是两头小,中间大。

从以上的调查数据和粗略计算看,市场化的完全失能老人长期照护保险还是可以尝试的,当然,希望政府能够对购买保险者给予一定的税收优惠。同时,还需说明,以上的调查数据对作社会保险的方案设计也同样有意义。

从保险受益人的利益出发,完全失能老人长期照护保险还可以考虑附加一些优惠:其一,可以考虑为保险受益人提供健康管理服务。譬如定期检查身体,提供健康咨询。在长时间的投保过程中,健康管理可以维系保险公司和客户之间的联络,而客户保持良好的健康状况可以使其完全失能的时间后移,从而为保险基金的增值赢得更多时间,最终的结果是双赢。其二,按国际惯例,长期照护是指接受照护服务持续两个月以上。如果完全失能老人在很短时间内就去世,可以考虑部分甚至完全退回本金,也可以考虑让其亲属继承相关的保险权益。

然而,应该指出,单纯用保险手段,社会受益面仍然是有限的。根据中国社科院社会政策研究中心的推算,完全失能老人长期照护保险受益人群的上限是4500万人。因此,要完全解决长期失能老人的问题,还需要政府和社会提供救助和补贴。

如果以上保险方案得以实施,运行一段时间比较成熟后,可以向两个方向扩展:一是从有购买能力的群体向没有能力或没有完全能力购买的群体扩展,完全没有能力的可由政府买单,没有完全能力的可以考虑在购买时政府给予适当补贴和税收优惠;二是从完全失能向部分失能扩展,逐步放宽"失能"界定的外延,逐渐将部分失能老人包括进来。

如果用保险加补贴的手段解决了资金问题,就从源头上切断了前述的恶性循环。有长期照护需求的老人有了支付能力可以入住老年服务机构,老年服务机构的床位客满经营获利有了可持续的后劲儿,机构的发达兴旺推动社会福利事业的发展,社会福利事业的发展妥善解决更多的社会问题……可谓满盘皆活。

四、实现资金和服务的无缝对接

一般来说,保险产品的承诺是现金给付。如果在此基础上,将资金筹集与老年服务直接链接,也就是说,保险项目如能得到可提供优质长期照护的服务机构的支持,这样的保险产品应该对客户更具吸引力和竞争力。

国内经验表明,一个有50张床位的老年服务机构,如果经营得当,就能够做到自负盈亏。如果老年服务机构有200—400张床位,经营得当,则能有5%—8%的利润;经营良好的,利润率能到12%。要强调的是,老年服务机构一经走上正轨,就能够在较长的一段时间中稳定地获得可观的利润,这在经济新常态的背景下,应该是可以接受的。

但是,目前有相当一部分老年服务机构,尤其是民营老年服务机构,因为过多的床位空置使其不能充分发挥应有的效能,经营亏损反倒成为当前的业内常态,陷入前文所述的恶性循环。如果保险公司主动与老年服务机构合作,实现资金与服务的无缝链接,即购买保险的老人一旦完全失能,即可送到具备一定资质的老年服务机构接受长期照护服务,这样的保险产品一定会大受欢迎。同时,老年服务机构只要能够按照规定的资质标准提供服务,就不再会有床位空置导致经营亏损之虞。

因此,有眼光的保险公司不妨投资支持一个老年服务机构联盟,以完成在保险受益人完全失能时直接接受长期照护服务的目标。从调查数据看,完全失能老人的护理费用大概在2800—3500元,北京、上海等大城市可能会更高一些。前文中计算的给付金额是每月4000元,留有一定的余地。可以考虑从中抽出部分资金设立一个基金,用于帮助加盟的养老机构进行硬件改造和人员培训,以达到规定的资质标准。这样做,不但解决了完全失能老人的长期照护问题,而且还解决了老年服务机构的入住率和服务质量提升等问题。符合标准的老年服务机构的满负荷运转带来的效率提升,会提高行业的工资水平,解决服务人员素质低、流动大的问题。还会带来大量的就业机会,可以说会形成一个多赢的局面。

建议在保险公司的支持下,组织国内具有先进理念并且已做出一定成就的机构联合起来成立若干老年服务机构联盟。这个想法已经得到国内很多老年服务机构的响应。老年服务机构专设若干专家组,对长期照护服务的相关问题进行持续的、具有可行性和可操作性的研究。目前需要解决的问题包括:确定老年服务机构入盟的资质条件,确定遴选标准与入盟的行政程序;研究制定"完全失能"的评估鉴定标准,等等。

此外,还要成立若干专业化的第三方机构,接受老年服务机构联盟的专业服务外包。这些机构可以是市场的,也可以是非营利的。第三方专业机构的任务包括:其一,根据既定的标准和程序负责对申请入住机构的老人进行身心状况的检查和鉴别,提出评估意见和建议。其二,根据既定的标准和程序,负责对要求入盟的机构进行调查和评估,确定其有无资格入门,并就机构的软硬件条件提出进一步改善的意见和建议。其三,根据既定的标准和程序,在服务过程中对入盟机构进行定期或不定期的评估和监督。

为了推进老年服务的发展,专业人才的培养也应立即摆上老年服务机构联盟的议事日程。在个人生活不能自理,日常生活方方面面都需要别人帮助时,吃饭、穿衣、洗漱、洗澡等这些再普通不过的日常行为都成了技术和技巧了,因此服务人员一定要经过专门的培训。养老服务业还需要各种专门人才,譬如机构管理者、医生、护士、营养师、康复师、社会工作师、心理咨询师、厨师,等等。从目前养老机构服务人员的现实状况看,35

岁及以上的农村女性最为合适,可以采取半工半读的方式,对她们进行6—12个月的专业培训,考试合格者凭证上岗。养老机构的管理人员和专业技术人员,可以以社会工作专业硕士教育为基础,但强调由大学和老年服务机构联盟联办。

老年服务机构联盟可能还要担负一个历史重任,就是要在中国形成老年服务运营的专业管理集团。如今已经现实存在的"养老地产",因为大多是在"房地产思维"下营造的,其最大的缺陷就是忽视服务。房地产思维的出发点和归宿,就是要把房子卖掉,一旦业主入住,服务即告结束。但是,老年服务机构恰恰相反,老人入住,宣示的是服务刚刚开始。因此,以房地产思维来做老年服务,其效果可想而知。

养老地产的前景可以有两个选择:一是投资经营者彻底抛弃房地产思维,将心思完全转移到服务上。在现实当中,成功地实现华丽转身的投资经营者有,但不多见。二是投资经营者投资建设养老地产并持有物业的所有权,但服务经营外包给专业的服务运营商。这样的专业分工对社会、对养老服务而言,可能是更好的选择。按这样的设想,养老服务机构联盟未来的发展方向就应该是"轻资产"的老年服务管理集团。

五、建立老年服务的"护联网"

当代中国已经进入了"互联网+"时代,以保险资金与机构服务的无缝链接为基础,再加上利用互联网可以作出"大数据"的信息服务,如果在中国构建一个类似"阿里巴巴"的老年服务"护联网",应该是一个很有诱惑力的发展前景。

但是,老年服务的护联网与阿里巴巴的网购还是有所区别。阿里巴巴有网店扮演供货者的角色,有支付宝扮演信用支付的角色,但销售链的末端则是快递员。当快递员敲开门将包裹递到购买者手上,服务即告一段落。然而,"护联网"不同,服务机构的服务人员敲开门,被老人迎进屋里,这通常意味着服务的开始。就此而言,"护联网"目前还仅仅是一个概念,一个设想。我们现在要做的事情,是要为"护联网"的发展打下扎实的基础。这个基础的核心议题是服务,是人对人的贴心服务。

具体而言,"十二五"期间达成的"居家为基础,社区为依托,机构为支撑"的社会共识,现在要落到实处。首先要解决的问题是谁来提供服务,习惯的思维是政府和社区(街道、居委会)。但是,这样的思维模式恰恰可能是这个社会共识难以落地的障碍。政府有政府的工作方式和套路,在行政体系中下级主要对上级负责,其工作的着眼点也是要让上级满意。因此,各级地方政府和基层社区往往把工作重点放在做典型或窗口,通常的说法就是"上面来检查要有东西可看"。于是可以花很多钱去"堆"出一个典型或窗口来,但这种工作思路的成果,可能就是一个仅供观赏的"盆景"。回顾一下80年代以来社区服务的发展历程,就可以明白这一点。

当年社区服务追求的目标,有一部分叫作"便民利民服务",这个目标现在在阿里巴巴的帮助下实现了,而且超过了政府和社会的预期。这说明,应该由市场做的,政府最好不要凭借行政权力自己去"强做"。虽然政府现在开始热衷于"购买服务",但是,本应市场化的服务,如果只是一味地跟着政府的指挥棒转,就会自觉不自觉地陷入对政府惯习的路径依赖,那恐怕也是没有多大发展前景的。

实际上,"十二五"期间,在喧喧闹闹的"养老地产"之外,更有一群踏踏实实的中青年投资管理者在做真正意义上的老年服务。在北京、上海、重庆、长沙,甚至在一些中等城市,都已经自发地涌现出一批可能外表并不起眼的老年服务机构,它们正在默默地为了自己目标在努力奋斗。应该说,它们才是中国市场化运作的老年服务市场的中坚力量。政府要做的,无非是用规划、指导、评估、监督等方式,去帮助它们成长并走向成熟。现在一讲老年服务,听到的就是跟政府要资金、要土地,这是一个误区或者说是一种忽悠。政府的政策和资金千万不要偏好于买地置业,着力点应该在帮助有需要但没有能力获得服务的老人获得合适的服务,其他的事情由市场化的老年服务去做。

平心而论,老年服务机构联盟要做的事情还不光是机构养老,还要让加盟的服务机构向社区延伸,用连锁的方式到基层去承办社区老年服务中心。这个由机构以延伸服务的方式来做居家养老和社区养老的思路,主要着眼于专业性。中心的主要任务是提供"日间照料":子女白天把生活不能完全自理的老人送到中心,由中心向老人提供生活照料、护理康复和文化娱乐,等等。晚上子女则把老人接回家中享受天伦之乐。有条件的中心,还可以为社区居民提供"喘息式"的老人短期照护服务。场地较为宽敞的中心,还可以同时为社区中健康和轻微失能的老人提供娱乐、健身和康复服务,等等。同时,老年服务机构应该以社区老年服务中心为据点,再次向居民家庭延伸,提供老人所需的上门服务。

如果机构养老、社区养老和居家养老由老年服务机构联盟统一规划和实施,在提供服务的过程中,一个有关老年服务的"大数据"的信息网络就逐渐形成了。加上前文所述的保险基金和老年服务的无缝链接,就有了一个广覆盖、有纵深的"护联网"的基础。

关于养老,现在有很多新的理念,譬如健康管理、智慧养老、远程医疗、机能康复、养生食疗,不一而足。但是,这些先进理念现在大多落不了地。究其原委,就是因为老年服务,归根结底是人对人的服务。设备再先进,最终的落实还是需要人来提供服务。譬如针对"阿尔茨海默"症患者,现在有了用GPS或"北斗"来定位的佩戴式电子设备,其精确度可定位到方圆10米。但是,发现了走失的老人,在亲属没有赶到之前,老人的安全还是没有保障。如果有了护联网,就可以通过网络,就近找到一个老年服务机构或社区中心,委托他们接上老人,并给予临时照护,以待亲人的到达。总而言之,"互联网+"时代的护联网,可能是可以解决老龄化社会很多难题的一项基本建设,非常值得去思考、去实践、去尝试。

最后,还有一个严峻的问题需要讨论,就是中国农村老人的长期照护问题如何解决?当前,农村的年轻人奔向城市,而老年人则滞留下来,当老人自理能力差了甚至完全丧失自理能力了,谁来照顾他们呢?所以说,中国人口老龄化的不良后果一定会在农村,而最大难题的是服务照料。

在农村地区,是否可以尝试让农村的中年人或年轻老人照顾自家的老老人,政府则给予适当的经济补贴。首先倡导自家人照顾自家的老人,然后再向外扩张去照顾别人家了里的老人。对于政府而言,这恐怕是一个花钱最少、最经济实惠的服务方案。其实,这在当今世界上,也算是个国际潮流。

要倡导专业老年服务机构,将其专业服务向农村的基层社区延伸,主要向承担服务照料责任的家庭成员传授老年服务的技术和技巧,以及对服务者进行考核评估。当然,一旦完全失能,还是接受机构服务为好,所需的资金恐怕要靠政府补贴才行。

本文原发表于《国家行政学院学报》2015年第3期,收入本书时略有增删修改。

建立合乎中国国情的失能老人长期照护制度

中共十八届三中全会通过的《中共中央关于全面深化改革若干重大问题的决定》(以下简称《决定》)指出:要"积极应对人口老龄化,加快建立社会养老服务体系和发展老年服务产业"①。此前,在《国务院关于加快发展养老服务业的若干意见》(以下简称《意见》)中提出:"各地要加快建立养老服务评估机制,建立健全经济困难的高龄、失能等老年人补贴制度。"②

为了落实党中央、国务院的有关精神,2013年10月,中国社会科学院社会政策研究中心受民政部政策法

---

① 参阅《中共中央关于全面深化改革若干重大问题的决定》,人民出版社2013年版。
② 《国务院关于加快发展养老服务业的若干意见》,中国政府门户网站,http://www.gov.cn/zwgk/2013-09/13/content_2487704.htm,2013年9月13日。

规司的委托,组织了专门的课题组,对"失能老人护理补贴制度"及相关问题开展了课题研究。

课题组利用"中国知网""人大复印报刊资料""谷歌学术搜索"等网站,以"失能老人""长期照顾"等关键词进行搜索,下载并阅读了大量文献资料,并就相关的国际经验和国内实践进行了讨论,理清了研究思路。10—11月,课题组在上海、深圳、宁波等地对老年服务机构进行了探访,并得到上海市银康老年公寓、天津市鹤童老年公寓等老年服务机构的支持,向我们提供了相关的数据资料。在此基础上,课题组撰写了题为《失能老人护理补贴制度研究》的课题报告。

报告共分两个部分:一、谁是"需要护理补贴的失能老人";二、失能老人护理补贴的政策框架。

一、谁是"需要护理补贴的失能老人"

要研究"失能老人护理补贴制度",首先要做的功课是弄清楚这项制度的"用户",或曰"补贴对象"究竟是谁?这就是说要弄清楚"谁是'需要护理补贴的失能老人'"。进一步解析以上提出的问题及制度的名称,得到两个关键词,一是"失能老人",二是"护理补贴",以下分而述之。

(一) 失能老人和长期照料

首先我们来界定"失能老人",以及与失能老人紧密相关的一个概念"长期照料"。

1. 失能老人

要讨论"失能老人",须按这样的顺序:第一,老人的定义;第二,失能老人的定义,包括广义的和狭义的失能老人的定义。

(1) 老人的定义

要定义"失能老人",按先易后难的原则,先定义其主语"老人":按照《老年人权益保障法》规定:"我国的老年人是指年满60周岁以上的中国公民。"[①]

(2) 狭义的和广义的失能老人的定义

宁宏在《照顾失能老人需建立社会长期服务体系》一文中提出:"所谓

---

① 参阅《中华人民共和国老年人权益保障法》,法律出版社2013年版。

失能老人,是指生活完全不能自理,必须依赖他人照料的老年人。"[1]倪荣等则是从长期照料的角度来界定失能老人:"长期照料(Long-term Care)一般是指为生活完全不能自理,必须依赖他人照料的失能老年人群提供的综合性服务。"[2]仅仅将"完全生活不能自理的老人"定义为"失能老人",可以视为一种狭义的定义。

狭义的定义是相对广义的定义而言。潘金洪等提出:"失能老人是指因年迈虚弱、残疾、生病、智障等而不能独立完成穿衣、吃饭、洗澡、上厕所、室内运动、购物等任何一项活动的老人(即失去日常生活自理能力的老人)。"[3]俞群等则认为:"失能老人主要是指丧失部分或全部日常生活自理能力的60岁及以上老年人。"上述定义都是把部分失能和完全失能的老人包括在内,我们可以将其看作广义的失能老人的定义。

(3) 界定"失能老人"的方法或途径

俞群等认为:失能老人"大都采用WHO推荐的日常生活活动能力量表(ADL)进行筛选"[4]。国际通用的"日常生活行动能力量表"(Activities of Daily Living,ADL)是为了对被评估者的"日常生活活动"的能力进行评估而制定的量表。"日常生活活动"是指人们在每日生活中,为了照料自己的衣、食、住、行,保持个人卫生整洁和进行独立的社区活动所必需的一系列基本活动,是人们为了维持生存及适应生存环境而每天必须反复进行的、最基本的、最具有共性的活动。[5]

1963年,西德尼·卡茨(S. Katz)最先提出"日常生活行动能力量表"(以下简称"卡茨量表")。卡茨量表将吃饭、穿衣、上下床、上厕所、室内走动和洗澡等六项日常生活中最常见的行动能力选作评估指标,每项指标都设三个等级,即"能够独立行动""部分依赖他人"和"完全依赖他人",根据评估对象的情况进行评分,最后通过累加各项评分对评估对象的日常生活行动能力作出综合评价。卡茨量表简单实用,易于操作,为学术界和研究部门所常用。[6]

---

[1] 宁宏:《照顾失能老人需建立社会长期服务体系》,《民主与法制时报》2009年10月26日。
[2] 倪荣等:《社区卫生服务在城市失能老人长期照料体系中的作用研究》,《全科护理》2010年第5期。
[3] 潘金洪等:《中国老年人口失能率及失能规模分析——基于第六次全国人口普查数据》,《南京人口管理干部学院学报》2012年第4期。
[4] 俞群等:《漕河泾社区失能老人及社区照料需求调查》,《上海医药》2012年第12期。
[5] 李小力等:《ADL量表在伤残等级评定中运用》,《中国司法鉴定》2004年第3期。
[6] 中国老龄科学研究中心课题组:《全国城乡失能老年人状况研究》,《中国残疾人》2011年第2期。

1965年,佛罗伦斯·马奥尼(Florence Mahoney)和多罗西·巴塞尔(Dorothy Barthel)扩充并重新制定了"日常生活行动能力量表",后世称为"巴氏量表"。巴氏量表包括进食、洗澡、修饰(洗脸、梳头、刷牙、刮脸)、穿衣(包括系带)、控制大便、控制小便、上厕所、床—轮椅转移、行走(平地走45米)、上下楼梯,共10项。每项分为"能够自理""稍有依赖""较大依赖"和"完全依赖"四档,分别给予15分、10分、5分和0分不同的分值。根据被评估者的情况打分:正常总分100分,60分以上者为"生活基本自理";60—40分者为"生活需要帮助";40—20分者为"生活依赖明显";20分以下者为"生活完全依赖"。①

1969年,劳顿·鲍威尔(Lawton Powell)和伊莱恩·布洛迪(Elaine Brody)也将卡茨量表评估的内容扩充,共设置了14项评估指标,仍称"日常生活活动能力量表"(ADL),但分为"日常生活活动能力量表"(Physical Activities of Daily Living Scale, PADL)和"日常生活利用工具能力量表"(Instrumental Activities of Daily Living Scale, IADL)两个部分。其中,日常生活行动能力指标仍是六项,即行走、洗澡、如厕、穿衣、进食和梳头刷牙(替换了卡茨量表中的"上下床");日常生活利用工具能力指标是八项,包括使用交通工具、购物、做家务、做饭、打电话、自理经济、服药和洗衣。② 劳顿·鲍威尔和伊莱恩·布洛迪设计的量表,后来被称为"劳顿-布洛迪量表"。卡茨量表、巴氏量表和劳顿-布洛迪量表选取的指标的比较详见表1。

表1 卡茨量表、巴氏量表和劳顿-布洛迪量表选取的指标的比较

	卡茨量表	巴氏量表	劳顿-布洛迪量表
日常生活行动能力指标	穿衣	穿衣	穿衣
	上下床	床—轮椅转移	
	上厕所	上厕所	如厕
	吃饭	进食	进食
	室内走动	行走	行走
	洗澡	洗澡	洗澡
		修饰	
		控制大便	
		控制小便	
		上下楼梯	
			梳头刷牙

① 李小力等:《ADL量表在伤残等级评定中运用》,《中国司法鉴定》2004年第3期。
② 俞群等:《漕河泾社区失能老人及社区照料需求调查》,《上海医药》2012年第12期。

（续表）

	卡茨量表	巴氏量表	劳顿-布洛迪量表
日常生活利用工具能力指标			使用交通工具
			购物
			做家务
			做饭
			打电话
			自理经济
			服药
			洗衣

在以上给出的有关"失能老人"的定义中,大多提到"必须依赖他人照料",观察问题的这个视角是从服务供应者的立场出发的。从服务供应者的立场出发,就有了"长期照料"(Long-term Care)的概念,而且这已经成为一种国际共识。

2. 长期照料

以下讨论的是世界卫生组织和美国官方关于"长期照料"的定义及其互补性。

(1) 世界卫生组织的定义

世界卫生组织在题为《建立老年人长期照顾政策的国际共识》的报告中指出:"长期照顾是由非正式提供照顾者(家庭、朋友/邻居)/专业人员(卫生、社会和其他)开展的活动系统,以确保缺乏完全自理能力的人能根据个人的优先选择保持最高可能的生活质量,并享有最大可能的独立、自主、参与、个人充实和人类尊严。"①

偏重于价值理念的世界卫生组织定义,包含三层意思:其一,定义的视野是广义的,即针对的是"缺乏完全自理能力的人"——应该既包括完全失能的老人,也包括部分失能的老人;其二,扮演照顾者角色的人是多元的,从非正式的到专业的,从家庭、社区(朋友、邻居)到专业机构(卫生、社会及其他);其三,目标是尽可能地保持其生活质量,以及尽可能地保持独立、自主、参与、个人充实和人类尊严。

---

① 世界卫生组织:《建立老年人长期照顾政策的国际共识》,世界卫生组织网站,http://www.who.int/publications/list/WHO_HSC_AHE_00_1/zh/index.html。

(2) 美国官方的定义

美国国家长期照料调查(National Long-term Care Survey,NLTCS)将"长期失能老人"定义为:65岁及以上,且存在至少一项日常生活自理能力或日常活动能力指标的完成需要他人帮助,并且这种状态持续或预期会持续90天及以上,即可判定为需要长期照顾的老人。①

偏重于实际操作的美国国家长期照料调查的定义,主要是用于界定"长期照料的对象",也包含三层意思:其一,法定的关于老人的界定,美国是65岁及以上;其二,是用"日常生活行动能力量表"进行评估后认定的部分失能或完全失能的老人;其三,老人的失能在时间上有一定的持续性,美国的规定是三个月。

(3) 两个国际通用的权威定义的互补性

以上两个从不同角度给出的"长期照顾"定义,具有国际公认的权威性,常被学术界或实际工作者所引用。更重要的是,在实际工作中,从两个不同的角度,即从价值理念出发和从实际操作出发给出的两个定义还可以起到互补的作用。甚至只有把两者有机地整合到一起,才能形成一个更为完整的"长期照料"的概念。

最后要说明的是,以上引文中的"长期照料"或"长期照顾"均翻译自英语单词"Long-term Care",但对"Care"的翻译略有不同。但是,就汉语语境而言,"照料"和"照顾"都没能清晰地表达出更具专业性的"护理"的含义,"护理"则是国务院文件中的用语。为了与国务院文件中"护理补贴"的说法一致,在下文中我们均使用"长期照护"一词。

3. 需要长期照护的失能老人

综合以上的分析,我们最后得到了两个有用的概念,"需要护理的失能老人"和"长期照护制度"。

(1) 需要护理的失能老人

我们先要为本研究将要锁定的政策用户或曰"补贴对象"作一个操作性的定义:"需要护理的失能老人"是指60岁及以上,用本土化的"日常生活行动能力量表"进行评估后认定的部分失能或完全失能老人,而且他们的失能状况将会持续较长时间(譬如三个月或半年以上),因而需要长期照料。

---

① 转引自熊波、石人炳:《长期失能老人照料决策研究——以个人资本为视角》,《南方人口》2012年第5期。

为了与国际接轨,下文中将"需要护理的失能老人"改称"需要长期照护的失能老人"。

(2) 长期照护制度

为了进一步讨论,我们还要对本研究的"长期照护制度"作一个操作性的定义:"长期照护制度"是指对完全失能或部分失能的老人实施的,目标是尽可能地保持老人的生活质量和独立、自主、参与、个人充实和人类尊严的,在政府的资金投入和政策支持下,由机构、社区和家庭等多元化服务主体运作的社会服务制度。

4. 关于需要长期照护的失能老人的定量研究

近年来,一些研究机构用抽样调查的方式,以上述"日常生活活动能力量表"对我国的老人中的"失能老人"做了定量研究。其中中国老龄科研中心在 2000 年、2006 年和 2010 年进行过三次"中国城乡老年人口状况追踪调查",研究报告中关于失能老人的调查数据,应该是比较可信的。

2006 年,中国老龄科研中心所做的"中国城乡老年人口状况追踪调查"给出了这样的数据:城镇老年人生活能够完全自理的占 85.4%,能部分自理的占 9.6%,完全不能自理的占 5.0%;农村老年人生活能够完全自理的占 79.0%,能部分自理的占 14.1%,完全不能自理的占 6.9%。① 以上内容来自媒体报道,没有谈及调查的方法问题。

2010 年,中国老龄科学研究中心在《全国城乡失能老年人状况研究》②一文中提到,2000 年和 2006 年的"中国城乡老年人口状况追踪调查"中有关"失能老人"的数据是用本土化了的卡茨量表得到的。《全国城乡失能老年人状况研究》以上述两次调查的统计结果对 2010 年和 2015 年失能老年人的状况进行预测:2010 年,全国部分失能和完全失能的老年人约 3300 万人,占老年人口总数的 19.0%;其中完全失能的老人约 1084 万人,占老年人口总数的 6.3%。2015 年,全国部分失能和完全失能的老年人将达 4000 万人,占老年人口总数的 19.5%;其中完全失能的老人约 1240 万人,占老年人口总数的 6.1%。③

---

① 《〈中国城乡老年人口状况追踪调查〉研究报告》,中国网,http://www.china.com.cn/news/txt/2007-12/17/content_9392818.htm,2007 年 12 月 7 日。

② 中国老龄科学研究中心课题组:《全国城乡失能老年人状况研究》,《残疾人研究》2011年第 2 期。

③ 《2010 年中国城乡老年人口状况追踪调查》的统计数据到 2012 年 7 月 10 日才有部分公布。在老龄科学研究中心课题组做"全国城乡失能老年人状况研究"时,2010 年调查的统计数据应该还没有出来,故有"预测"一说。

2010年的"中国城乡老年人口状况追踪调查"的结果表明：城乡日常生活完全不能自理（失能）的老年人占6.8%，有部分自理困难的占15.9%。其中，城镇老年人中，日常生活完全不能自理的占5.6%，有部分自理困难的占12.4%；农村老年人中，完全不能自理的占7.8%，有部分自理困难的占18.6%。① 按照以上的调查数据，全国老龄办披露的相关的绝对数字是：日常生活完全不能自理（失能）的老年人1213万，其中城镇438万，占36.1%，农村775万，占63.9%；有部分自理困难的2818万，其中，城镇971万，占34.5%；农村1847万，占65.5%。加总起来，包括日常生活完全不能自理和有部分自理困难的老年人共有4031万人。《全国城乡失能老年人状况研究》中的2010年预测数与2010年的调查数相比，显得比较保守。其实2010年的调查数已经约等于2015年的预测数了。

表2　2006年与2010年失能老年人的调查数与预测数　　（万人）

	失能老年人	其中	
		部分失能老年人	完全失能老年人
2006年调查数	2831	1893	938
2010年预测数	3300	2216	1084
2010年调查数	4031	2818	1213
2015年预测数	4000	2760	1240

（二）经济困难的老人

按照国务院的《意见》，长期照护的补贴制度是针对经济困难的高龄、失能等老年人的。"经济困难"是一个日常用语，现在要在制定政策时作为一个专用名词来用，就需要给出特别的界定。在实际工作中，需要长期照护的经济困难人群可以分为绝对经济困难人群和相对经济困难人群。

1. 绝对经济困难人群

说到"经济困难"，首先想到的是三个人群，城镇最低生活保障制度对象、农村最低生活保障制度对象和农村五保对象。根据民政部网站发布

---

① 《2010年调查报告：我国城乡老人近一半空巢》，新浪网，http://finance.sina.com.cn/china/hgjj/20120710/163612527875.shtml，2012年7月10日。

的2013年第三季度的社会服务统计信息:城镇低保对象是2081万人,低保标准平均为361元/月。农村低保对象是5345万人,低保标准平均为196元/月。农村五保对象为541万人,分集中供养和分散供养两大类:集中供养的有183万人,五保标准平均为380元/月;分散供养的有358万人,五保标准平均为282元/月。

毫无疑问,这三个人群肯定是中国最贫困的人口。他们中年龄超过60岁的老人如果部分失能和完全失能,需要长期照护,那么就是需要补贴的"绝对经济困难"人群。

在上述总数将近8000万的贫困人口中,有多少是需要长期照护的失能老人?首先是要弄清楚上述三个绝对经济困难人群中有多少老人。根据民政部低保司提供的分类统计数据:

2013年第三季度,城镇低保对象中,60岁以上的老人为336万人,如果假设其中60%是失能老人,那大约就是202万人。如果完全失能与部分失能的比例是1:3,那么前者是51万人,后者是151万人。农村低保对象中,60岁以上的老人为2015万人,如果其中60%是失能老人,那大约就是1209万人;如果完全失能与部分失能的比例是1:3,那么前者是302万人,后者是907万人。农村五保对象中,60岁以上的老人为466万人。如果其中60%是失能老人,那大约就是280万人;如果完全失能与部分失能的比例是1:3,那么前者是70万人,后者是210万人。

将以上的数据相加,绝对经济困难的失能老人为1691万人。见表3。

表3 绝对经济困难的失能老人数 (万人)

	老人	失能老人	其中	
			完全失能	部分失能
城镇低保对象	336	202	51	151
农村低保对象	2015	1209	302	907
农村五保对象	466	280	70	210
合计	2817	1691	423	1268

2. 相对经济困难人群

"相对经济困难人群"是指就其收入而言,要高于甚至远高于法定的贫困标准,但在需要长期照护时,仍然无法承担相应费用的老人。

就城镇退休人员的退休金来看,2010年"中国城乡老年人口状况追踪调查"提供的数据是月人均退休金为1527元。根据人社部提供的统计数据,2012年,企业职工基本养老金月人均已经达到1721元。2013年再次调整继续提高10%之后,可望达到1900元左右。

根据课题组在一些城市对老年服务机构进行的调查,得到这样的印象:公办养老机构人满为患,一般居民难有机会入住。上海市一般的民办老年服务机构,医药费进医保后的价格,每月全护理一般在3500—4000元,半护理在2500—3000元;而上海市企业职工的退休金平均每月为3000元左右。天津市一般的民办老年服务机构,每月全护理的价格为3000—5000元,半护理的为2000—3000元;而天津市企业职工的退休金平均每月为2100元左右。厦门市三家民办养老院,入住老人中,失能老人的比重为75%—90%,每月收取的费用为2500—4500元;而厦门市企业职工的退休金平均每月为2500元左右。深圳市的养老院,对失能老人的收费都在每月3000元以上,而深圳市企业退休人员的养老金平均每月为3000元左右。

显而易见,按平均退休金计算,大多数城镇企业退休人员要支付目前的老年服务机构所提供的长期照护服务的费用是有困难的。城镇企业退休人员尚且如此,只有象征意义的养老金的城镇居民和农村居民就更不用说了。

2006年"中国城乡老年人口状况追踪调查"统计结果表明:城镇老年人平均年收入11963元,月收入997元;农村老年人平均年收入2722元,月收入227元。① 2010年"中国城乡老年人口状况追踪调查"统计结果表明:城镇老年人平均年收入17892元,月收入1491元;农村老年人平均年收入4756元,月收入396元。②

关于中国的收入平均数,有一个经验数字。一般来说,中国人的收入是呈偏态分布的,大约1/3的人在平均线以上,2/3的人在平均线以下。按此推论,如果把城乡老年人的平均收入作为长期照护制度收费标准的参考值,而失能老年人中收入在平均线以下的要多于一般人群,

---

① 参阅郭平:《2006年中国城乡老年人口状况追踪调查数据分析》,中国社会出版社2009年版。

② 参阅张恺悌、郭平:《中国人口老龄化与老年人状况蓝皮书》,中国社会出版社2010年版。

取其占比为85%,那么,4031万完全失能和部分失能的老年人中,老年人若是完全靠自己的收入支付服务收费,大约有3426万人是有支付困难的,其中包括了1691万绝对经济困难的和1735万相对经济困难的失能老人。

如前所述,1691万绝对经济困难的失能老人以完全失能和部分失能的比例为1∶3为准,则分别为423万人和1268万人。相对经济困难的老人也按此比例划分,则完全失能和部分失能的老人分别为434万人和1301万人。再按城镇和农村二八开,则城镇有87万完全失能老人和260万部分失能老人,农村有347万完全失能老人和1401万部分失能老人。具体见表4。

表4 相对经济困难的失能老人数 （万人）

	失能老人	完全失能	部分失能
城镇相对经济困难老人	347	87	260
农村相对经济困难老人	1388	347	1041
合计	1735	434	1301

（三）需要长期照护补贴的失能老人

根据以上的分析,在设计失能老人长期照护补贴制度时,以"完全失能"和"部分失能"、"绝对经济困难"和"相对经济困难"作为界定需要长期照护补贴的老人的标准,我们可能面临四种选择,这可以用一个矩阵来表述,见表5：

表5 失能老人长期照护的四种选择

	仅仅考虑绝对经济困难	包括绝对经济困难和相对经济困难
仅仅考虑完全失能老人	最低限度选择 仅仅考虑绝对经济困难 仅仅考虑完全失能老人	次低限度选择 包括绝对经济困难和相对经济困难 仅仅考虑完全失能老人
包括部分失能和完全失能老人	次高满意选择 仅仅考虑绝对经济困难 包括部分失能和完全失能老人	最为理想选择 包括绝对经济困难和相对经济困难 包括部分失能和完全失能老人

1. 最低限度选择

如果作第一象限的最低限度选择,即仅考虑完全失能又属于绝对经济困难的老人。如前所述,绝对经济困难的老人为 1691 万人。其中 423 万人属于完全失能,包括城市 85 万人,农村 338 万人。满打满算,都按接受养老机构服务计算,城市的补贴平均每人每月 1700 元(加上低保金约 2000 元)、一年为 20400 元,共计约 173 亿元。农村的补贴平均为每人每月 500 元(加上低保金、五保金约 800 元)、一年为 6000 元,共计约 203 亿元。城乡合计为 376 亿元。

2. 次低限度选择

如果作第二象限的次低限度选择,即仅考虑完全失能但包括绝对经济困难和相对经济困难的老人。如前所述,有支付困难的失能老人为 1735 万,其中相对经济困难的完全失能老人为 434 万人。若按城乡二八开,城市 87 万人,农村 347 万人。若补贴金额为绝对经济困难的完全失能老人的 80%,城市的平均每人每月 1360 元、一年 16320 元,共计 142 亿元。农村的平均每人每月 400 元、一年 4800 元,共计 167 亿元。城乡相对经济困难且完全失能老人的补贴合计共为 309 亿元,再加上绝对困难且完全失能老人的补贴 376 亿元,总计 685 亿元。

3. 次高满意选择

如果作第四象限的次高满意选择,即仅考虑绝对经济困难但包括完全失能和部分失能老人。如前所述,绝对经济困难人群为 1691 万人,其中绝对经济困难的部分失能老人为 1268 万人,若以城乡二八开,城镇 254 万人,农村 1014 万人。若城市的补贴平均每人每月 500 元(加上平均收入 2000 元)、一年 6000 元,共计 152 亿元。农村的补贴平均每人每月 400 元(加上平均收入 800 元)、一年 4800 元,共计 487 亿元。绝对经济困难的部分失能老人补贴合计共为 639 亿元,再加上绝对经济困难的完全失能老人补贴 376 亿元,总计 1015 亿元。

4. 最为理想选择

如果作第三象限的最为理想选择,即既包括全体绝对经济困难和相对经济困难的老人,也包括全体部分失能和完全失能老人。以上已经计算了绝对经济困难和相对经济困难的完全失能老人需要补贴 502 亿元,绝对经济困难的部分失能老人需要补贴 645 亿元。现在要计算的是相对经济困难的部分失能老人的补贴金额。如前所述,有支付困难的失能老人为1735万,其中相对经济困难的部分失能老人为1301万人,若按城乡二八开,城市260万人,农村1041万人。若补贴金额为绝对经济困难的完全失能老人的80%,城市的平均每人每月400元、一年4800元,共计125亿元。农村的平均每人每月320元、一年3840元,共计400亿元。城乡相对经济困难的部分失能老人的补贴合计为525亿元。既包括绝对经济困难和相对经济困难,又包括部分失能和完全失能老人在内的全部补贴总额合计共为1849亿元。

综上所述,如果满打满算,都以接受养老机构服务来计算:若作最低限度选择,即仅考虑绝对经济困难的完全失能老人,需要补贴376亿元,占2012年财政收入117210亿元的0.32%;若作次低限度选择,即仅仅考虑完全失能但包括绝对经济困难和相对经济困难的老人,需要补贴685亿元,占2012年财政收入的0.58%;若作次高满意选择,即仅考虑绝对经济困难但包括完全失能老人和部分失能老人,需要补贴1015亿元,占2012年财政收入的0.87%;若作最为理想选择,即既包括全体绝对经济困难和相对经济困难的老人,也包括全体部分失能和完全失能老人,需要补贴1849亿元,占2012年财政收入的1.58%。具体图示见图1和表6。

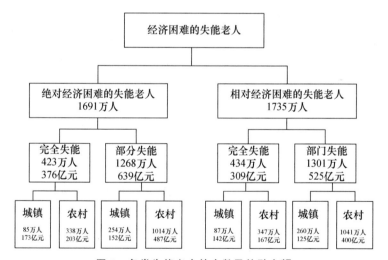

图1 各类失能老人的人数及补贴金额

表 6　不同的政策选择导致不同的服务范围和资金规模

	仅仅考虑绝对经济困难	包括绝对经济困难和相对经济困难
仅仅考虑完全失能老人	最低限度选择 仅仅考虑绝对经济困难 仅仅考虑完全失能老人 423 万人　376 亿元	次低限度选择 包括绝对经济困难和相对经济困难 仅仅考虑完全失能老人 857 万人　685 亿元
包括部分失能和完全失能老人	次高满意选择 仅仅考虑绝对经济困难 包括部分失能和完全失能老人 1691 万人　1015 亿元	最为理想选择 包括绝对经济困难和相对经济困难 包括部分失能和完全失能老人 3426 万人　1849 亿元

二、失能老人长期照护补贴的政策框架

在上一节中,我们回答了谁是需要护理补贴的失能老人的问题,并对"需要护理补贴的失能老人"进行了定性和定量的界定。我们还以失能老人全部接受机构服务为前提,讨论了四个可选择的补贴方案以及可能要支出的资金规模。在这一节中,我们要在以上分析研究的基础上,进一步设计失能老人护理补贴的政策框架。

但是,应该指出,失能老人的护理补贴是与失能老人的长期照护制度密切相关的。从某种意义上说,离开了长期照护制度来谈失能老人的护理补贴,甚至会有"皮之不存,毛将焉附"的感受。所以,本研究所设计的失能老人护理补贴政策将与失能老人长期照护的制度安排一并提出。正因为如此,在提出政策框架之前,我们还要深入讨论几个相关的问题。

(一) 需要讨论的几个问题

从某种意义上说,失能老人的长期照护制度是护理补贴的"皮",而护理补贴则是附着在长期照护制度这张皮上的"毛",如同成语"唇齿相依"的意义一样,两者之间的关系可谓"皮毛相依"——护理补贴的"毛"究竟对长期照护制度的意义何在呢?

1. 居家养老、社区养老和机构养老分工的误区

2013 年出台的《国务院关于加快发展养老服务业的若干意见》,对老年社会服务进行了全面部署,提出:"到 2020 年全面建成以居家为基础、

社区为依托、机构为支撑的,功能完善、规模适度、覆盖城乡的养老服务体系。生活照料、医疗护理、精神慰藉、紧急救援等养老服务覆盖所有居家老年人。"

在北京、上海等地制定的养老服务规划中,对居家养老—社区养老—机构养老的分工进行了"90—6—4"或"90—7—3"的量化,即居家养老的老人占90%,社区养老的老人占6%或7%,机构养老的老人占4%或3%。上述分工的依据是国际经验:西方发达国家,一般享受机构服务的老人的比重大概是5%—6%;而在东亚的日本、韩国和中国的港澳台地区,享受机构服务的老人的比重大概是2%—3%。中国的地方规划中提出的分工比例,实际上取的是东西方数据的中间值。

然而,我们在基层调研时发现:地方政府对居家养老、社区养老和机构养老的分工可能存在误区——无论在西方国家还是在东亚地区,老年服务的分工是根据"需要"而作出的。当对老人健康状况的评价是"完全失能"(包括失智)而需要接受机构服务时,老人都可以入住养老机构接受相应的服务;当老人的健康状况被评为"部分失能"时,可能会建议老人去社区的日间照料中心接受日间服务;当老人的健康状况尚好或者只是轻微失能时,可能会建议在社区服务支持下居家养老。但是,现在的误区是,上述老年服务分工的依据不是"需要",而是"收入"和"支付能力"。这就是说,不问是否真正需要,收入高、支付能力强的老年人接受机构服务,次之则接受社区服务,再次之就只能居家养老了。显而易见,这样的安排是有问题的,占中国70%也许更多的中低收入的老人,一旦完全失能或部分失能,只能在很"学术"的"居家养老"的幌子下艰难度日。

2. 将养老服务的潜在需求变成有效需求

中共十七大之后,曾经做过一个课题,从对民政经费的分析中得出了一个结论,即民政经费的"大户"是社会救助和优抚安置。然而,随着民政事业的发展,社会救助和优抚安置都已经显得非常"成熟"。如果要寻找民政事业新的增长点,那就是社会福利或曰社会服务。①

按国际惯例,社会服务的地位是与社会保障相提并论的。在中国,社会福利或社会服务的发展应该说还有非常大的发展空间。按国家审计署披露的数据:2011年,中国社会保险的投入是26195亿元,社会救助是

---

① 唐钧、冯凌:《现行财政体制中的民政事业经费》,《河海大学学报(哲学社会科学版)》2008年第2期。

1857亿元,社会福利(服务)是351亿元;三项制度各占社会保障投入的比例分别是92.22%、6.54%和1.24%。从中央财政的投入看,社会福利(服务)更是只有少得可怜的50亿元。同时,中国政府与社会福利相关的其他职责,如社会工作、社会组织、社区服务等,进一步发展实际上也都有赖于社会福利或社会服务的发展。若论社会福利或社会服务的发展,老年服务则是最好的突破口。但是,实际上,近年来在老年服务方面,虽然做得很热闹,但并未取得突破性的进展。

我们观察到老年服务的一个"怪圈":一方面,我们声称对老年人提供服务照护需要700万张床位,但目前只有417万张,差距很大①;另一方面,2012年,全国各类养老服务机构仅入住老年人297万人,床位利用率为71%。② 如果单算民办养老机构,一般认为,床位空置率高达40%—50%。

民办养老机构床位空置率高的原因很多,但是最重要的影响因素是价格高。真实情况究竟如何?为此,课题组对业内公认运营较好的天津鹤童南路老人护理院和上海银康老年公寓的经营成本进行了调查。

天津鹤童南路老人护理院,成立于1999年。2013年8月全护理老人核算的成本是:固定成本,人工、房租、折旧等共计3015元;变动成本,包括伙食、物业、水电、办公及易耗品,共计933元;两项合计3948元。相应的收费平均是3954元,当月盈余5.7元。

上海银康老年公寓,成立于2012年。2013年11月的一级护理老人核算成本为:固定成本,包括管理人工、租金、折旧等,平均每张床位为3171元;变动成本,包括一级护理人工、伙食、水电、办公及易耗品等,平均每位老人2876元;每位一级护理老人平均成本为6047元。当月一级护理收费平均为4900元,人均亏损1147元。考虑到当月的床位入住率是50%,如果入住率能提高到80%,收支才能基本持平。

这两家服务较好的民办养老机构,其服务成本与收费相抵甚至仍有亏损,属于非营利经营的性质。但他们在服务价格上,已经没有降低的空

---

① 《我国老年人养老服务机构有4万余个,床位170万个》,中央政府门户网站,http://www.gov.cn/jrzg/2007-07/08/content_676624.htm,2007年7月8日;《我国已建成老年服务机构4.4万个,床位410余万张》,新华网,http://news.xinhuanet.com/local/2013-07/03/c_116394139.htm,2013年7月3日。

② 《健康领域重大社会问题预测与治理协同创新平台发布〈老龄领域社会问题静态预测研究〉成果》,复旦大学门户网站,http://www.fudan.edu.cn/fudannews/2013/1011/34510.html,2013年10月11日。

间。然而,如前所述,上海市企业职工的退休金平均每月为3000元左右,天津市企业职工的退休金平均每月为2100元左右,与非营利经营的收费仍然落差很大。

若用经济学理论来对上述现象作出解释,就涉及"需求""有效需求"与"潜在需求"这三个概念。马尔萨斯最早提出了"有效需求"的概念:"商品的有效需求就是一种能满足商品供给的自然和必要条件的需求。"[1]凯恩斯则对"有效需求"给出了更明确的定义:"有效需求"是指市场上有支付能力的总需求。[2]

从消费经济学的角度看,商品或服务的消费需求可以分为潜在需求与有效需求。消费者具有购买欲望而无支付能力时的需求为潜在需求,而既具有购买欲望又具有支付能力的需求则为有效需求。近年来,我们在讨论养老服务的需求时,没有区分需求、潜在需求和有效需求,而且在大多数情况下,有效需求被忽略,因此造成了我国养老服务领域的这个"怪圈":一方面,潜在的养老服务需求使民政部门不断增加养老机构的床位;另一方面,有效需求不足则使养老机构的床位难以得到充分利用。

非营利经营,本质上就是成本核算,收支相抵,略有盈余。要让老年服务机构可持续地发展,收取的服务费用就必须略高于成本支出。在有服务照护需要的失能老人凭借自己的退休金收入不能支付服务费用时,政府就不得不给予补贴,这已然成为国际惯例。政府补贴起到了两个作用:一是失能老人的服务照护需要得到了满足;二是老年服务机构能够可持续地成长和发展。

现在的老年服务也许是一盘死棋,有服务照护需要的老人没有支付能力进不了老年服务机构,老年服务机构的床位住不满而经营亏损,缺乏可持续的后劲儿,老年服务机构不发展拉社会福利事业的后腿,社会福利事业发展迟缓造成很多社会问题,并使民政事业无法获得新的增长点。于是,就形成了一个恶性循环。因此,从这个意义上讲:有了政府补贴,就切断了这个恶性循环,可谓满盘棋皆活,并且还将影响到整个社会福利事业连同社会工作、社会组织、社区服务的推进,进而推动整个民政事业的发展。从图2中可以看到养老服务发展的恶性循环与良性循环的示意。

---

[1] 马尔萨斯:《政治经济学原理》,厦门大学经济系翻译组译,商务印书馆1962年版,第61—62页。
[2] 参阅黄斌:《凯恩斯主义》,载张雄等主编:《新编现代西方社会思潮》,上海社会科学院出版社1999年版。

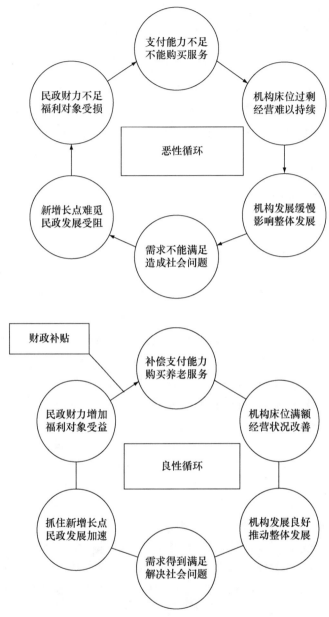

图 2　养老服务发展的恶性循环与良性循环

如果从更为宏观的层面去观察这个问题,作为一种劳动密集型的服务行业或产业,可为文化程度偏低、年龄偏大的劳动力造就一个广阔而且可持续的就业市场。就这个意义而言,长期照护补贴对经济发展而言,是必需的资本投入。

3. 建立多层次、多元化的老年服务体系

在世界卫生组织关于"长期照护"的定义中,列出了对失能老人进行长期照护的服务主体,即"非正式提供照护者(家庭、朋友/邻居)/专业人员(卫生、社会和其他)"。按中国国情来理解这个多样化的服务主体,可以归结成家庭、社区(朋友和邻居)、机构(卫生、社会和其他)三个层面,这与我国目前倡导的居家养老、社区养老和机构养老相结合的政策思路恰好吻合。但是,虽然我们的政策设计已经有了大致的框架,但在各个层次上却缺乏可行的和可操作的具体措施。前面已经专门论及了机构养老存在的问题,社区养老层面和居家养老层面的问题表现如下:

在社区的层面,其实从20世纪80年代中期做社区服务开始,老年服务已经被包括在内。但是,经过三十年的发展,我们在全国各地虽然可以看到一些"盆景式"的"窗口"或"典型",但若论建立一个理想的、能够有效运行满足需求的社区养老服务体系,仍然只能以"乏善可陈""不尽如人意"这样的词语来评价。这其实说明,光靠行政化的手段去推动,光让街道、居委会去兴办社区养老服务的思路是有缺陷的。

在家庭的层面,自从提出"居家养老"的概念之后,我们就开始否定家庭养老,强调居家养老与家庭养老的差别。但是,从中国的现实情况看,以低龄老人为高龄老人提供照护服务①,仍然是一种非常普遍的社会现象。但这是在家庭内部实现的,而非某些学者所说的那样——"男的去养老院做园丁,女的给老人洗衣服"。这与中国社会所特有的"孝文化"以及费孝通所说的"差序格局"理论相关。近年来社会学界关于中国人的"社会网络"的研究,也证明了中国人在生活中遇到困难时的"求助",基本上也是按"血缘—亲缘"关系中的亲疏远近排序的,而与"血缘—亲缘"关系无关的社会关系则在选择顺序的末端。

基于以上的分析和判断,我们所期待的养老服务体系应该打破机构服务、社区服务和居家服务各自为政的局面,以家庭照护为基础,以专业服务为贯通上下的经线,以社区服务为遍布基层的纬线,最终整合成一个"纵向到底,横向到边"的养老服务体系(如图3所示)。

---

① 本研究按照中国的实际情况,将老人划分为低龄,64岁及以下;中龄,65—79岁;高龄,80岁及以上。

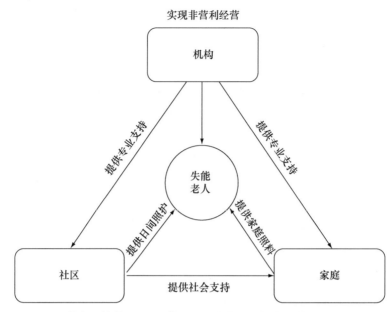

图 3　整合机构养老、社区养老和居家养老的整合型养老服务体系

20 世纪 80 年代开始,国际上对社会服务兴起了"去机构化"并推崇"社区照护"的热潮。于是,在国内,受到国际经验的影响,从学术理论到实际工作也开始了类似的探索和实验。但是,我们可能忽略了一点,发达国家是在专业化已经发展了一百多年后才提出"去机构化"的。届时,他们已经有足够多的专业人才。

从理论上说,对失能老人的长期照护,实际上是使个人生活中的一些原本靠自理的日常活动,诸如穿衣、洗漱、吃饭、洗澡、如厕、行走等,变成了必须依靠他人来完成的服务工作。在服务照护中,要使被服务的老人舒适,起码不能使他们遭受痛苦,所以这些在常人看来的生活琐事,还包括一系列的心理抚慰,都变成了专门的技术。

在一个国家或地区逐渐老龄化的过程中,掌握以上服务照护技术的专业人员一开始必然是匮乏的、供给不足的。所以,专业化的长期照护服务一开始必然是在专门的老年服务机构中发展起来,因为机构服务是集约型的、规模经营的服务模式,就效率和效果而言,是最经济实惠的。

然而,机构服务又有其天然的缺陷,这就是其将老人与社会,尤其是将老人与他们所熟悉的地理环境、人际关系,甚至与家庭亲情隔离开来。

所以,不到万不得已,老人还是不愿接受机构服务。即使在被我们认为家庭关系淡漠的西方国家,接受机构服务的老人最多也不会超过5%,而且一般是在老人部分失能或完全失能之后。最近在与美国RTI(Research Triangle Institute)研究机构的同行交流时,令人惊讶地得知,美国老人在养老机构居住的时间实际上平均只有两年半。这也就意味着,美国的老人其实是尽可能长地在家里(居家)度过晚年。

那么,机构之外的老人谁来照护?首先是家庭,但家庭服务如果没有专业指导,仍然很难满足老人的需求。"久病床前无孝子",若仔细去分析,这并不完全是一个道德问题,其实体现的是老人与提供照护的家庭成员之间的复杂矛盾问题。

当专业的服务机构人才储备到一定的程度之后,要进一步的发展,就必然会考虑为周边社区的居家老人提供服务。因此,社区照护就有了一定的专业基础。从某种意义上说,社区照护的发展不仅是老人的需要、国家和社会的需要,也是专业机构本身发展的需要。当机构服务的专业触角向院舍的墙外延伸的时候,建立更广泛的老年服务体系的愿景就指日可待了。

首先,以专业机构为主体,长期照护服务进入社区,建立老年服务中心和老年人日间照护中心,使部分失能的老人仍然可以居家养老,而在需要的时候,由专业机构提供专业的服务。社区服务机构同样有服务成本,在社区服务机构签约的前提下,对于经济困难的老人,政府同样应该提供补贴。

其次,以专业机构为主体,社区为依托,长期照护服务进一步延伸到家庭,可以组织俱乐部式的以低龄老人为主的家庭长期照护服务社团,在专家的指导下,对自己家中部分失能和完全失能的老人提供生活照护。在与长期照护服务社团签约的前提下,对于经济困难的老人,政府也同样应该提供补贴。①

这样,一个将家庭、社区和机构整合起来的养老服务体系就形成了。在这里,要强调的是,所有的政府补贴都将以为失能老人服务的成本来核算,但最终补贴到为老人服务的专业机构、社区机构和为老人提供服务的

---

① 2013年在香港理工大学参加研讨会时,与香港社会服务联会总干事谈过这个政策思路。最近获悉,香港政府已经准备开展试点。见《香港护老者照顾两人可月获4000元津贴》,新浪网,http://news.sina.com.cn/c/2014-02-08/111129414637.shtml,2014年2月8日。

个人身上。

前文中,完全以机构服务的价格计算了政府对失能老人补贴的支出规模,结果也许是很惊人的。如果在社区层面大量兴办老年人服务中心和老年人日间照护中心,同样可以为部分失能的老人提供专业服务,而且将大大地降低服务成本。按照这个思路,按巴氏量表区分的四种情况,中国的老人,身体健康、生活完全能够自理的,毫无疑问是生活在自己家里;轻度失能,对他人稍有依赖的,仍然可以生活在自己家里,有些事情需要帮助,则由社区服务来承担;中度失能,对他人有较大依赖的,白天可以去日间照护中心,接受专业服务,晚上则回家居住;重度失能,完全依赖他人的,则去老年服务机构,直至终老。

上述安排,可以在老人部分失能(中度失能)阶段,以白天去日间照护中心、晚上回家居住的模式来取代全日制的机构服务。假设这种模式能够节约1/5的资金的话,那么,次高满意选择就可以减少203亿元,只需812亿元。最为理想选择可以减少370亿元,只需1479亿元。

如果在老人部分失能(中度失能)阶段,以低龄老人组成长期照护社团的方式,并且在社区服务支持下来照护高龄老人。假设这种模式能够节约1/4的资金的话,那么,次高满意选择就可以再减少203亿元,只需609亿元。最为理想选择可以再减少370亿元,只需1109亿元。

4. 建立老年人的长期照护保险

谈及失能老人的长期护理的费用,一定会涉及德国、日本等国家建立长期护理保险的经验。但是,这里要突出强调的是:德国、日本等国家的护理保险,是一种由政府财政补贴托底的社会保险,不是单纯以保险精算为基础的商业保险。

如果以保险精算为基础,我们以每月交费100元计算,1年就是1200元,10年才12000元。一般来说,长期照护保险都是从35岁或40岁开始交费,即使算到65岁,也只有30年或25年的时间。所以本金累计也只有36000元或30000元。如果假设在这30年或25年中,得到的银行利息正好与CPI持平,那么,储备的资金如补贴服务费用每月2000元,只能支付18个月或15月。假设本金加上利息计算能翻一番,达到72000元或60000元,如补贴服务费用仍是每月2000元,这笔资金也只能维持约36个月或30个月。

我们讨论长期护理补贴的问题,主要是针对中低收入人群。他们在缴纳"五险一金"之后,要再拿出100元交护理保险,应该是十分困难的。

另外，即使建立长期护理保险，按以上的计算，最多维持36个月，之后所有费用还是必须自己出，这个结果会使中低收入人群和政府都十分难堪。所以，即使建立长期护理保险，按德国、日本的经验，最终托底的还是要政府补贴。

当然，建立长期护理保险还是可以考虑，但不要再另外收费。长期护理保险可以设计在从40岁到60岁的20年间交费。在养老保险缴费期间，从现行养老保险个人账户缴费中抽取10%，医疗保险的个人账户中抽取10%，存入个人的长期照护保险账户。在女性于50岁或55岁退休后，则可考虑按原交费金额从养老金中扣除。收入低、生活有困难的，可申请免交，但个人账户中的积累也会减少。个人的长期照护账户拥有明晰的私人产权，在年满60岁及以上，经过评估机构的确认为失能老人（包括部分失能和完全失能）并需要他人照护时，可动用账户中的资金用于个人的生活照料服务。长期照护账户中的资金在账户拥有人去世后仍有结余的，可按照法律规定的顺序，由亲属继承。

要强调一点，不能一提到"保险"，就又被完全塞进"收多少，付多少"的框框里。社会保险归根结底是一种社会再分配的方式，只是在筹措资金时借用了保险的"缴费—给付"的形式，在税收之外，扩大了资金来源渠道。所以长期护理保险一定要与财政补贴结合起来，中国大多数老人都属于中低收入阶层，没有财政托底，长期照护的费用仍是难以承担。

也可以考虑在金融机构开设用于长期照护的个人储蓄账户，每人每月可存入500—2000元。此账户的年利息可按每年CPI的上涨幅度上浮0.3个百分点。超过银行利息的部分，由财政部门与金融机构按相互间的协议补贴。

要说明的是：长期照护保险制度超出了民政部门职责范围，这样的跨部门的政策设计和制度安排，成功的可能性较低。

（二）失能老人的长期照护补贴的政策框架

基于以上的铺垫，我们勾勒出失能老人长期照护补贴的政策框架：

1. 指导思想

失能老人的长期照护补贴制度是为满足经济困难的失能老人长期照护需求而设立的社会福利津贴制度。此项制度安排以养老服务供应者提供非营利服务的成本核算为标准，弥补服务收费与老人的实际支付能力之间的差距，目标在于将失能老人长期照护服务的潜在需求转变成有效需求,并同时使服务供应者获得可持续的发展。

2. 管理部门

政府补贴是失能老人长期照护的最终托底的资金保障,当失能老人因收入不足无法支付或中断长期照护的服务费用时,政府有责任负起社会保障的责任。

失能老人的长期照护补贴制度的行政管理部门是各级民政部门。此项制度的具体实施,在城市由区级(包括不设区的市的市级)民政部门负责,在农村由县级民政部门负责。

3. 服务体系

失能老人的长期照护补贴制度须以建立相对完善的养老服务体系为前提。

以老年服务机构为骨干,以城市的区、街道、社区和农村的县、乡镇和行政村为依托,以家庭为基础,建立将机构养老、社区养老和居家养老整合为一体的养老社会服务体系。

国家以"公办民营"或"民办公助"为基本模式,支持善于经营、管理规范、服务良好、品牌影响力大的专业服务机构将老年服务向社区和家庭延伸,并逐渐形成具有一定规模的养老服务管理集团。

社区建立老年人日间照料中心,为有需要的部分失能老人提供日间生活照料服务。老人在白天可由家人送至或由中心接至日间照料中心,中心负责老人日间的生活照料以及康复治疗、心理抚慰和文化娱乐活动,晚间则由家人接回或中心送回家中居住。有条件的日间照料中心还可以在家人因各种原因不能照顾失能老人时提供短期托养服务,还可以为在手术后康复期的老人提供短期托养服务。短期托养服务的时间以三个月为限。

在街道或社区建立家庭长期照护服务的社团,社团以社会工作者为核心,组织为老人提供长期照料的家庭成员进行养老服务的专业知识培训,并负责对签约的失能老人进行家庭探访,对老人接受照料服务的情况作出评估。

老人按照健康状况分别采用不同的服务方式,身体健康的老人和轻度失能的老人基本上在社区服务的支持下实行居家养老,中度失能的老人可利用社区日间照料中心,完全失能的老人则由老年服务机构提供全日制的照护服务。

4. 需求评估

建立失能老人的需求评估体系，在城市的区级和农村的县级建立有关失能老人的第三方需求评估机构。评估机构必须由专业人员组成，其中包括社会工作者、医生、心理医生、康复师和护士。机构中可以有老人和老年服务机构的代表参加。政府官员一般不参加。

评估机构可以为公益型的事业单位，也可以向符合条件的社会组织购买服务。

在深入调查研究的基础上，民政部制定本土化、标准化的"日常生活活动能力量表"，作为失能老人需求评估及划分护理等级的工具。

5. 护理保险

可以考虑建立个人账户式的护理保险制度，并与政府补贴制度相结合。当老人需要长期照护而自己没有支付能力或支付能力不足时，先由护理保险制度来支付服务费用的不足部分。当护理保险账户中的资金支付殆尽后，再由政府进行托底性的补贴保障。

6. 政府补贴

政府补贴以失能老人的需要为标准，失能老人的需要及护理等级由第三方评估机构按照专业的标准确认。

政府补贴补贴到老人的名下，但款项直接支付给服务供应者，包括家庭成员、提供服务的社区服务机构和专业的老年服务机构。

由家庭成员照料的老人需要补贴的，首先要进行需求评估，然后负责照护的家人要与所在的街道办事处签订照料协议并参加家庭长期照护服务社团，接受养老护理的专业知识培训和社会工作者的探访及评估。

7. 资金来源

对失能老人的政府补贴资金由国家财政负担。可以考虑地方财政（省级、市级、县级）和中央财政二八分担。

也可以考虑在彩票公益金中设立"失能老人福利服务"专项基金，以发行彩票的手段募集一部分资金。

8. 管理考核

对失能老人的长期照护补贴，不仅要对是否享受补贴作出资格认定，而且要对此项制度进行有效的过程管理。过程管理主要由具体负责实施的政府部门——在城市是区级（包括不设区的市的市级），在农村是县级民政部门负责。

日常的过程管理尤其要重视服务对象——失能老人及其家属的投诉,要开通投诉渠道并保持信息畅通。对于投诉均要进行调查研究并作出合理的处理。

对于老年服务体系的绩效考核主要通过专门的第三方专家评估机构(但不能是前述需求评估机构),在城市的区、街道、社区与农村的县、乡镇和行政村配合下对老年服务进行考核和评估。

考核和评估不以打分排序为目的,而以帮助各个层次的照护服务供应者和提供者改进服务为目的。

本文原发表于《中国公共政策评论》2015年第6期,收入本书时略有增删修改。

完全失能老人长期照护保险研究

近年来,党和国家领导人一再强调民生问题要"保基本、托底线、救急难"。从老年服务的角度看,目前中国的两亿老年人口中,处境最为艰难的是完全失能老人。有研究表明,在中国,完全失能的老人有1200万之多[①],正在加速的老龄化的进程会使这个困难群体的规模进一步扩大。当一个老人日常生活完全不能自理而时刻需要别人照料服侍时,其生活情境的窘迫是可想而知的。加上人力资源配置的市场化,劳动力流动成为经济常态;家庭规模的小型化,又使"核心家庭"乃至"空巢家庭"成为社会常态。这样的经济社会发展趋势,更进

---

① 中国老龄科学研究中心课题组:《全国城乡失能老年人状况研究》,《残疾人研究》2011年第2期。

一步加剧了完全失能老人长期照护的困境。所以,当务之急是考虑制定对完全失能老人提供社会化长期照护的政策乃至形成稳定的制度。

2014年8月,国务院颁布了《关于加快发展现代保险服务业的若干意见》,目标是要让现代保险服务业真正成为中国社会应对社会经济风险的有效保障机制。① 同年10月出台的《国务院关于加快发展养老服务业的若干意见》,更是直接提出:"鼓励老年人投保……长期护理保险……鼓励和引导商业保险公司开展相关业务。"②

能否将保险机制引入对完全失能老人的社会化长期照护呢?为回答这一问题,中国社会工作协会、中国医疗康复社会工作协会(筹)、中国人寿保险股份有限公司、中国社科院社会政策研究中心、北京中联金安保险经纪有限公司、大成律师事务所等六个单位组成了"失能老人护理保险项目组",共同对这一重要课题开展了调查研究。

一、研究的目标、背景和理论假设

失能老人护理保险项目组成立之后,确定首先将"完全失能老人长期护理保险"作为突破口。如前所述,完全失能老人应该是当前中国老人群体中生活最为艰难的一个群体。

(一)老龄化背景下完全失能老人的长期照护问题

2013年,中国60岁及以上老年人口超过了两亿,老龄化程度已达14.9%。③ 研究表明:中国的老龄化进程正在不断加速。虽然目前还处于轻度老龄化阶段,但如果维持现行计划生育政策以致总和生育率长期不变,在2020—2025年期间,中国的老龄化程度会超过20%,迈入中度老龄化阶段;2050年左右超过30%,进入重度老龄化阶段。

在老年人群体中,生活上相对更为困难的是失能老人,其中又以完全失能老人的状况最为窘迫。笔者曾在《失能老人护理补贴制度研究》一文中,对"失能老人"给出了一个定义:60岁及以上,用本土化的"日常生活

---

① 《关于加快发展现代保险服务业的若干意见》,中央人民政府网站,http://www.gov.cn/zhengce/content/2014-08/13/content_8977.htm。
② 《国务院关于加快发展养老服务业的若干意见》,民政部网站,http://fss.mca.gov.cn/article/lnrfl/zcfg/201312/20131200560144.shtml。
③ 《2013年国民经济和社会发展统计公报》,国家统计局网站,http://www.stats.gov.cn/tjsj/zxfb/201402/t20140224_514970.html。

行动能力量表"进行评估后认定的部分或完全丧失日常生活自理能力的老人,而且他们的失能状况将会持续较长时间(譬如三个月或半年以上),因而需要长期照料。文章还对"长期照护制度"作出了界定:长期照护制度是指对完全失能或部分失能的老人实施的,目标是尽可能地保持老人的生活质量与独立、自主、参与、个人充实和人类尊严的,在政府的资金投入和政策支持下,由机构、社区和家庭等多元化服务主体运作的社会服务制度。①

在最近出台的财政部、民政部、全国老龄办《关于建立健全经济困难的高龄失能等老年人补贴制度的通知》中,给出的失能老人数字为3700万。② 在2010年中国老龄科学研究中心所做的"中国城乡老年人口状况追踪调查"③的统计结果表明:中国日常生活完全不能自理(完全失能)的老年人为1213万,其中城镇为438万,占36.1%,农村为775万,占63.9%;有部分自理困难(部分失能)的老年人为2818万,其中,城镇为971万,占34.5%;农村为1847万,占65.5%。加总起来,包括日常生活完全不能自理和有部分自理困难的老人共有4031万人。

当一个老人日常生活完全不能自理而时时刻刻需要别人帮助时,其尴尬窘迫的生活情境是可想而知的,如前所述,这样的完全失能的老人在中国有1200万之多。目前在中国,虽然70岁以上的老人大多还有两个及以上的子女,但因为市场化条件下人力资源流动等原因,能够日常在身边服侍老人的子女并不多。有研究表明:中国城市老年人的"空巢家庭"比例已达49.7%。④ 加上子女本身工作压力和生活压力不断增加,要为完全失能的老人提供家庭照料必然使一个家庭所有的成员都陷入困境。

目前,新中国成立后"婴儿潮"时期出生的"50后"正迈入老年期的门槛。这一代人中,相当一部分属于独生子女家庭。这就涉及自20世纪90年代以来社会上一直热议的"一对夫妇,上面有4个老人,下面有1—2个儿女"的赡养窘境。尤其是如果老人的日常生活完全不能自理,子女是绝对无法承担服侍照顾的重任的。这样的状况大概会在今后5—10年

---

① 唐钧:《失能老人护理补贴制度研究》,《江苏社会科学》2014年第2期。
② 《关于建立健全经济困难的高龄 失能等老年人补贴制度的通知》,民政部网站,http://fss.mca.gov.cn/article/lnrfl/zcfg/201410/20141000717271.shtml。
③ 《2010年调查报告:我国城乡老人近一半空巢》,新浪网,http://finance.sina.com.cn/china/hgjj/20120710/163612527875.shtml,2012年7月10日。
④ 《中国城市老年人"空巢家庭"比例已达49.7%》,中国新闻网,http://www.chinanews.com/gn/news/2010/01-22/2087536.shtml。

间,成为一种"社会新常态"。显而易见,这是一个可以预见而且不得不解决的社会问题。

(二) 有效需求不足导致民营老年服务机构经营困难

如前所述,完全失能的老人,粗略地算大约占到老年人口总数的5%;部分失能老人大约要占老年人口总数的15%。所以,纯粹就需求而言,现在盛行的"90—7—3"或"90—6—4"的说法还是有问题,应该是"80—15—5",即5%的完全失能老人需要机构养老,15%的部分失能老人需要社区养老,80%的老人则是居家养老。然而,既然服务需求如此旺盛,为什么现在民营养老机构的发展却似乎不那么景气呢?

有调查数据表明,目前愿意选择机构养老的老人只有3.5%。① 现在大部分老年人不选择入住老年服务机构,不完全是认识问题,更主要的原因是没有支付能力。试想,企业职工基本养老金经过"十连涨"后,到2014年才增加到月平均2000元,单靠养老金根本不能入住养老机构;而机关事业单位退休人员的养老金也只有月平均4000元,即使勉强入住,手头的钱也所剩无几了,这是老人心理上难以承受的。因此,以上所说的大量服务需求只是潜在需求,而不是有支付能力的有效需求。

老人缺乏支付能力,也就造成了老年服务机构尤其是民营老年服务机构的经营困境。在这里,可以观察到一个恶性循环的"怪圈":一方面,我们声称对老年人提供照护服务需要700万张床位,但目前只有494万张,差距仍然很大;另一方面,2013年,全国各类老年服务机构仅有307万人老年人入住,床位空置率达38%。② 如果单算民办老年服务机构,一般认为,床位空置率高达50%甚至更高。

(三) 关于完全失能老人长期照护保险的理论假设

根据以上背景描述和问题分析,可以反推出这样的结论:如果完全失能老人都能入住老年服务机构得到长期照护,目前的老年服务机构还远远不能满足需求,民营老年服务机构的发展就天地广阔。但是,要达至这样的理想境地,就需要解决有效需求不足的问题,也就是要解决完全失能

---

① 《过于追求床位数并非科学养老》,《新民晚报》2014年11月2日。
② 《民政部发布2013年社会服务发展统计公报》,民政部网站,http://www.mca.gov.cn/article/zwgk/mzyw/201406/20140600654488.shtml。

老人的支付能力问题。

能否作一个理论假设:因为完全失能的老人的生存期及发生的时间是有规律可循的,同时在生命的最后阶段老年人的生活需求又是相对稳定而且有限的。有了这些基本条件,就可以尝试用市场的力量,即用长期积累的保险产品来提供充裕的资金,最终将潜在需求转变为有效需求。

通过与美国、日本的同行咨询得知,按国际经验,完全失能的老人的生存期在30—40个月,老人完全失能的平均年龄在80岁左右。这当然是发达国家的情况。中国的情况又是怎样的呢?这就需要作进一步的研究。

(四)研究的目标

根据以上的假设,"失能老人护理保险项目组"将相关的调查研究任务交给了中国社科院社会政策研究中心,并为这项研究指定了两个研究目标:

第一,能否以市场化的保险方式为完全失能老人的长期照护筹措充裕的资金?

第二,怎样在资金有保证的前提下通过为完全失能老人提供长期照护,使民营老年服务机构走上可持续发展的道路?

二、调查研究的过程、成果及进一步分析

从2014年9月开始,在中国社会科学院社会政策研究中心主持下,联合南京大学、同济大学、浙江大学、黑龙江大学、上海银康老年公寓、长沙康乐年华爱老服务中心等单位,实施了以"完全失能老人长期护理保险研究"为题的调查研究课题。

考虑到保险产品的用户必须具有一定的经济实力,所以在经费有限的情况下,在选取调查样本时首先考虑了发达地区和中等地区的大城市,最后确定了北京、上海、杭州、南京、长沙和哈尔滨六个直辖市或省会城市。

(一)关于老年人完全失能的年龄和生存期

在六个城市中,课题组随机抽取了57家老年服务机构和18个社区中的1440户居民家庭,具体的调查对象包括40—59岁的720人,60岁及

以上的720人,进行了问卷调查。

课题组在57家老年服务机构中,对当前生活在机构中的959名老人及其家属作访谈,并对机构保存的已经去世的800名老人的资料作整理,得到的统计结果是:老人从生活完全不能自理到去世的平均时间是44个月,出现完全不能自理状况的平均年龄为79岁。主要罹患的疾病是心脑血管疾病、智力丧失和退行性病变。统计数据还显示,完全失能的老人25.85%在6个月内去世,57.18%在一年内去世,77%在24个月内去世。

以上所说的完全失能老人包括了因阿尔茨海默症等疾病而失智的老人,也包括因摔伤而导致瘫痪的老人。如果不计算这两类老人(因为他们的生存期显然远高于其他老人),那么老人从生活完全不能自理到去世的平均时间是37个月。

(二) 居民对完全失能老人长期照护保险的意愿

在调查中,问40—59岁的被访问者:"如果在40—45岁时买4万元的保险,到60岁以后遭遇完全失能风险时,保险公司可安排入住养老机构终身;如果不愿入住,保险机构则每月给付2500元,你会购买吗?"有49.72%回答"会"。这与另一问题"如果将来生活完全不能自理,您觉得接受哪种养老方式为好?"选择"机构养老"的被访问者占54.72%可以相互呼应。在问选择什么样的养老机构时,62.36%的被访问者选择"中等水平生活、有医疗服务和康乐设施,收费适中"的老年服务机构。

在60岁及以上的被访问者中,当问道:"如果在60—65岁时买8万元的保险,当遭遇完全失能风险时,保险公司可安排入住养老机构终身;如果不愿入住,保险机构则每月给付2500元,你会购买吗?"有31.53%回答"会"。另一问"如果将来生活完全不能自理,您觉得接受哪种养老方式为好?"选择"机构养老"的被访问者占46.11%,这与40—59岁年龄组相差14.58个百分点,看来有一部分60岁及以上的被访问者认可机构养老但不认可保险。在问选择什么样的老年服务机构时,56.39%的被访问者选择"中等水平生活、有医疗服务和康乐设施,收费适中"的老年服务机构。

还有一些相关因素会影响被访问者的选择。在6个城市中,40—59岁年龄组选择"会"购买保险的比重依次排列如下:长沙,69.17%;哈尔滨,54.17%;北京,50.83%;南京,46.67%;上海,45.00%;杭州,32.50%。60岁及以上组选择"会"购买保险的比重依次排列如下:哈尔滨,57.50%;长沙,45.00%;上海,35.83%;北京,25.83%;杭州,14.17%;南京,10.83%。从上述两组排序看,似乎选择会与不会,跟城市的经济发展水平无关。但有一个特点是比较显著的,就是江浙沪的选择较其他地区偏低。是因为这个地区的居民更精于盘算,更慎于表态,或者是相关的选项要比其他地区多吗?究竟是什么原因,还有待进一步考量。

有一个数据很有意思,在40—59岁年龄组中,家族中近五年内有没有老人去世对购买意向的影响较为显著。有老人去世的(60.25%)要比没有老人去世的(50.57%)购买意向比例高出将近10个百分点。但在60岁及以上年龄组中,家族中近五年内有没有老人去世对购买意向的影响就不明显了。另一组多选题给出的答案也很有意思。关于完全失能老人对家庭的影响,被访问者作出的选择排列前三的是:40—59岁年龄组,"家中人手不够",64.67%;"生活节奏打乱",60.00%;"经济骤然趋紧",58.17%。60岁及以上年龄组,"家中人手不够",71.00%;"经济骤然趋紧",61.17%;"生活节奏打乱",57.00%。两组的感受基本相同。

至于家庭经济条件对选择保险的影响,基本上是两头小,中间大。从经济收入看,月收入3001—20000元的占到46.67%。其中5001—10000元的占26.17%,占据首位;其次是10001—20000元的,占12.33%;再次是3001—5000元的,占8.17%;3000元以下和20000元以上的就很少作肯定的选择了。从消费支出看,数据分布的态势基本上也是一样,月支出3000—10000元的要占41.17%,入不敷出的当然不会作此选择,但支出在10000元及以上的也没有作此选择。

(三)根据调研结果对保险基金资金积累的粗略估算

根据以上的调查数据,可以对保险基金的资金积累作一粗略的估算。如果先不考虑通货膨胀和经营成本,以2015年的不变价计算的基金积累情况如下:

1. 生存期为44个月条件下对资金积累状况的估算

如果生存期取44个月,每月支出4000元,则总共需要176000元;每月支出5000元,则总共需要220000元。

计算1:如果按复利5%计算,40岁一次性趸交30000元,50岁交50000元,60岁交80000元,70岁交130000元,到79岁时可积累到大约20万元(详见表1)。

如果按复利4%计算,40岁一次性趸交45000元,50岁交65000元,

60岁交950000元,70岁交145000元,到79岁时也可以积累到大约20万元(详见表1)。

以上的资金积累可满足平均每月支付4000元的要求,并留有两万多元的余地,占所需资金的10%多一点。

计算2:如果按复利5%计算,40岁一次性趸交35000元,50岁交60000元,60岁交95000元,70岁交150000元,到79岁时可以积累到大约24万元(详见表1)。

如果按复利4%计算,40岁一次性趸交55000元,50岁交75000元,60岁交110000元,70岁交165000元,到79岁时也可以积累到大约24万元(详见表1)。

以上的资金积累可满足平均每月支付5000元的要求,并留有近两万元的余地,占所需资金的7%多一点。

表1 生存期为44个月条件下对资金积累状况的估算

| | 满足每月支付4000元 | | | | 满足每月支付5000元 | | | |
| | 复利5% | | 复利4% | | 复利5% | | 复利4% | |
	投入	积累	投入	积累	投入	积累	投入	积累
40岁	30000	201144	45000	199746	35000	234668	55000	244143
50岁	50000	205805	65000	202716	60000	246846	75000	233903
60岁	80000	202152	950000	200146	95000	240056	110000	231946
70岁	130000	201669	145000	206379	150000	232695	165000	234845

2. 生存期为37个月条件下对资金积累状况的估算

如果生存期取37个月,每月支出4000元,则总共需要148000元;每月支出5000元,则总共需要185000元。

计算3:如果按复利5%计算,40岁一次性趸交25000元,50岁交40000元,60岁交65000元,70岁交105000元,到79岁时可以积累到大约17万元(详见表2)。

如果按复利4%计算,40岁一次性趸交40000元,50岁交55000元,60岁交80000元,70岁交120000元,到79岁时可以积累到大约17万元(详见表2)。

以上的资金积累可满足平均每月支付4000元的要求,并留有10000—20000元的余地,占所需资金的10%。

计算4:如果按复利5%计算,40岁一次性趸交30000元,50岁交

50000 元,60 岁交 80000 元,70 岁交 130000 元,到 79 岁时可以积累到大约 20 万元(详见表 2)。

如果按复利 4% 计算,40 岁一次性趸交 45000 元,50 岁交 65000 元,60 岁交 95000 元,70 岁交 140000 元,到 79 岁时也可以积累到大约 20 万元(详见表 2)。

以上的资金积累可满足平均每月支付 5000 元的要求,并留有 15000 元左右的余地,占所需资金的 8% 多一点。

表 2 生存期为 37 个月条件下对资金积累状况的估算

	满足每月支付 4000 元				满足每月支付 5000 元			
	复利 5%		复利 4%		复利 5%		复利 4%	
	投入	积累	投入	积累	投入	积累	投入	积累
40 岁	25000	167620	40000	177552	30000	201144	45000	199746
50 岁	40000	164640	55000	171529	50000	205805	65000	202716
60 岁	65000	164249	80000	168544	80000	202152	95000	200146
70 岁	105000	162887	120000	170796	130000	201669	145000	206379

3. 对不同方案的综合评析

以上非常粗略的计算,提供了四种可选择的参考方案。四套方案各有利弊,综合起来,大致有二:

其一,取 44 个月的生存期,把失智老人和非因病完全失能的老人都包括进去,对老人的身体状况鉴定比较容易与客户达成一致。产品的吸引力会比较强,但保费交得多,客户的负担相对较重。取 37 个月的生存期,保费会减少不少,客户的负担减轻。但不包括失智老人和非因病完全失能的老人,对失能原因的鉴定比较麻烦,容易与客户发生分歧。所以必须在签订保险合同时表述清楚,并告知客户,但这可能会导致产品的吸引力下降。

其二,选择 5% 复利计算收费,交费较多,积累起来比较快。选择 4% 的复利计算,交费较少,积累起来比较慢。

要说明的是,以上的计算和方案并不具有实际操作的意义,仅供深入讨论时作参考,最后的方案必须是由中国人寿保险公司的精算决定,而精算时需要考虑的相关因素会更多,尤其是这个课题无法涉及的一个决定性的影响因素——保险公司的赢利能力。

三、长期照护保险方案设计的思路和建议

根据课题预先设定的两个研究目标,以上述调查数据和统计分析为基础,课题组提出以下方案设计的思路和建议,并作一些必要的说明。

(一)建立完全失能老人长期照护保险的操作性平台

完全失能老人长期照护保险并不是一个单纯的保险产品,而是试图将商业保险与社会服务实现无缝链接的一个产业化、市场化的服务保障项目。类似的保障项目在国外最为典型的有美国的医疗保险制度,在国内则有城乡居民医疗保险与商业性大病保险的链接。

要实现这样的链接,就需要一个操作性的平台。在平台上,首先要实现的是市场化的保险公司和准市场化的老年服务机构的链接。以这个链接为基础,还可以将其他的老年服务,如康复服务、心理咨询服务、健康管理等,以及与各种老年用品,如电子产品、信息产品、生活辅具等,有效地串联到一起。进一步发展,或许也有可能形成一个以老年长期照护为核心的类似于"淘宝"和"阿里巴巴"的"护联网"。

在这个平台发展的初期,建议由中国社会工作协会、中国医疗康复社会工作协会、中国社科院社会政策研究中心等三家非营利机构负责,以非营利的模式尝试搭设这个操作性平台。

(二)保险公司的分工与角色

中国人寿保险股份有限公司和北京中联金安保险经纪有限公司负责保险产品的设计和营销,用保险的方式筹集资金,并通过投资运营使资金保值增值。在投保的老人完全失能需要机构服务时,按合同支付所需资金。

在设计保险产品时,建议不要按以往设计大病保险的一般思路,即不要设病种之类的限制,而是完全根据是否日常生活完全需要他人照顾为入住老年服务机构的条件,国际上已经有很多可以用作参考的方法和量表,国内也有很多类似的研究,可以从中综合出一个适合中国国情的方法和量表。

关于调查研究中得到的数据,精算时取 44 个月还是 37 个月,建议取 44 个月,即采用一个"全包括"的方案,这是上策;还有一个中策,就是以

37 个月为准设计一个基本方案,而将失智和非病失能作为附加险。

从客户的利益出发,这项保险还可以考虑为客户设定一些更加人性化的优惠条款:其一,按国际惯例,日常生活完全需要别人帮助达两个月以上才被看作长期照护,如果老人完全失能时间少于两个月的,能否视照护时间而定部分甚至完全退回本金?其二,如果客户不到 60 岁就完全失能,是否可以考虑连本带息如数返还?其三,如果完全失能的老人不愿意入住养老机构,是否可以考虑按一定比例给付长期照护补贴直到去世?其四,如果保险基金的投资回报率远远超过 5％,是否可以考虑对客户提供健康管理服务?这样做,可以使客户完全失能的时间往后推移,从而保险基金的增值更加可观,这又是个双赢的措施。

有人提出一种担心,认为将来医疗科技发达了,完全失能老人的生存期可能延长,现在的测算就不靠谱了。这个质疑其实似是而非:因为医疗科技的发展会使人的预期寿命延长,但更重要的目标是使人的健康预期寿命延长,如果延长的寿命既没有生命质量,也没有生活质量,是一种浸泡在痛苦中的延长,那又有什么意义呢?如前所述,美国、日本完全失能老人生存期都比本次调查的数据短,这很说明问题:医疗科技延长的是人的健康预期寿命,与此同时完全失能的时间反而短了,发生完全失能的平均年龄也推迟了,这意味着保险的积累时间会延长而支付反而会减少。所以,对未来发展的可持续性可以有乐观的预期。

(三)老年服务机构的分工与角色

为了保证这个方案的实施,建议建立一个老年服务机构的全国性联盟,以完成在投保的老人完全失能时提供长期照护服务的目标。老人购买保险后,一旦遭遇生活完全不能自理的风险,就由保险机构送入按照一定资质标准选定加盟的老年服务机构,接受长期照护。这样,老年服务机构只要能够按照规定的资质标准提供服务,就不会有床位空置导致经营亏损的风险。有一个经验数据,一个 200 个床位的老年服务机构,如果住满老人,就可以平均有 5％—8％ 的利润。在"经济新常态"下,这应该至少是一个满意选择。

从调查数据看,完全失能老人的护理费用为 2800—3500 元。北京、上海等大城市可能更高一些,在 4500 元左右。前文中计算的实际给付金额是 5000 元,还留有余地。可以从中抽出 500—1000 元作为基金,用于帮助加盟的养老机构进行硬件改造和人员培训,以达到规定的资质标准。

所以,这项保险不但解决了完全失能老人的长期照护问题,而且还解决了老年服务机构的入住率和服务质量提升等问题。符合标准的老年服务机构的满负荷运转带来的效率提升,会提高行业的工资水平,解决服务人员素质低、流动大的问题。还会带来大量的就业机会,可以说会形成一个三赢的局面。

建议以国内若干具有先进理念,在老年服务中已做出成就,并在业内有一定影响的老年服务机构负责人组成一个全国性联盟非常设机构。这个想法已经得到国内很多老年服务机构的响应和支持,表态要全力支持。一些在养老服务方面做出一定成就的经营管理者愿意作为这个全国性联盟的发起人。委员会下设若干专家组,研究与长期照护服务的相关问题。譬如研究确定入盟机构的资质条件,遴选标准与入盟的程序;譬如研究制定"完全失能老人"的鉴定标准等。

建立一些第三方机构,这些机构可以是市场的、营利的企业,也可以是准市场的、非营利的社会组织。譬如有一些机构要根据既定的标准和程序负责对申请入住老年服务机构的老人进行身体检查和鉴别审核,有一些机构要根据既定的标准和程序,负责对要求加盟老年服务机构进行第三方评估等。

(四) 政府的角色和优惠政策

以上种种服务都需要政府有关部门进行规划统筹,制定优惠政策,规范服务行为,实行行政监督。

显而易见,这个保险方案是针对当前有支付能力的中产阶层的,按目前调查的情况作比较乐观的估计,这个方案潜在的客户大约在4500万人。中国的劳动力人口大约9亿,其中40—59岁年龄段的算一半,那就是4.5亿人。4.5亿人中,一半在城镇,一半在农村,各为2.25亿。城市中有购买能力的算30%,那就是6750万;其中有一半的人有购买意愿,那就是3375万人。农村中有购买能力的算10%,那就是2250万,其中有一半有购买意愿,那就是1125万人。加总起来是4500万人。这就是说,这项保险可以给政府分担4500万人在未来完全失能时的长期照护负担,实现生活最为艰难的老人群体"有尊严、无痛苦"的目标。

对于这些以购买保险解决自身完全失能时长期照护问题的个人,政府是否可以给予一定的政策优惠以资鼓励?首先是对这项保险产品,然后是对购买保险的个人,考虑给予政策优惠,譬如减免所得税,等等。因为这还衍生出很多其他的社会效益,譬如就业。当这个保险产品比较成熟时,政府可以考虑以补贴的方式,帮助有一定能力但又不足够的人购买这项保险。还可以以购买服务的方式,帮助低收入群体投保。

如果政府希望让这项保险产品尽快产生社会效益,可以考虑对现时已经完全失能的老人入住老年服务机构提供补贴。譬如对工资收入在 2000 元以下的老人,在完全失能需要机构提供长期照护时,向他们提供每月 800—1500 元的补贴(视当地老年服务机构的收费而定)。按平均 44 个月计算,是 35200—66000 元。

以上所谈及的政府补贴,可考虑从社会福利彩票中划出或新创立一个专门的彩种来作专项支付。

最后,要说明一点,这个方案是按市场化的保险项目设计的。如果政府下决心做完全失能老人长期照护的社会保险,课题组的调研成果和作出的方案设计仍然具有较大的参考价值。

本文原发表于《江苏社会科学》2015 年第 3 期,收入本书时略有增删修改。

延迟退休：一刀切还是可选择？

当今，讲到深化改革，最时尚的概念非"顶层设计"莫属。但是，要做顶层设计，设计者必须摆脱一切利益纠葛，真正攀登到高山之巅去观察和思考问题。怕就怕"未当登绝顶"，便已"一览众山小"了。差不多争论了九年之久的"延迟退休"，就在一种邯郸学步加刻舟求剑的氛围中陷入了困境。然而，更令人担忧的是，这种漠视国情民意的"顶层设计"，非常有可能被当作"指令性计划"来强制推行。

声明一下，这里所说的"延迟退休"，俗称"延退"，是指"一刀切"地对所有的劳动者延迟退休年龄或延迟领取养老金年龄，这是必须要反对的；而"弹性的"或称"柔性的"可选择的延退，即劳动者和用人单位之间你需我要、你情我愿的延迟退休，应该是可以接受的。还需要说明的是,传说中的隔几年延一年或隔一年延几个月的"渐进式延退",本质上仍然属于前者,因此亦在必须反对之列。

新中国成立六十多年来,举凡负面影响较大的政策失误,有两个特点:其一,就政策动机而言,似乎无一不具备"良好初衷";其二,政策失误的缘由,通常是从对形势的判断失误开始的。以下的讨论就从这两个特点开始。

一、对国际经验的误读

关于延迟退休的"改革",毋庸置疑,倡导者和策划者肯定具备良好初衷。但是,历史的经验一而再,再而三地告诉我们,动机良好并不能保证政策结果令人满意。至于对形势的判断,现在一些官员和专家讲得更多的是"国际趋势"甚至是"大势所趋",其实他们的说法并不靠谱,经不起推敲。以下,我们就来看看与国际形势相关的一些常见说法的事实真相。

(一)"大多数国家65岁退休"绝对是误导

最近一段时间,媒体上传得极为广泛的一个说法就是"目前世界上所有国家的退休年龄,除了非洲的一些国家之外,大多数国家都是在65岁、67岁"。为了查实以上说法是否属实,笔者专门查阅了国际劳工组织编撰的《世界社会保障报告(2010—2011)》。书中有附表《社会保障法定项目:养老保障》,表中专门有一栏,分男女列出了166个国家和地区的"法定领取养老金年龄"。

数据显示,在此166个国家和地区中,只有46个国家的法定领取养老金年龄是在65岁及以上的,占总数的27%。而在这46个国家中,又只有26个国家的法定领取养老金年龄是男女同龄;其余的20个国家,则只有男性的法定领取养老金年龄在65岁及以上,女性则要小一些(大多是差5岁)。

搞笑的是,上面提到的关于"除了非洲"的说法似乎有点小看非洲了。事实上,非洲有5个国家的法定领取养老金年龄在65岁及以上,比亚洲还多一个。除了亚洲、非洲这9个国家和地区之外,法定领取养老金年龄在65岁及以上的国家和地区还有22个在欧洲,2个在北美洲,11个在拉丁美洲和加勒比海地区,2个在大洋洲。由此可见,采取延退政策的其实绝大多数是发达国家。

如果在报告列出的166个国家和地区的法定领取养老金年龄中找众数,应该是60岁。在166个国家和地区中,有66个国家选择了这个年龄,占总数的40%。其中10个在非洲,19个在亚洲,25个在欧洲,11个在拉丁美洲和加勒比海地区,1个在大洋洲。还有一个相关信息是,在上述66个国家和地区中,有43个是男女同龄,均为60岁,其余的23个国家和地区,则女性的法定领取养老金年龄要低于60岁。①

(二)中国"退休年龄最早"并非事实

媒体上还有一个常见的说法也难脱误导的嫌疑,这就是"我国现在是世界上退休年龄最早的国家"。为此,我们查阅了《世界社会保障报告(2010—2011)》一书的附表中所载的数据,50岁的退休年龄确实是目前世界上最早的。②

但是,将中国的退休年龄完全说成是50岁,这显然是以偏概全。因为按1999年劳动和社会保障部发布的《关于制止和纠正违反国家规定办理企业职工提前退休有关问题的通知》中的规定:国家法定的企业职工退休年龄是男年满60周岁,女干部年满55周岁,女工人年满50周岁。之后出台的《社会保险法》,再次用了"法定退休年龄"的概念,却没有进一步作出具体的界定,因此1999年规定的"法定退休年龄"显而易见是仍然有效的。

那么,符合50岁退休规定的"女工人"究竟有多少呢?这个数字似乎很难查到。2015年的《中国性别平等与妇女发展》白皮书提供了一个数字:2013年,妇女参加城镇职工养老保险的人数为14612万。据《2013年人力资源和社会保障事业发展统计公报》披露:当年参加城镇职工基本养老保险人数为32218万人。以此计算,"参加城镇职工基本养老保险人数"中的男性应该为17606人,他们都是60岁退休的。在"妇女参加城镇职工养老保险的人数"中,怎么说也有一部分是55岁退休的。据《中国妇女报》报道,女性劳动者中"白领"占12%③,以这个比例计算,55岁退休的大概是1753万人。除去这部分人,50岁退休的也就12859万人,大致上也只占"参加城镇职工基本养老保险人数"的40%。因此,笼统地说中

---

① 参阅国际劳工组织编撰:《世界社会保障报告(2010—2011):危机期间和候危机时代的社会保障覆盖》,人力资源和社会保障部社会保障研究所翻译,中国劳动社会保障出版社2011年版。
② 同上。
③ 《女性就业现状及行业与职业分布性别差异》,《中国妇女报》2013年3月5日。

国的退休年龄是"全球最早",显然有忽悠的成分。

(三) 实际退休年龄和法定退休年龄的误区

还有一个说法,就是中国的实际退休年龄只有 54 岁,以此来证明延迟退休的合理性和正当性。实际上,世界各国的法定退休年龄和实际退休年龄之间一般都会有个差距,而且在大多数情况下,是实际退休年龄早于法定退休年龄。

据媒体报道:德国的法定退休年龄男女均为 65 岁;而实际平均退休年龄是男 62.6 岁,女 61.5 岁。英国的法定退休年龄是男 65 岁,女 60 岁;而实际平均退休年龄为男 63.6 岁,女 61.7 岁。意大利的法定退休年龄是男 65 岁,女 60 岁;而实际平均退休年龄为男 61 岁,女 59.8 岁。西班牙的法定退休年龄是男女均为 65 岁,而实际平均退休年龄为男 61.8 岁,女 62.4 岁。[1] 另外,美国、加拿大和丹麦的法定退休年龄男女都是 65 岁,而实际退休年龄则分别为 64.6 岁、63.3 岁和 63.5 岁。[2] 综上所述,在这些法定退休年龄为 60—65 岁的发达国家中,大多实际退休年龄都会早于法定退休年龄一岁左右。

与以上发达国家相比,中国的实际平均退休年龄是 54 岁,可以说基本正常,因为中国有 40% 的劳动者(女性)的法定退休年龄是 50 岁。用以上三类不同退休年龄及每一类人数的估算数作计算,若都按法定年龄退休,平均法定退休年龄应该是 55.7 岁。与 54 岁的实际退休年龄相比较,相差 1.7 岁。与发达国家法定退休年龄和实际退休年龄作比较,中国的情况完全属于正常状态。

更主要的是,拿实际退休年龄低于法定退休年龄来证明延迟退休的必要性,其实很搞笑。因为这个论据对延迟退休的必要性的论点恰恰是个反证,即在法定退休年龄(男 60 岁,女 55 岁或 60 岁)较低时,尚且无法将实际退休年龄与其取齐;如今又策划将法定退休年龄再提高,又有什么用?

(四) 对"美国经验"的阉割

中国尝试推行"延迟退休",据说是受到了美国经验的启发。但是,国

---

[1] 《各国真实退休年龄及养老制度》,《羊城晚报》2012 年 6 月 23 日。
[2] 唐钧:《延迟退休与"民生之本"相悖》,《社会观察》2010 年第 11 期。

内近年来在推介与延迟退休相关的美国经验时,并没有让我们了解到全部事实真相,一些非常关键的部分常常被有意无意地遗漏。

美国考虑推行延迟退休,肇始于20世纪60年代初。美国的法律中规定了两种退休年龄:到"正常退休年龄"65岁退休,可以领取100%的养老金。但此前,从达致62岁的"提前退休年龄"起,便可以选择退休。不过,从65岁往前推,每提前一年就要少领取6.7%;反之,从65岁往后,直到70岁,每延迟一年就能多领取5.0%。

1961年,美国政府宣布,1937年(时年24岁)及以前出生者正常退休年龄为65岁;1938年至1943年出生者(时年23—18岁),每晚一年出生,退休年龄增加两个月,直至66岁;1944年至1954年出生者(时年17—7岁)正常退休年龄维持在66岁不变;1955年至1960年出生者(时年6—1岁),正常退休年龄以66岁以基准,每晚一年出生,退休年龄增加两个月,直至67岁;1960年及以后出生的人(时年不满1岁),正常退休年龄为67岁。从以上的政策规定中可以看到,美国政府的未雨绸缪,早于延迟退休年龄所规定的年份约24年或42年。当时,政策规定所涉及的须逐步延迟退休年龄至66岁者,正处于即将或刚刚就业之时;政策规定所涉及的须逐步延迟退休年龄至67岁者,则正处于婴幼儿时期。并不涉及绝大部分已经就业者,更不涉及即将退休者。政府本身在未雨绸缪的同时,也给了延迟退休所涉及的对象可以用整个劳动生涯乃至终生的时间来同步地未雨绸缪。①

即便如此,美国还自20世纪70—80年代开始建立养老金的"三支柱"中的第二支柱和第三支柱。所谓"三支柱"即联邦养老金(基础养老金)、私人养老金(补充养老金)和个人养老账户。上述延迟退休政策其实只涉及第一支柱,即联邦养老金。第二支柱是补充养老金,美国人称之为"私人养老金",即"401K",从55岁起就可以领取;第三支柱是个人养老账户,即"IRA",从59.5岁起就可以开始使用。② 这就是说,被推迟到66岁或67岁领取联邦养老金的人,其实从55岁就有两根"支柱"可以作为个人和家庭生计的经济支撑了。

---

① 殷俊、陈天红:《美国延迟退休激励机制分析》,《经济与管理》2014年第4期。
② 唐钧:《缺乏保障的渐进式延迟退休等于失业》,《中国经济周刊》2013年第48期。

（五）应对劳动力缺乏的有效策略是国际移民

世界上大多数人口老龄化的国家和地区，老龄化进程都与另一个发展趋势"少子化"相关。也就是说，老龄化程度不但决定于老年人口的增加，还决定于新生儿的减少。因此，人口老龄化给人类社会带来的最大的负面影响，其实是缺乏劳动力。延迟退休的政策并不能真正缓解劳动力缺乏的矛盾，发达国家缓解人口和劳动力再生产难题的诸多应对策略中，最为有效的政策实际上是开放和引进国际移民。

全球老龄化程度最严重的欧洲国家，如意大利、德国、芬兰、瑞典、比利时、希腊和葡萄牙等，虽然迈进老龄化社会的时间均已达50年以上，但老年人口比重都还控制在27%以下。① 这些国家共同的经验表明：对于应对老龄化带来的缺乏劳动力的危机，平衡和促进人口和劳动力再生产才是行之有效的政策措施，具体措施是开放的人口政策，即大量接纳国际移民，同时采取物质刺激以鼓励生育。

20世纪50年代以后，大量国际移民涌入发达国家，不仅解决了即时劳动力缺乏的问题，而且少数族裔有能力并且愿意多生孩子，这就使发达国家生育率有所提高，从而大大延缓了人口老龄化进程。譬如，法国的总和生育率是2.0；美国和英国是1.90，都已经比较接近2.1的自然更替水平。②

相反的例子是：东亚地区已成当今世界总和生育率的最低谷，如日本是1.4，韩国是1.3，中国香港、澳门地区和新加坡都是1.2（并列倒数第一）。中国（内地）则是1.6。③ 国人常常把少子老龄化归咎于计划生育。然而，上述国家和地区，除了中国，其他地区并没有实行计划生育，但总和生育率却比中国还低，老龄化程度也随之高企。按世界银行的说法："东亚的人口老龄化速度已经超过世界上任何其他地区。"④ 这与东亚地区相对谨慎和保守的人口和移民政策不无关系。

---

① 《世界面临老龄化问题，各国谋应对策略》，中新网，http://m.chinanews.com/s/gj/2013/10-15/338797.htm。
② The United Nations Population Fund, ed., *State of World Population*, 2015, 联合国人口基金会网站，http://175.25.188.76/www.unfpa.org/sites/default/files/pub-pdf/State_of_World_Population_2015_EN.pdf。
③ 同上。
④ 《世行：东亚人口老龄化速度全球最快》，《第一财经日报》2015年12月9日。

（六）延迟退休加剧了发达国家的失业问题

近十年来，积极采取延迟退休措施的大部分是欧盟和欧元区国家。因为遭遇主权债务危机，政府不得不紧缩公共支出，这些紧缩政策中也包括了延迟退休。然而，延退也使得失业率高企不下。在已经被视为"创新低"的2015年，欧盟和欧元区12月的失业率分别为9.0%和10.4%，失业总人数分别为2194万和1675万。在欧盟成员国中，希腊的失业率最高，为24.5%；其次是西班牙，失业率为20.8%。

实际上，20世纪90年代以来，发达国家的失业率就一路攀高。在《21世纪初的社会保障》一书中，霍斯金斯（Dalmer Hoskins）早就指出："一些改革利用提高平均退休年龄的方法达到降低养老保险需求的目的。"但是，"所有这些战略方案的成功都取决于能否为老年职工保留和安排合适的就业岗位。如果做不到这一点，延长职业生涯，降低养老金需求，防止提前退休的政策，只会导致更多的老年人依赖于失业保障金、病残津贴和社会救助。"[①]

另一方面，更令人吃惊的是，欧盟和欧元区25岁以下的青年失业率要远高于平均水平，差不多要高出一倍，欧盟为19.7%，欧元区为22.0%，青年失业人数分别为446万和306万。欧盟成员国中，较高的是希腊、西班牙、克罗地亚和意大利，分别达到48.6%、46.0%、44.1%和37.9%。[②]当然，造成青年失业率高的因素很多也很复杂，但这里面没有延迟退休年龄的"贡献"吗？

国际货币基金组织总裁拉加德曾说：年轻人失业是欧洲的普遍问题。欧洲的持续失业不仅会损害经济活动，而且会伤害人的自尊，同时也会滋生不平等，甚至引发暴力，从而威胁破坏整个社会和制度架构。[③]

霍斯金斯对青年人的高失业率也发表了意见，提出了一个对于大多数发达国家来说都很现实的问题："年轻人的高失业率对靠在岗工人缴纳保费支付退休金和病残福利金的现收现付制度来说，是一把双刃剑。"很

[①] 参阅霍斯金斯等编著：《21世纪初的社会保障》，侯宝琴译，中国劳动社会保障出版社2004年版。

[②] 《2015年12月欧元区和欧盟失业率双双创新低》，环球网，http://china.huanqiu.com/News/mofcom/2016-02/8507401.html。

[③] 《拉加德：欧洲年轻人失业"令蒙娜丽莎失去笑容"》，新华网，http://news.xinhuanet.com/fortune/2014-12/10/c_1113585904.htm。

明显,25％潜在劳动力的税收损失不仅仅意味着这部分人不缴纳保险费,更糟糕的是他们有可能是福利金的领取者。①

(七) 小结

综上所述,我们可以得出这样的结论:延迟退休,主要是发达国家(而非所有的国家)应对人口老龄化的策略之一。一般来说,人口老龄化给社会经济发展带来了两方面的困扰:一是老年人口比重的不断增加,加重了社会保障制度的负担;二是劳动年龄人口比重的不断减少,致使人力资源的配置捉襟见肘。但是,20世纪90年代以来的历史事实证明,延迟退休并不能有效地解决人口和劳动力再生产的问题。发达国家靠的是开放和引进国际移民,缓解了劳动力缺乏的困境。当21世纪初金融风暴来袭时,延迟退休又被作为应对"主权债务"的对策之一,但其效果显然也并不理想,反倒加重了失业——社会保障制度的"左口袋"(养老保障)被捂住了,但"右口袋"(失业保障)的漏洞却更大了。

当然,延迟退休还有美国的成功经验可资参考,但美国的成功经验有三个前提条件:一是可预见性,提前四十年作出部署,给政府、企业和劳动者个人都留下了充分的回旋余地;二是可选择性,既有领取养老金的标准年龄,但也可以选择提前领取;三是可替代性,用第二、第三支柱填补了第一支柱延迟支付留下的收入断档的空白。

由此可见,延迟退休并非一剂万应灵药,如果"一刀切"地让所有人无条件地服下,恐怕会闹出大乱子。

二、对中国国情的误判

在讨论了国际形势之后,我们再来看看中国的国情。且不说延迟退休在发达国家也不是一项有效的政策,退一万步说,即使很成功,那么将其移植到中国来,恐怕也必须考虑中国的特殊国情,必须考虑这件"舶来品"是否会有水土不服的问题。因此,接下来要讨论的就是:若对人口老龄化进行比较分析,中国国情的实况和真相又有什么与众不同之处?

---

① 参阅霍斯金斯等编著:《21世纪初的社会保障》,侯宝琴译,中国劳动社会保障出版社2004年版。

（一）对中国人口发展形势的误判

坚持延迟退休的官员和专家,常常以"形势紧迫"为由。言下之意,即中国的人口老龄化似乎已经极其严重,并且已经到了火烧眉毛的境地。在媒体上经常见到:"中国老龄化现状2014:老龄化最严重的国家"[1],"中国成世界上老龄化最严重的国家"[2],"社科院:2030年中国将成老龄化程度最高的国家"[3]等。

中国社会确实在2000年就已经迈进了老龄化社会的门槛;而且到2015年,中国60岁及以上的老年人口已经达到2.22亿,占总人口的比重是16.15%;65岁及以上的老年人口达到1.443亿人,占总人口的比重是10.47%。[4]

但是,就老龄化的程度而言,中国目前的老龄化程度仍在10%—20%,还处于轻度老龄化时期。以下的数据可以作证:2015年,中国2.22亿老年人口中,60—65岁年龄段的要占三分之一,60—70岁年龄段的要占到五分之三。按"全面二孩"政策出台以前的口径计算,中国社会到2024年前后,60岁及以上的老年人比重会超过20%,进入中度老龄化阶段。再到2031年前后,老年人比重会超过30%,进入重度老龄化阶段。最终,中国的人口老龄化将在2053年攀上33%—35%的顶峰,然后这样的态势会一直持续到21世纪末。[5]

从世界各国老龄化发展趋势看,据预测,到2050年,将有64个国家老年人口超过30%。而其中老龄化程度最高的国家,如日本、韩国、西班牙、葡萄牙、希腊、意大利等,老年人口的比重可能都会超过40%。[6] 因此,并非如坊间流传,中国的老龄化程度将是世界之最。

---

[1] 《中国老龄化现状2014:老龄化最严重的国家》,世界人口网,http://www.renkou.org.cn/countries/zhongguo/2015/2542.html。
[2] 《中国成世界上老龄化最严重的国家》,环球网,http://tech.huanqiu.com/news/2015-09/7559156.html。
[3] 《社科院:2030年中国将成老龄化程度最高的国家》,中国新闻网,http://www.chinanews.com/gn/2010/09-10/2526415.shtml。
[4] 《2015年全国1%人口抽样调查主要数据公报》,国家统计局网站,http://www.stats.gov.cn/tjsj/zxfb/201604/t20160420_1346151.html。
[5] 参阅吴玉韶、党俊武主编:《中国老龄产业发展报告(2014)》,社会科学文献出版社2014年版。
[6] 《世界面临老龄化问题,各国谋应对策略》,中新网,http://m.chinanews.com/s/gj/2013/10-15/338797.htm。

另一个误区是，人口老龄化造成的最主要的社会问题，其实是劳动力缺乏，影响社会经济发展。就目前的人口状况而言，中国劳动年龄人口的规模仍然处于巅峰期。2015 年，15—59 岁年龄段人数多达 9.24 亿人。① 有人说中国的"人口红利"已经没有了，这不是事实。2011 年，中国的 15—59 岁年龄段人口规模达到顶峰，为 9.41 亿人。之后，每年以大约 300 万—500 万的速度减少。② 300 万—500 万人看上去很多，但比起 9 亿，仅仅是 0.33%—0.56%。目前东部地区闹"民工荒"，最主要的原因是一些地方政府政策失当，导致农民工"用脚投票"造成的。

更要说明的是，按"全面二孩"政策出台以前的口径计算，即使到老龄化的最高峰，中国仍然有 7 亿多劳动力。就人力资源数量的绝对数与相应的经济规模和适当的消费需求相比较而言，中国不会缺乏劳动力。如果中国转变经济增长方式很成功，劳动力就还会有剩余甚至大量剩余，所以就业问题才是中国今后发展的第一大问题。另外，还应该考虑，中国的劳动力绝对数量不少，但年龄结构上会逐渐偏大，如果采取延退，只会扩大这种劣势。

（二）不是"未富先老"而是"未备先老"

"未富先老"是现在有关老龄化和养老金等问题的讨论中常见的一个核心概念，最早见于 20 世纪 80 年代中期。如今，在媒体上常常可以见到："人口结构危机，中国未富先老"③，"未富先老：中国老龄化危机严重"④，"世行预警中国'未富先老'"⑤等。

20 世纪 80 年代提出这个概念是有一定的道理的，邬沧萍曾说：我国现在是个发展中国家，还是个穷国，而预计在本世纪末人口就会变成老年型。那时我国人民生活不过是小康水平，人均国民生产总值还达不到今天许多发达国家的 1/10，与他们达到同样老化程度时的经济发展水平相

---

① 《2015 年全国 1% 人口抽样调查主要数据公报》，国家统计局网站，http://www.stats.gov.cn/tjsj/zxfb/201604/t20160420_1346151.html。
② 国家统计局：《2010 年第六次全国人口普查主要数据公报（第 1 号）》，《2011—2014 年国民经济和社会发展统计公报》，国家统计局网站，http://www.stats.gov.cn/tjsj/tjgb/ndtjgb/。
③ 《人口结构危机，中国未富先老》，香港文汇报，http://paper.wenweipo.com/2010/03/30/CN1003300002.htm。
④ 《未富先老：中国老龄化危机严重》，环球网，http://tech.huanqiu.com/news/2015-10/7821456.html。
⑤ 《世行预警中国"未富先老"》，FT 中文网，http://www.ftchinese.com/story/001065215。

比也低,有人比喻我们是"穷国患了富国的人口病"。① 后来有人分析,"未老先富"就是根据这段话演绎出来的。

改革开放三十多年,到2015年,中国的经济规模达10.42万亿美元,已经稳居世界第二。人均GDP也已达到8016美元,跻身于"上中等收入国家"的行列;而且如果能够保持6%以上的增长幅度,就有可能在15年之后亦即2025年左右,人均GDP超过12000美元而迈入"高收入国家"行列。所以说,20世纪80年代中期"未富先老"的帽子现在已经不合适。如果加上政府能够"集中力量(资源)办大事"的中国特色,"人口老龄化"这件"大事"应该也不在话下。

现实的问题是现在学界常说的"未备先老",其中最主要的"未备"在于社会分配。真正的顶层设计至少要从社会分配的角度去看问题,其实决定一个人进入老年后能够得到多少养老金的决定性因素有二:一是老人所在的这个国家或地区能够生产出多少物质财富,二是这些财富将怎么分配。社会保险只是分配的手段之一,并不是唯一。

在市场经济条件下,如果把老年人的需要看成是潜在的消费增长,那就有可能将其转变成内需增长和就业增长的大好机会。但现在流行的说法是几个人养几个人,这是把自己框在"保险"的思维模式里打小算盘。简单地举个例子,A和B两个四口之家,夫妻俩加一个老人、一个小孩。但A家庭两口子会挣钱,而B家庭却不会挣钱,他们的生活水平能一样吗?所以,决定因素不是几个人养几个人,而是挣钱的能力。在宏观层面上,就是劳动生产率。

如果一味地只在"几个人养几个人"的保险思维框框里算计收多少,发多少,那除了让老百姓少领养老金(譬如延退),是再也找不到出路的。现在政界和学界热衷的延迟退休,直接目标就是让老年人少领几年养老金,据说可以一年减少200亿元的支出(少发160亿元,多收40亿元)②,这实在解决不了什么问题。因为中国的财政收入2015年已经有15.22亿元③,200个亿只占0.13%。就算增加十倍,节约2000个亿,也只占1.31%。现实情况是,若为区区几百亿元乃至几千亿元的"节约",得罪的

---

① 参阅邬沧萍:《漫谈人口老化》,辽宁人民出版社1986年版。
② 《人社部:慎重决策延迟退休,专家称64.14岁退休最优》,新华网,http://news.xinhuanet.com/politics/2013-07/26/c_125068056.htm.
③ 《2015年国民经济和社会发展统计公报》,国家统计局网站,http://www.stats.gov.cn/tjsj/zxfb/201602/t20160229_1323991.html.

却是6亿—7亿的劳动者,这笔政治账该怎样算?

(三) 延迟退休可能对中国社会伤害更深更大

与发达国家相比,中国采取延退政策负面影响可能更大。当前发达国家60岁及以上的老年人,与其他年龄段相比是富裕群体,因为他们的一生基本上是在第二次世界大战后的资本主义黄金时期度过的。当前中国正在进入老年阶段的这一代人则相反,大多是中低收入者,因为他们的前半生是在计划经济下度过的,其中相当一部分人在20世纪90年代又遭遇了下岗失业。

同时,对于延退,白领阶层相对比较容易接受,而蓝领工人则恰恰相反,世界各国都一样。发达国家是以白领为主的社会,能占到劳动者总数的50%—70%,而中国70%以上的劳动者却是蓝领工人。同时,中国的蓝领工人,男性到了50岁以上,女性到了40岁以上,在单位就不受待见了,极有可能被辞退;一旦被辞退,再找一份稳定的工作就很困难了。如前所述,按延退的如意算盘,被延退者不但不能按原先的国家承诺到点领取养老金,反而被要求在被延退的时间段再缴养老保险费。在这样的现实背景下,被延退的劳动者会作出怎样的反应?

有人会说,政府可以出政策,甚至立法,让单位不得辞退老职工。但20世纪90年代的那场"下岗分流"以及21世纪初的"转制并轨",革的不就是"冗员"的命?谁是冗员,其中大多数不就是年龄偏大的职工吗?现在又要开倒车,那以前的"冗员"岂不冤死了。

还有十年前被下岗分流的"40、50"人员,现在正到了"50、60",该领养老金了。一旦有了养老金,收入就稳定了,甚至比打零工、吃低保还能高出一些。他们已经苦等苦熬了十年,不就是等着这一天?现在突然说政策变了,即使只差一年。想想他们能接受吗?

另外,"六普"公布的数据中,中国人的平均预期寿命现在是74.83岁,但世界卫生组织公布的健康预期寿命,中国人只有65岁。也就是说,按平均值,中国到了65岁以后就不那么健康了。在中国讲平均值,常常是偏态分布,是60%—70%的人在平均线以下。

因此,在中国的现实状况下,就是白领人士,也有相当多不接受延退的。有外科医生说,到60岁以上还上手术室开刀,我肯定受不了;有中小学教师说,到了50多岁还当班主任,我肯定受不了。可能有人说,动不了手术,当不了班主任,组织上可以照顾。可是,在竞争激烈甚至过度竞争的社会中,动不了手术的外科医生,当不了班主任的中小学教师,在单位里的处境是可想而知的。

除了延迟退休对劳动者个人的影响之外,还应该考虑延退对其他相关社会领域的影响。有舆论宣传,中国"大妈"50 岁就开始拿着退休金去跳广场舞了。若实事求是,恐怕大妈们退休后的第一要务是帮着儿女带孩子。中国零到三岁的婴幼儿是没有任何公共服务的,所以儿女生孩子的时间常常决定于大妈们的退休时间。再说,现在倡导居家养老,就是希望以"低龄老人"来照料"高龄老人"。但如前所述,中国人的平均健康预期寿命只有 65 岁,这意味着到退休时便已无力带孩子和照料老人了。

(四) 小结

综上所述,单纯从经济理性的角度出发算小账,延迟退休可能可以被列出 N 个好处。但是,我们必须记住,退休养老之事本质上属于社会领域,社会领域的事物自有社会领域的规律,最基本的规律就是不能没有人文关怀的立场和视角。

作为世界第一的人口大国,中国与其他国家相比,人口状况会有本质性的差异。尤其在人力资源方面,庞大的基数使中国的劳动力配置实际上会有更大的回旋余地。所以,我们的思路一定要走出"几个人养几个人"思维定式,这样才能看清楚中国的未来会建立在一个什么样的人力资源基础上。否则,我们将会被自己无端地"吓死"或胡乱地"整死"。

还要强调一个现实,中国的基本公共服务,无论对老人,对儿童,还是对劳动年龄人口,都太不完善。从经济理性的角度看到的退休养老政策的缺陷,却恰好以"家庭支持网络"的方式弥补了与人民群众的切身利益密切相关的基本公共服务的严重不足,而且已经成为一种与人民群众的生活方式密切相关的定势。如果以一刀切的延退,拆了家庭支持网络的"西墙",去补养老保险基金"东墙"上的一个窟窿,恐怕会引发社会领域和政治领域一连串的反应,甚至出现"多米诺骨牌"效应。

三、"一刀切"和"可选择"

以上,我们已经从国际经验和中国国情两个方面考察和检讨了关于延迟退休的正式的和非正式的种种说法,并且再次提出忠告。然而,中国的人口老龄化正在加速显然也是一个毋庸置疑的事实,如果放眼未来,在应对策略上我们肯定要考虑我们应该做些什么。然而,在讨论应该做什么之前,恐怕我们先要弄清楚,有哪些事情是我们千万不能做的。

(一)"一刀切"的延退断不可行

延迟退休的问题不是从 2015 年才开始讨论的,而是从 2007 年或更早就已经争辩起来。在最近的九年多时间里,延退每年都会被有关部门抛出"预热",但每次都是在 70%—90% 公众的一片反对声中黯淡收场。一个非常突出的标志是,近年来反对的人越来越多。如果说要走"群众路线",那么群众的意向已经再明确不过了。

于是,近年来,有官员和专家把"每年只延迟几个月或者每几年推迟一年"的政策设计也称之为"弹性退休",把问题混淆了。这种政策设计,其实是一种"温水煮青蛙"的策略,政策设计者希望这样能够减轻被延退者的负面感受,但这可能只是一厢情愿。

就以每三年延迟一年的设想为例,假设女性企业职工 2018 年延迟到 51 岁,2021 年延迟到 52 岁,设计者主观认为 2021 年被延迟退休年龄的劳动者会以 51 岁为标准,认为自己仅仅被延迟一年;但实际上被延退者更有可能仍以 50 岁为参照标准,认为自己实际上就是被延迟了两年。尤其是延迟退休是以不但领不到养老金,反而要继续缴养老保险费为背景的。同时,被延退者还有可能正处于找不到工作的困境中。如果有点同理心和同情心,设身处地地想想,他们会是什么样的心情?

退一万步说,到 21 世纪 30—50 年代,中国真的缺乏劳动力了。那么,到那时再延退也完全来得及。因为缺乏劳动力就意味着就业岗位很多,很容易找,实施延退就应该毫无障碍。应该强调的是,中国的劳动者不愿工作的恐怕是少数,关键是要有工作岗位。如果现在就实施延退,至少目前工作不稳定甚至在失业状态下的那部分劳动者的切身利益又被无谓地牺牲了,这样的劳动者又是大多数,这样的"改革"难怪有大部分人反对。

(二)"可选择"的退休年龄可以尝试

近年来,中央领导一直强调"保基本,托底线,救急难"。无独有偶,在 2012 年的国际劳工大会上,通过了《关于国家社会保护底限的建议书》,其中的"社会保护底限"这个新概念,实际上正代表着国际劳工组织近二十年来形成的一种新的国际共识。社会保护底限特别强调用社会服务和社会转移这两种手段,对弱势群体形成有效的保护。

在 2011 年世界社会公正日(2 月 20 日),联合国秘书长潘基文在他的致辞中说:"我们依然面对全球金融和经济危机的后果,如何应对这一挑战比以往任何时候都更加重要。对危机开始以来数千万失业者而言,全球衰退远未结束。这就是整个联合国系统在其对策中倡议制定社会保护底限的一个原因。这项努力旨在帮助确保人人享有基本社会服务,为民众提供获取体面收入的手段,并加大对穷人、弱势群体和边缘化群体的保障力度。"① 这与近年来中国的高层领导人一再强调的"保基本,托底线,救急难"的精神是一致的。

回顾世界社会保障和社会保护的发展史:1952 年,国际劳工组织以"公约"的方式推出了《社会保障(最低标准)公约》。然而,从 20 世纪 90 年代开始,国际劳工组织就发现:全世界其实只有 1/3 的国家建立了符合公约规定的综合性保障体系。据估计,迄今为止,世界上只有 20% 的劳动年龄人口(及其家庭)真正被综合性社会保障制度所覆盖。于是,在 60 年之后,国际劳工组织又推出了国家"社会保护底限"的新概念,不过这次是以"建议书"的形式面世。

《关于国家社会保护底限建议书》没有像 60 年前那样制定"标准",而是将所有社会保护手段列出了一张菜单,让所有的成员国自行选择并搭配成"自己的"社会保护机制。"建议书"和"公约"的差异,就在于前者体现的是"可选择",而后者则是"一刀切"。

在当今世界上,养老保险"可选择"的例子更比比皆是。前面所举的美国的例子,至少从可预见、可选择和可替代等三个方面给政府、企业和劳动者个人都留下了充分的回旋余地。这样的政策设计,至少能够自圆其说地让被延迟退休的劳动者从物质到精神都不会因延退而断了后路。

近年来,可选择的原则更是得到更多国家的响应。譬如德国,因为近年来经济形势大大好转,默克尔总理便从 2015 年开始推行一项新的养老金计划,允许国民提早两年退休。德国人对此计划反应十分热烈,计划颁布后的 6 个月里,已有 27 万余人选择了提前退休。② 此前还有法国的例

---

① This effort is designed to help ensure access to basic social services, provide people with the tools to generate decent incomes, and strengthen safeguards for the poor, vulnerable and marginalized.

② 《德国推行养老金改革计划,允许国民提早两年退休》,中新网,http://www.chinanews.com/gj/2015/05-08/7262186.shtml。

子:2012年,法国政府举行内阁会议,通过了修改退休制度的改革法令。法国现行制度规定的退休年龄为62岁,但根据新法令,部分人群可以60岁便退休。新法令主要考虑那些参加工作较早、工作时间较长的人群,并对家庭妇女和失业者给予优惠。①

根据以上的国际经验,再按照中国的实际国情,是否可以也设计一个可选择的关于退休年龄或领取养老金年龄的实施方案呢?我们建议:

第一,抛弃"延迟退休年龄"的说法,因为经过9年多的争论,这个说法已经被绝大多数人民群众所唾弃。为了不招致误会,改用"退休年龄可选择"这样的新概念可能更为明智。

第二,设定一个领取养老金的"标准退休年龄",譬如60岁。从这个岁数往前延伸10年,设一个"提早退休年龄"。具体何时开始领取养老金,参保人可自由选择。早领一年,养老金金额就按一定的比例减少一些;越往后,领取的金额就按比例越增加一些。这样的设计,就使愿意工作并且能够找到工作的人可以多干几年,而不愿意工作或找不到工作的人也有退路可选择。

第三,是否参加养老保险制度可选择。但首先是每个中华人民共和国公民都有通过国家财政发给的养老津贴,这份津贴的标准大致相当于低保水平。这样的政策设计出于一个现实的考虑,要让两亿多农民工都参加现行职工基本养老保险制度恐怕不现实,所以干脆允许在某一收入水平标准之下的用人单位和劳动者个人可以选择不参加。但养老保险参保者通过缴费,可以多领取一份养老保险金,并且体现多缴多得。这与国际劳工组织"建议书"中强调以"社会转移"的方式"保护弱者"的精神是一致的。

第四,参加养老保险制度不设最低缴费年限,参加一年算一年,参加一月算一月,并且中间允许中断和再接续。在大数据时代,作这样的记录,技术上应该不存在问题。同时,缴费20年或30年以上的要给予奖励。这样设计,可以使人们在有能力缴费的时候积极参加,能力不够时也可以有喘息的机会。

第五,政府以资金和服务,保证每一个人到"完全失能"时,能够得到合理的"医疗服务"和"长期照护服务",以使失能者有尊严、无痛苦地走完

---

① 《法国退休62岁改60岁》,新华网,http://news.xinhuanet.com/world/2012-06/08/c_123251831.htm。

人生的最后一程。这与国际劳工组织"建议书"中强调"医疗服务"和"社会服务"的精神是一致的。

　　第六,所有的企业按累进的方式向政府社保机构缴纳社会保险税。现行的养老保险制度,是在以劳动密集型企业为主的工业化时代设计出来的,所以其基本原则是多雇佣一个职工就多缴一份养老保险费。但是,随着信息化和全球化的后工业社会的到来,以上的制度设计已经与现实的就业状况不相适应。劳动密集型企业用人多但利润空间小,而利润空间大的企业却可能用人很少。这样就在企业之间造成了新的不公平,同时劳动密集型企业其中大多是中小微企业,社保负担沉重,但这些企业又是解决劳动力就业的主力。所以,企业按利润大小来缴纳社会保险税其实更为合理。

　　第七,尽快实施可在税前列支的个人养老储蓄账户制度,政府确保其利率至少相当于国债。这又给了本就喜欢储蓄的中国人更多的选择。

(三) 小结

　　综上所述,人口老龄化的到来是社会发展的必然结果。在 20 世纪 80 年代社会学界就已经就此再三提出忠告,但却没有得到政府的积极响应。究其原委,我们应对社会问题的政策思路一直没能摆脱"头痛医头,脚痛医脚"的线性思维,这使我们的社会政策经常处于被动应付的窘境。更严重的是,我们的政策还常常一条道走到黑,有时候撞了南墙也不回头。

　　现在,当我们在"未备"的状态下面对老龄化加速的时候,我们又再次试图用简单粗暴的"一刀切"延迟退休的政策思路来"壮士断腕"。悲壮之余,是否也应该考虑一下断腕之后万一血止不住怎么办？一项在 9 年多时间里始终被 70%—90% 的民众所反对的政策动议,其后果实在是难以预料。尤其在经济下行,就业困难的现实背景下,千万不要为长官意志或脸面,与中国社会赌这口气。

　　回顾历史,从 1952 年一刀切的《社会保险(最低标准)条约》到 2012 年的可选择的《关于国家社会保护底限的建议书》,国际劳工组织近年来的革故鼎新给了我们很大的启发。实际上,《关于国家社会保护底限的建议书》与中国的高层领导提出的"保基本,托底线,救急难"的精神十分一致。但是,问题是怎么做？因此,从这个意义上说,可选择的退休养老政策值得一试。

后　记

　　《社会治理与社会保护》一书收集了我退休以来所写的 20 篇论文和研究报告。那些用电脑键盘一个一个地码字的日日夜夜，让我得以依然沉浸在努力工作的氛围中。所以，10 年后回首，似乎难以区分退休前后的生活有什么明显的不同。如果非要说出一点差异，那就是自己不想做的事情终于可以不做了。

　　本书的问世，首先要感谢复旦大学人口与发展政策研究中心，本书的出版获得了他们主持的国家自然科学基金重大项目（项目号：71490735）的支持。其次，要感谢南京大学的童星老师，他所写的序言为本书添色不少。再次，要感谢北京大学出版社，尤其要感谢本书编辑董郑芳老师，没有她的努力，也许这本书早就半途夭折了。当然，还要感谢我的合作者，黄黎若莲、张时飞、李敬,等等。最后,要感谢我的太太,她不但是我的合作者,更是扮演了我的研究成果的第一个读者和批评者的角色。

巧合的是,当这本书在北京大学出版社董编辑手中杀青之时,正值我迎来"古稀今不稀"的年龄。夫子曰:七十,从心所欲不逾矩。作为"70后",我对夫子的教诲是这么理解的:一是"从心所欲",凡说话做事,扪心自问,违背良心的话决计不说,违背良心的事决计不干;二是"不逾矩",凡说话做事,循规蹈矩,但规矩的本质是客观规律,不能随便逾越的"矩",应该是客观规律而不是其他。这些想法是从"60后"向"70后"迸发之际,便努力去实践的。说真话其实也不难,我把这归于"职业精神"。

讲一个做了一辈子财务工作的父亲经常给我念叨的故事:在三年困难时期,上海五角场有一个"自由市场",父亲周日每每带我前去,出高价(记得是每斤五毛)买得一堆新鲜蔬菜回家,做成菜饭菜粥,可以吃得饱一些。父亲的故事主角是他的一位同事,也到五角场买菜,回家后一算账,卖菜的老农多找了他一分钱。他的同事心里很不爽,一连几个星期都到五角场去找这位老农,后来终于找到了,还了钱。当时我十分不解,不就是一分钱,值得吗?父亲给我解释:他是做财务的啊!长大后我才悟出,这故事的主角可能就是我父亲,其实质并不是还了一分钱,而是做财务的绝不能算错账。也许我对职业精神的理解,就是这个备份在记忆中大半辈子而实际上对我已经潜移默化的故事造就的。

我做的工作是社会政策研究,对自己的职业上的要求就是要说真话,做实事。在这本书里,我努力践行的职业精神就是"实事求是",我对一些观点的坚持也是出于此心。当然,作为"60后"(本书的写作期间),依然不失好奇心,这对于维持我的研究兴趣很有裨益。如今站在又一个戊戌年的门前,将面临的则是又一个崭新的时代,希望"70后"的我仍然能有这种求实精神和这份好奇心……

农历戊戌年正月十五